Jill Marc Münstermann

Kampfpanzer Leopard 2 und Leopard 1 im Einsatz (Neuauflage)

Historie, Varianten und Kampfeinsätze in Bosnien, Afghanistan, Kosovo, Türkei, Syrien und mehr + BONUS: Ausblick Ukraine

Mit einem Nachwort des dänischen Leopard-Experten
Thomas Antonsen

Inhaltsverzeichnis

Fachlicher Sachstand beziehungsweise inhaltlich abgeschlossen:
Oktober 2022

Über diese Neuauflage

Neben der sprachlichen Überarbeitung des kompletten Textes habe ich rund 60 weitere und teils neue (sprich nach der Veröffentlichung des ursprünglichen Buchs erschienene) Quellen ausgewertet. In jedem einzelnen Kapitel habe ich zudem sprachliche Verbesserungen vorgenommen und Fehler korrigiert. Im Folgenden finden Sie eine Übersicht mit allen *wesentlichen* inhaltlichen Ergänzungen:

- **Historische Einordnung**
  - *Von Beutetanks zum Leopard 2 – Die Geschichte des Kampfpanzers in Deutschland:* **Zusätzlicher Abschnitt** am Ende mit einem Ausblick auf die Zukunft der deutschen Panzerwaffe

- **Der Leopard 1**
  - Ergänzungen bei den *Nutzern*, insbesondere Kanada, Türkei, Griechenland und Chile
  - Weitere Informationen zu den Kampfeinsätzen türkischer Leoparden gegen kurdische Kräfte
  - Ergänzungen zu den dänischen Kampfeinsätzen im Kapitel *Der Leo 1 in Bosnien und Kroatien*
  - *Leoparden im Kosovo:* Neue Informationen zu NATO-Übungen und NATO-Notfallplänen
  - *Leoparden am Hindukusch:* Dieses Kapitel ist nun **doppelt so lang**, da ich Quellen zu zahlreichen weiteren kanadischen Kampfeinsätzen gefunden habe
  - *Leos beim Putschversuch in der Türkei:* Rund **ein Drittel mehr Text** mit neuen Informationen

- **Der Leopard 2**
  - Zahlreiche aktuelle und erweiterte Informationen zu den *Nutzern*, darunter drei völlig neue Nutzer: Tschechien, Slowakei und die Dschaisch al-Islam-Miliz
  - *Leopard 2 am Hindukusch:* Rund **ein Drittel mehr Text**, der zahlreiche weitere kanadische Kampfeinsätze beschreibt
  - *Leoparden im Einsatz für die Türkei*: Zahlreiche neue Informationen zu den Kampfeinsätzen türkischer Leos in Syrien

- **Fazit**
  - Komplett überarbeitet und um neue Erkenntnisse erweitert, insbesondere mit Blick auf die Landesverteidigung

- **Ausblick Ukraine:** Sinnhaftigkeit und Möglichkeiten von Leopard-Panzern für die Ukraine **(nagelneues Kapitel!)**

Vorwort

Wie könnte ein Militärsachbuch, das nach dem 24. Februar 2022 erscheint, ohne einen Verweis auf den Überfall Russlands auf die Ukraine auskommen? In der Ukraine kommen mittlerweile zahlreiche westliche Waffensysteme zum Einsatz – einige von ihnen werden erstmals in einem konventionellen Krieg eingesetzt. Aus deutscher Produktion stehen unter anderem Gepard-Flugabwehrkanonenpanzer und Panzerhaubitzen 2000 im Kampf gegen russische Truppen. Wer hätte das vor dem 24. Februar 2022 für möglich gehalten?

Zum Redaktionsschluss dieses Buches versagt die deutsche Regierung Kiew weiterhin die Lieferung von Kampfpanzern Leopard 1 und Leopard 2. Ob es dabei bleibt, steht in den Sternen – bis dato wurden die deutschen Waffenlieferungen stets scheibchenweise intensiviert. Es kann daher sein, dass die Bundesregierung auch in Sachen Kampfpanzer noch umdenkt. Oder einknickt, je nach Sichtweise. Sollten Leopard-Panzer in der Ukraine zum Einsatz kommen, werde ich dies jedenfalls für Sie im Auge behalten. Ein Kriegseinsatz in der Ukraine wäre sicherlich ein eigenes Buch wert.

Doch warum nun diese Neuauflage? Mein kurzer Kommentar zum Ukrainekrieg rechtfertigt kein neues Buch – und darum geht es mir auch nicht, denn ich arbeite bereits seit Anfang 2021 an dieser Neuauflage. Tatsächlich erreichten mich nach der Veröffentlichung meines Buches Ende 2020 auf Deutsch und Englisch interessante Zuschriften, aus denen sich mancher lehrreiche Austausch entwickelt hat. Meine Gesprächspartner machten mich auf weitere Quellen aufmerksam, aus denen sich weitere Gefechtssituationen entnehmen lassen, in die die deutschen Kampfpanzer verwickelt waren. Insbesondere die Kapitel über den Einsatz von Leopard 1 auf dem Balkan und in Afghanistan sowie über den Einsatz von Leopard 2 in Afghanistan und in Nordsyrien profitieren von den neuen Quellen. Insgesamt habe ich rund 60 zusätzliche Quellen ausgewertet und konnte dem ursprünglichen Text rund 25 Prozent zusätzlichen Text hinzufügen, in denen zahlreiche weitere Gefechtssituationen beschrieben werden. Dieses Buch beschreibt die Kampfeinsätze von Leopard 1 und 2 so lückenlos wie nie zuvor.

Zudem musste ich durch die Auswertung der neuen Quellen erkennen, dass die kanadische Panzerwaffe in Afghanistan einen Gefallenen mehr zu beklagen hat als in meinem ursprünglichen Buch beschrieben. Allein der Respekt vor dem Opfer dieses Mannes rechtfertigt diese Neuauflage.

Ferner sind die Dinge stets in Bewegung; so haben zahlreiche Nutzerstaaten der Leopard-Panzer seit 2020 Änderungen an ihrer Panzerflotte vorgenommen, die in diesem Buch ebenfalls berücksichtigt werden. Weitere Nutzerstaaten sind hinzugekommen. Zum Schluss habe ich ein völlig neues Kapitel angefügt, in dem ich mich – streng an den Fakten orientiert und unter Auslassung politischer Gesichtspunkte – mit den Möglichkeiten und der militärischen Sinnhaftigkeit der Lieferung von Leopard 1 und 2 an Kiew des Ukrainekrieges beschäftige.

Wie Sie im Folgenden sehen werden, haben beide deutschen Nachkriegskampfpanzer – Leopard 1 und Leopard 2 – zahlreiche Kampfeinsätze auf dem Kerbholz. Sie wurden im Auftrag der UN und der NATO eingesetzt, bestritten im Namen der Türkei zudem Einsätze im Norden Syriens und würden sogar beim türkischen Putschversuch im Jahr 2016 eingesetzt.

Die Kampfpanzer Leopard 1 und 2 absolvierten unter dänischer, kanadischer, belgischer, niederländischer, türkischer und auch unter deutscher Flagge mannigfaltige Kampfeinsätze in ganz unterschiedlichen Szenarien mit unterschiedlichen Bedrohungslagen und gegen unterschiedliche Gegner. Dieses Buch erzählt die Geschichte der Leoparden und ihrer Kampfeinsätze. Es ist nicht nur eine rüstungstechnische wie wirtschaftliche Erfolgsgeschichte, eine Geschichte über Milliardendeals mit zahlreichen Staaten und über technische Errungenschaften auf dem Feld der Panzerentwicklung. Es ist vor allem eine Geschichte einfacher Männer und Frauen, die fernab der Heimat in ihren Leopard-Panzern schliefen, lebten, kämpften. Es ist eine Geschichte von Eroberung und militärischen Konflikten. Von Befreiung, Freude, Zukunft. Aber auch eine Geschichte von Schweiß, Tränen, Leid … von Tod.

Dies ist die Geschichte der Kampfeinsätze von Leopard 1 und Leopard 2.

Über dieses Buch

Wer sich detailliert zur Entwicklung und zu den technischen Aspekten von Leopard 1 und Leopard 2 weiterbilden möchte, kann bereits auf eine üppige Auswahl an Fachpublikationen zurückgreifen. Was hingegen gänzlich fehlt, ist eine vollständige Zusammenstellung und Analyse aller Kampfeinsätze beider Panzermuster; wenn überhaupt, beschäftigen sich einzelne Werke mit ausgewählten Einsätzen.

Das vorliegende Buch füllt diese Lücke und liefert einmalige Einblicke in die Kampfeinsätze, die beide Leopard-Panzer absolviert haben. Nebenbei bietet es eine aktuelle Zusammenstellung über die Nutzer und verschiedenen Kampfwertsteigerungen beider Panzer und erzählt in Kurzform die Geschichte der deutschen Panzerentwicklung.

Ich stütze mein Buch auf eine Vielzahl an Quellen, die ich wissenschaftlichen Standards entsprechend ausgewertet habe. Jede Aussage in diesem Buch ist mindestens durch eine vertrauenswürdige Quelle belegt. Man mag mir dennoch nachsehen, dass ich bei aller Sorgfalt die ein oder andere starre Regel der Wissenschaftlichkeit auf dem Altar der Lesbarkeit und Zugänglichkeit des Textes opfere. So werde ich Quellenhinweise am Ende eines Kapitels zusammenfassen, statt damit den Fließtext zuzukleistern; es sei denn, ich bemühe ein direktes Zitat oder versteige mich zu einer ganz und gar abenteuerlichen Behauptung. Mir sitzt nun mal keine Professorin respektive kein Professor im Nacken, und daher darf ich mir erlauben, nach meinen eigenen Regeln zu spielen. Wo die Quellenlage unklar ist oder Quellen ein falsches Bild vermitteln könnten, weise ich darauf hin. Am Ende eines jeden Kapitels befinden sich die Quellenhinweise mit Angaben zu den entsprechenden Quellen, was wie folgt funktioniert: Angegeben wird mindestens der Autor beziehungsweise die Autorin oder, ist diese Information unbekannt, die publizierende Organisation, sodann folgt in Klammern die Angabe des Jahres der Veröffentlichung.

Das Quellenverzeichnis am Ende dieses Buches ist nach den Autoren und Autorinnen beziehungsweise publizierenden Organisationen sortiert; jede in den Hinweisen genannte Quelle findet sich dort wieder. Mit den Informationen aus dem Quellenverzeichnis sind Sie in der Lage, alle Quellen einwandfrei zu identifizieren. Ich verdeutliche es anhand eines Beispiels aus der Einleitung: Wenn ich mich auf einen Online-Text auf der Website des Deutschen BundeswehrVerbands beziehe, dessen Urheber unbekannt ist, vermerke ich dies durch Erwähnung der Organisation, eben *Deutscher BundeswehrVerband*, gefolgt vom Jahr der Veröffentlichung, in diesem Fall *2019b.* (B, da es sich um die zweite von mir verwendete Veröffentlichung des DBV aus diesem Jahr handelt.) Im Quellenverzeichnis finden Sie recht weit oben den entsprechenden Eintrag: *Deutscher BundeswehrVerband (2019b)* ... Ein Buch wiederum, dessen Urheber benannt ist, gebe ich mit der Nennung ebenjenes Schreiberlings plus des Jahrs der Veröffentlichung an. Die Suche des Eintrags im Quellenverzeichnis funktioniert nach demselben Prinzip. Bei

Sammelbänden, Magazinen und dergleichen beziehe ich mich ebenfalls auf die Urheber des einzelnen Werkes und liefere spätestens im Quellenverzeichnis die Plattform nach, auf der der Text erschienen ist. Wo ich mich auf Online-Quellen berufe, füge ich einen Link hinzu inklusive der Angabe, wann ich diesen zuletzt aufgerufen habe.

Wer mir bedingungslos vertraut, kann die Quellenhinweise am Ende jedes Abschnitts getrost überspringen; sie liefern keine weiteren fachlichen Informationen zu dem entsprechenden Thema, dafür aber gelegentlich quellenkritische Kommentare zur Einordnung einer Quelle.

Deutsch- und englischsprachige Quellen erschließe ich mir problemlos, für Quellen in anderen Sprachen greife ich auf den Google Translator sowie das Übersetzungsprogramm DeepL zurück. Ich kann nicht ausschließlich, dass mir dadurch gelegentliche sprachliche Nuancen bis hin zu inhaltlichen Aspekten abgehen, wobei die eingesetzten Programme mittlerweile hervorragende Ergebnisse zutage fördern.

Nun wünsche ich Ihnen viel Freude mit der Lektüre meines Buches. Ich bin stolz darauf, es nach rund eineinhalb Jahren intensiver Arbeit an der Neuauflage endlich der Öffentlichkeit präsentieren zu dürfen.

Herangehensweise

Um den geneigten Lesern und Leserinnen eine möglichst holistische Übersicht über unsere Leoparden und ihre Kampfeinsätze zu liefern, nehme ich zunächst eine historische Einordnung anhand der prägendsten Einflüsse vor. Von den ersten Gedanken an panzerartige Maschinen im Kaiserreich bis hin zur Entwicklung des Leopard 2 bestimmen diese die Doktrin der deutschen Panzerentwicklung maßgeblich. Leopard 1 und Leopard 2 fanden (und finden) zwar neben den deutschen Streitkräften zahlreiche internationale Abnehmer – Kampfeinsätze bestritten sie gar mehrheitlich unter ausländischer Flagge –, dennoch ist speziell die Entwicklung der deutschen Panzerwaffe maßgeblich für beide Kampfpanzermuster.

Panzerverbände bestehen aus mehr als nur aus Kampfpanzern; in der Regel leisten Pioniere, Fernmelder und andere Truppenteile wichtige Unterstützungsaufgaben innerhalb solcher Einheiten. Im folgenden Text beschränke ich mich aber wesentlich auf die Kampfpanzer und klammere die vielen Unterstützer bewusst aus. Es würde jeden Rahmen sprengen. Bei der Schilderung der Kampfeinsätze von Leopard 1 und 2 beziehe ich Unterstützer mit ein, wenn sie von konkreter Bedeutung für das geschilderte Ereignis sind.

Die Kampfeinsätze der Leos fanden grob im Rahmen von fünf Konfliktherden statt:

1. Der Zerfall Jugoslawiens, der sich seit Anfang der 1990er Jahre bahnbrach und bis ins neue Jahrtausend hinein anhielt
2. Der Einsatz der türkischen Streitkräfte gegen die kurdische PKK im Osten der Türkei Anfang bis Mitte der 1990er Jahre
3. Dann der Krieg in Afghanistan als Folge der Anschläge vom 11. September 2001
4. Weiter der Putschversuch türkischer Militärs gegen die Regierung Erdoğans im Jahr 2016
5. Und jüngst die türkischen Interventionen im Rahmen des syrischen Bürgerkrieges, aufgeteilt auf die Operationen Schutzschild Euphrat und Olivenzweig

Die genannten Konflikte stelle ich zunächst in aller Kürze vor. Sodann möchte ich gemeinsam mit Ihnen unsere Leos erkunden: Was können diese Panzermuster? Wie sind ihre Fähigkeiten im zeitgenössischen Kontext einzuordnen? Und welche Kampfwertsteigerungen sind vorgenommen worden, um mit dem technologischen Fortschritt schrittzuhalten? Ich beleuchte auch, welche internationalen Streitkräfte zu den Nutzern der Leopard-Panzer zählen, wobei ich mich jeweils auf die Nutzung als Kampfpanzer beschränke.

Im Kapitel „Kampfwertsteigerungen“ stelle ich die etablierten Rüststände vor. Sonderformen allein für internationale Nutzer behandle ich jeweils im Kapitel „Nutzer“. Wenige Ausnahmen wie der niederländische Leopard 2 A6MA2, der wiederum auf die Bundeswehr zurückwirkt, habe ich hingegen dem Kapitel „Kampfwertsteigerungen“ zugeordnet. Zudem klammere ich Prototypen und Versuchsreihen aus und beschränke mich auf jene Versionen, die es in die Serienproduktion beziehungsweise serienmäßige Umrüstung geschafft haben. Ich bin mir sicher, Sie werden sich zurechtfinden.

Es existieren wie gesagt zahlreiche Bücher, die die Panzer der Leopard-Familie technisch detailliert und geschichtlich umfassend beschreiben. Ich begnüge mich in den genannten Abschnitten daher mit einem zügigen Überblick über die Entstehungsgeschichte, die Hintergründe und halte auch sämtliche technischen Beschreibungen auf ein Mindestmaß reduziert; gerade ausreichend, um die Kampfeinsätze von Leopard 1 und 2 in ihren verschiedenen Varianten einordnen zu können. Frei nach dem Motto: detaillierter als ein Wikipedia-Artikel (und sauberer recherchiert), aber kürzer als eine Habilitationsschrift. Oder so ähnlich. Wer tiefer in die geschichtlichen, politischen wie technischen Gesichtspunkte der Leopard-Kampfpanzer eintauchen möchte, findet in meinem Quellenverzeichnis dazu ausreichend Futter.

All diese Informationen halte ich für immanent, um im Herzstück dieses Buches die beschriebenen Kampfeinsätze von Leopard 1 und Leopard 2 abzuhandeln und einzuordnen. In diesem Teil nehme ich mir sämtliche dokumentierten Kampfeinsätze vor und beschreibe sie so detailliert wie möglich. Einsatz für Einsatz. Gefecht für Gefecht.

Fällt der Begriff „Kampfeinsatz“ im Zusammenhang mit Kampfpanzern, mögen sich den geneigten Leser*innen ganz bestimmte Bilder vor das geistige Auge schieben. Denken Sie gerade vielleicht an alte Schwarzweißfotografien und Filmaufnahmen aus dem Zweiten Weltkrieg? An Bilder von massierten Panzerfronten, die aufeinanderprallen, bis zahlreiche Tanks qualmend liegenbleiben? Denken Sie an die Nachrichten, die zu Zeiten des Irakkrieges ebenjenen Konflikt beinahe live in die deutschen Wohnzimmer trugen? Denken Sie an US-amerikanische M1A1-Abrams, die irakische T-55 auseinandernehmen? In diesem Buch jedenfalls beschränke ich mich nicht auf die ausgewachsenen Schlachten, in die Leopard-Panzer verwickelt waren, sondern definiere tatsächlich jeden Kontakt mit regulären oder irregulären gegnerischen Kräften beziehungsweise jede Situation, die zum „scharfen“ Waffeneinsatz, wie es im Bundeswehrsprech heißt, führte oder potenziell hätte führen können, als Kampfeinsatz.

Abschließend möchte ich im Fazit Ihre Aufmerksamkeit auf meinen Versuch einer Bewertung beider Kampfpanzer lenken. Wie schlagen sich die Leos im scharfen Einsatz? Treffen all die Superlative zu, die die Fachpresse und begeisterte Panzerfans rund um den Globus in schnöder Regelmäßigkeit wählen, um vor allem den Leopard 2 zu beschreiben? Kurz: Sind die Leoparden in der Lage, sich in Kampfsituationen zu behaupten? Und sollte eine moderne Armee überhaupt noch darüber nachdenken, (Leopard)-Kampfpanzer zu unterhalten?

Ein Hinweis zum Schluss: Ich halte wenig davon, Einheiten, Dienstgrade und Verbandsgrößenordnungen öfter als fürs Verständnis zwingend notwendig zu übersetzen, da bei jedem Versuch der Übersetzung die Eigenart des Originals zwangsweise verloren geht und unterbewusst in seiner deutschen Entsprechung gedacht wird. Ich bleibe, wo immer möglich, bei den originalen Begrifflichkeiten, und spreche so beispielsweise vom dänischen Oberstløjtnant statt vom Oberstleutnant oder vom Tank Troop als kleinste Formationsgröße der kanadischen Panzerwaffe, statt daraus einen Panzerzug zu machen.

Bei Soldaten und Soldatinnen nenne ich immer den Dienstgrad, den er oder sie zum Zeitpunkt der Geschehnisse innehatte.

Ferner bitte ich zu beachten, dass ich den weiteren Text im generischen Maskulinum abgefasst habe. Ich finde es gut und richtig, dass wir uns kritisch mit unserer Sprache auseinandersetzen. Ich habe für mich als Autor aber noch keinen gangbaren Weg für das geschriebene Wort gefunden und ich möchte mein Buch nicht durch halbgare Umschreibungsversuche verunstalten.

Begrifflichkeiten

Die häufig in diesem Buch verwendeten Begriffe aus ausländischen Streitkräften will ich an dieser Stelle direkt erklären: Im Deutschen ist ein Panzertrupp eine unbekannte Formation, das dänische Militär allerdings führt formal den **Deling** (Trupp) als kleinste Organisationseinheit, bestehend aus drei Panzern und einem Geländewagen (dieser wurde im Einsatzland durch einen M113-Transportpanzer ersetzt). Der Delingsfører (Kommandant des Trupps) führt den ersten Panzer, der Delingssergent (erster Unteroffizier des Trupps) den zweiten. Im angelsächsischen Raum wird diese Organisationseinheit gemeinhin als **Troop** oder **Troup** bezeichnet, folgerichtig existieren somit unter anderem in der kanadischen Armee Tank Troops. Das deutsche Äquivalent zum Deling respektive Tank Troop wäre wohl der Panzerzug. Die **Eskadron** ist das dänische Äquivalent zur deutschen Panzerkompanie, die kanadische Panzertruppe spricht vom Squadron. Ein **Kandak** ist das afghanische Äquivalent eines Bataillons. Eine **Zırhlı Tugay** ist eine türkische Panzerbrigade.

Einleitung

„40 Jahre Leopard 2“, titelten zahlreiche Medien und Interessensverbände Ende 2019, darunter auch der Deutsche BundeswehrVerband. „40 Jahre Leopard 2“ ist dabei nur die halbe Wahrheit, markiert das Jahr 1979 lediglich die Übergabe des ersten Exemplars aus der Serienproduktion an die Bundeswehr. Die Entwicklungsgeschichte dieses Kampfpanzers reicht logischerweise sehr viel weiter zurück, nämlich mindestens bis ins Jahr 1970, als der Startschuss für die Entwicklung des Leopard 2 fiel.

Der Leopard 1, der heute noch von mehreren Armeen eingesetzt wird, ist gar ein waschechter Senior unter den Kampfpanzern der Gegenwart – das erste Serienexemplar wurde der Bundeswehr im Jahre 1965 übergeben. Und doch ist nicht nur der Leo 2, sondern auch sein älterer Bruder nach wie vor relevant – ein Blick auf die Website von Krauss-Maffei Wegmann verdeutlicht dies, wird dort doch neben dem Leopard 2 auch immer noch der Leopard 1 A5 beworben.

Nicht einmal zwei Jahrzehnte nach Ende des Zweiten Weltkriegs wurde die Entwicklung des Leopard 1 und kurz darauf die des Leopard 2 maßgeblich durch die Erfahrungen aus jenem weltumspannenden Konflikt beeinflusst. Die großen Panzerschlachten an der Ost- und Westfront und deren bildreiche Ausschlachtung durch die Goebbel'sche Propaganda prägen das Bild des Kampfpanzers weit über das Kriegsende hinaus. Mit einschlägigen Filmen und Videospielen wie World of Tanks ist der Panzer endgültig im popkulturellen Raum angelangt. Selbst vielen Laien dürften die vermeintlich gängigsten Panzermuster aus dem Weltkrieg nicht unbekannt sein: der M4 Sherman, der T-34 und natürlich der Panzer VI Tiger. Sie gehen da einer bis in die Gegenwart hinein nachhallenden Agitation auf den Leim, die den Panzer in den Mittelpunkt des Kampfes am Boden rückte, dabei war der Grad der Motorisierung des deutschen Heeres gering – zu Kriegsbeginn bestand es zu 90 Prozent aus Infanteriedivisionen und das gute alte Pferd verdingte sich noch als weitverbreitetes Transportmittel. Weder 1939 beim Überfall auf Polen noch später an der Ost- und Westfront trug die Panzertruppe die Hauptlast der Kämpfe. Dennoch dürften auch die an der Entwicklung beider Leopard-Panzer beteiligten Ingenieure nicht frei von diesem im Zweiten Weltkrieg ausgebildeten und vielfach hochstilisierten Bild des Kampfpanzers gewesen sein. Ihnen und ihren Auftraggebern aus Politik und Militär schwebten Massenschlachten gegen die Panzerhorden des Warschauer Pakts vor.

Tatsächlich kam es anders. Die Sowjetunion zerfiel 1991, und die Gefahr eines konventionellen Krieges im Herzen Europas schien über Nacht gebannt. (Dieser heute naiv anmutende Satz stammt aus meinem Originalmanuskript aus dem Jahr 2020.) Im Jahr des Zerfalls der UdSSR feierte der Leopard 2 seinen zwölften Geburtstag, der Leopard 1 bereits seinen 26. Jahrestag. Einen Kampfeinsatz hatten beide Muster zu diesem Zeitpunkt noch nicht absolviert.

Nur wenige Jahre später sollte sich das zumindest für den Leopard 1 ändern. Er erhielt seine Feuertaufe möglicherweise unter türkischer Flagge, als Ankara in

Cizre an der syrischen Grenze Panzer gegen kurdische Aufständische einsetzte. Wenig später entsandte Dänemark Leopard 1-Kampfwagen nach Bosnien, wo sie bald in Feuergefechte mit bosnisch-serbischen Truppen verwickelt wurden. Kanada setzte Leopard 1 in Afghanistan gegen Aufständische ein, und selbst beim Putschversuch des türkischen Militärs gegen die Regierung im Jahr 2016 spielte der Leo 1 eine Rolle.

Der Leopard 2 hingegen musste auf seinen ersten scharfen Einsatz bis zum Jahreswechsel 1995/1996 warten, als die Niederländer ihn im Rahmen der IFOR-Mission in Bosnien und Herzegowina erstmals außerhalb von Manövern einsetzten – dies allerdings wie zuvor beim Leo 1 unter ganz anderen Vorzeichen als ursprünglich gedacht. Statt in konventionellen Schlachten gegen gegnerische Panzerscharen im Duell zu bestehen, bekamen es die Besatzungen der eingesetzten Leopard 2 im IFOR-Einsatz mit Sicherungsaufgaben in einem Bürgerkriegsszenario zu tun. Auch deutsche Leoparden agierten wenige Jahre später im Kosovo-Einsatz unter ähnlichen Bedingungen. Die Väter des Leopard 2 hatten während der Konzeptionierung wohl eher an russische Tanks als Gegner gedacht, und weniger an einen gelben Lada. Ähnliches gilt für Afghanistan, wo auch der Leopard 2 im neuen Jahrtausend zum Einsatz kam. Jüngste Einsätze gehen hingegen auf das Konto der türkischen Streitkräfte, die den Leopard 2 sowohl für ihren Putschversuch im Jahr 2016 als auch ab 2018 für ihre Operationen in Nordsyrien nutzten.

Die militärischen Konflikte wandeln sich, und mit ihnen die Anforderungen an Waffensysteme, weshalb die als Generalunternehmer auftretende Gesellschaft Krauss-Maffei Wegmann (zunächst bis 1999 Krauss-Maffei) durch zahlreiche Kampfwertsteigerungspakete und Sondervarianten ihre in die Jahre gekommenen Panzer für die moderne Kriegsführung up-to-date zu halten versucht.

Es wird Sie dabei möglicherweise nicht überraschen, dass unsere Leoparden die meisten ihrer Kampfeinsätze nicht unter deutscher Flagge absolviert haben. Prof. Sönke Neitzel stellte während einer Podiumsdiskussion der Stiftungen der Sparkasse Leipzig im Jahr 2018 in einer reichlich überspitzten Bemerkung fest, die Bundeswehr würde im Verborgenen auf den Leistungsstand eines Volkssturms heruntergefahren werden, und warb in diesem Zusammenhang dafür, sich ehrlich zu machen und die deutschen Kampftruppen doch einfach abzuschaffen. Deutschland wolle diese sowieso nicht einsetzen, dann müsste es auch nicht so tun, so seine These. Mit Blick auf die Leopard-Panzer der Bundeswehr kann dieser Aussage ein gewisser Wahrheitskern nicht abgesprochen werden. Obwohl die Bundeswehr kurz vor der Wende (also ohne die Bestände der NVA) über mehr als 5.300 Kampfpanzer verfügte, wurde nur in einem einzigen Fall (sofern man KFOR und die Episode in Tetovo als einen zusammenhängenden Fall begreift) eine kleine zweistellige Zahl an Leopard 2-Panzern in den Einsatz entsandt.

Es bleibt abzuwarten, wie die durch Bundeskanzler Olaf Scholz ausgerufene Zeitenwende als Reaktion auf den russischen Angriffskrieg die deutsche Panzerwaffe beeinflussen wird. Auslandseinsätze der Bundeswehr scheinen derzeit ohnehin „aus der Mode“ zu kommen. Stattdessen richten sich die Blicke von Politik und Militärs wieder auf den Kreml, der als feindlicher Akteur begriffen wird.

Sollte es zu einer konventionellen Auseinandersetzung zwischen Russland und der NATO kommen – was ich heute immer noch als unwahrscheinlich, aber gleichzeitig als so wahrscheinlich wie lange nicht mehr einschätze – so würden deutsche Leopard 2 darin sicherlich eine gewichtige Rolle spielen.

Zweifelsohne begleitet den Leopard 2, der gerne in einem Atemzug mit den besten Kampfpanzern der Welt genannt wird, bis heute ein spezieller Nimbus der globalen Dominanz im Gefilde seiner Zunft. Paul-Werner Krapke, einer der Väter des Leopard 2, spricht in seinem im Jahr 1986 erschienenen Buch beispielsweise von einer weiten Überlegenheit gegenüber allen anderen Kampfwagen und bezeichnet den Leo 2 wortwörtlich als „konkurrenzlos" (Krapke, P., 1986, S. 47). Frank Lobitz sieht den Leo 2 auch im Jahre 2009 und im direkten Vergleich zu anderen kampfwertgesteigerten westlichen Panzern als das „leistungsfähigste Kampfpanzersystem" (Lobitz, F., 2009, S. 3) und als ein „Aushängeschild einer neuen Kampfpanzergeneration" (Lobitz, F., 2009, S. 8). Seit den Offensiven der türkischen Streitkräfte in Nordsyrien machen jedoch Nachrichten über hohe Verluste an Leopard 2-Panzern die Runde. Bilder und Videos sollen zahlreiche Abschüsse belegen.

Hat jener Nimbus der Überlegenheit durch den türkischen Einsatz in Syrien zurecht Risse erfahren? Ist der Leopard 2 in den 20er Jahren des neuen Jahrtausends überhaupt noch konkurrenzfähig? Lassen Sie uns diesen Fragen auf den Grund gehen …

Quellenhinweise für diesen Abschnitt

Für den Artikel „40 Jahre Leopard 2", siehe Deutscher BundeswehrVerband (2019b), weiterführend Zwilling (2018a). Rolf Hilmes (2011) liefert in seinem Typenkompass über den Leopard 1 eine wunderbare und detailverliebte Gesamtübersicht über den Kampfpanzer, seiner Publikation habe ich ebenfalls die Gesamtzahl deutscher Kampfpanzer zur Wendezeit entnommen. Für Sönke Neitzels Volkssturm-Aussage vergleiche Neitzel, S. (2018). Nicolai Ulbrich (2019) informiert auf der offiziellen Website der Bundeswehr über die geplante Sollstärke der deutschen Panzertruppe, ergänzend Kohl (2019). Für den Webauftritt des Leopard 1 A5 bei KMW siehe Krauss-Maffei Wegmann (undatiert, a). Für die Lobpreisungen über den Leopard 2 siehe unter anderem Verlag Jochen Vollert (2015), Lobitz (2009), Zwilling (2018a) sowie Krapke (1986) – im letztgenannten Buch ziehen sich genannte Lobpreisungen durch große Teile des Textes. Es langt wie auch bei Vollert allerdings bereits das Studium des Titels beziehungsweise des Klappentextes, um ein Gefühl dafür zu bekommen. Interessanterweise ist in Krapkes Werk der Erfahrungsbericht eines Panzeroffiziers der Truppe abgedruckt, der durchaus auch kritische Worte für den Leopard 2 findet. Zu Zeitenwende, siehe Olaf Scholz (2022).

Historische Einordnung

Von Beutetanks zum Leopard 2 – Die Geschichte des Kampfpanzers in Deutschland

Ehe ich in diesem Kapitel relativ schnell durch Jahrzehnte der Panzerentwicklung springe, indem ich mich an den wesentlichen Etappen der technischen, doktrinären wie strategisch-taktischen Wandlung in Deutschland entlanghangle, beleuchte ich die Grundsätze, die allen Kampfpanzern gemeinsam sind: Panzeringenieure beschäftigen sich bei jedem Kampfwagen vordergründig mit drei Basisattributen, deren Verhältnis zueinander es zu verhandeln gilt, da sie durchaus miteinander im Zielkonflikt stehen: **Beweglichkeit**, **Schutz** und **Feuerkraft**. Eine hohe Beweglichkeit geht zu Lasten des Schutzes und der Feuerkraft, und umgekehrt macht eine Stärkung der beiden letztgenannten Attribute den Panzer schwerer und somit träger. Um es einmal anschaulich zu machen: Der Leopard 1 ist in der Version A1A1 mit einer Zusatzpanzerung an den Turmflanken und der Turmblende verstärkt worden, welche die Gesamtmasse mal eben um das Gewicht eines Schwarzwälder Kaltblutes erhöht. Ich bin kein Pferdeexperte, aber Google sagt mir, die Tiere wiegen 700 Kilogramm, womit der Vergleich ungefähr hinkommt. So eine Gewichtszunahme wirkt sich natürlich negativ auf den Faktor Beweglichkeit aus.

Die Erfindung des Panzers sowie sein erstes Auftreten an der Westfront des Ersten Weltkriegs im Jahre 1916 trafen die militärischen Akteure in einer Zeit, in der sich das Verhältnis zwischen Mensch und Technologie im Kriege in rasender Geschwindigkeit verschob. Maschinengewehre, Flugzeuge und die allgemeine Industrialisierung des Kampfes hatten die meisten Überlegungen aus Vorkriegszeiten zu möglichen Kriegsszenarien obsolet werden lassen. Die Heere der kriegführenden Nationen rannten meist verlustreich wie vergeblich gegen schier unüberwindbare Bollwerke aus Feuer und Stahl an.

Vor 1914 hatte es im Deutschen Kaiserreich keine nennenswerten Bestrebungen gegeben, Panzer zu entwickeln, auch wenn der Technologiestand aller drei Basisattribute dafür weit genug gediehen war. Wenige Studien über gepanzerte Kampfwagen, die meist als Reißbrettkonzept oder mehr oder weniger ausgereifter Prototyp vorlagen, wurden eher als mobile Artillerie oder Transportmittel denn als eigene Waffe verstanden und nicht in nennenswerter Stückzahl beschafft.

Es soll an dieser Stelle nicht unterschlagen werden, dass das Aufkommen einer neuen Waffengattung nicht ausschließlich mit offenen Armen empfangen wird, auch wenn ihre Vorteile auf der Hand liegen mögen. Militärische Organisationen sind soziale Gebilde, in denen neben der militärischen Logik auch politische Überlegungen, Verteilungskonflikte um Mittel und Geltung und der Erhalt von Traditionen eine nicht zu unterschätzende Rolle spielen. Wenn demnach die Erfindung des Kampfpanzers bald ganze Waffengattungen wie die Kavallerie vor die Existenzfrage stellt, dürfen sich die geneigten Leser vorstellen, dass das nicht jeder Kavallerist freudestrahlend begrüßt haben wird. Auch solche Umstände verlangsamten die Erfindung und Fortentwicklung des Panzers speziell in Deutschland immer wieder, wie es Markus Pöhlmann in seinem umfassenden Werk zur deutschen Panzerwaffe bis 1945 herausgearbeitet hat.

Der erste Einsatz von Kampfpanzern blieb demnach den damaligen Kriegsgegnern Deutschlands vorenthalten: Am 15. September 1916 setzten die Briten erstmals ihren Tank Mark I im Rahmen der Somme-Schlacht bei Flers ein. Rund sieben Monate später erschienen erstmals französische Panzer auf den Schlachtfeldern der Westfront.

Ein deutscher A7V-Panzer, hier erbeutet durch französische Soldaten und ohne Bewaffnung

Deutscherseits wurden ernsthafte Rüstungsanstrengungen zur Aufstellung einer eigenständigen Panzerwaffe erst wenige Wochen vor Kriegsende aufgenommen. Zuvor war oft wenig zielführend von verschiedenen Stellen an unterschiedlichen Konzepten herumgeforscht worden, von denen einige wenige wie der A7V oder der Leichte Kampfwagen II die Serienreife erreichten und in ein- bis zweistelligen Stückzahlen produziert wurden. Bedeutender war für das deutsche Heer der Einsatz von Beutetanks. Im November 1918 befanden sich rund 170 erbeutete Kampfpanzer im Einsatz.

Eine Auswertung deutscher Gefechtsberichte von den ersten Zusammenstößen mit Panzern der Entente durch Markus Pöhlmann ergab, dass das Aufkommen der gegnerischen Tanks keinen allzu großen Eindruck auf die deutschen Soldaten zeitigte – tatsächlich finden sie in jenen Berichten kaum Erwähnung, und wenn, so wird der Tank oft auf ein Schreckgespenst für die Moral ohne echten militärischen Wert reduziert. Durchaus fielen zahlreiche Panzer der Entente aufgrund technischer Defekte aus. Vereinzelt löste der Vorstoß britischer Panzerkräfte Panik auf deutscher Seite aus; ob dies an den Tanks lag oder allgemein an einer überraschenden Angriffsbewegung mit überlegenen Kräften, kann nicht abschließend geklärt werden.

Auf der deutschen Seite wurden Panzer erstmals im Zuge der Michael-Offensive im März 1918 offensiv eingesetzt, allerdings ohne durchschlagenden Erfolg. Am 24. April 1918 ereignete sich bei Villers-Bretonneux das erste Panzergefecht der Geschichte: ein deutscher A7V traf auf drei britische Mark IV. Die A7V-Besatzung vernichtete einen britischen Wagen, ehe ihr Panzer durch Artillerietreffer beschädigt und zum Rückzug gezwungen wurde. Kurz darauf verwickelte ein weiterer A7V sieben britische Whippets (leichte MG-Tanks) in einen Kampf. Auch hier konnte ein britischer Panzer zerstört werden, und drei beschädigt.

Mit dem Verlust der Initiative im Sommer 1918 kam den Tanks unter deutscher Flagge nunmehr die Aufgabe zu, gegnerische Angriffe abzuwehren und örtlich begrenzte Gegenstöße zu unterstützen.

Der Panzer dürfte insgesamt keinen nennenswerten Einfluss auf den Verlauf des Krieges ausgeübt haben – auf keiner Seite. Er war technisch zu anfällig, zu langsam und stand allgemein in zu kleiner Stückzahl zur Verfügung, auch auf Seiten der Entente. Theoretisch hätte er das Potenzial gehabt, MG-Nester zu überrollen und somit Ein- und Durchbrüche in die Frontlinien zu ermöglichen, doch wurde dieses Potenzial aufgrund mangelnder Einübung der Abläufe zwischen der Infanterie und den Panzerbesatzungen, technischen Unzulänglichkeiten und einem noch nicht ausgereiften Verständnis vom Tank als eigenständiger Waffe nicht ausgeschöpft, zumindest nicht vor 1918, und auch im letzten Kriegsjahr nur in Ansätzen, beispielsweise in der Schlacht um Cambrai.

Auch waren das Leben und Kämpfen in einem Tank im Ersten Weltkrieg eine unvergleichliche Tortur. Die Männer rumpelten in fast perfekter Dunkelheit in einem Fahrzeug, das keine Federung besaß, durch die Kraterlandschaft der Westfront, während in ihrer Mitte ein Motor, groß wie ein Kleiderschrank, den Kampfraum binnen kürzester Zeit auf bis zu 60 Grad Celsius erhitzte. Nach zwei Stunden in so einem Panzerwagen waren die Männer fix und fertig und erst einmal einsatzunfähig.

Eine Episode aus der Schlussphase des Krieges verdeutlicht die technischen und organisatorischen Unzulänglichkeiten der frühen Panzer: Am 31. August 1918 sollten die mit A7V ausgerüsteten Abteilungen 1 und 2 bei Frémicourt einen Gegenstoß gegen britische Stellungen vortragen. Von den neun einsatzbereiten Tanks wurde einer allerdings vor Angriffsbeginn an die Heimatfront abtransportiert, um zu Propagandazwecken ausgestellt zu werden – zu allem Überfluss fuhr der Kommandeur der Abteilung 1 gleich mit. Hinzu kamen technische Defekte, sodass letztlich nur drei A7V zum Angriff antraten. Beim Anmarsch in den zugewiesenen Frontabschnitt rissen die Tanks ob der eingeschränkten Sicht der Fahrer versehentlich ein Gebäude ein und verschütteten dadurch 30 deutsche Soldaten. Der Angriff misslang letztlich, da die Infanterie den Anschluss an die Tanks verlor. Als die A7V unverrichteter Dinge umdrehten, wurden sie von den eigenen Leuten für britische Panzer gehalten und beschossen, wodurch zwei Fahrzeuge verlorengingen.

Diese Episode steht sinnbildlich für fehlende Orientierungsmöglichkeiten der Panzerbesatzungen, die mangelhafte Abstimmung mit der übrigen Truppe, technische Unzulänglichkeiten und eine organisatorische Verzettelung, was die frühe Panzerwaffe oftmals um ihre potenzielle Schlagkraft brachte.

In der Nachkriegszeit spielten Tanks und Panzerautomobile im Zuge der Grenzschutzkonflikte und innerdeutschen Kämpfe propagandistisch zwar eine große, realmilitärische aber eine zu vernachlässigende Rolle. Freikorps-Einheiten verfügten nachweislich über einige Beutetanks, A7V sowie umgebaute Nachrichtenübermittlungswagen, die mit bis zu 14 MG ausgerüstet wurden. Mit dem Versailler Vertrag wurde Deutschland ab 1919 untersagt, Kampfpanzer zu besitzen oder auch nur für den Export zu produzieren. In der Folge wurden sämtliche Restbestände abgegeben oder verschrottet.

Mit der Weisung des Chefs der Heeresleitung zur Kampfwagenausbildung aus dem Jahr 1924 fand der Panzer Einzug in die Ausbildung der Reichswehr. Die Weisung verfügte, dass ausgewählte Offiziere aller Truppenteile und Standorte als Referenten eingesetzt werden sollten, um aktuelle Entwicklungen auf dem Feld der Panzerwaffe zu verfolgen und der Truppe zu vermitteln. Auf Übungen sollten durch Attrappen eigene und feindliche Kampfwagen dargestellt und ihre Einwirkungen auf das Gefecht erforscht werden. Gleichwohl blieb der Umgang mit dem Waffensystem Kampfpanzer in den ersten Jahren der Reichswehr ein theoretischer, der sich weitgehend auf dem Feld der Publizistik abspielte. Deutsche und ausländische Autoren stritten um die Rolle der Panzerwaffe im nächsten Krieg, und die Reichswehr beobachtete und förderte die Debatte durch das Übersetzen ausländischer Texte und das Bereitstellen von Ressourcen für deutsche Autoren, die ihre Kenntnisse vornehmlich aus ihrer Weltkriegserfahrung schöpften und darauf aufbauend Konzepte entwickelten. Volckheim, de Gaulle, Fuller und viele mehr bestimmten die Debatten jener Tage.

Mit dem Abzug der Interalliierten Militärkontrollkommission aus Deutschland verbesserten sich die Chancen für die Reichswehr, das Panzerverbot des Versailler Vertrags auszuhöhlen. Mit dem geheimen Rüstungsprogramm von Reichswehrminister Wilhelm Groener aus dem Jahr 1928 wurde erstmals mit einer deutschen Panzerwaffe in der Größenordnung von sieben Panzerkompanien geplant. Tatsächlich war die Reichswehr bereits seit 1925 an verschiedene deutsche Unternehmen herangetreten, um unter der Tarnbezeichnung „Traktor“ Panzerprototypen zu entwickeln. Diverse Konzepte für mittlere und leichte Tanks wurden bis 1930 durch das Waffenamt abgenommen und als Prototyp umgesetzt. Darüber hinaus gab es noch die geheime Zusammenarbeit mit der Sowjetunion in Sachen Luftfahrt, Panzer und Gas. Für die Panzertruppe stand ab 1929 die geheime Erprobungs- und Ausbildungsstätte in Kasan (Deckname Kama) zur Verfügung. Deutsche Offiziere wurden dort auf alle Positionen im Panzer ausgebildet (Fahrer, Richtschütze, Kommandant, Ladeschütze, Funker), daneben wurden in Kasan die oben genannten Prototypen und weitere Muster erprobt. Die dabei gesammelten Erkenntnisse flossen maßgeblich in die Entwicklung der ersten Wehrmachtspanzer ein.

Nach der Machtergreifung Adolf Hitlers versprach er der Reichswehr eine rasche Aufrüstung. Und er sollte Wort halten. Zunächst aber wurde die deutsch-sowjetische Zusammenarbeit im Sommer 1933 wohl eher aus wirtschaftlich-militärischen Überlegungen denn aus ideologischen Gründen eingestellt – im Zuge der nun offiziellen Aufrüstung entfiel schlicht die Notwendigkeit, eine geheime Panzerbasis im Ausland zu unterhalten. Markus Pöhlmann sieht den Wert Kamas vor allem in ihrer Funktion als militärisch-technische Netzwerkschmiede und Erprobungsstätte, weniger in ihrer Funktion als Taktikschule, wobei Kama der Reichswehr vor allem aufgezeigte, wie man Tanks nicht baut. Sämtliche „Traktor"-Projekte wurden verworfen, ihr Nachfolger, das sogenannte „Neubaufahrzeug", wurde nicht zur Serienproduktion freigegeben. Interessanterweise hat sich Deutschland, wohl aufgrund der Rüstungsbeschränkungen, nie am Ausflug ins Reich der Mehrturmpanzer beteiligt, ein Konzept, das spätestens mit Beginn des Zweiten Weltkriegs in Europa verworfen wurde. Das Neubaufahrzeug bleibt der einzige Tank aus deutscher Entwicklung, der sich dem Mehrturmkonzept annäherte.

Im Sommer des Jahres 1935 – die Rüstungs- und Armeebeschränkungen, welche sich aus dem Versailler Vertrag ergaben, spielten zu diesem Zeitpunkt bereits keine Rolle mehr – tauchte in einem Kriegsspiel der Reichswehr erstmals ein Panzerverband als selbstständig operierendes Korps auf. Im Oktober desselben Jahres wurden die ersten drei Panzerdivisionen aus der Taufe gehoben. Die Idee einer auf Schnelligkeit und Feuerkraft setzenden Panzerwaffe, operativ losgelöst von der Infanterie agierend, wurde zu diesem Zeitpunkt bereits seit Jahren auf der deutschen wie der internationalen Bühne diskutiert. Der spätere Generaloberst der Wehrmacht, Heinz Guderian, wird gerne in die Rolle des Erfinders der eigenständigen Panzerwaffe gerückt, wohl auch, weil er diese Interpretation durch seine Selbstdarstellung in seiner Autobiographie befeuert hat – eine Darstellung, die lange ungeprüft zur Tatsache erhoben wurde. Markus Pöhlmann hat in seiner Habilitationsschrift herausgearbeitet, dass Guderian wohl der richtige Mann zur richtigen Zeit am richtigen Ort war, um die Erhebung der Tanks zur eigenständigen Waffe innerhalb der Reichswehr voranzutreiben, dass er dafür aber Ideen aufgriff, die in der Publizistik bereits seit einigen Jahren kursierten. So prägte Oberst von Faber du Faur bereits im Jahr 1934 den Begriff der Panzerdivision als ein eigenständig agierender Verband der Panzerwaffe. Zuvor hatte Major von Radlmaier bereits 1929 die Idee einer Kampfwagendivision ins Spiel gebracht.

Es ist bemerkenswert, dass es letztlich der kleinen, lange eingeschränkten Reichswehr noch vor den französischen und den britischen Streitkräften gelang, tatsächlich eigenständige Panzerdivisionen aufzustellen. Die Produktionszahlen von Kampfpanzern in der Vorkriegszeit verdeutlichen den rasanten Aufbau der deutschen Panzerwaffe: im Jahr 1934 wurden 150 Panzer produziert, in den darauffolgenden beiden Jahren bereits insgesamt 1.297 Stück. 1937 und 1938 kombiniert wurden weitere 1.821 Panzer gebaut. Somit verfügte die Wehrmacht im letzten Friedensjahr bereits über fast 3.300 Kampfpanzer – und das nur zehn Jahre, nachdem die Panzerwaffe im deutschen Heer noch eine vor allem theoretische

Angelegenheit gewesen war! Auch die Waffen-SS begann ab 1939 damit, ihre Verbände zu mechanisieren. Sie wurde in der Folge in der Ausstattung mit gepanzerten Fahrzeugen bevorzugt, weshalb die mechanisierten Kräfte der Waffen-SS eine bedeutendere Rolle im Krieg spielten im Verhältnis zu den Verbänden der Waffen-SS insgesamt.

Das Waffenamt sah sich ob verschiedener Zwänge dazu verdammt, mit dem Panzer I zunächst einen Tank zur Serienproduktion freizugeben, dessen Truppenreife und Fronteignung von allen Seiten angezweifelt wurden. Bewaffnet war er nur mit zwei Maschinengewehren, zudem galt er als untermotorisiert, auch in späteren Ausführungen. Diese Unzulänglichkeiten zeigten sich im ersten Einsatz der deutschen Panzertruppe, im spanischen Bürgerkrieg, wo Panzer I, zumeist von Spaniern geführt, zum Einsatz kamen. Die Produktion dieses Musters wurde daher noch vor Kriegsbeginn zugunsten schwererer Panzer der Modelle II, III und IV eingestellt.

Die wertvollsten Erkenntnisse aus dem Spanischen Bürgerkrieg waren namentlich die Effektivität einer Luftwaffe, die den operativen Kampf am Boden durch koordinierte Punktzielbekämpfung unterstützt, sowie die Notwendigkeit einer Funkausrüstung in jedem Tank. Letzteres trug maßgeblich zu den Erfolgen der deutschen Panzertruppe in den ersten Kriegsjahren des Zweiten Weltkriegs bei. Die meisten Panzer der gegnerischen Streitkräfte verfügten 1939/1940 nicht über Funksysteme, was die Führung im Gefecht erheblich erschwerte.

Am 12. März 1938 beteiligte sich die deutsche Panzertruppe am hastig befohlenen Einmarsch in Österreich, was die logistischen Probleme der noch jungen Waffe offenlegte. Betriebsstoffe waren derart knapp, dass sich die Panzermänner über zivile Tankstellen versorgen mussten.

Im Herbst 1938 nahmen deutsche Panzer am Einmarsch ins Sudetenland teil. Wenig später fielen dem deutschen Heer potente tschechoslowakische Panzer inklusive deren Produktionsstätten in die Hände – eine dringend notwendige Ergänzung für die deutsche Panzertruppe, die zum Zeitpunkt des Überfalls auf Polen insgesamt über gerade etwas mehr als 300 Kampfpanzer der Typen III und IV verfügte; Panzer I und II bildeten zu diesem Zeitpunkt das Rückgrat der deutschen Panzerwaffe, und beide Muster waren nur mit Maschinengewehren beziehungsweise einer 2-Zentimeter-Kanone als Primärwaffe ausgerüstet. Damit waren die Panzertruppen von Wehrmacht und Waffen-SS im Jahr 1939 weder auf der Höhe der Zeit noch ihren Gegnern ebenbürtig ausgestattet.

Zu jener Zeit stilisierten die Nationalsozialisten und die Wehrmacht den Panzer zum aufgeladenen Symbol hoch. In Darstellungen in Film, in Romanen und in der Presse waren die neuen deutschen Kampfwagen sehr präsent. Der Tank hatte sich endgültig von einer Waffe der anderen zu einem Ausdruck eines neuen deutschen Selbstbewusstseins gewandelt.

Neben den Kampfpanzern bildeten sich seit den 1920er Jahren überdies weitere Typen gepanzerter Fahrzeuge heraus. Zu nennen sind Schützenpanzer, die dem Transport der Infanterie ins und im Gefecht dienten, sowie Radpanzer für Späh- und Erkundungszwecke, ferner Sturmgeschütze und Ähnliches. Vor allem die vom späteren Generalfeldmarschall der Wehrmacht Erich von Manstein ersonnenen Sturmgeschütze sollten sich bald als leistungsfähiges Substitut für die Mangelware Kampfpanzer erweisen. Die Sturmgeschütze waren unter anderem aufgrund des fehlenden Turms ressourcenschonender zu produzieren und einzusetzen. (Die für Sturmgeschütze und andere Selbstfahrlafetten gebräuchlichen Begriffe sind damals wie heute vielfältig und nicht trennscharf, was zu einiger Verwirrung führen mag. So wird beizeiten von Sturmpanzern, Panzerjägern, Jagdpanzern etc. gesprochen; und dann gibt es auch noch Pak auf Selbstfahrlafetten. Der Einfachheit halber fasse ich unter dem Begriff Sturmgeschütz sämtliche turmlosen Geschützpanzer auf Kette und Selbstfahrlafetten mit Kanone zusammen.) Bis Kriegsende sollte Deutschland mehr als 22.800 Sturmgeschütze produzieren sowie rund 29.500 Kampfpanzer. Hinzu kamen mindestens 3.200 Beutepanzer.

Zunächst aber überfiel Deutschland im September 1939 Polen und setzte dabei rund 3.200 Panzer und Sturmgeschütze ein. In den beiden Heeresgruppen, die zum Angriff antraten, waren die sogenannten Schnellen Verbände (Panzerverbände plus motorisierte Infanterieverbände) mit 25 beziehungsweise 40 Prozent vertreten, was verdeutlicht, dass Wehrmacht und Waffen-SS für ihren Feldzug in signifikantem Maße auf motorisierte beziehungsweise mechanisierte Kräfte setzten und dafür so gut wie alle zur Verfügung stehenden schnellen Truppen einsetzten. Die Panzertruppe war ihrem polnischen Äquivalent zahlenmäßig vier zu eins überlegen, qualitativ schlug die deutsche Einsatzdoktrin ihr polnisches Pendant, und was die eingesetzten Typen anbelangte, waren die deutschen Panzer III und IV sowie die tschechoslowakischen 38(t) den polnischen Mustern überlegen. Deutschland überrollte Polen binnen Wochen. Dies darf aber nicht darüber hinwegtäuschen, dass die Verluste auf deutscher Seite nicht unerheblich waren; unter anderem wurden 224 Panzer zerstört.

Der Lackmustest stand der deutschen Panzerwaffe mit der nächsten militärischen Konfrontation bevor, die ihre Schatten bereits vorauswarf: Frankreich, das britische Expeditionsheer und die Beneluxstaaten versammelten im Nordosten beziehungsweise Osten Frankreichs 3.874 Panzer. Die französischen Streitkräfte galten in Zahlen gar als die zweitgrößte Militärmacht der Erde. Deutscherseits konnten für den Feldzug gegen Frankreich gerade 2.580 Panzer, nunmehr in zehn Panzerdivisionen organisiert, ins Feld geführt werden. Auf der qualitativen Betrachtungsebene sticht hervor, dass die Franzosen ihre Panzer noch immer vornehmlich als Infanterieunterstützer ansahen und daher kaum eigenständige Tankverbände aufgestellt hatten. Die Deutschen hingegen konnten ob überlegener Führungstaktik, ihrer Kriegserfahrung aus Polen und besserer Kommunikationsmittel ihre zahlenmäßige Unterlegenheit ausgleichen.

Der Angriff begann am 10. Mai 1940, der Feldzug sollte nur rund sechs Wochen dauern, ehe Frankreich kapitulierte. Die deutschen Panzerverbände stießen in einer nie gekannten Geschwindigkeit vor; die alten Schlachtfelder des Ersten Weltkriegs rauschten nur so vorbei. Vom Siegestaumel ergriffen und mit der Droge Pervitin versorgt (Pöhlmann, M., 2016, S. 317) verselbstständigten sich viele schnellen Verbände, eilten dem Gros der Truppe davon und stürmten von Sieg zu Sieg ohne

Rücksicht auf Verluste oder die allgemeine strategische Lage. Einige Historiker werten Hitlers berüchtigten Haltbefehl vor Dünkirchen vom 24. Mai 1940 daher als Versuch, den Kontrollverlust seiner schnellen Truppen einzudämmen. Der Zustand der seit nunmehr 14 Tagen ununterbrochenen im Kampf stehenden Divisionen schien jedenfalls bedenklich, doch sorgte jener Haltbefehl auch dafür, dass Hunderttausende alliierte Soldaten gen England fliehen konnten. Am 22. Juni 1940 wurde schließlich ein Waffenstillstand zwischen Berlin und Paris vereinbart, womit für die Franzosen eine rund vierjährige Besatzungszeit begann. Die schnellen Truppen, und hier insbesondere die deutschen Panzer, spielten zusammen mit der Luftwaffe, die erfolgreich gegen Erdziele eingesetzt wurde, die entscheidende Rolle im Sieg über Frankreich. Dabei verzeichneten die deutschen Streitkräfte je nach Quelle zwischen 700 und 800 Totalausfällen an Panzern, wobei fast 60 Prozent davon auf die schwachen Panzer I und II entfielen.

Unterdessen trieb Deutschland den Ausbau seiner Panzerwaffe weiter voran. Bis Jahresende wurde die Zahl der Panzerdivisionen bei gleichzeitiger Verschlankung der Verbände auf insgesamt 20 erhöht und Panzer III, IV und tschechoslowakische 38(t) kamen in immer größerer Zahl zur Truppe. Von Januar bis Juni 1940 wurden fast 2.000 Panzer produziert, das waren knapp 26 Prozent der bis dahin insgesamt produzierten Kampfwagen. Daneben setzte die deutsche Panzertruppe zu Beginn des Angriffs auf die Sowjetunion im Sommer 1941 zu einem nicht unerheblichen Teil auf Beutefahrzeuge – rund jeder zehnte Kampfwagen konnte dieser Kategorie zugerechnet werden. In der Zwischenzeit hatten sich mit den deutschen Feldzügen in Skandinavien, Jugoslawien, Griechenland und Nordafrika neue Kriegsschauplätze eröffnet. Insbesondere auf letztgenanntem entwickelten sich große Panzerschlachten.

Mit dem Angriff auf die Sowjetunion am 22. Juni 1941 wurde der größte und wohl mörderischste Kriegsschauplatz des Zweiten Weltkriegs eröffnet. Die Rote Armee verfügte zu diesem Zeitpunkt über viermal mehr Tanks als die deutsche Seite, darunter allerdings auch viele veraltete Muster. Zudem befand sich die Panzertruppe der Roten Armee in jener Zeit mitten in einer Umstrukturierung, und die stalinistischen Säuberungen hatten einen regelrechten Mangel an Führungspersönlichkeiten hinterlassen. Allerdings bekamen es die deutschen Panzermänner auch mit dem neuartigen T-34 zu tun, dessen abgeschrägte Panzerung Geschosse abprallen ließ wie Tennisbälle. Noch im November 1941 erteilte das Oberkommando des Heeres den Auftrag zur Entwicklung eines Kampfpanzers, der dem T-34 überlegen sein sollte, was deutlich macht, wie tief der T-34-Schock auf der deutschen Seite saß.

Über Monate hinweg stießen Wehrmacht und Waffen-SS dennoch unnachgiebig tiefer auf sowjetisches Territorium vor. Erst vor Moskau kam der Vormarsch zum Erliegen. Die Eroberung der gegnerischen Hauptstadt sollte ein Wunschtraum Hitlers bleiben. Mit zunehmender Kriegsdauer entfesselte die Sowjetunion ihr ungeheures Aufrüstungspotenzial; die quantitative Überlegenheit der Roten Armee sollte die deutschen Streitkräfte zusehends erdrücken.

Im Winter 1941/1942 lagen die Panzerverbände des Ostheeres nach bald sechs Monaten nahezu ununterbrochenem Fronteinsatz völlig erschöpft und ausgezehrt darnieder, die Verluste an Mensch und Material konnten nicht mehr ausgeglichen werden. Anfang Dezember verfügte beispielsweise die 10. Panzerdivision noch über ganze 16 verschlissene Kampfwagen und bestand damit höchstens noch auf dem Papier als Panzerverband. Bei anderen Einheiten sah es nicht besser aus. Bis zum 31. Januar 1942 hatten Wehrmacht und Waffen-SS insgesamt 4.241 Panzer verloren. Nachdem die sowjetische Winteroffensive Ende März zum Erliegen gekommen war, standen dem Ostheer deutscherseits insgesamt (!) noch 140 einsatzbereite Panzer zur Verfügung. Damit lag die deutsche Panzerwaffe in Trümmern, an Panzerstoßkeile zur operativen Schlachtentscheidung war gar nicht mehr zu denken. Die deutsche Panzerwaffe sollte sich von diesen Verlusten nie wieder erholen, sie verdingte sich fortan vor allem als Frontfeuerwehr in den Rückzugskämpfen der folgenden Jahre.

Die deutschen Offensiven des Jahres 1942 verliefen sich, es folgte das Debakel von Stalingrad.

Das Jahr 1943 brachte im Sommer die Schlacht um Kursk (Operation Zitadelle). Wehrmacht und Waffen-SS griffen den Kursker Frontbogen mit insgesamt 2.637 Kampfwagen an, darunter rund 200 Panzer V Panther, 128 Panzer VI Tiger und 90 Sturmgeschütze Ferdinand. Ihnen standen etwa 5.000 sowjetische Panzer gegenüber. Obwohl die deutschen Truppen förmlich alle zur Verfügung stehenden mechanisierten Kräfte für diese Operation zusammengekratzt hatten, konnte das gemessen an den Jahren 1941 und 1942 bescheidene Operationsziel nicht erreicht werden. Eine suggestive Wandlung der deutschen Panzerwaffe vom Träger des Angriffs zur Stütze der Verteidigung fand damit ihren Abschluss.

Dass die deutschen Panzertruppen, was Führung und Qualität anbelangte, ihren sowjetischen Pendants weiterhin überlegen waren, zeigt unter anderem eine der größten Panzerschlachten der Menschheitsgeschichte, die sich im Rahmen der Schlacht um Kursk zutrug: Bei Prochorowka trafen am 12. Juli 1943 bis zu 672 sowjetische Kampfwagen auf rund 200 deutsche Kampfpanzer und Sturmgeschütze. Der Zusammenstoß endete am späten Abend; die Sowjets verloren 522 Panzerfahrzeuge, die deutsche Seite ganze drei Tanks. Allerdings liegt das krasse Missverhältnis zum Teil auch an der Tatsache, dass die Deutschen das Schlachtfeld behaupten und somit beschädigte Kampfpanzer bergen konnten. Dennoch scheiterte die Operation Zitadelle am zähen Widerstand der Roten Armee sowie an Gegenangriffen, die die Sowjets bald an verschiedenen Frontabschnitten vortrugen.

Deutsche Operationen wie die Schlacht um Kursk oder später die Ardennenoffensive waren nicht mehr als ein letztes Aufbäumen einer Waffengattung, die für solche Aufträge gar nicht mehr über die nötigen Mittel verfügte. Dabei vermochte die deutsche Rüstungsindustrie weiterhin qualitativ hochwertige Technologien hervorzubringen. Der anfänglich dem T-34 unterlegene Panzer IV konnte mit späteren Ausführungen an die Kampfkraft jenes sowjetischen Typs herangerüstet werden. Und berüchtigte deutsche Kampfwagen wie der Panther oder der Tiger, dessen Primärbewaffnung einen T-34 frontal auf 2.000 Meter durchschlagen konnte, und andere mehr lösten unter den Kriegsgegnern regelrechte Schocks aus. Nur konnten diese Muster nicht in ausreichender Zahl an die Front gebracht werden.

Die Reichswehr und später die Wehrmacht hatten sich für die Masse ihrer gepanzerten Fahrzeuge früh auf Ottomotoren festgelegt, was spätestens mit dem Kriegsbeginn gegen die Sowjetunion nicht mehr rückgängig gemacht werden konnte. Der serienmäßige Einbau von Dieselmotoren in Kampfpanzer gelang trotz aller Neuentwicklungen bis Kriegsende nicht.

Mit der alliierten Landung in Italien 1943 sowie in Frankreich im Sommer 1944 kam es auch auf diesen Schlachtfeldern zum massiven Einsatz deutscher Panzer. Für die Schlacht in der Normandie konnte Deutschland etwa 1.800 Panzer und Sturmgeschütze aufbringen. Die materielle Überlegenheit der Gegner, die sich im Personal, in der Anzahl der Kampfpanzer, aber auch bei den Ressourcen und insbesondere in der Luft immer deutlicher abzeichnete, drängte die schnellen Truppen auch im Westen in die Defensive – eine Kampfart, die ihnen weniger lag als der Angriff. Vor allem im Westen setzte die Luftraumbeherrschung durch die Alliierten der deutschen Panzertruppe so sehr zu, dass Bewegungen fast nur noch bei Nacht oder schlechtem Wetter möglich waren. Mit dem massierten Einsatz alliierter Erdkampfflugzeuge trat den deutschen Panzermännern ein Gegner gegenüber, dem sie nahezu schutzlos ausgeliefert waren. Es hätte eine eigene starke Jagdwaffe gebraucht, um die Panzer am Boden zu schützen, diese war aber spätestens seit 1944 nur noch punktuell existent und zudem mit dem Luftschutz deutscher Städte bereits über Gebühr beansprucht. Mitte 1944 verfügten Wehrmacht und Waffen-SS insgesamt über 31 Panzerdivisionen, die aufgrund des Mangels an Personal und Material sowie der sich stetig verschlechternden Kriegslage sehr unterschiedlich im Soll standen. An Gerät standen etwas mehr als 7.100 Kampfpanzer sowie rund 5.200 Sturmgeschütze zur Verfügung.

Mit zunehmender Dauer des Krieges mischte sich Adolf Hitler, der weder über eine technische noch über eine höhere militärische Ausbildung verfügte, immer stärker in die Detailfragen verschiedenster Rüstungsprojekte ein und machte dabei teils abstruse Vorgaben. Dem Strahlenjäger Me 262 zwang er so zum Beispiel die Rolle als Jagdbomber auf, obwohl das Flugzeug dafür nicht geschaffen war, und im sich zuspitzenden Bombenkrieg über Deutschland sowie in den Abwehrkämpfen am Boden sehr viel dringender eine Stärkung der Jägerverbände vonnöten gewesen wäre, wie dies Adolf Galland in seinen Memoiren darlegt. Diese Behauptung lässt sich durch weitere Quellen absichern.

Hitler jedenfalls träumte noch von großen Offensiven, bei denen deutsche Bomber gegnerische Ziele bekämpften, als halb Deutschland in Schutt und Asche lag. Ein ähnliches Bild lässt sich für die Weiterentwicklung der deutschen Panzerwaffe konstatieren. In der Erinnerungsliteratur wird Hitler von zahlreichen Autoren übereinstimmend als ein an Rüstungs- und Technikfragen sehr interessierter und bewanderter Mensch dargestellt, wobei er sowohl die Makroebene der Gesamtrüstung als auch die Mikroebene von Detailfragen wie der Dicke von Panzerungen betrachtete und durch Befehle gerne in selbige eingriff. Mit zunehmender Kriegsdauer nahmen seine Vorstellungen mehr und mehr größenwahnsinnige Züge an, was an unzweckmäßigen und ob der Kriegslage völlig abwegigen Projekten wie dem Landkreuzer Ratte oder dem schweren Panzer Maus deutlich wird. Auf der anderen Seite liegen Hitlers militärische Verdienste für die Rüstung und Organisation der Wehrmacht auf der Hand. Ihn abseits seiner verbrecherischen Ambitionen als Tölpel dazustellen, der den qualifizierten Generalen und Beamten reinredete und dadurch den Krieg im Alleingang verlor, so wie es die Erinnerungsliteratur oftmals versucht, greift zu kurz. Hitler war es allerdings auch, der mit zunehmender Dauer des Kriegs und ausbleibenden Erfolgen zahlreiche Generäle mit nachweislichen Erfolgen in der Führung von Panzertruppen absetzte, was die Panzerwaffe zusätzlich schwächte.

Ein weiterer wichtiger Kopf in der Entwicklung und Produktion von Kampfpanzern und Sturmgeschützen war Albert Speer, der ab Februar 1942 als Rüstungsminister verantwortlich zeichnete, sowie der Konstrukteur Ferdinand Porsche. Beide konnten von sich behaupten, in Hitlers persönlicher Gunst zu stehen.

Das Siechtum der deutschen Panzerwaffe setzte sich währenddessen fort, da trotz stetig steigender Ausstoßzahlen der Rüstung die Verluste nicht mehr ausgeglichen werden konnten – und dies nicht erst, seit Wehrmacht und Waffen-SS mit der Ostfront, Italien und Frankreich mindestens einen Dreifrontenkrieg ausfochten. Zahlen vom Oktober 1943 über die Ist-Stärke deutscher Panzerverbände belegen dies eindrücklich und unterstreichen obenstehende Aussage, die Panzerwaffe habe sich von den Verlusten der ersten sechs Monate des Unternehmens Barbarossa nie wieder erholt. So verfügte die 9. Armee Anfang Oktober 1943 noch über 16 Panzer, die 4. Armee über neun. Andere Großverbände befanden sich in einem ähnlichen Zustand. Das Jahr 1943 stellte für die deutsche Panzertruppe darüber hinaus eine Neuorientierung dar: Hitler holte im Februar den geschassten Guderian zurück und stattete ihn als Generalinspekteur der Panzertruppen mit umfassenden Kompetenzen aus. Dieser vermochte aber nicht zu verhindern, dass sich der Fokus der Rüstung immer weiter zuungunsten von Kampfpanzern hin zu Sturmgeschützen verschob, die für die Abwehr im Osten zweckmäßiger erschienen. Sie waren in der Stirn stärker gepanzert, wiesen eine niedrigere Silhouette auf und ihre Zuordnung zur Artillerie trug dazu bei, dass die Sturmgeschützmannschaften hervorragende Schießergebnisse hervorbrachten. Guderian hätte die Sturmgeschütze gerne in die Panzertruppe integriert, ihm gelang dies jedoch lediglich für die schweren Sturmgeschütze wie den Ferdinand vollständig.

Die letzten größeren Versuche der deutschen Streitkräfte, die Initiative zurückzugewinnen, scheiterten an der schieren quantitativen und teilweise auch qualitativen Überlegenheit ihrer Gegner. So blieb die Ardennenoffensive im Winter 1944/1945 bald im massierten alliierten Abwehrfeuer stecken. Das Fehlen eigener Luftstreitkräfte in signifikanter Stärke und ein akuter Treibstoffmangel hemmten die schnellen Truppen dabei zusätzlich. Auch schwerste Panzertypen wie der Panzer VI Tiger II vermochten an diesen Ergebnissen nichts zu ändern.

Die deutsche Industrie war trotz massierter Luftangriffe durch die USA und Großbritannien erfolgreich darum bemüht, die Ausstoßzahlen weiter in die Höhe zu treiben. So konnte sie im Jahre 1944 schwindelerregende Höchststände vermelden. Allein in diesem Jahr produzierte sie 55 Prozent aller zwischen 1934 und 1945 vom Band gerollten Sturmgeschütze, bei den Kampfpanzern lag der Anteil dieses Jahres bei fast 31 Prozent. Doch vermochte sie nicht mit den Industrien Großbritanniens, der USA und der Sowjetunion gleichzeitig mitzuhalten.

Die hohen deutschen Ausstoßzahlen an Panzerfahrzeugen wurden auch möglich, weil Kriegsgefangene und aus ihren Heimatländern verschleppte Zwangsarbeiter seit 1940 unter teils menschenverachtenden Bedingungen für die deutsche Rüstung schufteten. Daneben müssen wir natürlich auch über Kriegsverbrechen an der Front sprechen. Für die deutsche Panzertruppe ist zu konstatieren, dass zahlreiche Fälle dokumentiert sind, wo sie sich an Kriegsverbrechen beteiligte. Insbesondere im Krieg gegen die Sowjetunion förderte und forderte die politische und militärische Führung durch entsprechende Befehle die Ausübung von Gräueltaten gegenüber der Zivilbevölkerung und Kriegsgefangenen. Kriegsgefangene stellten insgesamt ein Problem für die deutschen Panzertruppen dar, da für ihre Überwachung und Versorgung Kräfte abgestellt werden mussten, und dies beim raschen Vorstoßen unter großem operativem Druck den handelnden Akteuren oft nicht sinnvoll erschien. Dieser bitteren Logik folgend wurden massenhaft Kriegsgefangene und angebliche Freischärler durch Angehörige der Panzerwaffe ermordet. Auch ist belegt, dass Panzertruppen logistische und Sicherungsaufgaben für Mordaktionen der Einsatzgruppen übernahmen sowie sich zu Frustrationsdelikten hinreißen ließen. Daneben sind Verbrechen von Panzermännern insbesondere gegenüber schwarzen französischen Soldaten sowie in Italien seit Mitte 1943 in größerer Zahl belegt. Mit Beginn der Rückzugsgefechte ab 1943 beteiligte sich die deutsche Panzerwaffe an der Vernichtung der Infrastruktur (Stichwort „Verbrannte Erde"), im Ostkrieg wohl systematisch, in Frankreich und Italien vereinzelt.

Mit der bedingungslosen Kapitulation im Mai 1945 endete nicht nur der Zweite Weltkrieg in Europa, sondern erlitt die deutsche Panzerwaffe naturgemäß einen weiteren tiefen Einschnitt: die deutschen Streitkräfte und paramilitärischen Organisationen wurden aufgelöst, das verbliebene Kriegsmaterial wurde abtransportiert oder vernichtet. Wie nach dem letzten Krieg stand Deutschland wieder völlig ohne Panzer dar, anders als 1919 allerdings durften dieses Mal überhaupt keine Streitkräfte mehr unterhalten werden. Das sollte sich aufgrund des eskalierenden Ost-West-Konflikts rascher ändern, als man zunächst glauben mochte.

Zunächst aber wurde Deutschland in Besatzungszonen aufgeteilt, aus denen bald die Bundesrepublik Deutschland im Westen und die Deutsche Demokratische Republik im Osten hervorgingen.

Die DDR begann bereits im Jahre 1948 mit der Wiederbewaffnung durch die Aufstellung kasernierter Bereitschaften, was sicherlich mit ein Grund dafür war, dass die westdeutsche Regierung unter Bundeskanzler Konrad Adenauer bereits seit Anfang der 1950er Jahre Überlegungen zur Wiederbewaffnung der BRD anstellen ließ. Dazu wurde das weithin bekannte Amt Blank ins Leben gerufen, das später im Verteidigungsministerium aufging.

1955 stellte die BRD die Bundeswehr auf, nachdem sie im Jahr zuvor der NATO beigetreten war. Die Entwicklung der Panzerwaffe in der DDR thematisiere ich an dieser Stelle nicht, da sie höchstens rudimentären Einfluss auf die Entstehung der Leopard-Panzer nahm, und zwar als jene Muster, denen der neue westdeutsche Tank potenziell gegenüberstehen würde.

Nach Aufstellung der Bundeswehr erfolgte die Ausrüstung mit Großgerät in drei Stufen:

1. Anschaffung ausländischer Muster
2. Entwicklung von Mustern durch ausländische Firmen auf der Grundlage eines Lastenheftes der Bundeswehr (siehe HS-30)
3. Beauftragung deutscher Firmen mit der Entwicklung/Fertigung von Kampfpanzern

Als Geburtsort der Panzerwaffe der Bundeswehr darf Munster gelten, das bis heute eine bedeutende Rolle für diese Truppengattung spielt. Die Westalliierten stellten zunächst rund 1.100 M47-Kampfpanzer für Ausbildungszwecke zur Verfügung, zudem einige leichte Panzer M41.

Die zweite Stufe darf insbesondere mit dem HS-30, der eigentlich ein Schützenpanzer ist, als Misserfolg gewertet werden, was dazu führte, dass beim Leopard 1 besonderes Augenmerk auf eine umfassende Entwicklung hin zu einem truppentauglichen Fahrzeug gelegt wurde.

Auf der strategischen Ebene wurde angenommen, dass der Warschauer Pakt im Falle eines Angriffes aufgrund seiner zahlenmäßig überlegenen Panzerkräfte aus diesen Panzerstoßkeile formen würde, um an Schwerpunkten der Front Durchbrüche zu erzielen. Der deutschen Panzerwaffe war in diesem Szenario die Aufgabe angedacht, aus der Tiefe heraus Gegenstöße in die Flanken der durchgebrochenen Panzerverbände zu führen, um sie zum Stehen zu bringen und schließlich zu vernichten.

Im Jahr 1957 schloss Berlin ein Militärabkommen mit Frankreich über die parallele Entwicklung eines Standardkampfpanzers. Ein Jahr später stieß Italien dazu. Als Anforderungen an den neuen Standardkampfpanzer wurden unter anderen ein Maximalgewicht von 30 Tonnen, womit dem Attribut Beweglichkeit der Vorzug eingeräumt wurde, sowie ausreichender ABC-Schutz erhoben. Für die deutsche Panzerentwicklung konnten zahlreiche Firmen und Konstrukteure gewonnen werden, die bereits bis 1945 für die deutsche Panzerwaffe entwickelt und produziert hatten, darunter die Konstruktionsfirma Porsche sowie Wegmann und Konstrukteure wie Rabe, Bode und viele mehr.

Das Anforderungsprofil sowie die Entwicklungsschwerpunkte lassen darauf schließen, dass sich die damaligen Akteure auf die Erfahrungen stützten, die im Zweiten Weltkrieg gesammelt wurden. Ich denke, man darf dem deutschen Offizierskorps eine gewisse Konstanz über die verschiedenen Regime und Epochen hinweg unterstellen. Prof. Robert Citino beschreibt das im Zweiten Weltkrieg agierende Offizierskorps als zutiefst preußisch geprägt und zieht eine Traditionslinie vom frühen 19. Jahrhundert bis in die Wehrmacht hinein. Die nachträglich als Blitzkriege propagandistisch aufgearbeiteten Feldzüge der Wehrmacht der Jahre 1939 und 1940 waren demnach keine völlige Neuerfindung der Kriegskunst, sondern die konsequente Weiterentwicklung des preußisch-deutschen Bewegungskrieges ins Zeitalter der Motorisierung hinein. Jene Traditionslinie vom Bewegungskrieg lässt sich mindestens von den Napoleonischen Kriegen an über die Stoßtrupptaktik des Ersten Weltkriegs bis in den Zweiten Weltkrieg hinein erkennen. Eingedenk der Tatsache, dass sich auch das Offizierskorps der Bundeswehr anfänglich auf einen signifikanten Teil erfahrener Offiziere der Wehrmacht stützte, ist davon auszugehen, dass jene Traditionslinie zumindest in die Anfangsphase der Bundeswehr herübergerettet wurde, obgleich die Frage zu klären ist, was nach nunmehr 65 Jahren Bundeswehr heute von der Bewegungskriegsdoktrin noch übriggeblieben ist. Das ist eine Forschungsaufgabe, die dieses Buch nicht leisten kann. Interessant ist jedenfalls, dass ehemalige Angehörige der Wehrmacht und somit Männer, die in jener Traditionslinie verhaftet waren, sicherlich noch Einfluss auf die Entwicklung beider Leopard-Muster nahmen, immerhin bestand das Personal der Bundeswehr noch im Jahre 1970 zu fast 10 Prozent aus Veteranen der Wehrmacht. Demnach dürften die persönlichen Erfahrungen aus dem Krieg und die generelle Einstellung zu den Funktionen und Kompetenzen eines Kampfpanzers eine erhebliche Rolle bei der Erstellung des Anforderungskatalogs zunächst für den Leopard 1 gespielt haben. Auch Überbleibsel propagandistischer Verklärung des Kampfpanzers mögen in den Köpfen der ersten Generale und höchsten Beamten der Bundeswehr verankert gewesen sein. Blicke ich auf die Fähigkeiten des Leopard 1, überkommt mich das Gefühl, dass dieser Panzer das Ergebnis eines Lernprozesses ist, mit dem man Fehler aus dem Krieg identifizierte und zu überwinden versuchte.

Hitler, Speer und die Entscheider in der Rüstung gestanden mit Fortschreiten des Krieges den Attributen Feuerkraft und Schutz immer größere Bedeutung zu. Die Forderungen trugen mit abwegigen Projekten wie dem Panzer Maus oder dem Landkreuzer P 1.000 Ratte abstruse Blüten.

Die Entscheider des Lastenheftes für den Leopard 1 hingegen gaben der Beweglichkeit Vorrang vor dem Schutzfaktor und forderten besagtes 30-Tonnen-Fahrzeug. Hinzu kommt, dass zum Zeitpunkt der Entwicklung des Leopard 1 bereits jede erdenkliche Panzerung mit leichten Panzerabwehrhandwaffen durchschlagen werden konnte – eine Entwicklung, die sich schon gegen Ende des Weltkrieges abzuzeichnen begann. So langte in der Nacht vom 21. auf den 22. Oktober 1944 in Italien ein einzelner kanadischer Soldat und ein Piat-Werfer, um einen deutschen Panther auszuschalten – nur eines von zahllosen Beispielen, wo ein hoher Schutzfaktor mit tragbaren Waffen und Hohlladungsgeschossen überwunden werden konnte. Das im Zweiten Weltkrieg vor allem deutscherseits betriebene Hochschrauben der Panzerung und somit des Gesamtgewichts von Panzertyp zu Panzertyp und Kampfwertsteigerungspaket zu Kampfwertsteigerungspaket erschien nicht länger zeitgemäß. Der Panzer IV wog noch rund 23,5 Tonnen, der Tiger 57 Tonnen, der Panther 45 Tonnen, der Tiger II 68 Tonnen; und die bereits genannten Panzerprojekte, die einen gewissen Größenwahn erkennen lassen, hätten diese Angaben um ein Vielfaches überboten – der Panzer Maus beispielsweise sollte mit rund 190 Tonnen zu Buche schlagen! Interessanterweise sieht Markus Pöhlmann im Panzer Maus nur die konsequente Weiterentwicklung schwerer

Kampfpanzer und macht dies an ihren Außenmaßen fest. Ihm entgeht dabei, dass sich das Gewicht der Maus im Verhältnis zum Tiger II fast verdreifacht, was den Transport zur Front sowie frontnahe Verlegungen beinahe unmöglich erscheinen lassen.

Vor dem Hintergrund der rasanten Weiterentwicklung von Panzerabwehrwaffen stellten sich die Entscheider der Bundeswehr daher der Frage, wie viel Sinn es noch ergab, den Schutzfaktor immer weiter zu erhöhen unter Einbußen bei der Beweglichkeit, denn mehr Schutz bedeutete mehr Gewicht, und das nicht zu knapp, wie auch einige Beispiele bei den Kampfwertsteigerungen der Leopard-Panzer noch zeigen werden.

Darüber hinaus forderten die Entscheider der Bundeswehr günstige Materialerhaltungseigenschaften. Bauteile sollten rasch ausgetauscht werden können, die Palette an verbauten Teilen sollte über verschiedene Typen der Leoparden-Familie hinweg möglichst identisch sein. Damit dürften sie ihre Erfahrungen mit dem Chaos unterschiedlicher Panzertypen während des Zweiten Weltkriegs adressiert haben, welches dazu führte, dass Wartung, Reparatur und Ausbildung erheblich erschwert wurden.

Nicht zuletzt schien es ein Anliegen der Entscheider von Bundeswehr und Verteidigungsministerium zu sein, den Hang der Reichswehr und Wehrmacht zur Anschaffung von Beta-Produkten nicht zu übernehmen, deren Tauglichkeit erst bei Auslieferung der Serienversion durch die Truppe abschließend geprüft und daraufhin durch nachträglich eingerüstete Verbesserungen erreicht werden sollte. Die unzähligen Ausführungen sämtlicher Panzermuster der Wehrmacht legen davon Zeugnis ab. Fahrzeuge wie der Tiger oder der Panther waren ohne Erprobung im Schnellverfahren entwickelt und an die Front geworfen worden, wo dann teils gravierende Mankos zu Tage traten. Der Leopard 1 hingegen sollte letztlich eine Entwicklungs- und Erprobungsphase von rund einer Dekade durchlaufen, um ein möglichst ausgereiftes Fahrzeug ausliefern zu können. Die Erfahrungen unter anderem mit dem HS-30 unterstrichen diesen Entschluss. Gleiches sollte später für den Leopard 2 gelten. Es gehört zur Ironie der deutschen Panzergeschichte, dass von beiden Mustern mittlerweile mannigfaltige Ausführungen existieren, weil sich die tatsächliche Nutzungsdauer deutlich über den ursprünglich geplanten Zeitraum hinweg ausgedehnt hat und sich die potenziellen Gefechtsszenarien zwischenzeitlich völlig verändert haben. Spätestens Ende der 1990er Jahre löste der Kampf gegen guerillaartig operierende Insurgenten im Rahmen eines Auslandseinsatzes die gedachte Massenschlachten Ost gegen West ab, auch wenn letztgenanntes Szenario seit 2014 eine Art Wiederauferstehung erfährt.

Deutschland und Frankreich entwickelten im Rahmen des multinationalen Abkommens entlang eines gemeinsamen Lastenheftes jeweils ein eigenständiges Panzerprojekt. Vergleichserprobungen aus dem Jahr 1961 offenbarten, dass die Deutschen das bessere Fahrgestell, die Franzosen hingegen den besseren Turm gebaut hatten. Die Lösung lag auf der Hand, doch sollte es anders kommen.

Da Großbritannien zwischenzeitlich verlangte, dass sich Deutschland an den Stationierungskosten britischer Soldaten beteilige, kaufte Verteidigungsminister

Strauß 1.500 Panzerkanonen des Kalibers 105 Millimeter plus Munition aus britischer Produktion. Die Franzosen erfuhren davon erst aus der Presse. Die trilaterale Entwicklung wurde im Jahr 1963 abgebrochen und ging fortan getrennt weiter.

Die Deutschen entwickelten ihren Kampfpanzer fort und konzipierten den Turm mit den erworbenen Kanonen. Im Jahr 1965 konnten die ersten Leopard 1 nach rund neunjähriger Entwicklungszeit schließlich an die Truppe übergeben werden, was den Beginn einer großen, internationalen Erfolgsgeschichte markiert. Der Leo 1 löste innerhalb der Bundeswehr zunächst die US-amerikanischen M47-Kampfpanzer ab.

Durch mannigfaltige Kampfwertsteigerungspakete konnte der Leopard 1 bis ins Jahr 2003 in der Truppe gehalten werden und bildet noch heute in mehreren Streitkräften das Rückgrat der Panzerwaffe, wie weiter unten zu lesen ist. Immer wieder hat sich der Panzer in Ausschreibungen und Erprobungen gegen andere Muster durchgesetzt. Insgesamt darf der Leopard 1 als hervorragender Kampfpanzer seiner Zeit gewertet werden (auch wenn beispielsweise Paul-Werner Krapke zu einem etwas anderen Urteil kommt, das meiner Wahrnehmung nach aber emotional gesteuert zu sein scheint). Nicht zuletzt das langlebige Interesse ausländischer Streitkräfte unterstreicht eine positive Bewertung des Panzers. Mit dem Leopard 1 konnte deutscherseits zudem erstmals serienmäßig ein Dieselmotor in einem Kampfpanzer realisiert werden.

Paul-Werner Krapke gilt als Vater des Leopard 2, dessen Entwicklung er als Projektbeauftragter des Bundesamtes für Wehrtechnik und Beschaffung begleitete, nachdem der studierte Wirtschaftsingenieur zuvor an der Serienreifmachung des Leopard 1 beteiligt gewesen war sowie als Referent der Wehrmacht für die Panzer III und IV gearbeitet hatte.

In der Zwischenzeit aber brachen sich neue Entwicklungen bahn, die zu einer zunehmenden quantitativen Überlegenheit des Warschauer Pakts führten. Auch qualitativ rüstete die Panzerwaffe des Ostens mit Mustern wie dem T-62 auf. Die Bundeswehr sah sich mit einem Szenario konfrontiert, in dem sie im Kriegsfall ihre Kampfpanzer gegen eine zahlenmäßige Übermacht gegnerischer KPz ins Gefecht schicken würde, was die Forderung erhob, ein „Vergoldeter Leopard 1“ oder gar ein Nachfolger müssten eine hohe Ersttrefferwahrscheinlichkeit auf bis zu 2.000 Meter aufweisen, auch bei Nacht und aus der Bewegung heraus.

Das 1963 zwischen den USA und der BRD geschlossene Abkommen zur gemeinsamen Entwicklung eines Kampfpanzers (KPz 70) wurde nach unlösbar erscheinenden Komplikationen und technischen Problemen im Jahr 1970 begraben. Erkenntnisse daraus flossen allerdings in die Entwicklung des Leopard 2 ein. Ende der 1960er Jahre hatte die Konstruktionsfirma Porsche Ideen zur Kampfwertsteigerung des Leopard 1 vorgelegt, worin Krapke die Geburtsstunde des Leopard 2 sieht. Jedenfalls war spätestens seitdem die Rede vom Vergoldeten Leopard. Das Verteidigungsministerium gab die Mittel zur Entwicklung von kampfwertsteigernden Komponenten für den Leopard 1 sowie von Komponenten für einen neuen Kampfpanzer durch Krauss-Maffei unter Beteiligung von Porsche und Wegmann frei. Ab Herbst 1970 wurde mit dem Bau von 17 unterschiedliche Prototypen Leopard 2 begonnen, die danach ausgiebig erprobt wurden, unter anderem auch in Kanada und in den USA für extreme Kälte- und Hitzetests. Zur gleichen Zeit liefen Gespräche zwischen Berlin und London über ein weiteres Kampfpanzerprojekt (KPz 3), das über den Status von Konzeptstudien nie hinausreichte.

Musste sich beim Leopard 1 der Parameter Schutz noch den Parametern Beweglichkeit und Feuerkraft unterordnen, entschlossen sich Verteidigungsministerium und Bundeswehr unter dem Eindruck des Jom-Kippur-Krieges dazu, für den Leopard 2 den Parameter Feuerkraft zu priorisieren. Beweglichkeit und Schutz wurden dahinter gleichrangig angeordnet. Insbesondere durch eine verbesserte Turmpanzerung sollte der Schutzfaktor des Fahrzeugs gegenüber dem Leo 1 signifikant gesteigert werden. Auch standen nunmehr Panzerungstechnologien zur Verfügung, die effektiven Schutz vor Hohlladungsgeschossen boten, weshalb die „Zuflucht zur Beweglichkeit“ (Krappke, P., 1986, S. 54) nicht länger notwendig erschien. Das Gefechtsgewicht des Leo 2 sollte auf 55 Tonnen angehoben werden.

Die konkurrenzfördernde Entwicklung und Ausschreibung der Produktion trugen dazu bei, dass die Beschaffung des Leopard 2 weder den Kostenrahmen (den rationalen, nicht den veranschlagten) sprengte noch ein negatives Echo in der Presse hervorrief. Im Jahr 1977 stand der Leopard 2 kurz vor der Serienreifmachung. Das Projekt nahm die parlamentarische Hürde und das Verteidigungsministerium orderte 1.800 Fahrzeuge, mit denen zuallererst die überalterten amerikanischen M48 sowie die turmlosen Kanonenjagdpanzer der Bundeswehr ersetzt werden sollten. Ab Herbst 1978 wurden nach fast zwölfjähriger Entwicklung erste Serienfahrzeuge zur Erprobung ausgeliefert. Am 24. Oktober 1979 nahm der Generalinspekteur des Heeres den Zündschlüssel für das 4. Fahrzeug der Serienproduktion entgegen, womit der Leopard 2 in die Bundeswehr eingeführt wurde.

Insgesamt wurden bis Anfang der 1990er Jahre 2.125 Kampfpanzer für die Bundeswehr beschafft. Leopard 1 und 2 versahen gemeinsam ihren Dienst in der deutschen Panzertruppe, ehe die letzten Leo 1 im Jahr 2003 ausgemustert wurden. Im Jahr 1989 zählte die Bundeswehr mehr als 5.300 Kampfpanzer, hinzu kamen kurz darauf die Tanks der NVA. Die KSZE-Verträge verpflichteten Deutschland ab Anfang der 1990er Jahre dazu, seinen Kampfpanzerbestand auf maximal 3.500 Stück zu reduzieren. Von derartigen Größenordnungen ist die Panzertruppe der heutigen Bundeswehr meilenweit entfernt; sie verfügt über nicht einmal mehr 10 Prozent der zugestandenen Höchstgrenze.

Zunächst stand also eine massive Reduzierung der deutschen Panzerwaffe durch Ausmusterung sämtlicher NVA-Muster sowie des Leopard 1 an. Bis 2015 sollte die Zahl der Leopard 2 auf 225 aktive Fahrzeuge sinken, wurde dann aber als Reaktion auf das neue Bedrohungspotenzial Russlands, das durch die Annexion der Krim offenkundig wurde, bei noch 236 aktiven Panzern gestoppt. Nun plant die Bundeswehr wieder mit einer Vergrößerung ihrer Leopard 2-Flotte auf 320 Fahrzeuge im Jahr 2023.

Paul-Werner Krapke hält in seinem Buch über den Leopard 2 aus dem Jahre 1986 einen Nachfolgepanzer für das Jahr 2000 oder später für realistisch beziehungsweise für angebracht. Jetzt befinden wir uns bereits im „später“, ein Nachfolger für den Leopard 2 lässt weiter auf sich warten, die Entwicklung scheint noch ganz am Anfang zu stehen. Das noch vor der Wende aufgesetzte Panzerprojekt als Ersatz für den Leopard 1 mit Namen Panzerkampfwagen 2000 fiel wie viele Projekte dem Einsparungs- und Truppenreduzierungszwang zum Opfer. Allerdings haben sich die Kosten der Panzerentwicklung und Produktion selbst unter Berücksichtigung der Inflation vervielfacht. Der Leopard 1 schlug im Jahr 1963 noch mit fast 1.000.000 DM Stückpreis zu Buche, der Leopard 2 kostete 17 Jahre später bereits das 3,5-fache. Vor diesem Hintergrund muss die Frage erlaubt sein, in welchem Umfang einer Volkswirtschaft die Entwicklung und Beschaffung eines neuen Kampfpanzers zugemutet werden kann.

Seit der Wende lassen sich bei den unterschiedlichen Nutzern des Leopard 2 als auch bei den zuständigen Rüstungsfirmen grundsätzlich zwei Pfade der weiteren Entwicklung beobachten: die weitere Optimierung für die klassische Duellsituation (Panzer gegen Panzer) sowie eine Entwicklung hin zu einem Waffensystem, das für Friedensmissionen und die asymmetrische Kriegsführung optimiert ist.

Wagen wir zum Schluss einen Blick in die Zukunft: Der Leo 2 hat sein 40-jährhiges Dienstjubiläum in den deutschen Streitkräften derweil hinter sich. Und obgleich die Rüstungsindustrie bestrebt ist, das Kampfpanzersystem durch immer neue Rüstpakete auf den letzten Stand der Technik zu hieven, und obwohl der Leo 2 nach wie vor Abnehmer findet (jüngst Ungarn), sind seine Tage gezählt. Deutschland und Frankreich haben im Jahr 2018 eine Zusammenarbeit auf dem Feld der Kampfpanzerentwicklung begründet. Das „Main Ground Combat System“ soll eine Plattform für verschiedene Fahrzeuge werden, die imstande sein sollen, den Gegebenheiten auf dem Schlachtfeld der Zukunft angepasst zu sein. Künstliche Intelligenz, Laser, Drohnen und autonomes Fahren lauten die Stichworte. Es soll daher nicht mehr auf einen einzigen Kampfpanzer hinauslaufen, sondern auf eine modulare Plattform für unterschiedliche Fahrzeuge. Die Besatzung soll zunächst auf zwei Personen reduziert werden, doch auch unbemannte Panzer sind im Gespräch. Genaueres soll anhand einer Systemarchitekturstudie ermittelt werden.

Meiner Einschätzung nach wird der Öffentlichkeit nicht vor Mitte der 2020er Jahre detaillierter Einblicke in dieses Projekt gewährt werden. Krauss Maffei Wegmann, Rheinmetall und der französische Konzern Nexter arbeiten an dem System, dessen Einführung für das Jahr 2035 vorgesehen ist und das für 40 Jahre im Dienst verbleiben soll. 2035 … der Leo 2 wird dann sein 56. Dienstjubiläum feiern!

Quellenhinweise für diesen Abschnitt

Als Einführung in den Streit um die Rolle der Kavallerie in künftigen Kriegen bieten sich die Texte von Hans von Seeckt (2013) und Graf Schack (1926) an. Rolf Hilmes gibt in seinem bereits erwähnten Leo 1-Typenkompass ganz nebenbei hervorragende Einblicke in die Entwicklung der deutschen Panzerwaffe nach dem Zweiten Weltkrieg (2011), ergänzend auch Zwilling (2018a) und (2020), Vollert (2018a) und (2018b), und Krapke (1986), auch wenn letztgenannter Text ideologisch eindeutig im Graben des Ost-West-Konfliktes feststeckt und sein Verfasser hin und wieder merklich emotional betroffen erscheint. Weiter dazu bietet Hilmes‘ glücklicherweise auf Video festgehaltener Vortrag aus dem Jahr 2016 eine wunderbare Ergänzung zu seiner genannten Publikation. Markus Pöhlmanns Habilitationsschrift (2016) darf als Standardwerk über die deutsche Panzerwaffe bis 1945 gelten und als Grundlage für diesen Text daher nicht fehlen. Bezüglich Adolf Gallands Einordnung zur Entwicklung des Strahlenjägers Me 262 beziehe ich mich auf die Neuveröffentlichung seiner Memoiren: Galland (2012) – der Originaltext ist erstmals 1953 erschienen. Gestützt werden seine Aussagen durch Wolfgang Ernst Buch „War Hitler ein Feldheer?“ (2001). Heinz Guderians Autobiografie zog ich für die Bewertung seiner Bedeutung für die Panzerwaffe hinzu (1994). Einen Überblick über die Qualifikationen Hitlers bietet Thomas Webers „Hitlers erster Krieg“ (2011). Für das Leben und Kämpfen in einem Tank des Ersten Weltkriegs, siehe die bildreichen Beschreibungen von Ralf Raths (2020a). Für die Charakterisierung Hitlers durch die Erinnerungskultur, vergleiche exemplarisch Erich von Mansteins „Verlorene Siege“ (1991). Citinos Aussagen über den Geist des deutschen Offizierskorps, den er in seinem Buch herausgearbeitet hat, fasst er in einer Vorlesung treffend zusammen, die auf Youtube zu finden ist (2010). Weiterführend auch Isabel Hull (2004) sowie Ralf Raths (2020b). Die Episode über den kanadischen Soldaten, der einen Panther mit einem Piat-Werfer außer Gefecht setzte, findet sich in der The London Gazette (1944). Frank Pauli (2010) liefert Informationen über ehemalige Angehörigen der Wehrmacht in der Bundeswehr. Zack Parsons gewährt in seinem bekannten Werk „My Tank is Fight!“ (2006) Einblicke in die obskuren Panzerprojekte des Deutschen Reichs während des Zweiten Weltkriegs. Nicolai Ulbrich (2019) informiert auf der offiziellen Website der Bundeswehr über die aktuelle Sollstärke der deutschen Panzertruppe. Die Höchstzahl bei der Bundeswehr eingesetzten Leopard 2 habe ich Althaus (2019) entnommen. Zur Person Paul-Werner Krapke, siehe Hilmes (2006). Frank Lobitz informiert in seinem Werk über den Leopard 2 im internationalen Einsatz (2009) über die beiden Entwicklungspfade, die sich seit der Wende beobachten lassen. Für die Anzahl von Leopard 2 in der Bundeswehr im neuen Jahrtausend, siehe Lobitz (2019). Das Bundesministerium der Verteidigung (2018) informiert auf seiner Website über das deutsch-französische Panzerrüstungsprojekt, siehe zudem Uzulis (2021).

Der innertürkische Kampf gegen die PKK

Um die militärischen Aktivitäten der Türkei ab 2016 verstehen zu können, muss Ankaras Perspektive auf die militante Kurdische Arbeiterpartei PKK beleuchtet werden, die von der türkischen Regierung und vielen anderen Ländern als Terrororganisation eingestuft wird.

Die Verfassung des türkischen Nationalstaates, die mit dessen Gründung im Jahre 1923 in Kraft trat, erkennt die Kurden nicht als eigenständige Volksgruppe an, sondern schreibt das türkische Volk als eine Einheit fest, deren Sprache Türkisch ist. Von den Kurden wird verlangt, im türkischen Volk aufzugehen. Die kurdische Bevölkerung erstreckt sich über die Territorien von vier Staaten: Syrien, Iran, Irak und die Türkei. Innerhalb der Kurden existieren unterschiedliche Strömungen – einige wollen einen unabhängigen Staat Kurdistan schaffen, andere der kurdischen Minderheit umfassende Souveränität im Rahmen der existierenden Staaten einräumen. Immer wieder bestimmten gewaltsame Auseinandersetzungen die bis heute ungelöste Kurdenfrage. Mehr noch: Die ausgewiesene Kurdenexpertin Sheri Laizer kommt in ihrem Buch „Martyrs, Traitors and Patriots – Kurdistan after the Gulf War“ zu dem Schluss, dass alle vier genannten Staaten das kurdische Volk als Feindbild aufrechterhalten und gegen es mobilisieren.

Zwischen 1924 und 1938 kam es zu zahlreichen kurdischen Aufständen im Süden und Südosten des Landes. Die Regierung verhängte damals den Ausnahmezustand, der erst Anfang der 2000er Jahre wieder aufgehoben wurde.

Speziell die PKK und die türkische Regierung führen seit dem Jahr 1984 einen bewaffneten Kampf gegeneinander, der bereits mehr als 40.000 Todesopfer gefordert hat. Im Verlauf kam es immer wieder zu gewaltvoller Eskalation, aber auch zu Phasen der Gesprächsbereitschaft, zu Waffenstillständen und Annäherungen.

Zu Beginn der 1990er Jahre bahnte sich eine erneute Eskalation an, die zum Einsatz der türkischen Streitkräfte im Osten der Türkei führte, wobei auch aus Deutschland gekaufte Leopard 1-Panzer gegen die Kurden eingesetzt wurden. Die gewaltsame Auseinandersetzung zwischen der PKK und dem türkischen Militär nahm derartige Ausmaße an, dass Jürgen Grässlin in seinem Buch „Schwarzbuch Waffenhandel“ aus dem Jahr 2013 die Türkei als Bürgerkriegsland bezeichnet.

Am 2. Oktober 1992 brach eine bewaffnete Auseinandersetzung zwischen der PKK auf der einen sowie irakischen Kurden, die zu diesem Zeitpunkt ein de facto autonomes Territorium auf dem Boden des Iraks beherrschten, und der Türkei auf der anderen Seite aus.

Am 20. März 1995 überschritten türkische Truppen die Grenze in den Norden des Iraks, um dortige kurdische Kräfte zu attackieren. Laizer beschreibt diese Operation als die größte der türkischen Streitkräfte seit 70 Jahren, größer gar als die Invasion Zyperns. Doch auch davor und danach attackierten türkische Truppen immer wieder kurdische Kräfte im Irak.

Quellenhinweise für diesen Abschnitt

Der Leopard 1-Deal zwischen Deutschland und der Türkei wird sowohl bei Grässlin (2013) als auch bei Hodge (2004) besprochen. Gülistan Gürbey (2014) sowie Rayk Hähnlein (2018) beschreiben die Geschichte des Konflikts zwischen der türkischen Regierung und den Kurden, beide Beiträge sind durch die Bundeszentrale für politische Bildung veröffentlicht worden. Ferner sei auf Laizer (1996) verwiesen, eine umfangreiche und persönliche Auseinandersetzung mit der Situation der Kurden, wobei ich anmerken möchte, dass die Autorin emotional offensichtlich dem Kampf der Kurden um Unabhängigkeit anhängt, was daran ersichtlich wird, dass sie sich bisweilen zu einseitigen Darstellungen hinreißen lässt.

Der Zerfall Jugoslawiens

Was ich hier reichlich abkürzend als den „Zerfall Jugoslawiens" betitele, ist in Wahrheit eine Abfolge zahlreicher, teils sehr unterschiedlicher und manchmal nur lose miteinander verknüpfter Ereignisse, die sich nach dem Tod von Marschall Josip Broz Tito auf dem Gebiet der Sozialistischen Föderativen Republik Jugoslawiens entfalteten. Jene Ereignisse traten einen Prozess los, der zur stückweisen Auflösung Jugoslawiens und zur Gründung zahlreicher Nachfolgestaaten führte. Oft wurde dieser Prozess von organisierter Gewaltanwendung und internationaler Einflussnahme begleitet. Der Zerfall Jugoslawiens bietet für sich genommen genügend Stoff, um dicke Wälzer damit zu füllen (was auch bereits geschehen ist). Wie gesagt werde ich hier nur die Ereignisse zusammenfassend wiedergeben, die relevant sind, um die militärischen Hintergründe zu erfassen, vor denen sich der Einsatz von Leopard-Kampfpanzern auf dem Boden des ehemaligen Jugoslawiens ereignete.

Anfang der 1990er Jahre fanden in den Republiken Jugoslawiens Mehrparteienwahlen statt, die zur „nationalistischen Polarisierung" (Calic, M., 2017) führten. Am 25. Juni 1991 erklärten Kroatien und Slowenien ihre Unabhängigkeit, wenige Monate später gründeten kroatische Serben ihren eigenen Staat auf dem Gebiet Kroatiens. Im Januar 1992 zogen die bosnischen Serben mit der Gründung eines eigenen Staates auf dem Boden Bosnien und Herzegowinas nach: die Republika Srpska. Die Folge waren gewaltsame Auseinandersetzungen zwischen den regulären Streitkräften der jungen Staaten sowie zahlreichen paramilitärischen Gruppierungen.

Zur Befriedung Kroatiens und Bosnien und Herzegowinas beschlossen die Vereinten Nationen am 21. Februar 1992, im Rahmen der Friedensmission **UNPROFOR** ein internationales Truppenkontingent zu entsenden. Die NATO beteiligte sich mit Luftunterstützung. Ein eng gestecktes Mandat weitgehend ohne militärische Handlungsmöglichkeiten (so durften die UN-Truppen auf Artilleriebeschuss beispielsweise nicht mit dem Einsatz von Bodentruppen reagieren), fehlende Ausrüstung und unzureichende Ressourcen (statt der zum Schutz von sechs eingerichteten Sicherheitszonen angeforderten 34.000 Soldaten entsandten die Nationen beispielsweise gerade 7.500) und eskalierende Kämpfe der Konfliktparteien verhinderten zunächst, dass die UN-Truppen friedensstiftend wirken konnten. Im Juli 1995 ereignete sich das Massaker von Srebrenica, ausgeführt durch die bosnisch-serbischen Truppen der Vojska Republike Srpske, die Streitkräfte der Republika Srpska. UN-Soldaten sahen tatenlos mit an, wie unter dem Kommando von Ratko Mladić etwa 7.000 muslimische Männer und Jungen ermordet wurden. Als weitere

Konfliktparteien traten in der Area of Responsibility von UNPROFOR unter anderem Kroatien, Bosnien und Herzegowina sowie Serbien (damals zusammen mit Montenegro als Bundesrepublik Jugoslawien, auch „Restjugoslawien" genannt) in Erscheinung.

Erwähnenswert ist ferner die NATO-Operation **Determined Effort** (Dezember 1994 bis Dezember 1995). Die kanadische Beteiligung an diesem geplanten, aber nie durchgeführten Unternehmen lief unter der Bezeichnung Cobra. Die Absicht lautete, NATO-Truppen aufzustellen, die im Notfall in der Lage wären, auf bosnisches Territorium vorzustoßen, um die dort stationierten UNPROFOR-Kräfte zu entsetzen und deren Extraktion zu ermöglichen.

Mit dem Friedensvertrag von Dayton vom 14. Dezember 1995 endete der Krieg in Bosnien und Herzegowina. Er zeitigte auch das Ende der UNPROFOR-Mission. An ihre Stelle trat eine NATO-geführte Friedenstruppe (zunächst **IFOR** mit rund 60.000 Soldaten, ab Dezember 1996 und bis Dezember 2004 **SFOR)** mit dem Ziel, die Region zu stabilisieren, den Wiederaufbau einzuleiten und die Umsetzung der Vereinbarungen von Dayton zu überwachen. Beide Missionen waren dieses Mal mit einem robusten Mandat ausgestattet und lassen sich wie folgt zusammenfassen: IFOR (Operation Joint Endeavour) sollte Frieden implementieren, SFOR (Operation Joint Guard und darauffolgend Operation Joint Forge) den Frieden stabilisieren. Unter anderem Belgien, Kanada und Dänemark entsandten Panzertruppen für alle drei genannten Missionen.

Beachte: Die Ereignisse auf dem Gebiet des heutigen Bosnien und Herzegowina erscheinen oftmals undurchsichtig und lassen sich vielfach gar nicht eindeutig einer Konfliktpartei zuordnen. Ich spreche in Bezug auf die Leopard-Einsätze verkürzt von bosnischen Serben, was sowohl Truppen der Republika Srpska als auch der Jugoslawischen Volksarmee einschließt.

Im Zuge des Zerfalls Jugoslawiens kristallisierte sich als ein weiterer dedizierter bewaffneter Konflikt der **Kosovokrieg** heraus. Im Jahr 1996 trat die Befreiungsarmee des Kosovo, die UÇK, erstmals mit Anschlägen gegen serbische Einrichtungen in Erscheinung, ab Herbst 1997 intensivierten sich die Kämpfe. Auf serbischer Seite befanden sich zeitweise um die 50.000 Polizisten, Sonderpolizisten, Paramilitärs und Militärs auf kosovarischem Boden im Einsatz. Sie standen unter dem Kommando des Präsidenten der Bundesrepublik Jugoslawien und somit Antagonisten der NATO und der kosovarischen UÇK, Slobodan Milošević. Seine Ziele waren die Auslöschung des albanischen Widerstandes und die Vertreibung kosovo-albanischer Bevölkerungsteile aus dem Kosovo, das für die Serben eine große historische Bedeutung hat. Milošević gegenüber stand die UÇK als bewaffneter Arm der kosovarischen Unabhängigkeitsbewegung, die sich zunächst aus nur wenigen hundert Kämpfern zusammensetzte, nach ihrem Krisenjahr 1998 bis Mai 1999 aber auf schätzungsweise 25.000 Kämpfer anwuchs, welche hauptsächlich mit veralteten Handwaffen ausgestattet waren, während die serbische Seite auf das gesamte Arsenal einer regulären Streitmacht zurückgriff. Im Zuge der Kämpfe um das Kosovo kam es zu zahlreichen Menschenrechtsverletzungen und grausigen Massakern (unter anderem in Raçak) und Racheakten; auch wurden erhebliche

Schäden an der Infrastruktur angerichtet. Hundertausende Menschen traten die Flucht an und lösten eine humanitäre Krise aus, die auf die Nachbarländer übergriff, vor allem auf Mazedonien. Als sich die Lage im Kosovo immer weiter zuspitzte und sich die NATO auf ein militärisches Eingreifen vorbereitete, gab Milošević im Jahre 1998 dem internationalen Druck zunächst nach und stimmte einer OSZE-Mission im Kosovo zu. Es kam zum Milošević-Holbrooke-Abkommen, dessen Vereinbarungen die serbische Seite bald bereits unter anderem durch die Stationierung von mehr als 25.000 Mann an Sicherheitskräften im Kosovo verletzte. In den ersten Monaten des Jahres 1999 scheiterten die internationalen Verhandlungen endgültig; die Mitglieder der OSZE verließen unbehelligt das Land. Angeblich befahl Milošević mit der Operation Hufeisen umgehend eine erneute Offensive gegen den albanischen Widerstand – die Operation sollte zudem auch die Vertreibung der Kosovo-Albaner zum Ziel haben. Calic weist in ihrem Buch „Geschichte Jugoslawiens“ darauf hin, dass die Operation Hufeisen eine Erfindung sei.

Die NATO entschloss sich zu einem dreiteiligen militärischen Eingreifen mit der vorrangigen Zielsetzung, die Vertreibung der kosovo-albanischen Bevölkerung durch serbische Kräfte zu unterbinden, die Kampfhandlungen auf dem Boden des Kosovo zu beenden, die Truppen Miloševićs aus dem Kosovo zu vertreiben und eine internationale Friedenstruppe zu stationieren. Darüber hinaus sollte die Rückkehr aller Vertriebenen gewährleistet werden. Diese Ziele fanden sich später in der UN-Resolution 1244 vom 10. Juni 1999 wieder, ergänzt durch weitere Aspekte wie die Demilitarisierung der UÇK (dazu wurde zwischen KFOR und Vertretern der UÇK am 21. Juni 1999 ein gesondertes Abkommen geschlossen). Als Minimalziel wurde durch die NATO ausgegeben, das Gewaltpotenzial der jugoslawischen Kräfte zu minimieren.

Phase 1 sah dafür im Rahmen der Operation Allied Force die Bekämpfung serbischer Ziele vor, während mit der Operation Allied Harbor humanitäre Hilfe für Flüchtlinge geleistet werden sollte. Mit der Operation Joint Guardian, besser bekannt als Friedensmission **KFOR**, sollte schließlich eine internationale Friedenstruppe unter NATO-Führung ins Kosovo einmarschieren. Diese sollte die innere Sicherheit im Land herstellen, jugoslawische Kräfte an der Rückkehr ins Kosovo hindern, die UÇK entwaffnen und humanitäre Hilfe leisten. Doch der Reihe nach:

Zunächst bombardierten NATO-See- und Luftstreitkräfte vom 24. März 1999 an serbische Ziele im Kosovo und in Serbien (Operation Allied Forces), ehe es am 9. Juni desselben Jahres zu einer Verständigung kam. Die NATO stellte daraufhin nach 79 Kampftagen und 37.465 Einsätzen ihre Angriffe ein. Die Bundeswehr hatte sich dabei unter anderem mit 14 Tornado-Kampfflugzeugen zur Bekämpfung von Zielen als auch zur Aufklärung beteiligt, darüber hinaus mit einer Drohnenbatterie. Zahlreiche serbische Ziele konnten vernichtet werden, doch trafen die Angriffe auch Unbeteiligte. Am 14. April 1999 etwa hatte sich ein Ziel im Nachhinein als Flüchtlingstreck herausgestellt. 73 Menschen, darunter viele Kinder, fanden im Bombenhagel der NATO-Flieger den Tod.

In der Rückschau muss konstatiert werden, dass die Effektivität des NATO-Luftkrieges ausbaufähig blieb. Belgrads Militär und Polizeikräfte verstanden es, die NATO mit Attrappen und falschem Funkverkehr zu täuschen sowie ihre Stellungen hervorragend zu tarnen. Ein effektives Zusammenwirken zwischen UÇK, albanischen Truppen und NATO-Luftstreitkräften stellte sich nur einmal ein, nämlich im Rahmen der Kämpfe um Paštrik. Dafür attestiert Sean Maloney den Bombardements eine signifikante psychologische Wirkung auf den Serbenführer Milošević, der zunehmend fahrig und verzweifelt erschien. Der Kampfeinsatz Allied Forces markierte zudem den ersten Einsatz amerikanischer B2-Bomber. Die NATO konnte den Einsatz ohne personelle Verluste durch Feindeinwirkung abschließen.

Parallel wurde nach einem NATO-internen Ringen um „Boots-on-the-ground-Optionen“ der Einmarsch von Bodentruppen ins Kosovo vorbereitet, dies sowohl für den Fall von Miloševićs Einlenken als auch für ein Szenario, in dem Belgrad stur bleiben würde. (Für diesen Fall ging die NATO davon aus, mit rund 200.000 Soldaten quer durch Jugoslawien gen Belgrad vorstoßen zu müssen, was ohne eine Beteiligung der USA undenkbar war – die Clinton-Administration allerdings zögerte zunächst.)

Geplant wurde mit fünf multinationalen Brigaden. Im März verlegten die ersten Kräfte nach Mazedonien, wo bis Anfang Juni die für den Einmarsch vorgesehenen Verbände sammelten. Zunächst wurde mit der Operation Joint Guarantor Tier 3 ein Unternehmen angedacht, mit dem OSZE-Beobachter aus dem Kosovo geholt werden sollten – diese vermochten das Land letztlich doch unbehelligt und aus eigener Kraft zu verlassen.

Belgrad lenkte am 3. Juni 1999 unter dem Eindruck einer drohenden Invasion durch Bodentruppen der NATO ein, bereits am 9. Juni 1999 trat das Militär-Technische Abkommen zwischen der NATO, der Armee Jugoslawiens und dem serbischen Innenministerium in Kraft. Nur einen Tag später verabschiedete die UN besagte Resolution 1244 als Grundlage für den KFOR-Einsatz. Bemerkenswert ist das äußert robuste Mandat, das KFOR erhielt. Man hatte aus vergangenen Missionen auf dem Balkan gelernt, wo die eingesetzte Friedenstruppe verübten Gräueltaten hilflos hatten zusehen müssen. Serbische Kräfte begannen nach einem exakt festgelegten Plan mit dem Abzug aus dem Kosovo, ihnen folgten ohne Umschweife die Kräfte der KFOR-Mission nach, um kein Machtvakuum entstehen zu lassen. Ab dem 12. Juni 1999 marschierten somit Bodentruppen im Rahmen von KFOR unter NATO-Führung ins Kosovo ein. Neben der Bundeswehr beteiligten sich unter anderem auch Dänemark und Kanada mit Panzerkräften an der KFOR-Mission. Die kanadische Beteiligung lief unter dem Namen Operation Kinetic.

Anfangs standen der NATO für den Einmarsch rund 17.000 Soldaten zur Verfügung, insgesamt wuchs das KFOR-Kontingent rasch auf zeitweise 57.000 Soldaten an. Neben den meisten NATO-Staaten beteiligten sich weitere Länder wie Österreich und Russland. Es wurden fünf Sektoren geschaffen, jeder stand unter der dauerhaften Führung eines NATO-Landes. Die Entwaffnung der UÇK sowie ihre Umwandlung in eine zivile Organisation wurden in Angriff genommen.

Bedingt durch den Krieg bestand (und besteht) neben unerwarteten Gewaltausbrüchen aller Art aufgrund der schwierigen politischen Situation im Land ein großes Sicherheitsrisiko durch Sprengfallen, Minen und Blindgänger, mit denen große Teile des Kosovo verseucht sind.

Sowohl in Bosnien als auch im Kosovo setzte die NATO auf schweres Gerät. Zahlreiche Nationen entsendeten Kampfpanzer und andere gepanzerte Fahrzeuge auf den Balkan. Auch ein militärischer Schlag von Milošević gegen die NATO-Truppen im Kosovo wurde als realistisches Szenario gehandelt. Der entsprechende Verteidigungsplan der KFOR-Truppen erhielt die Bezeichnung Critical Effort, der später zum Plan Thunder weiterentwickelt wurde. Ein Schlüsselfaktor war die Abschreckung Belgrads durch Show of Force.

Beachte: Der NATO stand im Kosovo als Hauptantagonist formal die Bundesrepublik Jugoslawien gegenüber, die de facto serbisch dominiert war. Ich verwende in meiner Abhandlung über Kampfeinsätze unter KFOR-Mandat daher die Begriffe „jugoslawisch" und „serbisch" synonym.

Zur Absicherung und Unterstützung des Kosovo-Einsatzes wurden Bundeswehrsoldaten unter anderem im **mazedonischen Tetovo** nahe der Grenze zum Kosovo stationiert. Der Nachschub wurde zum Teil über Skopje eingeflogen und über Tetovo abgesichert. Am 13. März 2001 brachen heftige Kämpfe zwischen der UÇK und mazedonischen Sicherheitskräften aus, in deren Folge auch eine Kaserne in Tetovo beschossen wurde, die von der Bundeswehr und mazedonischen Soldaten gemeinschaftlich genutzt wurde. Verteidigungsminister Rudolf Scharping reagierte mit der Entsendung von Kampf- und Schützenpanzer nach Tetovo bei gleichzeitigem Abzug eines Teils der dort regulär stationierten Soldaten.

Am 22. August 2001 begann schließlich die Operation **Essential Harvest** der NATO in Mazedonien, nachdem Skopje das Militärbündnis um Hilfe gebeten hatte. Ziel war es, die UÇK im Land zu entwaffnen. Mit Beschluss des Bundestages vom 29. August 2001 beteiligte sich die Bundeswehr an diesem Einsatz.

Quellenhinweise für diesen Abschnitt

Aufschlussreich über den Kosovokrieg ist Kriemanns (2019) Publikation sowie der von Erich Reiter herausgegebene Sammelband aus dem Jahre 2000. Ich stütze mich dabei in diesem Text auf die abgedruckte Zeittafel sowie auf die Beiträge von Walter Feichtinger und Rolf Clement. Interessant ist an dieser Quelle vor allem die unmittelbare zeitliche Nähe zu den Ereignissen, was den Leser die damals herrschenden Hoffnungen und Befürchtungen zur Zukunft des Kosovo und zum nachhaltigen Erfolg der KFOR-Friedensmission näherbringt. Für Hintergrundwissen zu den diversen Konflikten, die sich aus dem Zerfall Jugoslawiens ergaben, ist die Website der Bundeszentrale für politische Bildung eine ergiebige Anlaufstelle, hier vor allem ein Beitrag ohne namentliche Zuordnung aus dem Jahr 2017 sowie die Beiträge von Calic und Fischer (ebenfalls beide 2017). Für einen umfassenden Überblick über die Geschichte Jugoslawiens vom Ende des 19. Jahrhunderts bis zum Beginn des 21. Jahrhunderts empfehle ich Calics Buch „Geschichte Jugoslawiens". Ergänzend ist General Klaus Reinhardts Publikation über seine Zeit im Kosovo empfehlenswert (2002), außerdem Grummitt (2020), Eder (1999) und (2019), Kirchhoff (undatiert) und Maloney (2019).

Zu Eder möchte ich hinzufügen, dass mich sein Auftritt im Rahmen einer „Corona-Demo", wo er forderte, die Bundeswehr gegen deutsche Polizisten und speziell das KSK in Berlin „ordentlich aufräumen" zu lassen (Martin und Anni, 2021), schockiert. Seine jüngsten Äußerungen ändern aber nichts an der Tatsache, dass sein Buch eine hervorragende Beschreibung des Einsatzes deutscher Kräfte im Kosovo darstellt.

Maloney (2019) bespricht ebenso die Operation Determined Effort, weiterführend Government of Canada (2018b). IFOR und SFOR werden darüber hinaus bei SFOR Stabilization Force (undatiert) behandelt, einem offiziellen Webauftritt der NATO. Für die kanadischen Streitkräfte im Kosovo siehe weiterführend Government of Canada (2018a). Für UNPROFOR, IFOR und SFOR, siehe zusätzlich Sørensen (2020). Ergänzend auch Windsor et al. (2008). Zu Windsor sei angemerkt, dass das Buch extrem positiv auf sämtliche Aktivitäten der Kanadier blickt und, obgleich es sich um ein Fachbuch handelt, in seinen Beschreibungen bisweilen beinahe ins Romanhafte abdriftet.

Für die Episode in Tetovo, siehe Ralph Zwillings Publikation (2020) sowie Frankfurter Allgemeine (2001a) und Spiegel (2001). Für Operation Essential Harvest verweise ich auf NATO (2002) und NGO – Die Internet-Zeitung (2002).

Der Krieg in Afghanistan

Die Vereinigten Staaten von Amerika reagierten auf die Terroranschläge vom 11. September 2001 mit einer militärischen Intervention in Afghanistan, da sich das dort herrschende Taliban-Regime weigerte, den Drahtzieher der Anschläge, Osama bin Laden, auszuliefern. Zunächst griff eine US-geführte Koalition Afghanistan ab dem 07. Oktober 2001 im Rahmen der Operation Enduring Freedom an und beendete die offizielle Herrschaft der Taliban. Kabul wurde am 13. November befreit. Daraufhin versuchte eine internationale Friedenstruppe unter US-Führung ab Ende 2001 im Rahmen der UN-mandatierten ISAF-Mission (ISAF = International Security Assistance Force), die Hauptstadt Kabul zu befrieden und zu stabilisieren und den Aufbau der afghanischen Demokratie, der Wirtschaft und der afghanischen Sicherheitsbehörden zu unterstützen. Das ISAF-Mandat wurde suggestive um weitere Provinzen erweitert und im September 2006 schließlich auf das gesamte Land ausgedehnt. Die wichtigsten nationalen Akteure auf Seiten der ISAF-Kräfte waren die Afghanische Nationalarmee (ANA) sowie die Afghanische Nationalpolizei (ANP). Der Widerstand, speziell der Taliban, vermochte bis zum Schluss nie ganz gebrochen zu werden, jede Operation außerhalb eines Stützpunktes musste als potenzieller Kampfeinsatz betrachtet werden. Rein militärisch waren die Taliban für die Dauer der ISAF-Mission gnadenlos unterlegen – zumindest auf dem Papier –, doch verfügten sie über zahlreiche Vorteile, die sie auszunutzen wussten: viele tausend loyale Kämpfer, Rückzugs- und Zufluchtsorte in Pakistan,

Unterstützung durch den pakistanischen Geheimdienst, Gelder aus dem Drogenhandel und aus internationalen Spenden, Unterstützung durch ausländische Söldner, Profite aus einem florierenden Schwarzmarkt sowie der Umstand, dass die Taliban gekonnt alte und neue Medien für ihre Zwecke nutzten. Darüber hinaus lag das Heft des Handelns allzu oft in den Händen der Taliban. Sie bestimmten in der Regel, ob, wann und wo gekämpft wurde und hatten dabei den Vorteil der Überraschung auf ihrer Seite. ISAF war zur Reaktion auf Taliban-Attacken verdammt.

Das Engagement in Afghanistan stellt insbesondere für die Bundeswehr den blutigsten Einsatz in ihrer Geschichte dar. Allein 56 Soldaten fielen bei gewaltsamen Zusammenstößen mit Aufständischen. Die kanadischen Streitkräfte hatten zwischen 2002 und 2011 158 Gefallene in Afghanistan zu beklagen, ihre Beteiligung an ISAF lief unter dem Namen Operation Athena Phase 1 (2003 bis 2005) and Phase 2 (2006 bis 2011). Kanadische Truppen agierten seit Juli 2003 unter ISAF-Mandat, zuvor hatten sie sich bereits an der Invasion Afghanistans beteiligt. Zunächst im Raum Kabul eingesetzt, wurde den Kanadiern nach Juli 2005 die Verantwortung für die Sicherheit und innere Ordnung der Provinz Kandahar übertragen, das als Epizentrum der Bemühungen der Taliban galt. In einer Reihe von Operationen brachten die ISAF-Truppen die Provinz und die gleichnamige Hauptstadt unter ihre Kontrolle und brachen die Vormachtstellung der Taliban (unter anderem mit der Operation Medusa zur Befreiung Pashmuls). In der Folge versuchten sich die Taliban vor allem in den Distrikten Panjwai und Zhari im Westen beziehungsweise Südwesten Kandahars festzubeißen. Das Gebiet um Kandahar gilt als die Geburtsstätte der Taliban und aufgrund der Grenze zu Pakistan als vorteilhafter Stützpunkt. Kanada beendete sein Engagement für ISAF im Juli 2011.

Die dänischen Streitkräfte engagierten sich seit 2002 militärisch in Afghanistan unter anderem in der Provinz Helmand und verblieben bis zum Ende der ISAF-Mission vor Ort im Einsatz. Diese endete im Jahr 2014. Neben den Taliban bekam es die internationale ISAF-Truppe in Afghanistan auch immer wieder mit al-Kaida-Kämpfern, lokalen Warlords, Stammesführern, ausländischen Söldnern und Rauschgiftdealern zu tun.

Übergangslos übernahm nach 2014 die internationale Mission Resolute Support. Premierløjtnant Martin, Befehlshaber des letzten Kontigents der dänischen Panzereinheit in Helmand, hielt die Sicherheitsbehörden Afghanistans für befähigt, die innere Sicherheit zu gewährleisten (Antonsen, T., 2016, S. 139). Im August 2021 sollte jedoch das Gegenteil eintreten: Die Taliban überrannten nahezu das gesamte Land und fielen in Kabul ein, wo sie die Regierung stürzten und die Kontrolle übernahmen. Die noch vor Ort befindlichen NATO-Truppen wurden zu einer überstürzten und schmachvollen Flucht gezwungen.

Quellenhinweise für diesen Abschnitt

Poehle (2014) diskutiert das vor 2021 vermutete Ende des ISAF-Einsatzes. Einmal mehr beweist die Website der Bundeszentrale für politische Bildung ihren Wert als Informationsquelle mit Thomas Ruttigs Beitrag (2017) über die Geschichte Afghanistans sowie Thomas Wiegolds Text (2016b) zum Bundeswehreinsatz in

Afghanistan. Das United States of America Department of Defense liefert eine interessante Einschätzung zur Lage in Afghanistan (2014). Spezifische Teile von ISAF werden bei Gunther Hauser (2008) und Thomas Frankenfeld (2009) besprochen. Das weitere Engagement Kanadas wird bei Schulze (2010a) und (2010b) sowie Maloney (2009) und Windsor et al. (2008) dargestellt, außerdem bei Cadieu (2008) und Fowler (2016). Die Gefallenen Kanadas werden bei Veterans Affairs Canada (2019) besprochen. Für das dänische Engagement in Afghanistan greife ich auf Antonsen (2016) zurück. Für das wenig rühmliche Ende des Afghanistanengagements verweise ich auf Küstner (2022).

Putschversuch in der Türkei 2016

Am 15. Juli 2016 sowie in der Nacht auf den 16. Juli 2016 unternahmen Teile des türkischen Militärs einen Putschversuch gegen die Regierung unter Präsident Recep Tayyip Erdoğan. Mutmaßlich ging das Unterfangen von Generälen niedrigerer Ränge aus; die Erdoğan-Regierung beschuldigt den im Exil lebenden Fethullah Gülen, der Drahtzieher zu sein. Der Putsch scheiterte letztlich an der geringen Beteiligung des Militärs sowie am starken Widerstand der Bevölkerung und der Polizei.

Zunächst besetzten Soldaten unter anderem den Flughafen Atatürk und die beiden Brücken über den Bosporus in Istanbul. In Ankara wurde die Polizeizentrale angegriffen und das Parlamentsgebäude bombardiert. Danach brachten die Putschisten den staatlichen Fernsehsender TRT unter ihre Kontrolle und ließen vorbereitete Erklärungen verlesen. Präsident Erdoğan rief die Bevölkerung gegen 23.30 Uhr am 15. Juli zum Widerstand auf. In Ankara und Istanbul brachen noch in der Nacht Scharmützel zwischen der Armee auf der einen und Polizei und Zivilbevölkerung auf der anderen Seite aus. Das Militär schoss mancherorts auf unbewaffnete Demonstranten. Auch Soldaten, die sich geweigert hatten, den Putsch zu unterstützen, wurden vereinzelt ermordet. Hubschrauber und Kampfjets patrouillierten im Luftraum. Bis zum Morgengrauen gewannen Polizei und Erdoğan-treue Kräfte die Oberhand, die Putschisten ergaben sich schließlich.

Bei dem Putschversuch kamen mindestens 290 Menschen ums Leben, mehr als 1.400 wurden verletzt.

Quellenhinweise für diesen Abschnitt

Siehe zum Putschversuch Gottschlich (2016) sowie Tagesschau (2016) und Kröning (2016).

Türkische Interventionen in Syrien

Dr. Gülistan Gürbey stuft die Situation der Kurden in der Türkei in ihrem Text „Der Kurdenkonflikt“ aus dem Jahr 2014 als mittlerweile erheblich verbessert ein, doch dürften die letzten Jahre eher wieder zu einer Verschärfung der Lage beigetragen haben. Vor dem Hintergrund, das heute von den geschätzt 30 Millionen Kurden im Nahen Osten allein rund 15 Millionen in der Türkei leben, ergibt sich ein gewaltiges Konfliktpotenzial transnationalen Ausmaßes, was durch die jüngsten Eskalationen im Osten der Türkei sowie im Norden Syriens verdeutlicht wird. Zutreffend über die türkischen Militärinterventionen in Syrien zu schreiben, erweist sich als ungleich schwieriger als über NATO- und UN-Einsätze auf dem Balkan oder in Afghanistan. Auf der Informationsebene findet ein Ringen um die Deutungshoheit mit allen Mitteln moderner Kommunikationstechnologien statt, was die faktentreue Aufarbeitung der Ereignisse nicht unbedingt vereinfacht. Auch, dass westliche Staaten mit ihren weitgehend freien Medien und demokratischen Transparenzstandards diese Krise maximal vom Seitenrand aus begleiten und stattdessen Staaten mit autoritären Zügen und eingeschränkter Presse wie die Türkei und Russland sowie Terrororganisationen und inoffizielle Milizen die handelnden Akteure sind, trägt nicht zur Versachlichung bei. Zudem kann und will ich mit diesem Beitrag nicht den gesamten Syrienkonflikt aufarbeiten, der sicherlich als der zentrale Dreh- und Angelpunkt der meisten, auch die Grenzen der Nachbarn Syriens überschreitenden militärischen Auseinandersetzungen in dieser Region gelten muss.

Im Verlauf des Bürgerkriegs in Syrien erstritt die syrisch-kurdische Miliz YPG große Erfolge gegen den sogenannten Islamischen Staat (IS). Der daraus resultierende Machtzuwachs für den kurdischen Überbau PYD mit der Schaffung eines de facto autonomen Kurdengebiets in Nordsyrien und im Norden des Irak wurden und werden von der Türkei als immense Herausforderung für ihre Sicherheit wahrgenommen.

Mit der Operation Fırat Kalkanı Harekâtı (Schutzschild Euphrat) griffen ab dem 24. August 2016 türkische Truppen in Nordsyrien ein, um die Etablierung einer autonomen kurdischen Zone zu verhindern. Ankara selbst gab als Grund zudem die Bekämpfung des sogenannten Islamischen Staates an. Tatsächlich verübten radikale Islamisten im Juni zwei verheerende Anschläge auf türkischem Boden mit mehr als 100 Toten. Gleichzeitig mit Operationsbeginn wurden vermutete Stützpunkte militanter Kurden auf dem Gebiet der Türkei durch das türkische Militär angegriffen.

Die Hauptlast der Kämpfe im Rahmen der Operation Schutzschild Euphrat trug die Freie Syrische Armee (FSA), die als Verbund verschiedener Rebellengruppierungen als Ankaras Verbündeter in Erscheinung trat. Die türkischen Streitkräfte leisteten Schützenhilfe durch Spezialkräfte wie Pioniere, die Luftwaffe oder eben Kampfpanzereinheiten, mussten aber mit zunehmender Dauer verstärkt in die Kämpfe eingreifen.

Mitte Oktober startete der Feldzug zur Eroberung al Babs. Waren die Truppen des IS zuvor eher kämpfend ausgewichen, leisteten sie nun erbitterten Widerstand. Versuche der FSA, die IS-Stellungen bei al Bab aus nördlicher Richtung zu überwinden, wurden abgewiesen, sodass die FSA mit der westlichen Einkreisung der Stadt begann. Türkische Streitkräfte beteiligten sich daraufhin am Hauptstoß auf die Stadt. Bis Mitte Februar hatten die Türken mehr als 60 Tote zu beklagen, die meisten von ihnen fielen während der al Bab-Offensive. Erst zu dieser Zeit konnte die Stadt vollständig erobert werden. Eine Intervention Russlands verhinderte, dass die regulären Streitkräfte des syrischen Staates bei al Bab direkt auf türkische oder FSA-Truppen trafen.

Die FSA und die türkische Armee vermochten bis März 2017 nach eigenen Angaben 2.000 Quadratkilometer Grenzgebiet zu sichern. Am 29. März 2017 erklärte die Türkei den Einsatz für beendet, doch auch danach kam es immer wieder zu Gefechten im Operationsgebiet.

Mit der Operation Zeytin Dalı Harekâtı (Olivenzweig) griffen am 20. Januar 2018 türkischer Bodentruppen zusammen mit FSA-Kräften erneut militärisch ein mit dem Ziel, die Entstehung einer kurdischen Selbstverwaltungszone auf syrischem Boden zu unterbinden. Ministerpräsident Binali Yıldırım sprach von einer Pufferzone von 30 Kilometer Tiefe jenseits der türkischen Grenze. Die bedeutendsten Ziele dieser Unternehmung waren die kurdischen Enklaven Afrin und Manbij. Die Türkei beendete die Operation mit der Einrichtung einer Sicherheitszone Ende März.

Mit der Operation Barış Pınarı Harekâtı (Friedensquelle) ging die Türkei im Oktober 2019 ein weiteres Mal in Nordsyrien in die Offensive. Auch diese Operation richtete sich gegen die YPG und den IS und wurde durch syrische Rebellengruppen unterstützt.

Obwohl die türkische Luftwaffe mehrmals kurdische Ziele im Irak angriff, blieb der Einsatz von Bodentruppen bisher auf Syrien beschränkt.

Quellenhinweise für diesen Abschnitt

Rayk Hähnleins Text (2018) bietet auch für die türkischen Militäroperationen in Nordsyrien eine ergiebige Quelle. Siehe darüber hinaus Patrick Truffer (2017), Triebert (2017) und Roblin (2019) sowie Gürbey (2014) zur Einschätzung der Situation der Kurden aus der Perspektive des Jahres 2014. Zur Operation Friedensquelle siehe Zeit Online (2019a).

Der Leopard 1

Leopard 1 A5

Beschreibung

Die **Serienversion** des Leopard 1 weist eine Gefechtsmasse von 40 Tonnen auf und bietet vier Besatzungsmitgliedern Platz. Mit einer Länge von 6,94 Meter, einer Breite von 3,25 Meter und einer Höhe von 2,39 Meter verfügt sie über vergleichbare Maße wie der Panzerkampfwagen IV der Wehrmacht. Da dem Attribut Beweglichkeit der Vorrang vor dem Schutzfaktor zugestanden wurde, ist die flache Silhouette maßgeblich für die Überlebensfähigkeit des Leopard 1 im Gefecht. Der MB 838 CaM 500 10-Zylinder-Diesel-Motor vermag 830 PS abzurufen und beschleunigt den Leopard 1 auf bis zu 65 Stundenkilometer. Auf der Straße kann eine Reichweite von bis zu 560 Kilometer erreicht werden. Das verwendete Drehstablaufwerk gilt als leistungsstark und verlässlich. Captain Don Senft sah während des KFOR-Einsatzes im Jahr 1999 den kanadischen Leopard 1 gegenüber den schweren Kampfpanzern anderer NATO-Nationen in Sachen Beweglichkeit klar im Vorteil. So konnte der Leo 1 Orte erreichen, die für schwerere Kampfpanzer unzugänglich waren.

Die Panzerung, die aus geschweißtem Panzerstahl besteht, ist im Bug 70 Millimeter dick bei einer Abschrägung von 30 Grad. An den Seiten, am Unterboden und am Heck wird eine Dicke von mindestens 20 Millimeter erreicht.

Zum Kampf ist der Leo 1 mit der britischen 105-Millimeter-Kanone L7 A3 ausgestattet. Damit kann er die Frontturmpanzerung eines T-62 auf 1.500 Meter Entfernung durchstoßen. Um selbiges bei einem T-72 zu erreichen, müsste er allerdings auf rund 800 Meter an sein Ziel herankommen. Über die Feuerleitanlage kann eine optomechanische Zielentfernungsmessung vorgenommen werden, was zu einer guten Erstschusstrefferwahrscheinlichkeit führt. Als Munition stehen KE, HEAT und HEP-Geschosse zur Verfügung; der Leopard 1 vermag bis zu 60 Schuss im Bunker mitzuführen. Für den Nachtkampf wurde ein Infrarotzielfernrohr eingerüstet. Ein achsparalleles und recht störungsanfälliges Maschinengewehr MG3 in der Blende sowie ein weiteres, in alle Himmelsrichtungen schwenkbares MG3 als Fliegerabwehrwaffe, lafettiert auf dem Turm, vollenden das Kampfpotenzial des Leopard 1. Zudem ist eine Nebelwurfanlage verbaut.

Es wurde gefordert, dass das künftige Rückgrat der westdeutschen Panzertruppe leicht zu warten sei – bedeutende Baugruppen sollen schnell ausgetauscht werden können. In der Praxis kann das Triebwerk des Leopard 1 mithilfe eines Krans binnen 25 Minuten ausgewechselt werden, für den Ausbau des Rohrs müssen gerade einmal 15 Minuten veranschlagt werden, für den Ausbau der kompletten Waffenanlage circa 30 Minuten. Das sind absolute Spitzenwerte, zeitgenössische sowjetische Tanks müssen für den Ausbau der Waffenanlage für mehrere Tage stillgelegt werden!

Die vier Besatzungsmitglieder sind der Kommandant, der Richtschütze, der Ladeschütze und der Fahrer. Über eine ABC-Schutzanlage werden die Panzersoldaten im Kampfraum vor atomarem Fallout, chemischen oder biologischen Angriffen geschützt.

Quellenhinweise für diesen Abschnitt

Spätestens bei der technischen Beschreibung des Leo 1 sind Hilmes Beiträge (2011 & 2016) unverzichtbar. Auch Krapke (1986) weiß einiges über den Leo 1 zu berichten, auch wenn er diesem Panzer spürbar nicht wohlgesonnen war. Die Angaben zum Panzer IV habe ich Alexander Lüdekes Typenkompass (2008) entnommen. Don Senfts Einschätzung findet sich bei Maloney (2019).

Kampfwertsteigerungen

Ab dem Jahre 1972 wurden die ersten deutschen Leopard 1 auf die Version **Leopard 1 A1** umgerüstet. Mit dieser Kampwertsteigerung wurden unter anderem Verbesserungen verbaut, die während der Entwicklungsphase bereits in Erwägung gezogen worden waren, aber nicht rechtzeitig bis zur Produktion der ersten Lose implementiert werden konnten. In der Ausführung A1 erhielt der Leopard wechselweise abgeschrägte Kettenschürzen für einen verbesserten Schutz gegen Flankenfeuer als auch gegen Staubbelastung. Außerdem wurden wintertaugliche Systemketten mit aufrüstbaren Kettenpolstern sowie die Waffenstabilisierungsanlage 1 (WSA 1) eingerüstet, die die erforderliche Zeit für einen Schießhalt signifikant verkürzt. Kommandant und Richtschütze werden durch Schutzgitter zusätzlich gesichert. Eine Rohrschutzhülle schirmt das Rohr gegen Witterungseinflüsse ab. Das Gewicht erhöht sich durch diese Nachrüstungen um 1,5 Tonnen. Da wurde also mal eben ein Audi A3 auf den Leo draufgepackt.

Ab 1975 wurden die Leopard 1 A1 bereits ein weiteres Mal kampfwertgesteigert, was zur Bezeichnung **Leopard 1 A1A1** führte. Markant sticht die schockgedämpfte Zusatzpanzerung an den Turmflanken, dem Heckkorb und auf der Blende hervor. Der Fahrer wurde mit einem passiven Nachtsichtgerät ausgestattet und ist demnach nicht mehr darauf angewiesen, Scheinwerfer einzuschalten. Darüber hinaus wurde ein zusätzlicher Tarnscheinwerfer installiert. Ferner kommt die Variante A1A1 mit der Möglichkeit daher, einen Tiefwatschacht von etwa vier Meter Höhe für das Durchqueren von Gewässern anzubringen. Verbesserte Luftfilter und längere Abschleppseile runden diese Ausführung ab. Das Gewicht steigt um weitere 700 Kilogramm.

Mit dem 5. Baulos entstand zwischen 1972 und 1973 der **Leopard 1 A2,** der serienmäßig über die Rohrschutzhülle, die WSA 1, die Schürzen, das Nachtsichtgerät, verbesserte Gleisketten sowie dickere Turm- und Blendenpanzerungen verfügt, die anders als bei der Ausführung A1A1 nicht aufmontiert wurden, sondern Teil eines gänzlich neuen Gussturms sind. Ebenfalls wurden die Luftfilteranlage und die ABC-Schutzbelüftungsanlage verbessert. Die Nebelwurfanlage wird durch Astabweiser geschützt; Erfahrungen aus der Truppe hatten die Notwendigkeit für diese Maßnahme aufgezeigt.

Die Version **Leopard 1 A3** wurde erstmals mit einem verschweißten Turm statt eines Gussturms ausgestattet, der nebenbei durch Staukästen den Schutz des Hecks gegen Hohlladungsgeschosse erhöht. Der Ladeschütze erhielt einen Winkelspiegel. Außerdem wurden Vorkehrungen für das Einrüsten einer Sprengkörperwurfanlage zur Nahverteidigung getroffen, deren Einbau aber nie verwirklicht wurde.

Das Kampfwertsteigerungspaket **Leopard 1 A4** kann dank einer rechnergesteuerten Feuerleitanlage (eine aus der Entwicklung des Leopard 2 abgewandelte Variante) sowie verbesserten Beobachtungs- und Zielmitteln die Fähigkeit des Panzers, Ziele präzise zu bekämpfen, erheblich steigern, zudem kann der Leo nun erstmals treffsicher aus der Bewegung feuern. Außerdem wurde ein Rundblickperiskop eingerüstet. Diese Variante wurde zwischen 1974 und 1976 produziert.

Zwischen 1986 und 1993 wurden 1.225 deutsche Kampfwagen auf die Ausführung **Leopard 1 A5** umgerüstet, indem sie mit einer modernen Feuerleitanlage FLP-10 ausgerüstet wurden. Diese beinhaltete unter anderem ein Wärmebildgerät (aus dem Leopard 2), einen Lasersender und –empfänger zur exakten Zielentfernungsbestimmung sowie einen Feuerleitrechner für die Zielunterstützung. Durch das Wärmebildgerät erhält der Panzer einen signifikanten Vorteil im Nachtkampf gegenüber sämtlichen zeitgenössischen Mustern des Warschauer Pakts. Daneben wurden weitere Verbesserungen vorgenommen, so wurde das Rundblickperiskop und ein Winkelspiegel überarbeitet, neue Gangwahlhebel für die automatische Gangschaltung eingerüstet, neue Batterien, neue Schildzapfenlager, eine Feldjustieranlage und eine Reinigungsvorrichtung für den Winkelspiegel des Fahrers eingebaut. Vorkehrungen für das Einrüsten einer 120-Millimeter-Glattrohrkanone wurden getroffen – jene Glattrohrkanone wurde jedoch nie serienmäßig verbaut. Der Schießscheinwerfer wurde ob des Wärmebildgerätes entfernt.

Der **Leopard 1 A6**, der vor allem den Schutzaspekt verbesserte, sowie der **Leopard mit Glattrohrkanone** gelangten nicht über den Prototypenstatus hinaus.

Quellenhinweise für diesen Abschnitt

Als Quellen dienten mir für diesen Abschnitt Rolf Hilmes (2011) und Paul-Werner Krapke (1984).

Nutzer

Der Leopard 1 darf für Krauss Maffei-Wegmann wohl als Erfolgsprodukt gelten, betrachtet man die Vielzahl der Länder, in die der Panzer in teilweise beachtlichen Stückzahlen verkauft wurde. Bis heute befindet er sich noch in mehreren Streitkräften im Einsatz. Wohl aus diesem Grund wird der Leo 1 A5 auf der Website von KMW noch immer in der Produktpalette gelistet und als nach wie vor „up to date“ beworben.

Naturgemäß war die **Bundeswehr** der erste und größte Abnehmer des Leopard 1. Im Jahr 1965 erhielt sie die ersten Tanks der Serienversion. Bis 1970 wurden in vier Baulosen mit jeweils leichten Veränderungen 1.829 Fahrzeuge an die Truppe ausgeliefert. Diese wurden ab 1972 beginnend auf die Version A1 kampfwertgesteigert. 1.225 Leos wurden bereits zwischen 1975 und 1977 weiter auf die Version A1A1 hochgerüstet. Zwischen 1972 und 1973 wurden 232 Fahrzeuge der Version A2 produziert und übergeben. Weitere 110 Kampfpanzer wurden als Leopard 1 A3 im Jahre 1973 bei der Truppe eingeführt. 1974 bis 1976 wurden 250 Panzer der Version A4 produziert und der Bundeswehr übergeben. Zwischen 1986 und 1993 wurden insgesamt 1.225 Fahrzeuge unter anderem mit der neuen Feuerleitanlage ähnlich der des Leopard 2 versehen und als Leopard 1 A5 in die Truppe eingeführt. Insgesamt erhielt die Bundeswehr im Laufe der Jahre 2.437 Kampfpanzer Leopard 1. Im Jahr 2003 wurde der letzte Leopard 1 ausgemustert.

Als erster ausländischer Abnehmer entschied sich **Belgien** bereits im Jahre 1965 für die Beschaffung des Leopard 1 (Bezeichnung: Leopard 1 BE). 334 Fahrzeuge wurden geordert und mit minimalen Veränderungen zum deutschen Muster (unter anderem wurde eine belgische Sekundärbewaffnung eingerüstet) ausgeliefert. Ab 1974 wurden die Fahrzeuge kampfwertgesteigert, unter anderem wurde eine Waffenstabilisierungs- und Feuerleitanlage verbaut. In den Jahren 1994 und 1995 wurden 132 Fahrzeuge ein weiteres Mal mit einer Kampfwertsteigerung versehen, unter anderem mit einem Wärmebild, und entsprachen damit weitgehend der Version A5. 2014 stellte Belgien seine letzten Leopard 1 außer Dienst und verzichtet seither gänzlich auf Kampfpanzer.

Im Jahre 1968 entschieden sich derweil sowohl die **Niederlande** (Leopard 1 NL) als auch **Norwegen** (Leopard 1 NO) für den Kauf des Leos. Die niederländischen Streitkräfte erhielten bis zum Jahr 1972 insgesamt 468 Panzer der Serienversion mit leichten Veränderungen wie einer anderen Sekundärbewaffnung. In den 1980er Jahren wurden die Fahrzeuge kampfwertgesteigert und dabei unter anderem mit einer neuen Feuerleitanlage ausgerüstet (Version 1-V). Nach 1992 musterten die Niederländer alle Leopard 1-Kampfpanzer aus und verkauften sie.

Die Norweger bestellten zunächst 78 Fahrzeuge der Serienversion mit minimalen Anpassungen, zum Beispiel einer modifizierten Außensprechanlage. Zu Beginn der 1990er Jahre wurde der Bestand durch 92 Fahrzeugen der Bundeswehr aufgestockt (59 A1A1 sowie 33 A5). Die Fahrzeuge aus den 1960er Jahren wurden schließlich auf die Kampfwertsteigerung A5 aufgerüstet und abermals mit Änderungen versehen (unter anderem wurde die hydraulische Waffenstabilisierungsanlage gegen eine elektrische Waffennachführanlage getauscht, ein Feuerleitrechner EMES 18 eingebaut, eine Abdeckung über dem Sichtgerät des Fahrers angebracht und Schneegreifer beschafft). Auch die 33 nachgekauften A5 wurden mit der elektrischen Waffennachführanlage versehen und als Leopard 1 A5 NO2 bezeichnet. Die übrigen Leos wurden sodann A5 NO1 genannt, sie unterschieden sich durch die Zusatzpanzerung am Turm. Die ersten Leopard 1 wurden im Jahr 2001 außer Dienst gestellt, die letzten folgten zu Beginn der 2010er Jahre.

Italien orderte Anfang der 1970er Jahre 800 Kampfpanzer Leopard 1 der Serienversion beziehungsweise der Version A2 (Bezeichnung: Leopard 1 IT), nachdem Versuche zur Entwicklung eines eigenen Kampfpanzers nach Scheitern des trilateralen Panzerprojekts ebenfalls ergebnislos verlaufen waren. 1977 wurden 120 weitere Fahrzeuge der Version A2 beschafft. Ab dem Jahre 1983 wurde der gesamte Bestand italienischer Leopard 1 auf A2 kampfwertgesteigert. Ab Mitte der 1990er Jahre beschafften die italienischen Streitkräfte 120 Türme von deutschen Leopard 1 A5-Wagen und montierten diese auf ihre Fahrzeuge. Mittlerweile hat Italien seine Leopard 1-Flotte ausgemustert.

Im Jahr 1974 orderte **Dänemark** 120 Exemplare, die der Version A3 entsprachen (als Leopard 1 DK, dänische Bezeichnung; Kampvogn Leopard 1 A3) als Ersatz für die in die Jahre gekommene Centurion Mk.5-Flotte. Die Panzer wurden der Jydske Division zugeordnet (in drei Brigaden zu je 40 Fahrzeugen) und wurden mit geringfügigen Veränderungen gegenüber dem deutschen Standard versehen: Scheibenwischer und Waschanlage für das Periskop des Fahrers, Einsätze zur Aufnahme von US-Funkgeräten, ein Infrarotnachtsichtperiskop für den Kommandanten, Modifikationen an der Elektronik, eine modifizierte Außensprechanlage und einige Detailmodifikationen mehr. Der Verschlussblock der Hauptwaffe wurde mit einem Monogramm von Königin Margarethe II. verziert. Als Sekundärbewaffnung behielten die Dänen die MG3 bei.

Ein Leihpanzer der Bundeswehr wurde bereits im Jahr 1975 zur Verfügung gestellt, die ersten für Dänemark produzierten Fahrzeuge trafen 1976 ein. Im Jahr 1978 wurden etwa 40 Räumschilde beschafft (diverse Erweiterungsmöglichkeiten für die Räumschilde wurden ab 1981 eingekauft). Die Dänen experimentierten seit

1981 mit verschiedenen Gewebematten als Tarnüberzug, um die thermische Abstrahlung zu vermindern. Ende der 1980er Jahre wurden solche Matten für die gesamte Leoparden-Flotte beschafft.

Im Jahr 1988 traf das dänische Verteidigungsministerium die Entscheidung, 110 weitere Leopard 1 (100 A3 und zehn A4) aus Bundeswehrbeständen zu kaufen – insgesamt sollte die gesamte dänische Panzerflotte auf den Leopard 1 umgestellt werden, sodass das skandinavische Land mittelfristig 300 Leos im Inventar gehabt hätte. Der Zerfall der Sowjetunion und die Vorgaben aus dem Treaty of Conventional Armed Forces in Europe sorgten Anfang der 1990er Jahre dafür, dass die darüber hinaus angedachten weiteren 70 Leopard 1 nicht mehr erworben wurden. Sowohl die Altfahrzeuge als auch die nachgekauften Leos wurden durch Wegmann und Rheinmetall auf den Rüststand A5 kampfwertgesteigert (als Leopard 1 A5 DK) und anschließend in Dänemark mit den dänischen Modifikationen versehen. Dies führte dazu, dass die Gewebematten nur noch an den Wannen der ursprünglichen 120 Panzer angebracht waren. Die kampfwertgesteigerten Fahrzeuge wurden zwischen Ende 1992 und Mitte 1995 an die Truppe ausgegeben. Ab 1994 nutzten ebenfalls dänische Aufklärungseinheiten den Leopard. Für den bevorstehenden UN-Einsatz in Bosnien wurde anstelle des Infrarotscheinwerfers ein Suchscheinwerfer installiert, um damit Gewaltanwendung androhen zu können.

Im Zuge des UNPROFOR-Einsatzes improvisierten die Dänen, da der vorhandene Feuerleitrechner für die in Bosnien anzutreffenden Kampfentfernungen nicht ausreichend war. Ein auf dem freien Markt beschaffter und mit entsprechender Software versehener Computer erhöhte die Kampfentfernung auf 9.000 Meter. Zwischen 1996 und 2000 wurden 36 Leopard 1 für die Balkaneinsätze mit einer Klimaanlage und Stromerzeugungsanlage für Einsätze im Ausland ausgerüstet, außerdem mit neuen Funkgeräten und GPS; Ersatzlaufrollen wurden am Turm oder der Wannenfront angebracht. Panzer mit diesen Modifikationen firmierten unter der Bezeichnung Leopard 1 A5 DK-1. Eines der Fahrzeuge verblieb als Referenzmuster in Deutschland – dies ist vermutlich der Grund dafür, dass Rolf Hilmes (2010) abweichend von 35 Fahrzeugen spricht.

Auch wurden für den UNPROFOR-Einsatz Minenpflüge vom Typ RAMTA beschafft. Kleinere Improvisationen wie Windschutzscheiben für den Ladeschützen konnten ebenfalls auf dem Balkan beobachtet werden. Eine Schutzabdeckung für das Sichtgerät des Fahrers wurde zunächst auf den Fahrzeugen auf dem Balkan, später für alle Leopard-Panzer Dänemarks verwirklicht. Auch wurden speziell für die Einsätze auf dem Balkan Schneegreifer für die Ketten beschafft. Darüber hinaus wurden die Leoparden im Laufe ihrer Lebenszeit mit neuen Feuerlöschanlagen versehen und weitere Detailverbesserungen eingerüstet.

Mit Beschluss des dänischen Verteidigungsministeriums aus dem Jahre 2004 wurden die letzten Leopard 1 noch bis Dezember desselben Jahres ausgemustert. Einige wenige Exemplare werden fahrbereit in Dänemark erhalten.

Die Streitkräfte **Australiens** bestellten im Jahre 1975 insgesamt 90 Leopard 1 der Version A3 inklusive zahlreicher Änderungen (als Leopard 1 AS1). Dazu zählen das Einrüsten eines Tropical Kits für die tropische Klimazone sowie der Einbau eines belgischen Feuerleitrechners mit Laserentfernungsmesser. Auch wurden Räumschilde beschafft. Um 2007 fiel die Entscheidung, die Leopard-Flotte durch den US-amerikanischen M1A1 Abrams zu ersetzen. Das australische Verteidigungsministerium ließ 25 Leos fahr- und schießuntüchtig machen und bot sie zum Verkauf an Privatpersonen feil.

Kanada entschied sich im Jahr 1976 zur Beschaffung des Leo 1 in der Version A3 (Bezeichnung: Leopard 1 C1), allerdings mit zahlreichen Änderungen versehen wie einer belgischen Feuerleitanlage mit Laserentfernungsmesser und Feuerleitrechner, Sekundärbewaffnung aus belgischer Produktion und einigen weitere Detailveränderungen. Zunächst wurden jedoch 35 Leopard 1 A2 von Deutschland geleast, bis die ersten kanadischen Fahrzeuge geliefert werden konnten. Später wurde bei diesen ein Wärmepointer nachgerüstet. Insgesamt wurden 128 Kampfpanzer bestellt, von denen 114 in Dienst gestellt wurden (MacNeill spricht abweichend von Hilmes davon, dass nur 114 insgesamt bestellt wurden, doch ich neige dazu, Hilmes Angaben zu glauben; nicht jeder Autor unterscheidet trennscharf zwischen der insgesamt bestellten Anzahl und der aktiv in Dienst gestellten Anzahl). Die Auslieferung erfolgte bis 1979. Durch Umrüstungsvorhaben wurde ab 1978 bei 26 Fahrzeugen eine Zusatzpanzerung angebracht. Im Jahr 1995 genehmigte das Department of National Defence das Leopard Life Extension-Programm. Dieses umfasste die Anbringung zusätzlicher Panzerungselemente (Verbundpanzerung MEXAS) sowie die Beschaffung verbesserter Munition für die Hauptbewaffnung. Die Bezeichnung des Panzers blieb unverändert. Ab April 1999 wurde die Ausstattung von fünf Fahrzeugen mit Zusatzpanzerung für den Kosovo-Einsatz in Angriff genommen (als Leopard 1 C1 MEXAS). 126 Leos wurden zwischen 1999 und 2001 mit A5-Türmen kampfwertgesteigert (als Leopard 1 C2). Auch hier weicht MacNeill ab, er spricht von 123 Fahrzeugen. Ferner wurden im Jahr 2000 noch 26 C2-Fahrzeuge erneut mit Zusatzpanzerung aus Keramik und Spall Linern versehen (Leopad 1 C2 MEXAS); das Gewicht stieg dadurch auf rund 47 Tonnen. Darüber hinaus wurden einige Fahrzeuge modifiziert, um Minenwalzen, Pflüge und Räumschilde operieren zu können. In 2003 entschied das kanadische Verteidigungsministerium, seine Kampfpanzer abzuschaffen und durch Radpanzer zu ersetzen. Im Herbst 2006, als die letzten Leoparden kurz vor ihrer Außerdienststellung standen, führte die Operation Medusa in Afghanistan zu einem Umdenken. Die Ausmusterung der Leos wurde gestoppt und teilweise rückgängig gemacht, Leopard 1 rasch mit Zusatzpanzerung versehen (Zusatzpanzerung am Unterboden sowie MEXAS-Verbundpanzerung) und nach Kandahar entsandt sowie Leopard 2-Panzer im Eilverfahren geordert. Im Einsatzland wurden die Fahrzeuge zusätzlich mit Blenden aus Metall und Gummi ausgestattet, um die Ketten vor Staub zu schützen. Im Frühjahr 2008 kam ein Kühlaggregat hinzu, über das spezielle Westen für die Besatzungsmitglieder gekühlt werden konnten.

Ende der 2010er Jahre stellte die Canadian Army schließlich die letzten Leopard 1 außer Dienst.

Die **Türkei** erhielt ab 1982 zunächst 77 Leopard 1 A3 mit einigen Änderungen (als Leopard 1 T1). So wurde ein Laserentfernungsmesser eingebaut und das aktive Infrarotsystem durch ein passives Ziel- und Beobachtungsgerät PZB 200 ausgetauscht. Weitere 150 Kampfwagen der Version A4 aus Beständen der Bundeswehr wurden Anfang der 1990er Jahre auf die T1 umgerüstet und an die Türkei ausgeliefert, ehe Mitte der 1990er Jahre 85 weitere Fahrzeuge aus dem Inventar der Bundeswehr folgten. Der damalige deutsche Verteidigungsminister Gerhard Stoltenberg (CDU) stolperte über jene Lieferung über 150 Leopard 1, da er letztlich melden musste, die letzte Charge über 19 Fahrzeuge ausgeliefert zu haben, obwohl das Parlament dies zuvor ausdrücklich untersagt hatte. Sheri Laizer wirft u.a. Deutschland in ihrem Buch vor, durch die Lieferungen von Waffen an die Türkei den „Massenmord an den türkischen Kurden“ (Laizer, S., 1996, S.82, eigene Übersetzung) zu unterstützen.

Bis heute befinden sich bei der türkischen Armee laut Global Security 397 Leopard 1 A3 beziehungsweise A4 im Bestand, die bis 2010 mit einer neuen Feuerleitanlage von ASELSAN aufgerüstet wurden. Es ist unklar, wie die Differenz zwischen den bekannten Kampfpanzerlieferungen (312 Fahrzeuge) und diesem gemeldeten Bestand zustande kommt. Ich vermute, dass Global Security sämtliche Fahrzeuge auf Leopard 1-Basis zählt, also auch beispielsweise Pionierpanzer und Ähnliches.

Zwischen 1983 und 1984 warf Krauss-Maffei ein letztes Mal die Produktionsbänder für den Bau fabrikfrischer Leopard 1 an, um 106 Fahrzeuge der Version A3 mit einigen Änderungen für **Griechenland** zu fertigen (Leopard 1 GR1). Die Niederlande gaben im Jahr 1992 insgesamt 168 ihrer kampfwertgesteigerten Fahrzeuge (Version 1-V) an Athen ab, im Verlauf bis 1998 folgten Verträge über weitere 245 Leopard 1 A5 aus dem Inventar der Bundeswehr (als Leopard 1 GR2). In 2001 wurde entschieden, 225 weitere Tanks auf den Stand A5 aufzurüsten, die übrigen Fahrzeuge sollten zu Spezialpanzern umgebaut werden. In 2005 erwarb Athen noch einmal 150 Leopard 1 A5. Der Leopard 1-Kampfpanzer befindet sich beim griechischen Heer nach wie vor im Einsatz.

Im Frühjahr 2022 wurde bekannt, das Griechenland eine Modernisierung seiner Leos anstrebt. KMW hat ein entsprechendes Angebot vorgelegt, das eine Wartung im Land sowie einen Austausch der Hauptwaffe und der Visiereinrichtung vorsieht.

Im Jahr 1997 kaufte **Brasilien** 87 Leopard 1 BE, das Exército Brasileiro (brasilianisches Heer) führt diese unter der Bezeichnung Leopard 1 A1. Später wurde der Deal um 41 weitere Fahrzeuge erweitert. Zwischen 2009 und 2011 erhielt Brasilien weitere 220 Leopard 1 A5 von der Bundesrepublik Deutschland. Stand heute sollen laut Defense News noch rund 128 Panzer aktiv genutzt werden. Laut Plänen aus dem Jahr 2019 sollen die aktiven Leos mit einem neuen elektrischen Turmschwenkwerk, neuen Kontrollsystemen, einem Wärmebild für den Fahrer, neuen Klimakontrollen, einer ferngesteuerten Waffenstation, einem verbesserten Feuerleitsystem und automatischen Feuerlöschanlagen im Motorraum ausgestattet werden.

Chile vereinbarte im Jahr 1998 mit den Niederlanden, insgesamt 202 Leopard 1-V anzukaufen, die zuvor mit dem passiven Ziel- und Beobachtungsgerät PZB 200 versehen worden waren. Chile führt die niederländische Bezeichnung fort. Mittlerweile soll der Leopard 2 den Leopard 1 im chilenischen Heer ersetzen oder bereits ersetzt haben.

Kürzlich erreichte uns aus Chile die interessante Meldung, dass das Land einen Mehrfachraketenwerfer aus Eigenproduktion auf ein Leopard 1-Chassis montiert habe. Dazu wurde die Hauptkanone entfernt und der Raketenwerfer auf den Turm gesetzt.

Ende der 2000er Jahre verkaufte Chile 30 niederländische Leopard 1-V an **Ecuador** weiter.

Quellenhinweise für diesen Abschnitt

Surprise, surprise, wieder ist natürlich Rolf Hilmes' Typenkompass (2011) am Start für umfassende Informationen zum Leopard 1. Interessant ist, dass Hilmes von insgesamt 2.437 an die Bundeswehr übergebenen Panzern spricht. Addiert man die Zahlenangaben aller produzierten Baulose (ebenfalls bei Hilmes), kommt man allerdings nur auf 2.421 Fahrzeuge. Vermutlich handelt es sich bei der Diskrepanz um Prototypen oder andere Sonderfahrzeuge, die der Kategorie Kampfpanzer zugeordnet wurden, denn andere Fahrzeuge auf Leo 1-Plattform wie Bergepanzer sind definitiv nicht mit eingerechnet worden. Weiterführend zum Leo 1 siehe Army Guide sowie Army Vehicles (beide undatiert). Dass der Leopard 1 ein Erfolgsmodell ist, lässt sich auf der Website von Krauss-Maffei Wegmann erkennen (undatiert, a). Die Causa Stoltenberg wird in einem Artikel des Spiegels ausgebreitet (1992). Für den Verkauf des Leopard 1 an Ecuador greife ich neben Hilmes auf Bromleys & Guevaras Publikation zurück (2014). Frank Lobitz (2009) habe ich zusätzliche Infos über die dänischen Leos entnommen. Bezüglich norwegischer Leopard 1 spricht er von 59 Leopard 1 A1A2 – ich schätze, es handelt sich um einen Fehler; gemeint müsste sein der Leopard 1 A1A1. Einen Überblick über deutsche Panzerlieferungen bietet die Bundeszentrale für politische Bildung (2012). Dass das italienische Heer den Leopard 1 nicht länger in der Nutzung hat, lässt sich anhand der Website des italienischen Verteidigungsministeriums nachweisen: Esercito (2019). Auch die kanadischen Streitkräfte haben den Leopard 1 verabschiedet, wie Scott Franklin berichtet (2018). Vergleiche zu Kanada ferner Kurschinski, K. (2014) und MacNeill (2017), außerdem Schulze (2010b) für die Variante C2. Die Vorbereitungen für den Kosovo-Einsatz lassen sich bei Maloney (2019) nachvollziehen. Für die Lieferung von Leopard 1 an die Türkei mag Hodge (2004) herhalten. Zur Modernisierung der türkischen Leopard 1-Flotte vergleiche Defence Turkey aus dem Jahr 2010. Siehe außerdem Laizer (1996) für ihre kritische Einschätzung bezüglich deutscher Waffenlieferungen an die Türkei. Die gegenwärtige Nutzung unseres Leos durch die Türkei weist Global Security (undatiert) nach, für Griechenland siehe Greek Military Photos (undatiert) und Meta-Défense (2022). Beachte ferner zu Griechenland: Frank Lobitz spricht in seiner Publikation aus dem Jahr 2009 von einem Ankauf von 150 Leopard 1 im Jahre 2005. Weder Rolf Hilmes noch die UNROCA weisen auf einen derartigen Kauf hin – das Waffenregister der Vereinten Nationen ist allerdings unvollständig, da es beispielsweise den Deal mit den Niederlanden ebenfalls nicht ausweist und möglicherweise auch nicht zwischen Kampf- und Spezialpanzern unterscheidet, was zumindest die oftmals minimal nach oben abweichenden Zahlen über Leo-Importe erklären würde (siehe UNROCA, undatiert). Der Erwerb von 150 Leopard 1 A5 durch Griechenland lässt sich allerdings aus der Antwort der Bundesregierung auf eine kleine Anfrage aus dem Jahr 2013 belegen (Bundesregierung, 2013). Für Leoparden im Dienste Dänemarks siehe zusätzlich Sørensen (2020). Norwegens Ausmusterung des Leopard 1 kann über Harald Jacobsens Artikel nachvollzogen werden (2011). Über das ungewöhnliche Angebot des australischen Verteidigungsministeriums an Privatpersonen kann bei Ian McPhedran (2007) nachgelesen werden. Smit beschäftigt sich in seiner Publikation aus dem Jahr 2014 mit dem niederländischen Leopard 1. Über Leopard-Panzer in Südamerika informiert weiter Strategy Page (2009). Verboven (2014) berichtet von der Außerdienststellung belgischer Leoparden. Der chilenische Mehrfachraketenwerfer auf Leo 1-Basis kann bei Army Recognition (2022) bestaunt werden, siehe für Chile ferner Military Leaks (2022).

Kampfeinsätze

Türkische Leoparden gegen die PKK und andere kurdische Kräfte

Carl Hodges berichtet vom Einsatz von Leopard 1-Panzern gegen militante Kurden auf türkischem Staatsgebiet in den frühen 1990er Jahren. Ferner hatten im Jahr 1994 türkische Militärs der Ausländerbeauftragten des Bremer Senats, Dagmar Lill (SPD), gegenüber bestätigt, den Leopard 1 im Kampf gegen die PKK einzusetzen. Medico International fand heraus, dass die Türkei ihre Leopard-Panzer (die Leos werden in dem Bericht explizit genannt) nutzte, um kurdische Bevölkerungsteile gezielt zu vertreiben, wobei es zu zahlreichen Menschenrechtsverstoßen gekommen sein soll.

Aus den verfügbaren Quellen lässt sich nicht rekonstruieren, bei welchen Einsätzen Leopard 1-Panzer dediziert eingesetzt wurden. Die türkische Seite hält sich mit frei zugänglichen Informationen sehr zurück – möglicherweise aus gutem Grund. Die Journalistin Aliza Marcus, ausgewiesene Expertin für den Konflikt zwischen der Türkei und den Kurden, spricht in ihrem Buch „Blood and Belief: The PKK and the Kurdish Fight for Independence“ insgesamt an sechs Stellen von türkischen Kampfpanzern, ohne auf die eingesetzten Typen einzugehen.

Der Vollständigkeit halber handle ich alle Erwähnungen von Kampfpanzern in den Quellen ab, ohne bestätigen zu können, ob, und wenn ja, bei welchen Vorfällen tatsächlich Leopard 1-Panzer zum Einsatz kamen:

Laut Marcus entsandte das türkische Militär im Frühjahr 1990 unter anderem Kampfpanzer nach Nusaybin an der syrischen Grenze, wo die Stimmung nach der Beerdigung eines kurdischen Kämpfers in Gewalt gegen die Sicherheitskräfte umgeschlagen war. Die Abwehr von Panzern spielte darüber hinaus gelegentlich in den Überlegungen kurdischer Widerständler eine Rolle, etwa wenn es galt, Straßensperren zu errichten – ein weiterer Beleg dafür, dass türkische Kampfpanzer eine feste Größe in der Auseinandersetzung mit kurdischen Widerstandskämpfern waren.

Laizer berichtet von türkischen Panzern, die am 21. März 1992 14 Menschen in Nusaybin während des kurdischen Neujahrsfestes überfuhren. Sie erwähnt im Zusammenhang mit den Kämpfen ab Oktober 1992 türkische Panzer, die eigene Stellungen entlang der Grenze zum Irak verstärkten sowie die zerstörte Stadt Kulp sicherten. Wenig später stießen türkische Panzerkolonnen über Khabur nach Zakho vor, die teilweise erst am 13. November 1993 in die Türkei zurückkehrten. Ich halte es für unwahrscheinlich, dass dabei Leoparden zum Einsatz kamen, da Laizer an anderer Stelle, wo sie über Gewaltakte türkischer Sicherheitskräfte gegen die kurdische Bevölkerung, datiert auf den 21. März 1993, in Cizre schreibt, explizit auf den deutschen Ursprung der dabei eingesetzten Truppentransporter der Polizei hinweist. Es erscheint vor diesem Hintergrund unwahrscheinlich, dass Laizer den deutschen Ursprung eingesetzter Kampfpanzer nicht für erwähnenswert hielt. Ausgeschlossen aber ist es nicht, auch weil es der Journalistin womöglich schwerfällt, zwischen unterschiedlichen Panzertypen zu unterscheiden.

Im Spätsommer 1993 (vermutlich August oder September) beschoss eine türkische Panzerbrigade in Cizre an der syrischen Grenze das Stadtzentrum, nachdem mutmaßliche PKK-Kämpfer ihrerseits Schüsse abgegeben hatten. Der Panzerbeschuss tötete einen älteren Mann und zwei Kinder, vier Menschen wurden verletzt.

Bei der türkischen Offensive gegen kurdische Kräfte im Irak, die am 20. März 1994 ihren Anfang nahmen, kamen ebenfalls Kampfpanzer zum Einsatz.

Im Sommer 1995 stoppte türkisches Panzerfeuer einen Treck kurdischer Kämpfer, die versuchten, die Grenze in den Irak zu überqueren.

Der Leo 1 in Bosnien und Kroatien

Nachdem sich die dänischen Streitkräfte im Rahmen von UNPROFOR bereits mit rund 1.400 Soldaten auf dem Balkan engagiert hatten, ersuchte die UN Kopenhagen um die Entsendung weiterer Truppen zur Stärkung der Sicherheitslage in Tuzla im Norden des heutigen Bosnien und Herzegowinas. Für dieses zusätzliche Kontingent sah das Hæren – das Königlich Dänische Heer – auch Kampfpanzer vom Typ Leopard 1 A5 DK vor. Nach einer innerdänischen Debatte, die sich um die Frage drehte, ob die Entsendung von Kampfpanzern ein Akt von Kriegstreiberei sei, konnte der Befehlshaber der dänischen Streitkräfte, General Jørgen Lyng, dem dänischen Parlament die Entsendung von Leoparden mit folgendem Argument schmackhaft machen: Die Panzer würden im Rahmen der UN-Mission schließlich weiß lackiert werden, was ihre martialische Erscheinung reduziere. Tatsächlich traten dänische Leopard-Panzer im Rahmen von UNPROFOR ausschließlich in weißem Kleid in Erscheinung, woraus sich der Spitzname „Snow Leopards“ (Schneeleoparden) entwickelte. Am 17. August 1993 genehmigte das dänische Parlament die Entsendung mit einem angedachten Start des Engagements ab Oktober desselben Jahres als Teil des Nordic Battalions in Tuzla. Der Auftrag dieses Verbandes lautete, die innere Sicherheit des zugewiesenen Verfügungsraums zu gewährleisten und die humanitäre Versorgung der Bevölkerung sicherzustellen. Dazu sollte zunächst absolute Bewegungsfreiheit in der gesamten Area of Responsibility durchgesetzt werden; Kolonnen mit Hilfslieferungen sollten eskortiert werden und die allgemeine Lage stabilisiert werden. Tuzla sollte als sicherer Hafen etabliert werden.

Die Zwischenzeit bis zum Einsatzbeginn wurde zur Einsatzvorausbildung genutzt mit einer dänischen-schwedischen Übung als Höhepunkt. Das erste Kontingent setzte sich aus Freiwilligen des Jydske Dragonregiments zusammen, bestehend aus einem Stabs-Deling, einem Panzer-Deling der 1. Kompanie des III. Panserbataljons, je einem Panzer-Deling der 1. und 2. Kompanie des II. Panserbataljons sowie einem verstärkten Wartungs- und Versorgungs-Deling, die zusammen eine Eskadron für den Einsatz bildeten. Insgesamt wurden zehn Panzer nach Bosnien entsandt.

Die Einsatz-Eskadron wurde als Danish Squadron, Team 1 (DANSQN 1), bezeichnet. Das Kommando übte Kim Madsen aus. Während UNPROFOR, IFOR und SFOR wurde üblicherweise ein Leopard des Trupps mit Räumschild und ein weiterer mit einem Minenpflug ausgestattet – wobei die Zusätze nur bei Bedarf montiert wurden, da sie das Fahrverhalten beeinträchtigen. Da sich das Hæren im Jahr 1993 mitten in der Umrüstung seiner Panzerflotte auf Leopard 1 A5 DK befand und die Materiallage demnach angespannt war, ließ die Bundesrepublik Deutschland kurzerhand 20 ihrer Leopard 1 zerlegen, um die Dänen mit Türmen zu versorgen.

In einer Pressekonferenz vom 14. September 1993 wurde der Auftrag der Leoparden in Bosnien skizziert. Diese sollten als gepanzerter, beweglicher Beobachtungsposten in allen Wetterlagen bei Tag und Nacht zu Observierungszwecken eingesetzt werden. Ferner waren Show-of-Force-Patrouillen, das Bergen und Evakuieren außer Gefecht gesetzter UN-Fahrzeuge und das Räumen von Minen mittels Minenpflug angedacht. Die Panzer wurden auch eingesetzt, um das Leben dänischer Soldaten zu schützen.

Leos und Personal wurden Mitte Oktober per Zug nach Pančevo in Serbien verbracht, wo für die Dänen eine quälende Zeit des monatelangen Wartens begann. Was war passiert? Nun, Belgrad war nicht besonders glücklich über die Aussicht auf UN-Kampfpanzer in Bosnien und Herzegowina und legte den Dänen daher zahlreiche bürokratische Stolpersteine in den Weg. Doch auch innerhalb der Vereinten Nationen fand ein politisches Tauziehen statt. Beides führte dazu, dass die Dänen zunächst in Pančevo strandeten.

Am 17. Januar 1994 konnte die Reise über große Umwege fortgesetzt werden: Per Zug ging es nach Triest und von dort mit einem Schiff der britischen Marine weiter ins kroatische Split, wo es abermals zu einem unerwarteten Stopp von rund einem Monat kam, da innerhalb der Führung von UNPROFOR ein offener Streit darüber entbrannt war, ob Kampfpanzer auf dem Territorium Bosniens eher neue Möglichkeiten oder doch neue Eskalationsstufen mit sich bringen würden. Erst eine Anweisung des Befehlshabers der UN-Truppen in Bosnien, General Michael Rose (Großbritannien), beendete Mitte Februar auch diese Episode des Ausharrens. Er befahl, die Leopard-Panzer als taktische Reserve nach Tuzla zu verlegen, womit er sich UN-intern einigen Ärger einhandelte. Zunächst per Lkw und später auf Kette marschierte die Leo-Truppe nach Tuzla, wo sie mit rund fünfmonatiger Verspätung im Vergleich zum ursprünglichen Plan eintraf. Der Marsch war beschwerlich, da die Witterung eisig und die Straßenverhältnisse schlecht waren. Die Leopard-Panzer durchwateten mehrere Gewässer, weil marode Brücken nicht genutzt werden konnten.

Vor Ort wurden die Dänen im Camp Gønge untergebracht. Währenddessen durchlief die 1. Eskadron des I. Panserbataljons/Jydske Dragonregiment die Einsatzvorausbildung, um ihre Kameraden in Tuzla im März 1994 als DANSQN 2 abzulösen. Dabei flossen bereits Erfahrungen aus dem bisherigen Einsatz in die Ausbildung ein; so wurden beispielsweise Verzögerungen auf dem Transport durch Barrikaden simuliert. Die Leopard-Panzer der Dänen kamen vor dem Kontingentwechsel nicht mehr zum Einsatz.

Auch Belgiens Leopard-Truppe soll hier Erwähnung finden. Laut der Website der belgischen Streitkräfte setzte Brüssel den Leopard 1 „im ehemaligen Jugoslawien“ ein (Verboven, S., 2014, Übersetzung via Google Translator), was reichlich unspezifisch ist. Der französische Wikipedia-Artikel zum Regiment Gidsen (ehemalige Panzereinheit Belgiens, die mit dem Leopard 1 ausgestattet war) spricht konkreter von einem Engagement in Kroatien Anfang der 90er Jahre, leider ohne eine Angabe von Quellen. Es bleibt daher unklar, in welchem Umfang und mit welchem Auftrag belgische Leoparden in den Auslandseinsatz entsandt wurden und was deren Besatzungen dort erlebten. Die Informationslücke lässt immerhin den Schluss zu, dass belgische Leoparden nicht an nennenswerten Kampfeinsätzen beteiligt waren.

Für Dänemark übernahm DANSQN 2 im März 1994 neben den bereits beschriebenen Aufgaben die Rolle als Quick Reaction Force. Immer, wenn Beobachtungsposten der UN im Verfügungsraum unter Artilleriebeschuss gerieten, konnten die Leoparden angefordert werden, um den Beschuss durch Show-of-Force zu stoppen. Die dänischen Panzersoldaten arbeiteten dabei stets mit einem Forward Air Control Team für Luftunterstützungsgesuche zusammen.

In der Area of Responsibility der Dänen stellte der regelmäßige Beschuss jener UN-Beobachtungsposten durch bosnisch-serbische Truppen ein großes Problem dar, denn aufgrund der enggefassten Rules of Engagement, die der Schutztruppe wenig Handlungsmöglichkeiten zugestanden, waren kaum Reaktionen auf derartige Angriffe möglich. Die Blauhelme fühlten sich im Stich gelassen, was sich zunehmend auf deren Moral niederschlug. Der Kommandeur des Nordic Battalions sah das Auftreten der dänischen Panzer in Kombination mit den Forward Air Controllern daher als Instrument an, um in solchen Fällen dafür zu sorgen, dass der Beschuss eingestellt wurde.

Am 4. April 1994 kam es dann zur ersten scharfen Schussabgabe eines Leopard 1 unter dänischer Flagge. Der Zwischenfall ereignete sich bei Gradačac 70 Kilometer nördlich von Tuzla, wo ein Panzertrupp Leos zusammen mit einem Forward Air Control Team und einem schwedischen Transportpanzer im Rahmen einer Patrouille einen Konvoi sicherte, der humanitäre Hilfsgüter transportierte. Um 13.20 Uhr eröffnete ein Maschinengewehr oder eine Maschinenkanone das Feuer auf den Panzer des Delingssergent. Kurz darauf geriet ebenfalls der Panzer des Delingsfører unter Beschuss. In beiden Fällen verfehlte der Schütze sein Ziel. Die Dänen zogen sich zunächst zurück und trafen mit ihrem Kommandeur der Eskadron, Major Carsten Rasmussen, zusammen. Dieser befahl ihnen, ihren Patrouillenauftrag wieder aufzunehmen. Um 14.33 Uhr erreichten die Leos erneut den Ort des Geschehens und gerieten abermals unter Feuer. Nachdem die Dänen eine Nebelwand geworfen und im Schutze dieser einen Stellungswechsel vollzogen hatten, klärte der Delingsfører ein 40-Millimeter-Geschütz in 2.340 Meter Entfernung auf. Sein Panzer vernichtete das Ziel mit zwei High Explosive-Geschossen. Die Dänen verließen daraufhin den Ort des Geschehens, als zwei Steilfeuergranaten einschlugen. Die Splitterwirkung zerkratzte die Lackierung eines Leos.

Ein zweiter Vorfall, der sich am 29. April 1994 ereignete, ging als Operation Bøllebank in die Annalen der Leopardengeschichte ein. Bøllebank bezeichnete einen Notfallplan für den Einsatz der dänischen Panzer im Falle einer Attacke durch die Armee der Republika Srpska oder durch die Jugoslawische Volksarmee. An jenem 29. April wurde der schwedische Beobachtungsposten mit Decknamen Tango 2 in der Nähe von Kalesija zunächst um 21.40 Uhr mit Steilfeuer und Raketen durch die Zvornik-Brigade beschossen, dann nochmal um 22.00 Uhr – es handelte sich um den 28. Angriff auf diesen mit sieben Soldaten besetzten Posten! Nach vorhergegangenen NATO-Luftangriffen und der Geiselnahme von UN-Soldaten durch bosnische Serben galt die Großwetterlage zudem als äußerst angespannt.

Der Kommandeur des Nordic Battalion orderte daraufhin zwei dänische Panzertrupps (1. Deling unter dem Kommando von Klaus Andresen sowie 2. Deling unter Erik Kirk plus der Tank von Major Rasmussen, was auf sieben Leos addiert) sowie einen schwedischen Transportpanzer nach Saraci, um dort Fühlung zum vorgeschobenen Gefechtsstand aufzunehmen, wo sich zur Stunde der stellvertretende Bataillonskommandeur, Oberst Lars Møller, aufhielt, der selbst über einen Transportpanzer verfügte. Die Leoparden eilten mit Höchstgeschwindigkeit und bei voller Beleuchtung zu ihrem Zielort, um die Angreifer möglichst bereits dadurch zu verschrecken. Norwegische Wachposten winkten den davoneilenden dänischen Panzern verblüfft hinterher. Auch die nach einem Tag auf der Schießbahn ihren Dienstschluss genießenden dänischen Panzersoldaten waren durch die Alarmierung selbst völlig überrascht worden. Panzerkommandant Jakob Hansen saß entsprechend im Dienst- statt im Feldanzug in seinem Fahrzeug.

Beim Anmarsch über stockdunkle Straßen ereignete sich dann auch noch ein Unfall: Ein den Dänen entgegenkommender VW Golf passierte die ersten beiden Tanks der Kolonne, zog dann aber plötzlich zur Straßenmitte und rammte Andresens Panzer. Glassplitter prasselten gegen den Stahl, als der Leo den Golf untermangelte. Trotz des Unfalls wurde befohlen, nicht anzuhalten, da sich die UN-Soldaten bei Tango 2 in Lebensgefahr befanden.

Nachdem die Panzer ihren Bestimmungsort in Saraci erreicht hatten und eine Lagebesprechung abgehalten wurde, schlugen gegen 23.15 Uhr drei Artilleriegranaten in unmittelbarer Nähe der UN-Soldaten ein. Auch wurden die dänischen Panzer mit Handfeuerwaffen beschossen, was Andresen aufgrund der laufenden Panzermotoren und seines Helms zunächst gar nicht bemerkte, wie er in einem Interview erzählt.

Hansen bewertet es rückblickend als Fehler, dass sie ihre Panzer in Saraci dicht beieinander parkten und dem Gegner somit ein lohnendes Ziel boten.

Die beiden Panzertrupps schwärmten umgehend aus. Der 2. Deling bezog im Südteil von Saraci Feuerpositionen. Der 1. Deling rauschte zusammen mit Rasmussen und Møller nach Kalesija und geriet auf dem Marsch erneut unter massives Artillerie-, Mörser- und MK-Feuer, sodass die Panzersoldaten die Scheinwerfer ausschalteten. 15 bis 20 Minuten lang wurden sie durch Kräfte der Sekovici-Brigade beschossen, wobei die einzelnen Panzer teilweise den Sichtkontakt zueinander verloren. In Andresens Tank fiel zu allem Überfluss das Nachtsichtgerät des Fahrers aus, weshalb dieser bei stockfinsterer Nacht und unter Beschuss über Luke fahren musste.

Kaum in Kalesija angekommen, eröffneten bosnische Serben aus getarnten Stellungen heraus und offenbar mit technischen Mitteln für den Nachtkampf befähigt gezielt das Feuer auf die UN-Panzer. Eine erste Panzerabwehrrakete detonierte zwischen den beiden Leoparden, die die hintersten Positionen in der Kolonne eingenommen hatten. Unmittelbar danach schlug eine weitere Panzerrakete in eine Fabrik ein, in deren Schutz der Transportpanzer von Møller parkte, sodass Schutt auf diesen herabregnete. Eine dritte Panzerabwehrrakete raste direkt auf Andresens Leopard zu. Sein Fahrer erkannte die Gefahr und trat auf die Bremse, sodass die Rakete vor seinem Tank die Straße aufriss. Auch eine vierte Panzerabwehrrakete schlug noch ein, während in der Ferne Mündungsfeuer von automatischen Waffen aufblitzte. Problematisch war für die Dänen zudem der Umstand, dass die Flächen abseits der Straßen teils vermint waren, was ihre Bewegungsfreiheit deutlich einschränkte. Immerhin konnte Hansen genau beobachten, von wo aus die vierte Rakete abgefeuert worden war.

Die Dänen ersuchten um Luftunterstützung, was abgewiesen wurde. Møller, Rasmussen und der schließende Leopard der Kolonne verblieben vor Ort, die übrigen Panzer des Trupps versuchten zu Tango 2 durchzubrechen. Møller und Co suchten Schutz zwischen den Gebäuden, während starkes Steilfeuer auf Kalesija niederging. Es ist nicht abschließend geklärt, ob letztlich Møller oder Rasmussen den initialen Feuerbefehl erteilte, jedenfalls begannen sich die dänischen Leos des 1. Delings gegen 23.45 Uhr zu wehren. Auch aus Saraci eröffnete der 2. Deling das Feuer auf erkannte Stellungen. Der Feuerkampf wurde teilweise auf Entfernungen von bis zu 4.200 Meter geführt – eine Kampfentfernung, die den Dänen bei Nacht eigentlich gar nicht gestattet war und mit der sie keine Erfahrung hatten. Entsprechend mussten sich die Männer durch Testschüsse an ihre Ziele herantasten.

Mehrere Bunker, aus denen Panzerabwehrraketen abgefeuert worden waren, wurden vernichtet, gleichzeitig aber eröffneten die Truppen der Sekovici-Brigade aus immer neuen Stellungen das Feuer auf die Dänen. Die UN-Kräfte in Kalesija rückten in den Westteil der Ortschaft vor und konzentrierten ab 00.05 Uhr ihr Feuer auf Stellungen am Berg Vis (Codename „Sugarloaf"), von dessen Gipfel aus unter anderem eine Pak vom Typ T-12 (Kaliber 100 Millimeter) auf die UN-Soldaten schoss. Daneben befand sich dort auch ein Bunker, aus dem das gegnerische Feuer koordiniert zu werden schien. Die Kampfentfernung betrug 4.140 Meter. Nachdem beide Ziele ausgeschaltet worden waren, stellten die Truppen der bosnischen Serben das Feuer für rund 30 Minuten ein – Hansen berichtet von nur noch unkoordiniertem Beschuss zu diesem Zeitpunkt.

Hansen will zudem nach der Eliminierung des Artilleriebeobachtungspostens im Bunker zwei gegnerische Kampfpanzer im Vorgelände ausgemacht haben. Mit seinem Nachtsichtgerät hatte er deren Infrarotsignale entdeckt. Der Richtschütze konnte die Panzer im Wärmegerät allerdings nicht finden, sodass Andresens aus Furcht, selbst entdeckt zu werden, schließlich einen Stellungswechsel befahl.

Gleichzeitig mit dem Beschuss des Berges Vis brachen die beiden übrigen Panzer des 1. Delings zu Tango 2 durch und nahmen von dort aus weitere erkannte Stellungen unter Feuer.

Nach einer kurzen Lagebesprechung verließen die Kräfte um Møller unter gegenseitigem Deckungsfeuer den Ort in Richtung Saraci. Kaum auf dem Marsch, gerieten sie erneut in intensives Feindfeuer vom Berg Vis. Møller erteilte dem 2. Deling um 00.40 Uhr ein weiteres Mal den Feuerbefehl, woraufhin dieser zwischen 15 und 20 Minuten lang ununterbrochen erkannte Stellungen bekämpfte. Der 2. Panzer des 2. Delings feuerte eine letzte Granate ab, die auf der Gegenseite eine große Explosion verursachte – ein Munitionsdepot wurde getroffen und flog in die Luft. Die Kräfte um Møller erreichten indes Saraci ohne Verluste. Der gegnerische Beschuss ebbte ab und die Dänen zogen sich nach 01.00 Uhr ins Camp Gønge zurück mit Ausnahme der zwei Leopard-Panzer bei Tango 2, die für mehrere Tage vor Ort verblieben. Die Feuerpositionen des 2. Delings wurden nach dessen Abzug noch einmal mit Steilfeuer überzogen.

Während des gut zweistündigen Feuergefechts verschossen die Dänen insgesamt 44 Sprenggeschosse, neun Phosphorgranaten sowie 19 panzerbrechende Geschosse. Die bosnischen Serben vermeldeten neun Gefallene, andere Berichte gehen allerdings von bis zu 150 Toten und ebenso vielen Verwundeten aus. Die Dänen erlitten keine Verluste, obwohl ein Leo einen direkten Treffer erhielt. Møller wurde durch einen Splitter leicht verwundet.

Als Konsequenz verhängte die UN strikte Beschränkungen auf die weitere Aktivität von DANSQN, um eine Eskalation zu vermeiden. Die UN fürchtete, nach diesem Zwischenfall in den militärischen Konflikt hineingezogen zu werden. Auch in der dänischen Presse fand der Vorfall ein großes Echo, das laut Sørensen weitgehend positiv war. In 1998 wurden Kirk und Møller mit dem Ebbe Muncks Prize of Honour für ihre Leistungen während der Operation Bøllebank ausgezeichnet.

In den heißen Sommermonaten machte sich die große Wärmeproduktion der mechanischen Komponenten des Leopards in Verbindung mit dem Fehlen einer Klimaanlage negativ bemerkbar.

Im Oktober 1994 übernahm DANSQN 3. Das Panzerpersonal rekrutierte sich aus Soldaten des Dronningens Livregiments und des Prinsens Livregiments. Der Aufgabenbereich der Panzersoldaten wurde um die sogenannten Sozialpatrouillen erweitert – Patrouillenfahrten, auf denen der Bevölkerung bei konkreten Problemen geholfen wurde, während die Bewegungsfreiheit sichergestellt und das Umland beobachtet werden konnte.

Bereits am 26. Oktober 1994 ereignete sich mit der Operation Amanda der nächste Zwischenfall mit scharfem Waffeneinsatz. Vorausgegangen war, dass bosnisch-serbische Soldaten einer schwedischen Kompanie das Betreten des Beobachtungspostens S01 nahe dem Bøllebank-Gefechtsfeld verweigert hatten. Zwischen dem 19. und dem 24. Oktober war mehrfach versucht worden, den Beobachtungsposten zu bemannen, was jedes Mal durch einsetzendes Feuer vereitelt worden war. Der 1. Deling erhielt zunächst den Auftrag, das Gelände für den Fall einer Evakuierung oder Verstärkung des Postens zu erkunden. Gemeinsam mit den Schweden rückten die dänischen Leos aus. Vor Ort detonierte eine Sprenggranate nur 50 Meter vom Panzer des Truppführers entfernt. Die UN-Kräfte zogen sich daraufhin zurück. Kurz darauf wurde der Trupp durch einen Sanitätstransportpanzer und einen Bergepanzer verstärkt; er bestand nun aus drei Leos, oben genannten Fahrzeugen sowie einem M113-Transportpanzer. Ein Leopard wurde mit einem Räumschild ausgerüstet. Zusammen mit weiteren Kräften der Eskadron verließ der Trupp am 25. Oktober 1994 gegen Mittag erneut das Camp.

Im Zielgebiet wurde mit dem M113 eine Erkundung des Geländes vorgenommen. Auf Grundlage der gewonnenen Erkenntnisse wurden günstige Feuerpositionen für die Leos identifiziert und beschlossen, im Schutze der Dunkelheit diese durch den Panzer mit Raumschild auszubauen. Besagte Arbeiten begannen um 21.00 Uhr.

Am nächsten Morgen um 08.00 Uhr wurden letzte Vorbereitungen für den bevorstehenden Einsatz getroffen. Das Forward Air Control Team wurde im Beobachtungsposten S02 eingesetzt. Die Ladeschützen der Leos luden die Kanonen mit panzerbrechenden Granaten.

Um 13.35 Uhr wurde das Gebiet um S02 erstmals beschossen. Um 14.46 Uhr erging der Befehl an den Panzertrupp, die vorbereiteten Feuerpositionen bei S01 einzunehmen. Vor Ort detonierte ein Geschoss nur 20 Meter vor dem Leo des Delingsførers. Der Kommandeur der Eskadron erteilte Feuerfreigabe auf erkannte Ziele. Der Tank des Truppführers nahm daraufhin eine Böschung in 5.100 Meter

Entfernung unter Beschuss, wo ein gegnerisches Geschütz vermutet wurde. Anschließend vollzog er einen Positionswechsel, wobei er erneut beschossen wurde. Das Sprenggeschoss traf ein Haus in rund 20 Meter Entfernung zum Leopard-Panzer. Dessen Besatzung antwortete mit einer Sprenggranate, danach wurde ihr Leo durch eine Rauchgranate frontal getroffen. Der Treffer zerstörte den linken Abschlepppunkt, beschädigte den Scheinwerfer und färbte Teile der Wanne gelb-orange ein. Alle Insassen blieben unversehrt. Zeitgleich wurde bekanntgegeben, dass mit Luftunterstützung in 20 Minuten zu rechnen sei.

Der Leopard 1 A5 DK wurde von der dänischen Armee unter UN-Kommando in Bosnien eingesetzt. Eine Reihe dieser Fahrzeuge wurde später mit einem externen Generator und einer Kühleinrichtung auf den Standard „Leopard 1 A5 DK (SFOR)“ aufgerüstet. Dieses Fahrzeug befindet sich derzeit in der Sammlung einer der Regimentsmuseumsassoziationen in Dänemark. (Copyright Thomas Antonsen)

Der Panzer des Delingssergents feuerte innerhalb weniger Minuten vier Granaten auf vermutete Stellungen der bosnischen Serben ab. Zu dieser Zeit klärte er einen gegnerischen Kampfpanzer in 4.100 Meter Distanz auf. Im Wärmebild ließ sich erkennen, dass das Rohr der Hauptkanone kalt war, weshalb der Panzer nicht bekämpft wurde. Stattdessen lieferten sich die Dänen noch eine Zeitlang einen Schlagabtausch mit weiteren Stellungen der bosnischen Serben, wobei der Gegner ebenfalls Artillerie einsetzte. Dann wurde bei einem weiteren Kampfpanzer des Typs T-55 in 5.100 Meter Entfernung ein Mündungsblitz ausgemacht. Die dänischen Leoparden antworteten mit mehreren Schüssen gegen den Tank. Weiteres indirektes Feuer erreichte die UN-Soldaten, die die Feuerstellungen der Leos mit Rauch markierten, als sich die angeforderten Kampfflugzeuge näherten. Diese griffen jedoch nicht an, sodass sich die Männer und Frauen von DANSQN schließlich zurückzogen.

Die dänischen Leos hatten bei diesem Zwischenfall insgesamt 21 Granaten abgefeuert. Gründe für den Rückzug lagen im Verbot durch die UN, gegnerischem Artilleriefeuer mit Bodentruppen zu begegnen, sowie in der realen Bedrohung Tuzlas durch Artilleriebeschuss. Die Streitkräfte Bosnien und Herzegowinas wollten im Nachgang in Erfahrung gebracht haben, dass die Republika Srpska bei dem Zusammenstoß eine 76-Millimeter-Kanone vom Typ M-48B1 eingebüßt hatte. Der beschossene T-55 galt zumindest als beschädigt und somit vorübergehend nicht einsatzfähig.

In jenen Tagen nahmen die Planungen der NATO für die nie zur Ausführung gelangten Operation Determined Effort Gestalt an, um im Fall der Fälle die UN-Truppen mit einer schlagkräftigen Taskforce vom Territorium des ehemaligen Jugoslawiens evakuieren zu können. Kanadische Leoparden wurden dazu in Stärke einer Squadron eingeplant. Die kanadische Beteiligung firmierte unter der Bezeichnung Cobra).

Auf das dänische DANSQN 3 folgte im März 1995 DANSQN 4 und schließlich ab Oktober 1995 DANSQN 5, ohne dass die Leoparden in weitere Zwischenfälle verwickelt wurden.

In der Nacht vom 19. auf den 20. Dezember 1995 übernahm die NATO die Verantwortung von der UN; aus UNPROFOR wurde IFOR. Und der weiße UN-Anstrich der dänischen Leos wurde über Nacht provisorisch mit grüner und schwarzer Farbe in ein Tarnmuster verwandelt. Am Morgen des 20. Dezember trat die Panzereskadron ihre erste Mission an: Sie stieß in den Posavina-Korridor vor, um zu testen, ob das Auftreten unter NATO-Mandat die Lage veränderte. Sie wurde bei diesem Einsatz von US-Einheiten irrtümlich für Truppen der bosnischen Serben gehalten. Da alle Seiten einen kühlen Kopf bewahrten, endete die Verwechslung nicht im Desaster.

Am 13. Januar 1996 erhielten die Leoparden schließlich den Standardanstrich der dänischen Armee.

Während der IFOR-Mission wurden die dänischen Panzer in keinerlei Gefechte verwickelt. Allerdings ereignete sich ein Zwischenfall im Zusammenhang mit Panzerminen: Ende Januar 1996 erreichte ein Panzertrupp auf einer Patrouille westlich von Doboj einen Checkpoint. Die Straße war mit Schnee bedeckt, weshalb nicht erkennbar war, was sich darunter befand. Bei einem Wendemanöver fuhr der Panzer des Delingssergents samt Minenpflug auf eine Mine vom Typ TMM-1, die mit satten 5,6 Kilogramm Sprengstoff bestückt war. Die Explosion löste eine Kettenreaktion aus, bei der drei weitere unter der Schneedecke lauernde Minen in die Luft gingen – eine Mine detonierte etwa einen halben Meter neben dem Panzer, jeweils eine unter der ersten und zweiten Laufrolle der rechten und linken Seite und eine unter dem Panzer auf Höhe des Feuerleitrechners. Glücklicherweise hielt die Panzerung des Leos stand, doch der Kommandant wurde durch Splitter verwundet und die übrige Besatzung gehörig durchgeschüttelt. (Es ist davon auszugehen, dass sie zumindest auch leichte Verletzungen wie ein Schleudertrauma davontrug.) Auch purzelten mehrere Patronen sowohl für die Primärwaffe als auch für die Sekundärbewaffnung aus ihren Halterungen. Eine

Sprenggranate wurde dabei eingedrückt, insgesamt mehrere Granaten in Mitleidenschaft gezogen.

Der Panzer wurde bei dem Zwischenfall stark beschädigt. So wurde durch den Explosionsdruck der Turm auf einer Seite um etwa 10 Zentimeter aus dem Kranz gehoben. Die Elektronik im Turm fiel aus und der Feuerleitrechner wurde stark in Mitleidenschaft gezogen. Die gesamte Wanne erlitt Beschädigungen durch Splitterwirkung. Am Unterboden wurde die Panzerung regelrecht aufgerissen. Laufrollen und Ketten wurden teilweise zerstört.

Der Motor des Leopards lief allerdings noch, als der Explosionslärm abklang. Das Fahrzeug wurde später nach Dänemark zurückgebracht und die Wanne durch eine Ersatzwanne aus Deutschland ausgetauscht, ehe der Panzer (somit das einzige dänische Fahrzeug mit Abluftgittern alter Bauart) erneut auf dem Balkan zum Einsatz kam. Dieser Leo wird bis heute durch das dänische Heer fahrbereit erhalten.

Insgesamt unterstützte die dänische Panzertruppe die IFOR-Mission mit drei Kontingenten; die Wechsel fanden im März/April 1996 sowie im Oktober 1996 statt. Während des Einsatzes des zweiten Kontingents wurden die Panzer vor Ort unter anderem mit Klimaanlagen und Notstromaggregaten nachgerüstet (und somit zum Leopard 1 A5 DK-1 aufgewertet).

Im Dezember 1996 wechselte die Mission zu SFOR, was für die dänischen Leoparden vor Ort mit einer Erweiterung der Befugnisse und des Aufgabenspektrums einherging. Neu hinzu kam die Aufgabe, Flüchtlingen die Rückkehr in ihre Heimat zu ermöglichen. Das dänische Kontingent wurde personell reduziert. Aufgrund der positiven Lageentwicklung konnte die Ausbildung im Einsatzland ausgebaut werden, um die Einsatzbereitschaft der Truppe sicherzustellen. Auch wurden vermehrt internationale Übungen im Einsatzgebiet durchgeführt. Im Dezember 2002 wurde das dänische Kontingent ein weiteres Mal reduziert, die Leo-Eskadron nach Tuzla verlegt und unter das Kommando der Multinationalen Brigade (USA) gestellt. Im August 2003 wurden die Leoparden nach fast zehnjährigem Einsatz nach Hause zurückbeordert. Die Rückreise erfolgte via Eisenbahn und Schiff. Seit dem Übergang zu SFOR waren bis zu diesem Zeitpunkt insgesamt 15 Kontingente im Einsatz gewesen. Es kam zu keinen Zwischenfällen mit Waffeneinsatz, das Bergen von Fahrzeugen zählte noch zu den außerordentlichsten Aufgaben für die dänischen Panzersoldaten.

Leoparden im Kosovo

Dänemark als auch Kanada setzten Panzer vom Typ Leopard 1 im Rahmen der KFOR-Mission im Kosovo ein. Das kleine Dänemark stellte damit sogar für zwei NATO-Missionen zeitgleich Panzertruppen. Kopenhagen entsandte Leopard 1 A5 DK-1 ins Kosovo, Kanada den Leopard 1 C1 MEXAS.

Die Kanadier beteiligten sich von Mazedonien aus mit rund 800 Soldaten am Einmarsch ins Kosovo; das kanadische KFOR-Kontingent wurde in Ottawa unter der Bezeichnung Operation Kinetic geführt.

Der stellvertretende Leiter des kanadischen Defence Staffs, Lieutenant-General Ray Henault, erteilte am 1. April 1999 seinen Planern den Auftrag, im Rahmen eines möglichen bodengestützten KFOR-Einsatzes der NATO eine Battle Group vorzubereiten. Am 1. Juni wurde dem Kabinett die Zusammensetzung der Battle Group vorgestellt. Als Teil des Verbands waren 19 Leopard 1 C1 angedacht, zusammengefasst zu einer Squadron. Das Kabinett untersagte jedoch den Einsatz von Panzern zunächst aus Kostengründen. Dabei spielte laut Sean Maloney ebenfalls das Branding von Kampfpanzern als Angriffswaffe eine bedeutende Rolle, das sich während der Trudeau-Administration in den 1970er Jahren ausgebildet hatte und seither in den Köpfen kanadischer Politiker festklebte. Auf der anderen Seite war es für die kanadische Regierung entscheidend, einen sicht- und spürbaren Beitrag zum NATO-Engagement im Kosovo zu leisten, um die eigene Bedeutung als militärischer Verbündeter herauszustreichen und Einfluss auf das weitere Geschehen zu sichern. In diesem Spannungsfeld wurde ab Anfang Juni der Einsatz von 19 Leopard-Panzern als Teil der ursprünglichen Kinetic-Truppe mit insgesamt rund 550 Fahrzeugen sehr kontrovers diskutiert. Der Kompromiss sah schließlich eine insgesamt deutlich verkleinerte Kampftruppe vor: ein Bataillon, bestehend aus zwei Infanteriekompanien und einem Tank Troop. Als Unterstützung diente neben weiteren Einheiten eine Pionier-Squadron sowie jeweils ein Stabs- und ein Versorgungselement (National Command Element und National Support Element).

Als weitere Herausforderung stellte sich die Verbringung der Truppe ins Einsatzland heraus. Seit den 1990er Jahren sparte das kanadische Militär seine logistischen Potenziale massiv zusammen, wodurch es für die Verschiffung von Truppen nun auf die Hilfe Dritter angewiesen war. Als ein Mitglied des Logistikstabes schlussendlich einwarf, eine Verlegung auf den Balkan sei vor November 2001 kaum mehr denkbar, brach Panik aus. Kanada wollte nicht erneut als Nation gelten, die sich militärischen Operationen erst anschloss, nachdem die Gefahr weitgehend gebannt war.

Für die Gestellung der Panzer der ersten Rotation wurde das Lord Strathcona's Horse (Royal Canadians) ausgewählt, das im Einsatzland unter dem Dach der 4th Armoured Brigade der britischen Streitkräfte agieren würde, geleitet von Brigadier Bill Rollo. Sie bildete die Multinationale Brigade Center (MNB (C)). Das Kommando über die kanadische Battle Group übernahm zunächst Lieutenant-Colonel Steven Bryan, der im Laufe des Kontingents durch Lieutenant-Colonel Shane Brennan ersetzt wurde.

Ein zunächst zwölfköpfiger Trupp einer Kompanie der mechanisierten Aufklärungseskadron der Strathcona's unter dem Kommando von Major Paul Fleury traf in den Maitagen des Jahres 1999 in Mazedonien ein. Das Großgerät der kanadischen Streitkräfte sollte über Thessaloniki eingeschifft werden. Die Kanadier machten dabei in der griechischen Hafenstadt dieselben negativen Erfahrungen wie viele andere NATO-Partner auch. Gewaltbereite Demonstranten stellten in und um Thessaloniki ein ernstzunehmendes Problem dar und die griechischen Behörden zeigten sich oftmals wenig kooperativ. Die kanadischen Soldaten fanden sich, kaum dass sie einen Fuß auf europäischen Boden gesetzt hatten, in einer durch und durch feindseligen Atmosphäre wieder.

Am 7. Juni 1999 erging durch die 4th Armoured Brigade der Vorbefehl über den Einmarsch ins Kosovo, was als Operation Agricola bezeichnet wurde. Zu diesem Zeitpunkt war noch immer unklar, welche kanadischen Kräfte der Brigade wann zur Verfügung stehen würden. Wesentliche Teile der angedachten Kampftruppen befanden sich noch immer nicht vor Ort, und so fand der Einmarsch ins Kosovo schließlich ohne kanadische Leoparden statt.

Diese trafen zwischen dem 24. Juli und dem 4. August 1999 in der Stärke von fünf Leopard 1 C1 MEXAS ein und komplettierten damit die kanadische Battle Group. (Maloneys Buch, das viele Zeitzeugen zu Wort kommen lässt, widerspricht sich gelegentlich, was die Zahlen anbelangt – so ist auch mal von nur vier Leoparden für KFOR die Rede). Die MEXAS-Zusatzpanzerungselemente waren kurz vor der Verschiffung noch angebracht worden.

Ein kanadischer Unteroffizier bemerkt in einem Zitat bei Maloney nicht ohne Ironie, dass die kanadischen Streitkräfte mal wieder auf den billigst möglichen Transport gesetzt hätten. Tatsächlich waren die Soldaten fast ohne Verpflegung in alten Klapperkisten von Kanada nach Skopje geflogen. Während der Zwischenstopps hatte niemand das Flugzeug verlassen dürfen. Und das Großgerät war mittels eines ukrainischen Frachtschiffs nach Griechenland verschifft worden. Bei der Ankunft mussten die Panzersoldaten und Aufklärer entsetzt feststellen, dass die Schiffscrew die Überfahrt genutzt hatte, um die Schlösser zu knacken und sich in den Fahrzeugen „mal umzusehen“. Zahlreiche Werkzeuge und sogar Handwaffen waren spurlos verschwunden, dafür fanden die Kanadier ihre Fahrzeuge vermüllt vor.

Die Leoparden wurden in Thessaloniki auf britische Trucks verladen und in einer irrwitzigen, da orientierungslosen Fahrt schließlich nach Mazedonien verbracht. Die meisten bei Sean Maloney zu Wort kommenden kanadischen Soldaten beschreiben den Marsch als ein einziges Chaos und eine Tortur. So wurden zwar zahlreiche Handwaffen der kanadischen Armee nach Europa verfrachtet, ohne aber die zugehörigen Schlagbolzen mitzuliefern – diese waren in Kanada vergessen worden, sodass manche Kolonne die Überlandreise nach Mazedonien nahezu unbewaffnet antreten musste.

Die Strathcona’s installierten einen Berater für Panzerfragen im Stab der Battle Group (im ersten Kontingent zeichnete Captain Don Senft verantwortlich). Brigadier Rollo übertrug dem Verband die Verantwortung über Drenica, eine hügelige und minenverseuchte Region nordwestlich von Pristina. Die UÇK unterhielt bedeutende Stützpunkte in Drenica, außerdem verlief eine wichtige Ost-West-Straße (Route Dog) durch diese Region. Rollo benötigte für die Überwachung Drencias daher einen Verband, der relativ autark arbeiten konnte und über durchaus furchteinflößendes Großgerät verfügte. Beides konnten die Kanadier mit ihren LAV II-Spähpanzern, APC und nicht zuletzt mit ihren Leopard 1 C1 durchaus anbieten.

Neben Drecina wurde der Battle Group der Raum nördlich und südlich des Flughafens von Pristina zugewiesen. Die Battle Group konnte bis August 1999 vollständige Einsatzbereitschaft im Verfügungsraum melden.

Für den Fall eines Angriffs Belgrads auf das Kosovo war die kanadische Battle Group dafür vorgesehen, mit ihren mechanisierten Kräften in den Raum um Podujeva nördlich von Pristina vorzustoßen, wo sie den Gegner im Gegenstoß stellen und vernichten sollte. Die kanadischen Leoparden sollten dazu auf der linken Flanke der MNB (C), also auf der Straße von Mitrovica nach Pristina, eingesetzt werden. Unterstützung sollten sie in diesem Szenario unter anderem durch ein britisches Squadron der MNB (C) erhalten, ausgestattet mit Kampfpanzern vom Typ Challenger, sowie durch die deutschen Leopard 2 A5 der MNB (South).

Neben der Einbindung in Notfallplanungen für den Kriegsfall mit Serbien waren die kanadischen Leoparden an Operationen beteiligt, bei denen illegale Polizeistationen und Ähnliches ausgehoben wurden. Auch wurden sie für die temporäre Errichtung von Straßencheckpoints herangezogen. Die Kanadier legten Wert darauf, derartige Unternehmungen deutlich sichtbar durchzuführen, um Stärke zu demonstrieren. Kampfpanzer waren dafür ein probates Mittel. Laut Operations Officer Major Jerry Walsh erhöhten die Leos das politische Gewicht des kanadischen Kontingents innerhalb von KFOR erheblich, auch wenn die Truppe ein Squadron angefordert und am Ende nur eine Handvoll Tanks erhalten hatte. Don Senft streicht in einem Zitat in Sean Maloneys Buch die psychologische Wirkung des Panzers auf potenzielle Angreifer heraus und sieht im Leopard 1 C1 spezielle Vorteile, da dieser leichter und beweglicher als viele Kampfpanzer anderer Nationen ist.

Für die Leos des dänischen Hæren begann die Reise ins Kosovo im Jahre 1999 in Esbjerg, nachdem die Einsatzvorausbildung abgeschlossen worden war. Die Verschiffung wurde vom privaten Logistikunternehmen DFDS übernommen. Das Personal für das erste Kontingent wurde vom Danske Livregiment gestellt. Auch die dänischen KFOR-Truppen beteiligten sich nicht am Einmarsch ins Kosovo. Dafür traf am 29. Juli 1999 ein Vorauskommando vor Ort ein; das Gros des dänischen Kontingents folgte bis zum 10. August. Die Gesamtstärke belief sich auf ein Bataillon, darunter eine Panzereskadron, ausgestattet mit Leoparden vom Typ 1 A5 DK-1, die im Camp Olaf Rye stationiert wurde. Die dänischen Kräfte unterstanden der Multinationalen Brigade North (MNB (N)), die durch Frankreich geführt wurde. Der Verfügungsraum der Dänen war das etwa 30 Quadratkilometer umfassende Gebiet westlich von Mitrovica bis zur serbischen Grenze.

Ein Deling der Eskadron wurde dauerhaft abgestellt, um den Grenzcheckpoint D-31 am Gazivodasee zu sichern. Ein zweiter Trupp stand als ständige Quick Reaction Force auf Abruf bereit (Einsatzbereitschaft innerhalb von 30 Minuten). Ein dritter Deling patrouillierte vom Camp aus durch die Area of Responsibility oder errichtete temporäre Checkpoints. Die Aufgabenverteilung rotierte im Wochenrhythmus. Die Trupps waren genauso ausgestattet wie in Bosnien. Das Bergen festgefahrener Fahrzeuge zählte im Kosovo zu den außergewöhnlichsten Einsätzen für die dänischen Panzer. Unter anderem musste ein Leopard aus dem Vorgarten eines Dorfbewohners gezogen werden. Ein Highlight war darüber hinaus der Besuch von Prinz Henrik, der sich speziell für die Leopard-Panzer interessierte.

Am 22. August 1999 ging das Kommando über die kanadische Battle Group an Brigadier Peter Pearson als Kommandeur der 19th Mechanized Brigade über. Die kanadischen Leoparden verstärkten sodann die B Company (Major David Corbould), die südlich des Flughafens stationiert war, und richteten sich dazu in Kuzmin westlich von Pristina ein, da die dortige serbische Gemeinde der ständigen Gefahr eines Angriffes durch albanische Freischärler ausgesetzt war. Auch waren von dort die Hauptstraßen gut zu erreichen. In der Folge beteiligten sich die Panzersoldaten der Strathcona's auch an Patrouillen zu Fuß. Die Area of Responsibility der B Company umfasste darüber hinaus das Dorf Staro Gracko, wo im Juli 1999 14 Serben ermordet worden waren.

Die Leoparden patrouillierten regelmäßig in Zweierformationen kreuz und quer durch den Verfügungsraum, um stets sichtbar zu sein. Dabei entfernten die Kanadier sämtliche Kennnummern und so weiter von ihren Fahrzeugen, um Beobachtern das Identifizieren der Einheit zu erschweren. Aufgrund der hohen Aktivität der wenigen Panzer glaubten die Männer der UÇK bald, es mit 25 bis 30 kanadischen Panzern zu tun zu haben. Ferner wurden die Leos bei ethnischen Unruhen eingesetzt sowie zum Schutz einzelner Personen oder Gruppen von Personen.

Die Area of Responsibility der B Company grenzte auch an den russischen Sektor – und mit den russischen Verbündeten gab es so einige Probleme. Höhepunkt war eines nachts ein Aufeinandertreffen zwischen einem russischen Schützenpanzerwagen BTR-80 und einem kanadischen Leopard. Die Besatzung des BTR war betrunken. Der Schützenpanzer raste auf die Kanadier zu und drehte erst ab, als der vor Ort befindliche Leo seine Kanone auf ihn richtete. Danach konnten die Kanadier dabei zusehen, wie die Besatzung von weiteren russischen Soldaten abgefangen, aus dem Fahrzeug gezerrt, verprügelt und abgeführt wurde.

Ein weiterer Zwischenfall ereignete sich in Vrelo, wo ein russischer BTR in aberwitziger Geschwindigkeit durch die Stadt bretterte. Die Kanadier versuchten den Schützenpanzer mit eigenen Fahrzeugen zu blockieren und keilten ihn im Ortskern ein. Versuche, die Besatzung aus dem Schützenpanzer zu holen, scheiterten. Schließlich wurden zwei Leopard 1 zur Verstärkung gerufen. Da begann der Schützenpanzer damit, sein 12,7-Millimeter-Turmmaschinengewehr auf kanadische Ziele auszurichten. Das Rohr war jedoch mit Zeitungspapier verstopft. Corbould befahl seinen Soldaten den Rückzug, was dazu führte, dass der Fahrer des BTR wieder Gas gab und sein Schützenpanzer erneut in halsbrecherischem Tempo durch die Straßen Vrelos rumpelte. Erst, als russische Offiziere eintrafen, endete der Spuk. Insgesamt dauerte dieser Vorfall sechs Stunden.

Der deutsche General Klaus Reinhardt berichtet in seinem Buch über seine Zeit im Kosovo, dass NATO-Panzer am 15. Oktober 1999 vermutlich in oder bei Pristina öffentlichkeitswirksam vor laufenden Kameras über abgegebene Waffen rollten, um diese unschädlich zu machen. Er erwähnt nicht den Panzertyp, aber es könnte sich durchaus um dänische Leos handeln, da diese ja in der Nähe stationiert waren.

Am 27. Oktober 1999 errichteten Serben eine Barrikade, bestehend aus Traktoren, Bussen und Autos, auf einer Brücke bei Leposavić. Da es den NATO-Kräften nicht gelang, die Aufständischen zum Einlenken zu bewegen, räumten dänische Leoparden die Barrikade am nächsten Morgen gewaltsam.

Am 4. November 1999 beteiligten sich die kanadischen Leos an der Operation Constant Resolve. Kanadische Truppen, darunter mehrere Leopard-Panzer unter dem Kommando von Lieutenant Ray Miksa, fuhren in Grenznähe zu Serbien auf, um die Reaktion der jugoslawischen Armee darauf zu studieren. Drei Mal mussten sie ihr aufmarschartiges Manöver wiederholen, ehe die andere Seite reagierte: Sie brachte letztlich Kampfpanzer in Stellung und setzte Infanterie per Helikopter in Grenznähe ab. Deutsche, niederländische, türkische und österreichische Kräfte bildeten für das Manöver (und für den Kriegsfall) ein verstärktes gepanzertes Bataillon. Am 10. November versetzte dann eine Großübung der jugoslawischen Streitkräfte in Grenznähe unter anderem die NATO-Panzerkräfte im Kosovo in Alarmbereitschaft.

Im Dezember 1999 wechselte das Kontingent (Operation Kinetic Roto 1) und dabei auch das Kommando über die kanadische Battle Group auf die britische 7th Armoured Brigade unter Brigadier Richard Shirreff. Die Leopard-Besatzungen wurden in diesem Kontingent durch die Royal Canadian Dragoons gestellt. Als Kommandeur der Battle Group zeichnete fortan Lieutenant-Colonel Bruce Pennington verantwortlich. Die Rolle der Leos veränderte sich mit dem Kontingentwechsel; sie waren nun weniger aktiv, sondern warteten auf Standby auf einen möglichen Einsatz. Kanada zog sich schließlich im Juni 2000 von seinem militärischen Engagement im Kosovo gänzlich zurück.

Im August 2000, als das dritte dänische Kontingent das zweite ablöste, wurden auch die dänischen Leos aus dem Kosovo abgezogen und durch einen Panzerabwehrzug ersetzt.

Eine Übersicht über die Beteiligung der belgischen Panzerwaffe am KFOR-Einsatz lässt sich anhand öffentlich zugänglicher Quellen nur bruchstückhaft herstellen: So weiß die Website Leopard Club, die sich vor allem an Modellbauer richtet, zu berichten, dass belgische Leopard 1 A5 BE vom Regiment Gidsen in den Jahren 2000 und 2001 im nördlichen Kosovo auf einem strategischen Hügel mit dem Codenamen Notting Hill bei Leposavić eingesetzt wurden, was im Verfügungsraum der Multinationalen Brigade (Nord) lag. Ein Artikel in der Zeitschrift für Mitglieder und Freunde des Heimat- und Geschichtsvereins Troisdorf e.V. stützt diese Darstellung zum Teil. Demnach war das Gidsen Regiment bis zu Beginn des neuen Jahrtausends in Troisdorf, Deutschland, stationiert. Von dort aus wurden im April 2.000 belgische Soldaten ins Kosovo verabschiedet – ob unter ihnen auch Panzertruppen waren, bleibt unklar. Im Internet lassen sich zudem Fotos belgischer Leoparden mit KFOR-Aufschrift entdecken. Ein Thread in der Facebook-Gruppe des Regiments weist ebenso auf einen Einsatz im Kosovo „auf einem Berg“ hin. Einzelheiten zum Engagement belgischer Leos im Kosovo sind nicht bekannt, allerdings lassen die Fotos den Schluss zu, dass sich die belgischen Panzer an der Unterhaltung von temporären Checkpoints beteiligten. Das Fehlen von Informationen deutet auch hier darauf hin, dass die belgischen Panzer nicht an Kampfeinsätzen beteiligt waren.

Sean Maloney schreibt in seiner Publikation über Operation Kinetic, sämtliche beteiligte NATO-Staaten hätten ihre KFOR-Truppe mit Kampfpanzern ausgestattet – zumindest ging das kanadische Kabinett im Sommer 1999 davon aus. Dies würde bedeuten, auch Länder wie Norwegen oder Italien hätten möglicherweise Leopard-Panzer ins Kosovo entsendet, wofür sich aber keinerlei Belege finden lassen.

Leoparden am Hindukusch

Ebenfalls setzte Kanada im ISAF-Einsatz zunächst auf den Leopard 1. Mit der Operation Medusa, für die kanadische ISAF-Truppen im September 2006 teilweise auf drei mit improvisierten Panzerplatten versehene Bulldozer zurückgriffen, gelang ein bedeutender Schlag gegen die Aufständischen. Bemerkenswert an dieser Operation war, dass sich die Taliban, die sich ansonsten in Guerillakriegsführung übten, bei Pashmul zur Verteidigung im konventionellen Sinne eingerichtet hatten, indem sie zwischen Mohn- und Traubenfeldern, Wadis und anderen Hindernissen eine Frontlinie geschaffen und mit Kämpfern besetzt hatten. Jene Frontlinie bestand aus zusammenhängenden und ausgebauten Stellungen und Bunkeranlagen und war gesichert durch IEDs (improvisierte Sprengfallen) sowie Minen. Alle Zugangsstraßen wurden durch Schützen überwacht und/oder mit Sprengfallen blockiert. Die kanadische Battle Group war federführend für die Offensive verantwortlich und wurde durch dänische, afghanische und niederländische Truppen sowie kanadische und US-amerikanische Kommandosoldaten unterstützt. Mit einem Angriff auf beiden Uferseiten des Arghandābs nördlich und südlich von Pashmul aus traten die ISAF-Kräfte auf die Taliban-Stellungssysteme an.

Wie 90 Jahre zuvor auf den Schlachtfeldern des Ersten Weltkriegs griffen die Kanadier nach einem vorbereitenden Artillerietrommelfeuer die Stellungen der Taliban an. Gedeckt aus der Luft schlugen sie mit ihren Bulldozern Schneisen in Felder und überwanden Wadis und Bäche, um die Verteidigung des Gegners letztlich zu durchbrechen. Bis zum 13. September kapitulierten die Taliban in Zhari und Pashmul. Sie hatten mindestens Hunderte Tote zu beklagen; einige Schätzungen reichen bis zu 2.000 getötete Kämpfer. Auch verloren in den Kämpfen mehr als 100 Kanadier ihr Leben oder wurden schwer verwundet, was zu einer großen Debatte in der Heimat führte. Die Machtbasis der Insurgenten konnte mit der Operation Medusa für den Raum Kandahar nachhaltig erschüttert, aber nicht gebrochen werden. Auch danach blieb die Region Schauplatz zahlreicher Attacken durch Aufständische auf afghanische Sicherheitsbehörden und ausländische Truppen respektive Organisationen.

Operation Medusa verdeutlichte den Kanadiern allerdings die Notwendigkeit von Kampfpanzern am Hindukusch. Es bedurfte schwerer Kettenfahrzeuge, um Hindernisse und Sperren zu überwinden, außerdem brauchte es mehr Feuerkraft, als die 25-Millimeter-Kanonen der kanadischen Radschützenpanzer LAV III hergaben. Diese Feststellung, die durch den Kommandeur des 1st Battalion/The Royal Canadian Regiment, Lieutenant-Colonel Lavoie, der zudem die kanadische Battle Group während der Operation Medusa befehligte, sowie durch den Kommandeur des Regional Command South, Brigadier-General Fraser, nach Ottawa übermittelt wurde, konnte durchaus als brisant bezeichnet werden, denn eigentlich hatte sich das Department of National Defence bereits im Jahr 2003 für die Abschaffung seiner Kampfpanzertruppe entschieden. Zur Zeit der Operation Medusa wurden die letzten Leopard 1 außer Dienst gestellt, stattdessen sollten Radpanzer vom Typ M1028 Stryker mit 105-Millimeter-Kanone beschafft werden. Dieser Schritt war das Ergebnis einer seit 1996 geführten Debatte über die Zukunft der kanadischen Streitkräfte. Vor dem Hintergrund des Zusammenbruchs der Sowjetunion und den Erfahrungen auf dem Balkan gingen die Kanadier davon aus, Kampfpanzer nicht länger zu benötigen. Sie wollten ihre Streitkräfte stattdessen in eine „mittelschwere Streitmacht des Informationszeitalters“ umbauen, wie es der Verteidigungsminister im Jahr 2003 formuliert hatte. Medusa aber veränderte diese Evaluierung grundlegend.

Am 15. September 2006 genehmigte Ottawa die Entsendung von 15 Leopard 1 C2 MEXAS nach Afghanistan (drei Troops zu je vier Panzern plus ein Kompanieführungs-Troop a drei Panzer) nebst vier Berge- und vier Pionierpanzern. Auch MacNeill spricht in seinem Bericht über seinen Einsatz stets von 15 aktiven Panzern, erwähnt aber an einer Stelle, dass Kanada insgesamt 17 Leo 1 nach Kanada entsandte (vgl. S. 89ff). Zwei Panzer blieben laut ihm in Kandahar als Ersatzfahrzeuge.

Diese Entscheidung markiert jedenfalls eine bemerkenswerte Kehrtwende in der strategischen Entwicklung des kanadischen Militärs. Die Wahl für die Kampfpanzergestellung fiel auf den letzten noch mit Leopard 1-Tanks ausgestatteten Verband, das Lord Strathcona's Horse (Royal Canadians), welches für das laufende Kontingent sein B Squadron unter dem Kommando von Major Trevor Cadieu bereitstellte (tatsächlich ersetzte Cadieu im letzten Augenblick den eigentlich vorgesehenen Major Trevor Gosselin, der aus gesundheitlichen Gründen ausfiel).

Jene Entscheidung wurde durch eine Debatte über Sinn und Unsinn von Kampfpanzern in Afghanistan begleitet. Kritiker argumentierten, dass der Anblick von Panzern die Bevölkerung verstören und in die Arme der Aufständischen treiben könnte. Zudem hätten auch den Sowjets in den 1980er Jahren Kampfpanzer in Afghanistan wenig genutzt. Weiter wurde vor Kollateralschäden beim Einsatz von Panzern in Afghanistan gewarnt.

Bereits im August 2006 alarmierte das Heer die Strathcona's in weiser Voraussicht. Vom 4. Bis zum 20. September nahm die Einheit als Einsatzvorbereitung an Übungen in Wainwright teil. Bei Übungsschießen im Rahmen dieser Ausbildung schossen die Männer und Frauen der Panzertruppe erstmals mit Gefechtstreibspiegelmunition. Mit HESH-Geschossen wurde die Wirkung gegen Lehmmauern erprobt, wie man sie auch in Afghanistan vorfindet. Die kanadischen Panzer wurden für ihren Einsatz am Hindukusch teilweise mit Minenräumpflügen, Minenwalzen und Räumschilden ausgerüstet.

Generell trainierten die kanadischen Streitkräfte in der Einsatzvorausbildung das Zusammenwirken mit Kampfpanzern seit Herbst 2006 als direkte Reaktion auf die Erfahrungen aus der Operation Medusa. Warrant Officer MacNeill merkt in seinem Buch an, dass die zu jenem Zeitpunkt ausgebildete und in Wainwright vertiefte Panzerdoktrin der des Kalten Krieges entsprach. Der tatsächliche Counter-Insurgency-Einsatz in Afghanistan veränderte das Vorgehen der Kanadier im Gefecht rasch. Da die Kanadier in Afghanistan die Erkennungszeichen ihrer Panzer entfernen wollten, entwickelte MacNeill ein System aus Ringen aus Leuchtklebeband, die am Rauchabsauger der Kanone angebracht wurden, um das visuelle Zuordnen der eigenen Panzer zu ermöglichen.

Die ausgewählten Leos wurden nach der Einsatzvorausbildung eilfertig mit zusätzlichen Panzerungspaketen ausgestattet (verstärkte Unterböden sowie MEXAS-Verbundpanzerung). Am 29. September 2006 wurde B Squadron in Marsch gesetzt; insgesamt wurden drei Troops plus eine Stabseinheit (Squadron Headquarter) ins Einsatzland verbracht. Die Troop-Führer waren Lieutenant Al Dwyer, Warranr Officer Al Pociuk, Warrant Officer Marvin MacNeill und Master Corporal Scott Brown.

Die Panzer wurden im Lufttransport durch ukrainische AN-124 Antonow sowie durch C-17 Globemasters der United States Air Force ins Einsatzland transportiert. Dies stellte eine große logistische Leistung der kanadischen Streitkräfte dar eingedenk der Tatsache, dass sich die Verlegung einer Panzertruppe nicht darauf beschränkt, die Tanks einfach per Flugzeug nach Afghanistan zu befördern. Vielmehr wurde binnen wenigen Wochen geeignetes Personal ausgewählt und ausgebildet sowie in Kandahar eine Infrastruktur für den Unterhalt der Panzer geschaffen, die die Bereitstellung von Betriebsstoffen, Ersatzteilen und dergleichen mehr abbildete. MacNeill kritisiert in seinem Buch dennoch den langsamen logistischen Prozess. Tag für Tag erreichten ein bis zwei Panzer Afghanistan, da der Transport der kanadischen Fahrzeuge wohl keine Priorität bei der US Air Force besaß (vgl. MacNeill (2017), S. 18). Auch Betriebsstoffe und Ersatzteile gelangten nur allmählich ins Einsatzland.

Der erste Leopard 1 rollte bereits am 3. Oktober in Kandahar aus dem Flugzeug. Sechs Wochen, nachdem Ottawa der Entsendung von Leopard-Panzern zugestimmt hatte, befanden sich dann sämtliche Tanks samt Besatzungen im Einsatzland.

Am 17. November 2006 konnte das Squadron nach einem Überprüfungsschießen volle Einsatzbereitschaft melden. Auch bei den Leopard 2-Panzern wurde mittels Klebestreifen Ringmarkierungen am Rohr angebracht. Die Zeit in Kandahar nutzten die Kanadier zudem, um ihre Doktrin hinsichtlich des Einsatzes gegen Insurgenten weiterzuentwickeln. Am 22. November erhielt das Squadron erstmals die Erlaubnis, die Mauern des Camps zu verlassen, um die ausgearbeiteten Einsatzkonzepte zu testen und zu trainieren. Bei dieser Übung direkt außerhalb des Lagers fuhr Cadieus Tank auf eine Mine und warf die Kette. Auch wurden bei der

Explosion Teile der MEXAS-Panzerung beschädigt. Mit Entsetzen mussten die Kanadier feststellen, dass sie in Sichtweite zum Lager Kandahar Airfield (kurz KAF) auf ein bisher unbekanntes Minenfeld vermutlich sowjetischer Herkunft gestoßen waren. Herbeigerufene Pioniere suchten die Gegend nach weiteren Minen ab, während die mit Minenpflügen ausgerüsteten Leoparden sichere Schneisen ins Terrain zogen, über die die Panzer abmarschieren konnten beziehungsweise ein Bergepanzer den beschädigten Tank erreichen konnte. Das Squadron kehrte ins KAF zurück, wo der beschädigte Panzer noch am selben Tag wieder instandgesetzt wurde.

Auch am Folgetag verließen die kanadischen Panzer das Lager, um ihre erarbeiteten Einsatzkonzepte zu erproben. Sie stellten unter anderem fest, dass die Minenwalzen den Leopard deutlich in seiner Mobilität einschränkten, weshalb der Räumschild zum bevorzugten Mittel der Wahl wurde. Das Squadron bewegte sich bis an den Rand der Registan-Wüste, wo es eine Igelstellung bildete (ähnlich einer aus Western bekannten Wagenburg), ehe es nach KAF zurückkehrte. Nach weiteren Übungen außerhalb der Lagermauern verlegte das Squadron am 2. Dezember 2006 ab 02.30 Uhr mit Tarnlicht in die FOB Ma'Sum Ghar, die zu seinem Stützpunkt für den gesamten Einsatz werden sollte. Die gut 50 Kilometer Luftlinie erweiterten sich ob zahlreicher Umwege, die aufgrund des Terrains notwendig waren, auf das Doppelte. An der Stelle, wo sich die Flüsse Dowrey und Tarnak gabeln, blieb ein Leo bei der Gewässerüberquerung im Schlamm stecken und musste herausgezogen werden, was problemlos gelang.

Besagte FOB glich zu diesem Zeitpunkt eher einem Zeltplatz denn einem ausgebauten Lager. Entsprechend verbrachten die kanadischen Panzersoldaten die ersten Nächte in der nur leicht befestigten Basis auf ihren Panzern. Ma'Sum Ghar befand sich in einem Tal nahe des Arghandābs, umgeben von Felsklippen, das nur von einer Seite aus erreicht werden konnte. Über zwei teilgedeckte Stellungen in erhöhter Lage konnten die Kanadier mit ihren Leos den Eingang in das Tal hervorragend überwachen. Die Kanadier gingen bald dazu über, ihre Troops in Fire Teams zu jeweils zwei Panzer aufzuteilen, die im Falle eines Angriffs und im Schichtdienst gemeinsam agierten.

Anfang Dezember 2006 konnte B Squadron Einsatzbereitschaft in der FOB melden. Schon zuvor nahmen kanadische Leoparden an Patrouillenfahrten entlang der Route Summit teil (eine rund vier Kilometer lange befestigte Straße, erbaut von kanadischen Pionieren, die die FOB Ma'sum Ghar mit dem Highway 1 verbindet). Die Squadrons der Lord Strathcona's Horse (Royal Canadians) A, B und C rotierten fortan im Sechsmonatszyklus, wobei sich die erste Rotation des B Squadrons kürzer gestaltete, um sich an den Wechsel des übrigen Kontingents anzugleichen. Vor Ort standen den Kanadiern 15 aktive Kampfpanzer zur Verfügung.

Am 3. Dezember 2006 kam es zur Feuertaufe für die kanadischen Panzersoldaten. Gegen Abend befand sich der Tank von Lieutetant Marshall Douglas (Deckname 2-2) in einer der Alarmpositionen von Ma'Sum Ghar, als seine Crew den Abschuss einer 107-mm-Rakete gegen die FOB beobachtete. Die Kanadier beantworteten den Angriff mit dem ersten Schuss eines kanadischen Panzers im Rahmen eines bewaffneten Konflikts seit dem Koreakrieg. Die Patronenhülse verkeilte sich nach der Schussabgabe im Verschluss.

Nur einen Tag später gerieten auch Third Troop und Cadieu selbst in eine Kampfsituation: Deren Panzer befanden sich in den teilgedeckten Stellungen der FOB Zettelmeyer, als sie durch eine Gruppe von drei oder vier Taliban aus nördlicher Richtung, rund 500 Meter entfernt, mit Handfeuerwaffen beschossen wurden. MacNeills Panzer (Deckname T23B) beendete den Angriff nach der Abgabe von drei Schüssen. Kurz darauf griff eine weitere Gruppe Insurgenten aus westlicher Richtung an. Cadieus Panzer wehrte diesen Angriff ab.

Danach wurde es beinahe zur Routine, dass die kanadischen Panzersoldaten Aufständische in den Abendstunden davon abhielten, Mörser oder Raketen gegen die FOB Ma'Sum Ghar in Stellung zu bringen. Die Kanadier griffen dazu teilweise auf eine eigentlich nicht mehr aktive Doktrin zurück, mit der der Leopard 1 als Artilleriegeschütz verwendet wurde. Dazu war ein externer Beobachter notwendig, da Kommandant und Richtschütze das Ziel logischerweise nicht mehr anvisieren konnten, wenn das Panzerrohr in den Himmel wies. Auf diese Weise konnten Ziele auf bis zu 8.000 Meter Distanz bekämpft werden. In einem Fall zerstörte MacNeills Tank auf diese Weise eine Lehmhütte jenseits des Arghandābs in 6.800 Meter Entfernung, in der sich eine Gruppe Angreifer verschanzt hatte.

Am 03. Dezember 2006 brach Third Troop zum Strong Point Centre auf, wo die Panzer eine Lehmhütte mit HESH-Geschossen zerstörten, die angreifenden Taliban stets als Stützpunkt gedient hatte. Im Anschluss marschierte die Einheit zur FOB Zettelmeyer, wo die Panzer eine Zeit lang blieben, um den Straßenbau der sogenannten Route Summit – ein deutsch-kanadisches Gemeinschaftsprojekt – zu überwachen. Auch in Zettelmeyer gab es teilgedeckte Stellungen hinter Hesco-Wällen. Die Kanadier besetzten diese mit ihren Leoparden. Im Schichtbetrieb taten stets zwei Mann im Fahrzeug Dienst, die im Ernstfall als Richt- und Ladeschütze bis zum Eintreffen der restlichen Crew agieren würden.

In der Folgezeit errichtete Third Troop bei den Strong Points North, Centre und South jeweils vier teilgedeckte Stellungen, um im Falle eines Angriffes einen ganzen Troop in Stellung bringen zu können. Fortan rotierten die Troops zwischen Zettelmeyer, Ma'Sum Ghar und dem Manoeuvre Element der Battle Group. Als Teil des Manoeuvre Element unterstützten die Panzer die Quick Reaction Force und nahmen an Patrouillen durch die AOR teil, wobei die Kanadier oftmals den flachen Arghandāb nutzten, um schnell von A nach B zu gelangen. Die QRF war als Einheit organisiert, die auf sich gestellt operieren konnte. Sie verfügte oftmals über Pioniere und EOD-Kräfte, Panzer, Infanterie, Bergemittel und San-Kräfte.

In der Wüste von Zheray Disht errichteten die Kanadier eine Schießbahn für ihre Panzer. Viele Patrouillen führten die kanadischen Leos nach Mushan, eine Siedlung auf der Halbinsel zwischen dem Arghandāb und dem Dowri, dem sogenannten Horn von Panjwai. Die Kanadier hatten einen Kilometer außerhalb Mushans den sogenannten Strong Point Mushan als Stützpunkt für die ANA eingerichtet. Zunächst konnte die Wegstrecke nach Mushan noch in rund 45 Minuten bewältigt werden, was in späteren Jahren des ISAF-Einsatzes aufgrund der drastisch gestiegenen IED-Gefahr nicht mehr möglich war. Zudem wurde das Umland durch Stämme beherrscht, die die Karzai-Regierung in Kabul mehrheitlich ablehnten. Das Gebiet war daher eine wichtige Brutstätte für die Taliban und bedeutender Knotenpunkt ihres illegalen Warenverkehrs zwischen Afghanistan und Pakistan. Zwischen der Fob Sperwan Ghar und dem Strong Point Mushan lag eine Reihe von weiterer Strong Points und Polizeistationen. Laut Fowler wurde die Versorgung von Mushan mit der Zeit aufgrund der Bedrohungslage selbst unter Teilnahme von Kampfpanzern unmöglich.

Seit Dezember 2006 nahmen Leopard 1 C2 an allen großen Operationen der kanadischen Streitkräfte teil. Dazu wurden die Panzersoldaten damit beauftragt, Einsatzfähigkeit dergestalt herzustellen, dass sie jederzeit auf Geschehnisse in der gesamten Area of Operations der Kanadier reagieren konnten. So überwachten Leopard-Panzer Ma'Sum Ghar von erhöhten Stellungen aus und nahmen gegnerische Hinterhalte und Trupps unter Feuer, die kanadische Stützpunkte mit RPG-Beschuss oder indirektem Beschuss zu attackieren versuchten. Laut Major Cadieu lernten die Taliban „auf die harte Tour, wozu ein Leopard in der Lage ist" (Cadieu, T., 2008, S.7, eigene Übersetzung). Was die Teilnahme an den großen kanadischen Operationen anbelangt, ist zunächst das Unternehmen Baaz Tzuka (Falcon Summit) unter kanadischer Führung zu nennen, das zum Ziel hatte, die Taliban nachhaltig aus Howz-e-Madad und Zangabad im Zhari-Distrikt zu vertreiben und deren Fähigkeit zu mindern, sich zu einer Frühjahrsoffensive zusammenzurotten. Die NATO vermeldete den Erfolg der Operation bereits zum 20. Dezember 2006. Allerdings gibt es unterschiedliche Angaben zum Start- und Enddatum von Baaz Tsuka. MacNeill spricht vom 19. Dezember als Start der Aktion, die dann über einen Monat lang angedauert haben soll. Andere Quellen sprechen vom 15. Dezember. Auch Fowler nennt den 19. Dezember und als Ziel die Abschreckung des harten Kerns der Taliban-Kämpfer, während angeworbene Kämpfer durch Show of Force zur Abkehr von den Taliban bewegt werden sollten. Laut Fowler kam es zu keinen Kampfhandlungen.

Leopard-Panzer gingen bei dieser Serie von Operationen oftmals im Zusammenwirken mit einer Infanteriekompanie, ANA-Kräften und einem gepanzerten Pioniertrupp vor.

Die Kanadier rückten unter anderem wiederholt ins Gebiet Howz-e-Madad sowie in den Zhari-Distrikt aus, wo sie sich in einer Igelstellung auf die Lauer legten, um im Fall der Fälle eingreifen zu können. Bei solchen Einsätzen übernahmen die Fire Teams im Wechsel Alarmpostenaufgaben, sodass immer zwei Panzerbesatzungen ruhen konnten. Manchmal wurden die Panzer durch kanadische Infanterie verstärkt. Deren LAV III wurden dann in die Igelstellung integriert, während die übrigen Fahrzeuge innerhalb dieses „Rings aus Stahl" abgestellt wurden. Die Panzer wurden an strategisch wichtigen Stellen eingesetzt, um Taliban-Aktivitäten zu unterbinden oder in eine gewünschte Richtung zu kanalisieren, da die Kampfpanzer laut MacNeill abschreckend auf die Insurgenten wirkten. Bei komplexen Einsätzen mit verschiedenen Waffengattungen übten die Kanadier die Abläufe vorab, was sich als sehr hilfreich herausstellte.

Am 21. Dezember 2006 verlegte eine Taskforce in Kompaniegröße, bestehend aus Leoparden und LAV, von Ma'Sum Ghar aus über die Route Fenway nach Mushan, um eine östlich der Stadt liegende Landezone für niederländische Infanteristen zu sichern. Dort empfingen sie am 22. Dezember die Niederländer, die daraufhin Mushan sicherten und ein Meeting (ein sogenanntes Shura) mit den Dorfvorstehern abhielten.

Am 28. Dezember 2006 ereignete sich bei Sonnenuntergang ein größerer Angriff auf Strong Point Centre. Die NATO-Truppen dort riefen um Hilfe. Cadieu entschied, Third Troop zu entsenden, der sich zu diesem Zeitpunkt in einer Igelstellung nördlich von Howz-e-Madad befand. Die Leos eilten zum nächsten Highway, wo der Ladeschütze des führenden Panzers mit einer Taschenlampe dem entgegenkommenden Verkehr signalisierte, aus dem Weg zu gehen. Unter Höchstgeschwindigkeit rumpelten die Panzer durch finsterte Nacht dem Strong Point entgegen. Als sie auf die Route Summit einbogen, konnten sie bereits das Leuchtspurfeuer und Explosionen von Artilleriefeuer und Luftschlägen ausmachen, die das Kampfgebiet taghell erleuchteten. Die Leos näherten sich aus östlicher Richtung und gaben über Funk ihre Ankunft bekannt. MacNeills Richtschütze klärte drei Insurgenten in einem Traubenfeld auf, bewaffnet mit RPG und weniger als 50 Meter entfernt. MacNeill vernichtete die Gruppe mit zwei Schüssen. Danach ebbte der Angriff auf den Strong Point ab. Die Leos blieben noch die Nacht über vor Ort und bezogen dazu ihre teilgedeckten Stellungen.

An Neujahr 2007 eskortierte Thrid Troop den Panzer Cadieus zur FOB Sperwan Ghar, die circa 10 Kilometer von Ma'Sum Ghar entfernt lag. Auf dem Rückweg riss einer der Leos mit seinem Minenpflug versehentlich die Lehmmauer eines Wohnhauses ein. Die Kanadier setzten ihren Marsch fort, ohne sich um den Schaden zu kümmern.

Im Januar und Februar 2007 dehnten die Kanadier zusammen mit der ANA in einer Serie von Angriffsoperationen den eigenen Einflussbereich signifikant aus. Dabei brachen die Leos durch gegnerische Stellungen, sperrten Gebiete ab und beteiligten sich an Suchaktionen. Schließlich gelang es, den Raum Siah Choy zu sichern. Danach vermochte B Squadron gemeinsam mit US-amerikanischen Spezialkräften und einer kanadischen Aufklärungseinheit die Halbinsel an der Kreuzung der Flüsse Dowrey und Arghandāb vollständig in Besitz zu nehmen, wodurch der Gegner weiter unter Druck gesetzt wurde. Es handelt sich um jene Halbinsel, auf der sich die Stadt Mushan befindet.

Am 7. Januar rückte die oben beschriebene Kampfgruppe westlich von Strong Point Centre vor, um die dortige Taliban-Präsenz zu verdrängen.

So befand sich B Squadron am 21. Januar 2007 südlich von Howz-e-Madad, um eine Operation in der Ortschaft nach außen hin abzuschirmen. Plötzlich erklangen Schüsse im Ort. Während Third Troop in der Sicherung verblieb, eilten die Panzer von Cadieu sowie des Battle Captains den unter Beschuss stehenden Truppen zu Hilfe. Sie gaben dabei einen Schuss aus der Hauptkanone auf Insurgenten ab, ehe einer der Panzer die Kette warf. Daraufhin räumte Thrid Troop mittels Räumschild eine sichere Gasse zu dem liegengebliebenen Tank frei und sicherte diesen ab, während dessen Besatzung den Schaden behob. Dabei wurde ein Aufständischer aufgeklärt und mit einem gezielten Schuss aus MacNeills Panzer vernichtet. Im Anschluss konnte der Auftrag in der Ortschaft ohne weitere Zwischenfälle abgeschlossen werden.

Die bisherigen Panzeroperationen veränderten die Einsatzdoktrin der Kanadier. Sie gingen dazu über, mit den Panzern mindestens eine, besser zwei Gassen in ein Terrain zu schlagen, durch die dann weitere Kräfte sicher an ihr Ziel gelangen konnten. Dazu wurden in der Regel Kolonnen in folgender Reihenfolge gebildet: Badger Armoured Engineer Vehicle (Pionierpanzer Dachs), Leo mit Räumschild (legte circa alle 50 Meter rechts und links der Gasse teilgedeckte Stellungen an), Leo mit Minenpflug (übernahm bei offenem Gelände die Spitze, um mögliche IEDs auszulösen), Panzer des Troop-Führers (übernahm Flankensicherung). Bei größeren Operationen reihte sich der Kommandant des Squadrons oder der Battle Captain hinter dem Troop-Führer ein, um von vorne führen zu können. Als schließendes Element wurde ein weiterer Leo eingesetzt, der bei Bedarf mit Minenwalzen ausgerüstet wurde. Auf dem Rückweg wurden in der Regel nicht dieselben Gassen genutzt, sondern neue geschlagen.

Bei einer undatierten Operation, bei der die beschriebene Doktrin zum Einsatz kam, löste ein Leopard 1 mit Minenpflug (Master Corporal Encinas) eine Antipanzermine aus. Der Pflug wurde dabei nur leicht beschädigt, der Panzer blieb intakt.

Am 31. Januar 2007 verließ Third Troop die FOB, um zur FOB Sperwan Ghar zu verlegen, wo B Squadron fortan im Rhythmus von vier bis fünf Tagen jeweils einen Troop zur Sicherung abstellte. Die übrigen Troops verblieben in Ma'Sum Ghar und beteiligten sich an Patrouillen durch die Area of Responsibility. Da die afghanischen Behörden den Damm des Arghandābs geöffnet hatten, führte der Fluss nun deutlich mehr Wasser, was für die Kanadier zum echten Problem wurde. Aufgrund der wenigen Übergänge benötigte B Squadron nun mehr als eine Stunde, um die FOBs entlang der Route Summit zu erreichen.

Aus diesem Grund erging am 22. Februar der Befehl an Third Troop, den Fluss nach Stellen abzusuchen, die sich zum Hinüberwaten eigneten. Da das kanadische Heer das Thema Unterwasserfahren bereits vor Jahren aus dem Ausbildungsplan der Panzerfahrer geworfen hatte, weil man glaubte, es nicht mehr zu benötigen, verstanden sich nur die dienstälteren Panzersoldaten auf das Überqueren tieferer Gewässer. MacNeill verfügte über diese Erfahrung, sein Fahrer jedoch nicht. Er befahl ihm dennoch, den Fluss an einer Stelle zu durchwaten, wo das Wasser bis zur Kommandantenluke reichte. Aufgrund der Unerfahrenheit des Fahrers beging dieser mehrere Fehler, die dazu führten, dass der Motor erstarb und der Panzer folglich im tiefen Wasser feststeckte. Ein herbeieilender Leo 1 konnte MacNeills Tank aus dem Wasser ziehen und zur FOB schleppen. Bei der Reparatur des Panzers wurde festgestellt, dass bei der letzten Wartung vergessen worden war, die Tauchhydraulik wieder anzuschließen.

Mitte Februar fand schließlich der reguläre Kontingentwechsel statt. A Squadron unter dem Kommando von Major Dave Broomfield übernahm die Verantwortung für die Leoparden allerdings erst Anfang März, nachdem die ersten Soldaten am 25. Februar in die FOB Ma'Sum Ghar eingeflogen worden waren.

Zuvor patrouillierten im Zusammenwirken mit kanadischer mechanisierter Infanterie des neuen Kontingents (Hotel Company des 2nd Battalions/The Royal Canadian Regiment unter Major Alex Ruff) die Leoparden des B Squadrons unentwegt in der gesamten Panjwai-Zhari-Region, wobei Pioniere sie stets begleiteten, um sie vor bösen Überraschungen zu bewahren.

Fast einen Monat lang blieb das B Squadron im Raum, verübte Störangriffe gegen Taliban-Manöver im Grenzgebiet Kandahar-Helmand und leistete Schützenhilfe für afghanische Sicherheitskräfte in Howz-e-Madad und Sangsar. Dabei wurden die Leoparden immer durch andere Truppenteile unterstützt. Üblicherweise formten zwei Tank Troops zu je vier Tanks plus der Stab des Squadrons einen Kampfverband als Ergänzung einer oder mehrerer Infanteriekompanien, während ein weiterer Panzertrupp anderswo im Operationsraum eingesetzt wurde. Die Führung eines solchen Verbandes aus Panzern und Infanterie wurde wie folgt gehandelt: Bei Angriffen und Durchbrüchen befehligte der Kommandant der Panzer den gesamten Verband, bei den sich anschließenden Sicherungs- und Konsolidierungsphasen übernahm der ranghöchste Infanterist das Kommando. Die Kanadier bildeten beim Vorrücken oftmals zwei Formationen, jeweils angeführt durch einen Leopard mit Räumschild oder Minenpflug. Neben der Einschränkung der Beweglichkeit durch solche Erweiterungen ist problematisch, dass sie vor allem Remote-IEDs (also ferngezündete Sprengfallen) nicht zwingend zur Detonation bringen.

Die Operationen in Howz-e-Madad im Maywand-Distrikt trugen sich ab dem 23. Februar 2007 zu. Cadieus Panzer rückten zusammen mit zwei kanadischen Infanteriekompanien und ANA-Kräften des 2. Kandaks/1. Brigade/205 Corps über den Highway 1 in ein Gebiet vor, das nie zuvor durch ISAF-Kräfte betreten worden war. Ziel war besagtes Howz-e-Madad, wo ein vermutetes Waffen- und Sprengstofflager ausfindig gemacht und ausgehoben werden sollte. Zudem sollte den Aufständischen vor Augen geführt werden, dass ISAF und die afghanischen Sicherheitskräfte in der gesamten Provinz Bewegungsfreiheit genossen.

Im Zielgebiet umstellten die kanadischen Truppen jene Gebäude, in denen das Lager vermutet wurde, ehe die afghanischen Kräfte mit der Durchsuchung begannen. Es kam zu üppigen Bomben- und Raketenfunden. Als mit dem Verladen begonnen wurde, schlugen die Taliban aus allen Himmelsrichtungen mit Handfeuerwaffen und RPG-Panzerabwehrwaffen zu. Zivilisten eilten im Durcheinander davon, während Kanadier und Afghanen den Feuerkampf aufnahmen. Der Schlagabtausch dauerte nur wenige Minuten, und die Kanadier und Afghanen setzten ausschließlich kleinkalibrige Waffen ein. Die Kanonen der Leos schwiegen. Ohne Verluste (auch nicht auf ziviler Seite) konnten die Angreifer in die Flucht geschlagen werden.

In Cadieus Bericht beschreibt er die Effektivität seiner Leopard-Einsätze in Afghanistan. Durch das Aufteilen der Panzerkräfte auf Infanteriekompanien und aufgrund der enormen Hitze (zur Klimaproblematik unten mehr), die zeitweise die Provinz Kandahar im Würgegriff hielt, reduzierte sich die Schlagkraft der kanadischen Panzerkräfte insgesamt gesehen zwar, dafür verliehen die Tanks den einzelnen Infanterieelementen eine Wucht, die laut Cadieu bis zur Helmand-Grenze im Westen und nach Norden in Ghorak und Shah Wali Kot Eindruck hinterließ.

Nach dem Hinterhalt in Howz-e-Madad übernahmen Broomfield und seine Truppe die Verantwortung. Der Supply Echelon (Tross) wurde im neuen Kontingent durch Master Warrant Officer Bill Crabb in seiner Funktion als Squadron Sergeant-Major befehligt. Das Personal wurde teils mit zivilen Fluglinien, teils mit kanadischen Militärmaschinen zunächst in den Nahen Osten verbracht, von dort ging es weiter per C-130 Hercules ins Zielgebiet. Als Ausgangsbasis diente weiterhin die Forward Operating Base Ma'Sum Ghar nördlich von Pashmul.

Zwischen Anfang März und Ende Mai 2007 beteiligten sich kanadische Leopard 1 C2 an der NATO-geführten Operation Achilles zur Vertreibung der Taliban aus den nördlichen Kandahar-Bezirken (Panjwai, Zhari, Maywand). Es handelte sich dabei um eine breitangelegte Frühjahrsoffensive der NATO im Süden Afghanistans. Ab dem 3. März 2007 rückten 4.500 ISAF-Soldaten aus den USA, den Niederlanden, Kanada und Großbritannien sowie 1.000 Angehörige der afghanischen Sicherheitskräfte gegen Stellungen der Taliban in den Bezirken Sangin, Kajaki, Musa Kala sowie Nasak vor. Die NATO wollte mit dieser größten gemeinsamen Militäroperation seit dem Sturz der Taliban-Regierung die Sicherheitslage verbessern als auch einer von den Taliban angekündigten Frühjahrsoffensive zuvorkommen. Ein Ziel von strategischer Bedeutung war dabei der Staudamm in Kajaki, der die umliegende Bevölkerung mit Trinkwasser versorgt. Das Operationsgebiet ist von unübersichtlichen Gebirgen geprägt, die den Taliban ob der absoluten Luftüberlegenheit der NATO als Rückzugsorte dienten und von wo aus sie ihre Operationen planten und durchführten. Die NATO vermochte bis Ende Mai im Operationsgebiet Fuß zu fassen, konnte die Taliban aber nicht vollständig vertreiben.

Ende März rückten im Zuge der Achilles-Offensive die Hotel Company und A Squadron zusammen mit kanadischen Pionieren unter dem Gesamtkommando von Major Ruff gen Westen in die Region Maywand vor, um Konvois zwischen Kandahar und der Taskforce Helmand zu sichern. Auch hielt Ruff in diversen Dörfern Meetings mit den Dorfältesten ab, um Infrastrukturprojekte auf den Weg zu bringen; und gemeinsam mit der ANP wurden temporäre Checkpoints betrieben, wobei sich Korruption innerhalb der afghanischen Polizei als großer Mangel herausstellte. Ruffs Truppe befand sich mehr als fünf Wochen lang „draußen“ und errichtete jede Nacht an einem anderen Ort eine Igelstellung. Die meiste Zeit über vermied der Gegner den offenen Schlagabtausch. Die Insurgenten beschossen Ruffs Truppe gelegentlich mit 107-Millimeter-Raketen, insbesondere wenn diese eine Igelstellung gebildet hatte. Da die Schützen kaum ausgebildet schienen, verfehlten sämtliche Raketen deutlich ihr Ziel. Es war dennoch bemerkenswert, dass sich ISAF-Truppen dergestalt frei in den Distrikten Panjwai und Zhari bewegen konnten, die vor den Kämpfen um Pashmul noch als Hochburgen der Taliban und des Drogengeschäfts gegolten hatten. Ruffs Truppe wurde unter anderem zu Hilfe gerufen, wenn US-amerikanische oder britische Kolonnen, angesprengt durch ein IED oder aufgefahren auf eine Mine, bewegungsunfähig geworden waren. Einer dieser Einsätze führte Broomfields Panzer zu einem Konvoi der US-amerikanischen 82nd Airborne Division, die in einem Minen- und IED-Feld gleich sechs Humvees verloren hatte. Zwei der kanadischen Panzer räumten mit vorgespannten Minenpflügen sichere Gassen zu den angesprengten Fahrzeugen frei, um deren Bergung zu ermöglichen.

Am 8. April 2007, nach 36 Tagen „draußen", unterbrochen nur durch einige kurze Besuche von ISAF-Basen, und kurz vor Ende der Operation Achilles, sollte Ruffs Truppe als letzte Aufgabe vor dem Marsch zum Kandahar Airfield einen ISAF-Konvoi durch die Maywand-Wüste bis zur Grenze zu Helmand eskortieren. Ein Platoon der kanadischen Hotel Company wurde kurz nach der Befehlsausgabe bei einer Kreuzung durch ein aus mehreren Panzerminen zusammengebasteltes IED angesprengt. Sechs Soldaten waren umgehend tot und ein Fahrzeug schwer beschädigt. Broomfields Panzer beteiligten sich nicht an der anschließenden Rettungsaktion, der ursprüngliche Auftrag aber wurde abgesagt. Später am Tag erreichten sie das Kandahar Airfield, womit Operation Achilles für sie endete.

Während der NATO-Operation stachen die Leopard-Panzer durch ihre Fähigkeit hervor, von Forward Operating Bases aus über große Distanzen autark wirken zu können. Hervorzuheben sind Einsätze mit Minenpflügen, mit denen Fahrzeuge und Besatzungen aus sowjetischen Minenfeldern befreit wurden.

Auch nach der Operation Achilles wurden Patrouillen in der Region Maywand fortgesetzt mit dem Ziel, die Taliban herauszufordern, damit diese sich nicht auf das Stören des Wiederaufbaus konzentrieren konnten. Auch das Absichern wichtiger Meetings mit lokalen Entscheidern gehörte zum täglichen Brot der kanadischen ISAF-Kräfte und folglich Broomfields Panzern.

Am 11. April 2007 wurde zunächst ein LAV II Coyote-Panzerwagen der kanadischen Aufklärer in der Nähe von Ghundey Ghar durch ein IED angesprengt, und zwar nahe jener Stelle, wo kurz zuvor die Soldaten der Hotel Company auf ein IED aufgefahren waren. Es gab einen Verwundeten. Ein weiterer Coyote jener Kräfte, die zum Ort des Geschehens eilten, wurde daraufhin durch ein viel stärkeres Second IED (zweite Sprengfalle, die nach der Zündung der ersten Sprengfalle ausgelöst wird) angesprengt. Die Explosion warf das Fahrzeug in die Luft. Ein Insasse war sofort tot, ein weiterer verstarb wenig später, eingeklemmt in der Fahrerkabine. Es wurde dunkel, weitere Rettungskräfte eilten herbei, als sich Hinweise verdichteten, dass rund 100 Taliban-Kämpfer, Bombenbauer und tschetschenische Söldner in die Region eingesickert waren. Unter dem Eindruck dieser Berichte und der fortdauernden Evakuierungs- und Beweissicherungsarbeiten am Ort des Doppelanschlags ordnete der Kommandeur der kanadischen Battle Group, Lieutenant-Colonel Rob Walker, an, A Squadron mit Minenräumsätzen zu entsenden. Die Panzer sicherten den Ort des Geschehens ab und waren durch ihre Nachtkampffähigkeit eine wichtige Ergänzung für die Sicherungskräfte bei der Anschlagsstelle. Oder wie Lee Windsor, David Charters und Brent Wilson es in ihrem

Buch „Kandahar Tour“ ausdrücken: „Niemand zweifelte in dieser elendigen Nacht in der Wüste nahe Ghundey Ghar an der Notwendigkeit, Kampfpanzer nach Afghanistan zu entsenden.“ (Windsor, L., et al., 2008, S. 133, eigene Übersetzung). Es fanden in jener Nacht vom 11. auf den 12. April keine weiteren Angriffe auf die kanadischen Kräfte am Ort des IED-Doppelanschlags statt.

Als die Mohnernte Anfang Mai ihrem Ende entgegenging, war für die Kanadier klar, dass sie mit vermehrten Attacken der Taliban zu rechnen hatten. Nicht nur verbreiteten diese seit Monaten auf allen Kommunikationskanälen die Nachricht, in diesem Jahr Kandahar zurückerobern zu wollen, auch standen nach der Mohnernte viele Afghanen ohne Arbeit da und würden sich daher von den Taliban als sogenannte Tier 2-Kämpfer anwerben lassen. Die kanadische Battle Group wollte erneuten Attacken zuvorkommen, indem sie ihre Patrouillentätigkeit im Westen der Region Nalgham-Sangsar westlich von Kandahar verstärkte sowie dort intensiv nach IEDs fahndete. Zu diesem Zweck wurden die Leos samt Minenwalzen eingebunden. Das Kommando übernahm Broomfields Stellvertreter Captain Craig Volstad (Rufname T1A), da Broomfield in den Urlaub gefahren war. Um kein Aufsehen zu erregen, wurden Minenwalzen separat per Truck in die Patrol Base Wilson verlegt, eine Basis an der Stelle, wo die Route Summit auf den Highway 1 trifft. Anders als die Minenpflüge richten Minenwalzen in der Regel keine Beschädigungen an der Infrastruktur an, wenn man sie zum Suchen von Minen und IEDs einsetzt. In den frühen Morgenstunden des 7. Mai 2007 montierten die kanadischen Panzersoldaten im Schutze der Mauern des Zahri-Distriktcenters die Minenwalzen an zwei ihrer Leopard-Panzer. Diese wurden durch die Sergeants Sewards (Rufname T12B) und Jordison (Rufname T16) kommandiert. Noch vor Sonnenaufgang verließen die Kampfpanzer als Teil einer Kolonne, bestehend aus der mechanisierten Aufklärungseinheit Hotel Company (Alex Ruff), einem Pionierpanzer Dachs sowie zwei Zügen der ANA, die Basis.

Jordison rollte an der Spitze der Kolonne. Diese bewegte sich entlang des Highway 1 nach Howz-e-Madad, wo sie nach Süden in Richtung Nalgham abbog. Nach nur wenigen hundert Metern auf einem schmalen, beidseitig eingefriedeten Feldweg detonierten zwei RPG-Granaten vor Jordison. Der Sergeant ließ seinen Panzer anhalten, als aus einer weiteren Stellung RPGs abgefeuert wurden, außerdem bellte ein Maschinengewehr los. Das MG-Feuer richtete sich gegen einen zivilen Lastwagen, der im Auftrag der US-Streitkräfte auf dem Highway 1 unterwegs war. Er erhielt mehrere Treffer, ein Insasse wurde getötet. Teile von Hotel Company saßen ab, um die Taliban im Kampf zu stellen, als eine weitere Rakete haarscharf über Jordisons Panzer hinwegtrudelte. Sein Richtschütze machte einen Mann mit schwarzer Kopfbedeckung in einer Art vorbereiteter Stellung voraus entlang des Feldweges aus. Erst aber, als dieser ein weiteres Mal eine RPG abfeuerte, konnten die Kanadier sich sicher sein, dass es sich um einen der Angreifer handelte. Die Rakete detonierte 20 Meter vor Jordisons Leo. Dieser erwiderte das Feuer mit einem HESH-Geschoss (verteilt beim Aufschlag Plastiksprengstoff auf dem Ziel, ehe es zündet), das den Angreifer samt seiner Stellung vernichtete. Danach ebbte der Feuerkampf zunächst ab, weshalb der Kolonne die Erlaubnis verwehrt wurde, aus dem engen Feldweg auf die abseits liegenden Felder auszubrechen, um mehr Bewegungsfreiheit zu gewinnen. Die übergeordnete Führung wollte keinen Ärger mit der Bevölkerung aufgrund von zerstörten Feldern riskieren.

Dann aber meldete Jordisons Panzer vier Taliban-Kämpfer in einer Hütte, die dem Trocknen von Trauben diente und entlang des Feldweges lag. Allerdings befanden sich noch Zivilisten in der Ziellinie, die hastig Deckung suchten. Jordisons Tank strich die Hütte schließlich mit Feuer aus dem achsparallelen MG ab, während Ruffs abgesessene Kräfte sich ihr näherten. Die Kolonne wurde daraufhin erneut von vorne als auch aus süd-östlicher Richtung beschossen. Zwei RPG-Granaten flogen direkt über Volstads Panzer hinweg, woraufhin der Captain den Ausbruch nach links befahl. Er ließ seinen Richtschützen dazu mit einem HESH-Geschoss eine Bresche in die Umfriedung links des Feldwegs schießen. Durch diese stieß zunächst der Pionierpanzer Dachs mit vorgespanntem Räumschild, um einen Weg ins angrenzende Traubenfeld zu schlagen. Panzer und LAV folgten und gewannen durch diesen Schritt mehr Bewegungsfreiheit und eine bessere Übersicht über das Gefechtsfeld. Kurz darauf fuhren sich jedoch sowohl der Dachs als auch Jordison im gut bewässerten Feld fest. Binnen Minuten wurden sie von den anderen Leopard-Panzern herausgezogen, doch musste Volstad feststellen, dass das Feld keine geeignete Alternativroute nach Nalgham darstellte. Zum einen würde die Kolonne auf ihrem weiteren Vormarsch die wertvolle Traubenernte sowie Bewässerungssysteme zerstören, darüber hinaus mussten die Kanadier damit rechnen, sich noch öfter festzufahren – und das unter Feindbeschuss.

Volstad geriet nun erneut unter RPG-Feuer von Angreifern, die sich in rund 300 Meter Entfernung hinter einem Erdwall verschanzt hatten. Da seine Bordsprechanlage ausgefallen war (der Innenraum hatte sich infolge der Hitze auf 60 Grad Celsius erhitzt), musste er seine Befehle durch den Kampfraum brüllen. Der Richtschütze feuerte zunächst eine HESH-Granate auf den Erdwall ab. Als dann ein Taliban samt RPG floh, wurde dieser mit einer zweiten Granate erledigt.

Major Ruff bekam das Gefühl, die Taliban wollten seine Einheiten weiter die Straße runter nach Nalgham locken. Er befahl daher gegen Nachmittag den Rückzug zur PB Wilson. Zuvor reparierte der Pionierpanzer Dachs einen beschädigten Bewässerungsgraben. Bei den Kämpfen wurden sechs Taliban getötet und zwei gefangengenommen. Es kamen keine Zivilisten zu Schaden. Zwei kanadische Panzersoldaten waren aufgrund der enormen Hitzeentwicklung in den Panzern im Einsatz kollabiert und mussten medizinisch versorgt werden. Spezielle Kühlanzüge waren zwar bereits angefordert worden, aber befanden sich an jenem 7. Mai noch im Zulauf.

In Abstimmung mit der Battle Group unternahm die Kolonne gleich am Folgetag einen erneuten Anlauf, Nalgham zu erreichen – dieses Mal über eine andere Route. Am Morgen des 8. Mai 2007 verließ die Kolonne mit Sewards an der Spitze die Basis, befuhr den Highway 1, passierte jenen Punkt, an dem sie am Tag zuvor gen Süden abgebogen war, und bog schließlich auf die Straße ein, die nach Ghundey Ghar führt. Die kanadisch-afghanische Truppe erreichte den Südwesten Nalghams, der von weiten Feldern gezeichnet ist. Dort errichtete sie zunächst eine Igelstellung. Die Felder hier waren großenteils abgeerntet, sodass die Truppe folglich auch abseits der Straße auf die Ortschaft vorrückte. Ein Dorfbewohner warnte die Soldaten vor Minen oder IEDs entlang der Straße, sodass die Pioniere zum Einsatz kamen. Währenddessen begann auch Sewards mit vorgespannten Minenwalzen mit der Räumung einer Alternativroute nach Nalgham. Mehrere Taliban-Trupps beschossen aus Gebäuden heraus die Kanadier daraufhin mit Sturmgewehren und RPGs. Eine Granate traf ein Mercedes-Bergefahrzeug vom Typ Bison und beschädigte es schwer. Die Kanadier und Afghanen erwiderten das Feuer. Abgesessene Infanterie bereitete sich darauf vor, die Gebäude zu stürmen.

Derweil bewegten sich ein Leo und drei LAV von der Igelstellung aus nach Süden, um eine zweite Feuerstellung einzurichten, aus der heraus sie das Vorgehen der Infanterie überwachen konnten. Zu dieser Zeit machte Sewards einen Vier-Mann-Trupp der Taliban auf dem Dach einer Traubenhütte aus, die zwei RPGs und eine Kalaschnikow bedienten. Mit einem Schuss aus seiner 105-Millimeter-Kanone sprengte er das Dach ab. Der Mann mit der Kalaschnikow überlebte, wurde daraufhin aber mit dem achsparallelen MG niedergestreckt.

Volstad rückte gemeinsam mit der abgesessenen ANA-Infanterie vor, indem er ihr mit 100 Meter Abstand nachfuhr. Dabei klärte er einen Taliban-Trupp mit einer 82-Millimeter-Antipanzerwaffe auf, den er, die eigene Truppe überschießend, mit zwei Schüssen aus der Hauptkanone vernichtete. Weitere Taliban zeigten sich und wurden durch die ANA-Kräfte und die kanadischen Leoparden bekämpft. Im weiteren Verlauf der Operation wurden weitere RPG-Trupps ausgeschaltet, während niederländische Apache-Kampfhubschrauber aus der Luft unterstützten. Mehrere Taliban nutzten dabei Zivilisten als menschliches Schutzschild, indem sie sich in deren Häusern verschanzten. Die Kanadier und Afghanen vermieden es, sie dann unter Beschuss zu nehmen. Der Tag endete schließlich mit rund einem Dutzend getöteter Taliban-Kämpfer. Zivile Verluste gab es nicht.

Mitte Mai besetzten kanadische Leopard 1 C2 eine Erhöhung bei Ghundey Ghar als Unterstützung einer kanadisch-portugiesischen Operation, die sich gegen vermutete Taliban-Kräfte in Kolk richtete.

Am 17. Mai 2007 unternahm die bekannte Kampftruppe unter dem Kommando von Ruff und unter Teilnahme von Volstads Panzern samt Minenwalzen und Räumschilden einen erneuten Vorstoß auf Nalgham, dieses Mal aus südwestlicher Richtung kommend. Rasch eröffneten Trupps der Taliban das Feuer mit automatischen Waffen und RPGs. Mehrere Leos bildeten eine Feuerstellung, während abgesessene Kräfte gegen gegnerische Positionen vorrückten. Volstads Panzer führte gemeinsam mit einem Platoon der Hotel Company einen Durchbruch südlich eines vermuteten Hinterhalts auf die Straße durch. Die Taliban zogen sich rasch gen Nalgham zurück, sodass die Kanadier ein Meeting mit den örtlichen Ältesten abhalten konnten.

Am 18. Mai 2007 näherte sich die Kampfgruppe, nun verstärkt durch eine afghanische Polizeieinheit, Nalgham aus nördlicher Richtung. Abgesessene Infanterie überprüfte die Gebäude entlang der Zufahrtsstraße. Der Leo mit dem Rufnamen T11A (Warrant Officer Pudar) übernahm mit vorgespannten Minenwalzen die

Spitze der Kolonne. Ähnlich wie am 7. Mai war auch diese Straße beidseitig umfriedet. An die schmalen Lehmmauern schlossen sich weite Felder an. Pudars Walzen stießen schließlich auf ein starkes IED, das bei der Explosion einen metertiefen Krater in die unbefestigte Straße riss. Die Minenwalzen fingen die Wirkung der Explosion wie vorgesehen ab, weshalb Panzer und Besatzung weitgehend unversehrt blieben und weiterhin voll einsatzbereit waren. Kurz darauf wurde die Kolonne erneut durch Taliban mit Gewehren und RPGs beschossen. Zu dieser Zeit umging Volstad zusammen mit einem Bergepanzer Dachs und weiteren Kräften in Zugstärke die Anschlagsstelle südlich, während ein zweiter Zug die Straße nach Norden absicherte. Die afghanischen Polizisten sicherten die Gebäude entlang der Straße. Gespräche mit Einwohnern ergaben, dass die Taliban auf der Straße voraus eine Killing Zone für die ISAF-Kräfte eingerichtet hatten. Nach weiteren kleinen Scharmützeln erreichte die Hitze gegen Mittag abermals Rekordwerte. Ein LAV, der zusätzliches Trinkwasser bringen sollte, geriet nur um Zentimeter von der geräumten Anfahrtsgasse ab und stieß auf eine Mine. Die Detonation verwundete niemanden, brachte jedoch sämtliche Wasserflaschen zum Platzen, sodass die Operation abgebrochen werden musste.

Eine Woche später verlegte der gesamte Stab der Battle Group zu einem Checkpoint bei Ma'Sum Ghar als Vorbereitung auf eine große Offensive gegen die Taliban bei Nalgham-Sangsar, welche die gesamte Battle Group, portugiesische Kommandosoldaten und das 2. Afghanische Kandak/1. Brigade/205. Corps umfasste. Auch der Stab des Kandaks richtete sich dazu in Ma'Sum Ghar ein. Broomfield war aus seinem Einsatzurlaub zurückgekehrt und beteiligte sich an der Unternehmung, überließ Volstad aber das taktische Kommando.

Bei Operationsbeginn begannen Kanadier, Portugiesen und Afghanen damit, einen Ring um Nalgham zu ziehen. Daraufhin verlegten Hotel Company, mechanisierte Pioniere, drei ANA-Kompanien und zwei Troops von Broomfields Panzern in ein Gebiet nördlich der Area of Operations, um von dort aus einmal von Nord nach Süd das von Taliban beherrschte Terrain zu durchkämmen. Sie bewegten sich entlang von Wadis und überwanden selbige mittels Faschinen, um vermutete Stellungen der Taliban auszuschalten, ehe Panzer mit Minenwalzen über die Straßen vorrückten. Volstad fuhr am östlichen Ende der Formation in Position, als sein Panzer in einer gigantischen Explosionswolke verschwand, die durch ein aus drei Panzerminen gefertigtes IED verursacht wurde. Sämtliche Besatzungsmitglieder überlebten den Angriff leicht verwundet. Sie wechselten auf einen Ersatzpanzer und setzten die Offensive fort.

Der Führer jenes kanadischen Operational Mentor and Liaison Teams (OMLT), das die Afghanen trainierte, entdeckte kurz darauf voraus auf einer Straße ein weiteres IED. Er versuchte noch, den Leopard in seinem Rücken zu warnen, als der Sprengsatz detonierte. Der Führer des OMLT selbst, ein Portugiese sowie ein Dolmetscher wurden bei dem Zwischenfall verwundet. Ein Kanadier überlebte den Anschlag nicht. Die Operation wurde dennoch fortgesetzt und nach wenigen, örtlich begrenzten Feindkontakten erfolgreich abgeschlossen.

Insgesamt lässt sich sagen, dass die Leopard 1 C2 im Verbund mit mechanisierten Kräften und unterstützt durch Artillerie sowie aus der Luft seit Mai 2007 vermehrt im Kampf auf kurze Entfernungen gegen die Taliban eingesetzt wurden und dabei im Zhari-Distrikt einige entscheidende Siege erringen konnten – und dass in Gegenden, die aufgrund dichter Felder und unübersichtlicher Gebäudekomplexe für Radfahrzeuge kaum zugänglich waren. Panzer und kanadische respektive afghanische Infanterie rückten Seite an Seite gegen Positionen der Taliban in Howz-e-Madad, Nalgham und Sangsar vor.

Ende Mai/Anfang Juni 2007 wurden kanadische Truppen bei Kolk angegriffen. Lieutenant Wilson und sein 8 Platoon gerieten nachmittags unter AK-, MG- sowie RPG-Beschuss. Lieutenant Juns 7 Platoon rückte zusammen mit einem Leo zur Unterstützung aus. Noch im Anmarsch begriffen, wurden sie durch eine Gruppe Taliban aus einer Hütte heraus beschossen. Der Panzer feuerte seine 105-Millimeter-Kanone ab, die Detonation zerstörte die Hütte. Unterdessen vermochte es Wilsons Einheit, den Gegner aus eigener Kraft in die Flucht zu schlagen.

In den Morgenstunden des Folgetages griffen die Taliban eine ANA-Kompanie nördlich von Sangsar an. Es entwickelte sich ein heftiges Feuergefecht. Das vor Ort befindliche kanadische OMLT forderte Verstärkung an. Die Taliban waren durch das Feuer der ANA festgenagelt, und so entschied die Battle Group, sie durch einen Flankenangriff, begleitet durch einen US-Luftangriff, zu vernichten. Für den Flankenangriff wurden mechanisierte Pioniere sowie Leopard-Kampfpanzer unter dem Kommando von Captain Volstad ausgewählt.

Als die Taliban die nahenden kanadischen Panzer aufklärten, setzten sie sich in Richtung einer unbewohnten Ebene ab. Zwei A-10 Thunderbolts brausten heran und beschossen die Insurgenten; die Angriffe wurden durch den kanadischen Forward Air Controller, Captain Ryan Sheppard, koordiniert. Daraufhin trat die ANA zum Gegenstoß an und nahm dabei sechs Taliban gefangen.

In der Nacht zum 4. Juni 2007 sickerte India Company zusammen mit einer ANA-Kompanie in das Dorf Siah Choy in Zahri nahe des Arghandābs ein, um bei Tagesanbruch ein Meeting mit den Dorfältesten abzuhalten. Panzer der Strathcona‘s unterstützten dabei, die Zugänge ins Dorf abzusichern.

Auf dem Rückweg, noch am frühen Morgen, wurde India Company durch einen Zug Taliban angegriffen und festgenagelt. Es entbrannte ein Nahkampf, die beiden Parteien befanden sich nur Meter voneinander entfernt. Die Kanadier forderten Artillerie- und Luftunterstützung an. Broomfields Panzer befanden sich als Quick Reaction Force in der Nähe und machten sich umgehend auf den Weg. Mit Faschinen überwanden sie ein Wadi und schossen anschließend Mauern in Fetzen, die ihnen den Weg verstellten. Der Angriff der Taliban wurde schließlich abgeschlagen, vier oder fünf Kämpfer dabei getötet. Die Kanadier hatten keine Verluste zu verzeichnen und ließen die entstandenen Schäden an Infrastruktur und Privateigentum umgehend reparieren.

Den gesamten Juni über unterstützten die kanadischen Leos, wenn India Company zusammen mit dem 2. Kandak der ANA Dörfer im Zhari-Distrikt besuchte, in denen Taliban-Kräfte vermutet wurden. Die Leos beteiligten sich an der äußeren Sicherung und gerieten mehrmals in Kontakt mit fliehenden Aufständischen.

Darüber hinaus patrouillierte die Kampfgruppe, bestehend aus der Hotel Company und kanadischen Leoparden, im Juni 2007 im Norden der Provinz Kandahar (in den Distrikten Khakrez und Shah Wali Kot), um die sogenannte Afghan Developement Zone auszudehnen, was bezeugt, wie sehr die wenigen Panzer beansprucht wurden. Auf Anforderung der US-Amerikaner unterstützte die Kampfgruppe Mitte Juni zusätzlich im Kampf um Khakrez.

In der Nacht des 20. Juni 2007 sickerte India Company, unterstützt durch afghanische Kräfte vom 2. Kandak, in Howz-e-Madad ein, um eine dort vermutete Kompanie der Taliban inklusive IED-Zelle herauszufordern. Südlich davon durchkämmte Captain Volstad mit einem Troop Panzer und weiteren ANA-Kräften das Gelände. Ziel war es, India Company bei einer von ihr eingerichteten Straßensperre zu treffen. Im Dorf brach ein Nahkampf zwischen Kanadiern, der ANA und den Taliban aus, wobei amerikanische und niederländische Maschinen Luftangriffe flogen.

Im Zuge einer Taliban-Offensive, die sich ab dem 18. Juni 2007 gegen ANP-Posten im äußersten Norden in Ghorak und Mianashin richtete, rückten Hotel Company und die Masse der in Afghanistan befindlichen Leopard-Panzer unter dem Kommando von Broomfield als zentraler Stoßkeil nach Padah aus – dort wurde der Schwerpunkt des Angriffs vermutet. An der linken Flanke befehligte zudem Captain Eric Angel einen Panzer-Troop. Dieser operierte gemeinsam mit mechanisierten Pionieren, einem Zug von India Company und einer Scharfschützenabordnung mit dem Ziel, das Distriktcenter von Ghorak zurückzuerobern. Auf der rechten Flanke liefen kanadische Aufklärer zusammen mit afghanischen Polizisten auf.

Der Stoßkeil um Broomfield traf am Ortsrand von Padah auf Taliban in Kompaniestärke, die sich entlang eines Wadis in ausgehobenen Schützengräben und Unterständen und einigen Häusern zur Verteidigung eingerichtet hatten. Es kam zu einem weiteren Schlagabtausch, der an einen konventionellen Krieg erinnerte: Um 09.00 Uhr flogen den angreifenden Kanadiern die ersten RPG-Granaten entgegen. Diese feuerten mit allen Waffen, auch mit den Kanonen und MGs der Leos, zurück. Das Feuergefecht trug sich auf Entfernungen im Nahkampfbereich sowie auf bis zu 2.000 Meter zu. Kanadische Artillerie griff ebenfalls ein. US-Helikopter landeten schließlich Kommandosoldaten im Rücken der Taliban an, um ihnen den Rückzug zu verwehren. Nach zwei Stunden Feuergefecht waren 40 Insurgenten getötet worden, wobei 20 davon auf das Konto von Hotel Company und Broomfields Leoparden gingen.

Es schloss sich eine Woche erbitterter Gefechte an, in denen die Kanadier und US-Kommandosoldaten als eigenständige Kampfgruppe operierten. Ghorak, Mianashin und Gumbad wurden im Zuge der Offensive befreit. Die kanadische Luftwaffe warf Nachschub über dem Gefechtsfeld ab, Crabbs Tross versorgte die Panzersoldaten mit allem Notwendigen. Dennoch ließ sich ein tiefgreifender Verschleiß an den altersschwachen Panzern nicht aufhalten. Die Operationen Ende

Juni verdeutlichten laut Windsor et al. den kanadischen Panzersoldaten, dass sich die Lebensspanne der Leopard 1 C2 ihrem Ende entgegenneigte. Die Aufrechterhaltung der Einsatzfähigkeit der Panzer gereichte zu einer immer größeren Herausforderung. Der Verschleiß nach rund neun Monaten im Staub Afghanistans forderte seinen Tribut. Das Problem war vor allem der zeitgleiche Einsatz von Fahrzeugen an unterschiedlichen Orten der Area of Responsibility, wenn beispielsweise neben Patrouillenaufgaben Panzerkräfte für die Quick Reaction Force abgestellt werden mussten.

In einem undatierten Fall sollte das A Squadron einer Infanteriekompanie zwei Panzer zur Verfügung stellen, um einen Angriff auf Taliban-Kräfte zu führen, die einen Stützpunkt der Afghanischen Nationalpolizei bedrohten. Allerdings befanden sich zu diesem Zeitpunkt sämtliche Minenwalzen und –pflüge anderswo im Einsatz. Die Besatzungen der beiden Tanks waren somit gezwungen, sichere Gassen in potenziell mit Minen und Sprengfallen verseuchtes Gebiet zu schlagen, indem sie dieses als Vorauskommando einfach befuhren, von der stillen Hoffnung beseelt, mögliche Detonationen in ihrem gepanzerten Vehikel zu überleben. Wenig später fuhr sich einer der beiden Tanks in einem Wadi fest. Der zweite versuchte noch, ihn herauszuziehen, fiel dabei jedoch selbst aus. Die Konsequenz daraus war, dass die Infanteristen das Gebiet sichern mussten, bis ein Pioniertrupp anrücken und die Leoparden bergen konnte.

Major Cadieu spricht neben Angriffen mit IED, Minen und RPG auf kanadische Leoparden auch von Attacken durch Selbstmordattentäter, was in keiner anderen Quelle explizit erwähnt wird. Da zum Zeitpunkt der Veröffentlichung seines Berichtes der Einsatz von Leopard 2 A6M kurz bevorstand, gehe ich davon aus, dass sein Text etwa den Zeitraum bis Frühsommer 2007 abdeckt. Ferner beziffert Cadieu die durch Leopard 1 C2 getöteten Aufständischen in den ersten neun Monaten ihrer Einsatztätigkeit auf mehrere Dutzende.

In den ersten Stunden des 4. Juli 2007 startete die kanadische Battle Group einen Zugriff in Zalakhan, um eine IED-Zelle auszuheben. Kanadische mechanisierte Infanterie, Artilleriebeobachter und Scharfschützen umstellten das Dorf, ehe eine kanadisch-afghanische Kolonne über die einzige Zufahrtsstraße auf es zurollte. Leopard-Panzer mit vorgespannten Minenwalzen beziehungsweise Räumschild sowie ein Bergepanzer übernahmen die Spitze der Kolonne. Dahinter folgten Kräfte der ANA und ANP sowie kanadische Pioniere, Militärpolizisten und mechanisierte Aufklärer. Die Taliban vermieden eine Konfrontation. Stunden später fuhr die Kolonne zurück und geriet dabei an ein mächtiges IED, das tief in der unbefestigten Straße verborgen lag und sich aus mehreren Artilleriegranaten und Panzerminen zusammensetzte. Der Triggerman ließ die Leopard-Panzer passieren und zündete den Sprengsatz, als sich ein RG-31 Nyalas-Panzerfahrzeug näherte. Die Explosion hob das tonnenschwere Fahrzeug hoch in die Luft und ließ es völlig zerschmettert wieder aufschlagen. Die sechs kanadischen und ein afghanischer Insasse waren sofort tot. Der Triggerman samt Team konnte noch vor Ort in Gewahrsam genommen werden.

Hotel Company und die Leoparden dienten während und nach der Eroberung von Ghorak, Mianashin und Gumbad als Feuerwehr für die gesamte Area of Responsibility. Am 8. Juli 2007 erreichte sie ein Hilferuf aus Ghorak, wo die örtliche Polizeieinheit durch starke Taliban-Kräfte belagert wurde. Ein ANP-Konvoi mit Nachschub und Verstärkungen war auf dem Weg nach Ghorak überfallen, die ANP-Männer enthauptet worden. Gleichzeitig mit den Kanadiern setzte sich auch das 3. Kandak der 1. Brigade via niederländische Hubschrauber in Bewegung. Sie vermochten die Taliban in die Flucht zu schlagen und Ghorak wieder zu befrieden. Im von Kampfspuren gezeichneten Dorf machten die Kanadier, unter anderem Broomfields Leute, jedoch eine schreckliche Entdeckung: Die Taliban hatten einen zehnjährigen Jungen, der die ANP-Männer bekocht hatte, entführt und geköpft, und Kopf sowie Körper als Warnung gut sichtbar im Dorf ausgestellt.

Am 10. Juli 2007 bildete ein Leopard 1 C2 das Schlusslicht einer Kolonne, als ein IED am Straßenrand detonierte, ehe Aufständische das Feuer aus Handwaffen auf die Kolonne eröffneten. Zwei Insassen des Leos wurden verwundet. Der Zwischenfall ereignete sich 25 Kilometer östlich von Kandahar.

Im weiteren Verlauf des Julis 2007 beteiligte sich die kanadische Battle Group an der Operation Porter, ein ANP-Unternehmen zur Sicherstellung von terroristischem Material im Distrikt Panjwai. Die Hintermänner des Anschlags vom 4. Juli wurden in Nakhonay, einem Nachbardorf von Zalakhan, vermutet, und sollten im Zuge dieser Operation dingfest gemacht werden. Unter anderem die kanadischen Leoparden stellten für Porter die äußere Sicherung, indem sie wichtige Zufahrtsstraßen blockierten. Ein Stoßtrupp der Leos schlug Breschen in Mauern und räumte sichere Gassen zum Dorf frei, über die nachrückende Kräfte eindrangen. Es kam zu keiner bewaffneten Auseinandersetzung. Die ANP konnte umfangreiches Kriegsmaterial sicherstellen und mehrere Verdächtige festnehmen.

Im Spätsommer beteiligten sich Broomfields Panzersoldaten an Gefechten bei Ghundey Ghar, ehe sie im Zuge des Kontingentwechsels den Heimweg antraten. Ab September 2007 verstärkten aus Deutschland geleaste Leopard 2 die kanadischen Leopard 1 in Afghanistan.

Am 30. Oktober 2007 begann die dreitägige Schlacht um Arghandāb. Zuvor hatte sich die Lage im Arghandāb-Distrikt verschlechtert, nachdem der dort herrschende Stammesführer des den Taliban abgeneigten Alakozai-Stammes verstorben war. Die Taliban gedachten, umgehend in das Machtvakuum hineinzustoßen, und verbreiteten Angst und Schrecken im gesamten Distrikt, sodass zahlreiche Einwohner in Richtung Kandahar flohen. Kanadische und US-amerikanische Kräfte fielen mit einer gezielten Aktion ab dem 30. Oktober 2007 in den Distrikt ein und vertrieben die Taliban in dreitägigen Kämpfen. Leopard-Panzer sicherten dazu zusammen mit Coyote-Spähpanzern die Westflanke der vorstoßenden Kräfte ab.

Fowler beschreibt einen weiteren Leopard-Einsatz vom 17. November 2007, ohne klarzumachen, ob es sich bei den eingesetzten Kampfpanzern um Leopard 1 oder Leopard 2 handelte. Da er von wenigen eingesetzten Panzern an der Spitze einer Kolonne spricht, ist davon auszugehen, dass es sich um Leopard 1 mit vorgespannten Minenwalzen handelte, da für die Leopard 2 zu diesem Zeitpunkt noch keine derartige Ausrüstung zur Verfügung stand. Kurz nach Mitternacht verließ die Kolonne demnach die Patrol Base Sperwan Ghar in Richtung Howz-e-Madad. Sie bestand aus besagtes Leos, Pionieren und Kräften der C Company des Royal 22nd Regiments. Ein durch einen Triggerman ausgelöstes massives IED zerstörte einen LAV, wodurch ein afghanischer Übersetzer und zwei Kanadier (Corporal Nicholas Beauchamp und Corporal Michel Lévesque) getötet sowie zwei (Corporal Jimmy Lavallière und Lieutenant Simon Mailloux) schwer verwundet wurden.

Am 2. März 2008 beteiligten sich kanadische Leopard 1 im Zusammenwirken mit den mittlerweile in Afghanistan operierenden Leopard 2 A6M Can an einer größeren Operation bei Mushan. Ein Leo 2 wurde zunächst durch ein IED angesprengt und beschädigt. Der Panzer wurde zum Strong Point Mushan geschleppt. Da das Einsatzgebiet aufgrund starker Regenfälle verschlammt war, stellte dies eine Herausforderung dar. Kurz darauf zündete ein IED bei einem Leopard 1 C2. Der Fahrer des Panzers, Trooper Michael Yuki Hayakaze, wurde bei diesem Anschlag getötet.

Im Laufe des März vollzog sich auch der Kontingentwechsel; B Squadron (Commanding Officer Major Adams) übernahm die Verantwortung in Ma'Sum Ghar.

Leopard 1 C2 wurden in den folgenden Monaten immer wieder im Verbund mit Leopard 2 und weiteren Fahrzeugen eingesetzt, um in einer Reihe von Operationen unter dem Überbegriff Room Service mehrere Außenposten entlang des Arghandābs mit Nachschub zu versorgen.

Zunächst brach eine Kolonne, die aus fast 100 Fahrzeugen, darunter mutmaßlich zwei Troops mit Leopard-Panzern, bestand, zur Operation Room Service auf. Leos übernahmen die Spitze und stellten auch die letzten Fahrzeuge der Kolonne. Ein Troop von B Squadron verblieb bei den Fahrzeugen mit dem Nachschub. Die Kolonne passierte somit zunächst den ersten Wegpunkt und stoppte, als sich die Nachschubfahrzeuge auf dessen Höhe befanden. Sie legten dann zusammen mit den Leos das letzte Stück Wegstrecke zurück und versorgten den Stützpunkt. Auf diese Weise arbeitete sich die Kolonne von Außenposten zu Außenposten bis nach Mushan vor, wobei sie teilweise direkt durch das Flussbett des Arghandāb fuhr. Sie geriet dabei mehrmals unter indirektes und direktes Feuer, konnte aber alle Angriffe abwehren.

Mitte August 2008 begann sich das kanadische B Squadron auf die Operation Timis Preem vorzubereiten, eine großangelegte NATO-Offensive zur Neutralisierung von IED-Fabriken und Taliban-Stützpunkten. Am 21. August startete die Operation im Morgengrauen. US-amerikanische B-1 bombardierten die Position einer vermuteten IED-Fabrik, kurz bevor die kanadischen Leopard 1 und 2 im Zusammenwirken mit weiteren Kräften diese erreichten. Mit dem bekannten Vorgehen (zwei Anmarschgassen mit teilgedeckten Stellungen schaffen) rückten die Panzer vor – Pionierpanzer und Leopard 1 C2 mit Räumschild schlugen die Gassen ins Gelände. Dabei gerieten sie immer wieder unter Handwaffenbeschuss.

Die NATO-Truppen rückten durch üppige Marihuanafelder vor und erreichten nach rund zwei Stunden den Ort der zerstörten Fabrik. Während die Panzer in

Stellung gingen, durchkämmte die Infanterie das Gebiet. In den folgenden Stunden konnte sie zahlreiche Waffen, Munition und brauchbare Überreste aus der IED-Fabrik sicherstellen. Dann rückten die NATO-Truppe ab, wobei sie darauf achteten, nicht dieselben Wege zu nutzen. Dabei wurde der Leopard 1 C2 von Sergeant Thompson erneut beschossen. Aufgrund des Geländes konnte er sein Rohr nicht weit genug absenken, um die Ziele zu bekämpfen. Adams Leo 2 eilte ihm zu Hilfe und vernichtete den Feind mit einem Kartätschengeschoss. Die Operation konnte ohne Verluste erfolgreich beendet werden.

Am 31. August um 05.00 Uhr brach B Squadron im Verbund mit weiteren Kräften nach ausreichender Planung zur Operation Mutafiq Tandar 4 auf, einer weiteren Versorgungsfahrt für die Außenposten bis runter nach Mushan. Erneut wählten die Kanadier eine andere Route und nutzten teilweise das Flussbett des Arghandābs für ihren Vormarsch. Ein Pionierpanzer Badger wurde durch ein IED außer Gefecht gesetzt und fing Feuer. Während die Kolonne stoppte und Sicherungspositionen bezog, kippte ein Frontlader Erde über das Wrack, um das Feuer zu löschen, ehe es zurück zur FOB geschleppt wurde.

Die Operation wurde fortgesetzt und die Außenposten erfolgreich versorgt. Außerhalb von Mushan richtete sich die Kolonne in einer Igelstellung zur Übernachtung ein. In der Morgendämmerung wurde der Rückweg angetreten. Sergeant Smiths Leo 1 C2 (Deckname T23B) fuhr dabei mit vormontierter Minenwalzen zunächst über eine Bodenwelle in Ufernähe, wo die Walzen kurz den Kontakt zum Untergrund verloren. Geistesgegenwärtig ließ Smith den Tank anhalten und zurücksetzen. Dabei lösten die Walzen ein IED aus, welches eine derart heftige Explosion entfachte, dass die rechte Walze abriss und knapp über die Köpfe der aus den Turmluken schauenden Besatzungsmitglieder hinwegflog. Die Pioniere suchten den Anschlagsort ab, ehe notdürftige Reparaturen am Panzer vorgenommen wurden. Danach wurde der Marsch fortgesetzt.

Nur Minuten später fuhr der Leo 1 von Sergeant Michaud, der die Führung der Kolonne übernommen hatte, im Flussbett auf ein weiteres IED. Die Explosion beschädigte Ketten und Laufwerke, sodass der Tank nach einer 45-minütigen Unterbrechung zurück zur FOB geschleppt werden musste. Die Kanadier erreichten ihre Basis somit erst nach Einbruch der Dunkelheit. Bei beiden Anschlägen blieben die Insassen der Leoparden weitgehend unverletzt.

Ab Mitte September 2008 übernahm sukzessive A Squadron die Verantwortung über die Panzer in Ma'Sum Ghar.

Ebenfalls im Februar 2009 übernahm C Squadron die kanadischen Leos in Afghanistan. Als Squadron Sergeant-Major zeichnete Master Warrant Officer Richard Stacey verantwortlich. Eine der Hauptaufgaben bestand für dieses Kontingent darin, die Infanterie bei Operationen in den Distrikten Panjwai, Zharey und Maiwand zu unterstützen. Der SSM führte das Versorgungselement für die kanadischen Leoparden und war damit für die Bereitstellung von Betriebsstoffen, Ersatzteilen und Verpflegung verantwortlich. Der sogenannte Echelon bestand aus rund zwölf Fahrzeugen: Lastkraftwagen für den Materialtransport, ein gepanzerter Bison-Krankenkraftwagen, Wartungsfahrzeuge, Badger Pionierpanzer und Taurus-

Bergepanzer. In der Regel bewegte sich der Echelon nah hinter den Panzern selbst, um diese jederzeit versorgen zu können. Ich gehe davon aus, dass der Echelon zu Zeiten des ausschließlichen Leopard 1-Einsatzes in Afghanistan ähnlich organisiert war. Eine Beschreibung seiner Struktur und Aufgaben findet sich aber nur bei Fowler für die Unterstützung der Leopard 2 A6M.

Erst im Frühjahr 2009 konnte ermöglicht werden, Minenwalzen an Leopard 2 anzubringen. Da auch Räumschilde und Minenpflüge weiterhin nicht montiert werden konnten, blieb der Leopard 1 zunächst essenziell.

Am Morgen des 31. Juli 2009 verließen sechs kanadische Leopard 1 und 2 die FOB Sperwan Ghar als Teil einer Kolonne, die zu einer Operation im Arghandāb-Tal aufbrach, um die dort ansässigen Taliban zu stören und mögliche Waffenverstecke auszuheben. Teil der Kolonne waren die Versorger des 12th Infantry Regiments der US-Army in 10-Tonnen-Lkw, ANA-Kräften in Kompaniestärke inklusive eines kanadischen Mentorenteams in ungepanzerten Ford Rangern, US-MRAP-Fahrzeuge (gegen Minen und Handfeuerwaffen geschützte Fahrzeuge), ein EOD-Team (Explosive Ordnance Disposal = Kampfmittelbeseitigung) sowie der Echelon der Leos. Die Kampftruppen des 12th Infantry Regiments wurden am 1. August via Hubschrauber nach Mushan eingeflogen, um die Taliban zu überraschen.

Der Marsch der Kolonne verlief abseits einiger festgefahrener Fahrzeuge ereignislos. Sie folgte dem Flusslauf bis auf Höhe von Mushan, wo der Arghandāb durchwatet wurde. Daraufhin traf die Kolonne mit der US-Infanterie zusammen und richtete sich in einer Igelstellung ein.

An den darauffolgenden Tagen verließen die Leos in den frühen Morgenstunden die Stellung, um die Infanterie beim Durchkämmen des Gebiets westlich von Mushan zu unterstützen. Die Tätigkeiten wurden jeweils gegen 10.00 Uhr eingestellt, weil dann die Hitze zu intensiv wurde. Dabei nahmen die Tanks an einigen kleineren Feuergefechten teil und konnten die Aufständischen dabei jedes Mal erfolgreich vernichten oder in die Flucht schlagen. Zudem schalteten die kanadischen Leoparden eine IED-Fabrik aus. Am Abend des 3. August wurde die Operation eingestellt. Am nächsten Morgen wurde die US-Infanterie via Hubschrauber eingesammelt. Der Befehlshaber der Kolonne, Captain Dave Gottfried, entschied sich als Marschroute für das Flussbett des Arghandābs.

Die Kolonne machte sich am 4. August gegen 05.30 Uhr auf den Weg. Das Funkgerät im Panzer von Sergeant Steve Connauton fiel aus. Der Panzer war mit Minenwalzen ausgerüstet und hätte eigentlich die Führung der Kolonne übernehmen sollen. Auch fielen zwei Lkw aus, die dann von den übrigen Fahrzeugen abgeschleppt werden mussten. So schleppte Gottfrieds Leo ebenfalls einen der Trucks. Auch war ein Ford Ranger ausgefallen und musste auf einem PLS-Truck mitgeführt werden. Ferner meldete ein MRAP mit Minenwalzen Probleme, sodass die Walzen abmontiert und von einem Leo gezogen werden mussten. Gottfried entschied, dass der zweite Panzer, der mit Minenwalzen ausgestattet war, die Führung der Kolonne übernahm.

Gegen 08.00 Uhr detonierte ein IED exakt auf Höhe des zweiten Leo 1 C2 (Connauton). Dessen Richtschütze, Trooper Bill Geerneart, wurde dabei kurz bewusstlos und verlor seinen Helm. Als er wieder zu sich kam, kroch er durch die Luke ins Freie, wo er auf Connauton traf, der ihn aufforderte, zurück in den Panzer zu klettern und seinen Helm zu holen. Unterdessen befand sich die gesamte Kolonne auf einer Länge von 1,5 Kilometer im Feuerkampf mit Taliban-Kämpfern, die sich entlang der NATO-Fahrzeuge positioniert hatten und diese von beiden Uferseiten aus unter Feuer nahmen. Die Taliban setzten automatische Waffen und RPGs ein.

Zurück im Inneren bemerkte Geerneart, dass der Fahrer, Trooper Jesse Cournoyer, verwundet war und nicht über seine Luke ausbooten konnte, da der Turm diese blockierte. Die anderen Besatzungsmitglieder zogen ihn durch die Luke des Richtschützen ins Freie. Zu allem Überfluss funktionierte Gottfrieds Funkgerät aufgrund der Hitze nicht einwandfrei. Connauton, Cournoyer, Geernart und das vierte Besatzungsmitglied, Trooper Corey Rogers, waren verwundet und standen unter Schock. Bei Greeneart sollte erst Wochen später festgestellt werden, dass zahlreiche Knochen in Mitleidenschaft gezogen worden waren, was zu einer langwierigen Behandlung und möglichen Langzeitschäden führte. Noch unter Feuer stehend, begannen Pioniere damit, den Bereich um den angesprengten Leo herum abzusuchen, während die Panzerbesatzung beim Pionierpanzer in Deckung ging. Dort wurden sie von Sanitätern durchgecheckt und in den Bison verladen. Der Leopard hatte durch die Explosion eine Kette geworfen und zwei Laufrollen verloren.

Stacey befand sich in einem M113 am Ende der Kolonne. Da er keinen Funkkontakt zu Gottfried herstellen konnte, entschied er auf eigene Faust, zusammen mit dem Bergepanzer nach vorn zum angesprengten Leo zu fahren. Auf halber Strecke wurde ein MRAP vor ihnen von einem RPG getroffen und außer Gefecht gesetzt. Die Insassen blieben weitgehend unversehrt. Stacey wies den Kommandanten des in der Nähe befindlichen Leopard-Panzers an, den MRAP für den Rest des Weges abzuschleppen. Daraufhin forderte Stacey Luftunterstützung durch Kampfhubschrauber an. Als diese eintrafen, koordinierte er ihre Angriffe. Zu diesem Zeitpunkt befand er sich neben einem Leopard, der Ziele am Ufer bekämpfte. Da bemerkte Stacey, dass auf der anderen Seite ein Aufständischer mit einer RPG hinter einem Gebäude auftauchte und sich anschickte, die Waffe gegen die Rückseite des Kampfpanzers abzufeuern. Stacey zückte seine Handwaffe und streckte den Aufständischen sowie zwei weitere, die kurz darauf auftauchten, nieder.

Unterdessen erschienen vier US-Kampfhubschrauber (zwei AH-64 Apache und zwei OH-58D Kiowas) sowie ein A-10 Warthog-Erdkampfflugzeug, die auf Staceys Anweisungen hin Ziele unter Feuer nahmen. Auch das hielt die Insurgenten nicht davon ab, zumindest vom Nordufer aus weiter auf die Kolonne zu feuern. Um sich um die Bergung des Panzers kümmern zu können, übergab Stacey die Aufgabe der Fliegerleitung an einen US-Soldaten und raste dann in seinem M113 nach vorne. Die Leoparden nahmen weiter Ziele unter Feuer und die ANA-Kräfte saßen ab, um den Gegner zu Fuß anzugreifen.

Gottfried funkte zu diesem Zeitpunkt die Forward Operating Base an, um die Quick Reaction Force zu alarmieren. Das konzentrierte Feindfeuer auf die Kolonne verwandelte sich in sporadischen Beschuss. Gegen 10.00 Uhr unternahmen die Koalitionstruppen einen Versuch, den bewegungsunfähigen Leo mittels Bergepanzer abzuschleppen. Da aber die Minenwalzen noch montiert waren und sie versuchten, den Panzer über den weichen Grund des Flussbetts zu ziehen, scheiterte dieser Versuch. Auch ein zweiter Leo, der beim Schleppen unterstützte, brachte keinen Erfolg. Schließlich entschied man sich dazu, die Minenwalzen abzumontieren. Der PLS-Truck, der den defekten Ford Ranger der ANA geladen hatte, musste diesen abladen und die Minenwalzen aufnehmen. Der Ranger wurde an Ort und Stelle gesprengt.

Letztlich konnte der angesprengte Leo nur bewegt werden, indem dieser vom Bergepanzer geschleppt wurde, während wiederrum zwei Leopard-Panzer (leider bleibt unklar, ob es sich um Leo 1 oder 2 handelte) diesen zogen und zusätzlich der Pionierpanzer Badger von hinten schob.

Auf diese Weise bewegte sich die Kolonne quälend langsam auf die FOB zu. Die Taliban hielten mit ihr Schritt und griffen immer wieder an. Abgefangene Funksprüche verdeutlichten, dass die Aufständischen ihre Angriffe erst einstellen wollten, wenn das letzte Fahrzeug vernichtet und der letzte Soldat getötet worden wäre. Die Kolonne geriet wiederholt unter Feuer aus Kleinkaliberwaffen und RPGs und maß mittlerweile vier Kilometer in der Länge. Da Gottfried unbedingt vermeiden wollte, dass eines der ungepanzerten Fahrzeuge, die teils Munition geladen hatten, einen Treffer erhielt, fasste er diese zu einer eigenen Kolonne zusammen und schickte sie unter Vollgas voraus. Staceys M113, eine Abordnung der ANA und ein MRAP eskortieren sie.

Die Marschstrecke zur FOB schmolz schließlich auf sechs Kilometer zusammen, die Basis war bereits in Sichtweite. Da geriet die Kolonne unter Mörserfeuer. Ein MRAP fuhr sich fest, kurz darauf erhielt ein Ford Ranger einen Volltreffer. Stacey koordinierte die Bemühungen um die Versorgung der Afghanen, während sich die Kolonne weiter heftige Feuergefechte mit den Angreifern lieferte. Auch die Kampfhubschrauber griffen weiter Ziele an. Einer der Insassen des getroffenen Rangers war sofort tot; Stacey schaffte den zertrümmerten Leichnam in eines der Fahrzeuge. Ein Mann war schwer verwundet und starb den Sanitätern Minuten später unter den Fingern weg. Ein dritter Insasse war durch den Mörsertreffer 25 Meter weit durch die Luft geschleudert worden. Er konnte sich mit leichten Verletzungen zu den Fahrzeugen retten und wurde dort versorgt.

Die Kolonne wurde vom Nordufer aus immer heftiger beschossen. Stacey setzte einen Nine-Liner ab, um die Verwundeten via Hubschrauber zu evakuieren, was genehmigt wurde. Derweil wurde der Lukenschütze im Bison-Krankenwagen von einem Schrapnell getroffen und fiel aus. Trooper Geerneart übernahm ungeachtet seiner Verwundungen und bekämpfte mit dem C6-Maschinengewehr mehrere Ziele. Unter anderem konnte er einen Zwei-Mann-Mörsertrupp erledigen. Als die Medevac-Hubschrauber eintrafen, war der dritte afghanische Soldat aus dem Ranger bereits seinen Verwundungen erlegen.

Schließlich erreichte Stayces Kolonne die Forward Operating Base. Sie hatte quasi bis zum Tor unter Feuer gestanden. Ein Truck war kurz vor Erreichen der FOB von einer RPG getroffen worden und in Brand geraten. Der Fahrer steuerte das brennende Fahrzeug noch in die Basis. Sämtliche Fahrzeuge waren übel in Mitleidenschaft gezogen worden. Stacey kümmerte sich kurz um seine Männer, ließ seinen M113 dann aufmunitionieren und auftanken und fuhr wieder raus, um die immer noch auf dem Weg befindliche Panzerkolonne zu unterstützen. Die Panzer erreichten die FOB schließlich gegen 16.00 Uhr.

Master Warrant Officer Richard Stacey wurde für diesen Einsatz mit dem Star of Military Valour ausgezeichnet. Trooper Bill Geerneart wurde ob seiner Tapferkeit namentlich im Einsatzbericht erwähnt.

Im September 2009 übernahm B Squadron das Ruder, das wiederum im März 2010 vom A Squadron abgelöst wurde. Aufgrund der Leopard 2 vor Ort wurden die Leopard 1 immer seltener eingesetzt.

Am 7. Dezember 2010 nahmen Kräfte des Royal 22nd Regiments im Zusammenwirken mit Leopard-Panzern eine Reihe von Dörfern in der Region Zangabad ein. Die Region war aufgrund massenweise IED- und Minenfunde in der Vergangenheit unter den Kanadiern als „Zangaboom" bekannt geworden.

Zusammenfassend lässt sich über den Einsatz des Leopard 1 in Afghanistan sagen, dass ihm im Verbund der Waffen mannigfaltige Aufgaben zufielen: Sicherung von Kolonnen, Feuerunterstützung für die Infanterie, Überwachen von Räumen und Absicherung anderer Truppenteile, Counter-Mine- und Counter-IED-Einsätze sowie Punktangriffe zum Durchstoßen feindlicher Stellungen. Mit HESH-Munition bohrten die Leopard-Besatzungen fünf-mal-fünf-Meter-Löcher in Hütten und bekämpften abgesessene Kräfte auf 150 bis 4.000 Meter Kampfentfernung. Minenwalzen und -pflüge brachten IED, die mittels Druckplatte auslösten, zur Detonation. Cadieu sieht im Panzer daher auch kein reines Mittel zur Bekämpfung gegnerischer Tanks, sondern vielmehr ein Instrument, mit dem verhältnismäßig risikoarm die taktische Bewegungsfreiheit der übrigen Kampfkräfte erhalten oder gesteigert werden kann. Leopard 1 C2 MEXAS halfen dabei, Minenfelder aufzubrechen und IED-Fallen zu überwinden, Mauern platt zu walzen und in dichte Trauben- und Marihuanafelder einzudringen. Die Tanks bildeten den äußeren Sicherungsring für Operationen anderer Kräfte und erzwangen den Zugang zu umkämpften Gebieten, um beispielsweise Verwundete, Tote und Material zu bergen. T. Robert Fowler weiß zudem zu berichten, dass den Leoparden auch eine abschreckende Wirkung attestiert werden muss. So wurden Kolonnen, die durch Leos begleitet wurden, tendenziell seltener angegriffen.

Darüber hinaus teilt Cadieu seine Gedanken zum Aufwand der Instandhaltung der Leopard-Flotte in Afghanistan. Sein Fazit: „Die einzige Garantie, die man bekommt, wenn man Panzer in die harsche Umwelt Afghanistans entsendet, ist die, dass sie kaputtgehen werden." (Cadieu, T., 2008, S. 13, eigene Übersetzung)

Triebwerke fielen aufgrund der Staubbelastung aus und der hydraulische Turmantrieb streikte bei Überhitzung. Wartung und Reparatur der Tanks erwiesen sich als extrem aufwändig und zeitintensiv und die Ersatzteillage als angespannt, wodurch die kanadischen Leos zur knappen Ressource für die Truppe wurden. Daher war die Panzerwaffe die einzige kanadische Waffengattung, die im ISAF-Einsatz von einer dedizierten Versorgungseinheit des National Support Elements unterstützt wurde. Dieses war mit Betriebsstoffen, Munition, Ersatzteilen, einem mobilen Bergetrupp und einem Rettungswagen ausgestattet. Der Supply Echelon verfügte über mechanisierte Elemente, konnte selbstständig kämpfen und war ohne fremde Hilfe mobil in der ganzen Area of Responsibility einsetzbar. Dennoch stellte die Sicherstellung der Einsatzfähigkeit der Panzer, die an verschiedenen Orten der Provinz zeitgleich operierten, eine große Herausforderung dar, und blieb ein Flaschenhals im Wirken der Leoparden. Es ist hervorzuheben, dass jene Versorgungseinheit zunächst aus Angehörigen der kanadischen Panzerwaffe bestand, die ein dediziertes Verständnis für die Bedürfnisse ihrer Kampfpanzer haben. Allerdings beschloss das NSE im Laufe des ISAF-Einsatzes, die Panzersoldaten durch reguläre Kraftfahrer zu ersetzen.

Weiter diskutiert Cadieu den Aspekt des strategischen Transports und plädiert dafür, dass eine Armee seine eigenen Lufttransportfähigkeiten für weltweite Verlegung gepanzerter Kräfte aufbauen muss. Im Jahr 2006 waren die kanadischen Streitkräfte noch nicht so weit und mussten auf Verbündete beziehungsweise geleasten Flugzeugraum ausweichen. Ein Fiasko wie bei KFOR war jedoch ausgeblieben.

Tatsächlich erwies sich der Leopard 1 in Afghanistan nicht nur aufgrund seiner Feuerkraft als wertvoller Waffenbruder der kanadischen Kräfte und ihrer Verbündeten, sondern auch aufgrund seiner Fähigkeit, mit Räumschild oder seinem bloßen Gewicht Hindernisse aus dem Weg zu schaffen und anderen Truppenteilen somit den Weg zu bereiten. Dem entgegen stehen klare Defizite, von denen ein wesentliches die fehlende Klimaanlage ist, die den Dienst im Leopard 1 in der Hitze Afghanistans zum Ritt in einem Kessel auf offener Flamme gereichen lässt. 50 Grad Celsius Außentemperatur verwandeln sich im Kampfraum des für mitteleuropäische Umweltbedingungen konzipierten Leos schnell in lebensgefährliche 60 bis 65 Grad, weshalb für die Besatzungen nachträglich spezielle Kühlanzüge beschafft wurden, die ab Mitte 2007 zur Verfügung standen. Auch das hydraulische Turmtriebwerk erzeugt ordentlich Hitze, was seinen Teil zur Innentemperatur beiträgt. Die horrenden Temperaturen ließen die Insassen im Afghanistaneinsatz dergestalt viel Schweiß produzieren, dass es vermehrt zu Ausfällen elektronischer Komponenten durch Kurzschlüsse kam – auch der Ausfall von Volstads Bordsprechanlage am 7. Mai 2007 war wohl auf diese Weise zustande gekommen. Da die Tanks tagtäglich im Einsatz benötigt wurden, kam der Einbau von Klimaanlagen nach australischem Vorbild nicht infrage. Als Folge wurden Operationen unter Leopard-Beteiligung in der Regel nachts oder in den frühen Morgenstunden durchgeführt.

Auch bleibt die Schutzkomponente des Leo 1 im Vergleich zu moderneren Kampfpanzern eingeschränkt. Trotz aller Upgrades bleiben Sprengstoffanschläge oder RPG-Beschuss eine reelle Gefahr für die Besatzung eines Leopard 1.

Darüber hinaus ist der Aspekt von Kollateralschäden zu betrachten. Tatsächlich gibt es keine Hinweise auf Kollateralschäden unter der Zivilbevölkerung, die durch Leopard 1-Panzer verursacht wurden. Im Gegenteil erweist sich das Feuer eines mit einem Feuerleitrechner ausgestatteten Panzers als zielgerichteter als ein Bombardement aus der Luft oder durch Artillerie. Allerdings richteten die Laufwerke der Leos gelegentlich Schäden an der Infrastruktur an. Kanadische Pioniere versuchten im Nachgang von Einsätzen, soweit dies möglich war, entstandene Schäden zu reparieren.

Der Einsatz in Afghanistan führte letztlich zu einem Umdenken innerhalb der kanadischen Streitkräfte. Statt ihre Panzerwaffe abzuschaffen, wurden alte Leopard 1-Tanks im Eilverfahren reaktiviert und aufgerüstet – und später durch den Leopard 2 ersetzt, von denen die ersten 20 Exemplare ebenfalls im Eilverfahren beschafft wurden (dazu unten mehr). Als diese im Spätsommer 2007 in Kandahar eintrafen, wurde es am Hindukusch etwas ruhiger um die Leopard 1 C2, deren Zahl bald auf sechs reduziert wurde. Doch noch Ende 2009 wurden sie zur Überwachung von Räumen eingesetzt, meist in Höhenstellungen in der Nähe eines Lagers. Daneben kam der Leopard 1 C2 noch solange bei Operationen außerhalb der Basis zum Einsatz, weil der kanadische Leo 2 lange nicht mit Räumschilden und anderen Erweiterungen ausgestattet werden konnte. MacNeill bewertet den fortwährenden Einsatz des Leo 1 daher als unerlässlich. Das Personal wurde beständig durch die Männer und Frauen des Lord Strathcona's Horse gestellt.

Leos beim Putschversuch in der Türkei

Im Zuge des Putschversuchs entsandten die abtrünnigen Militärs in der Nacht vom 15. Juli auf den 16. Juli 2016 gegen kurz vor 23.00 Uhr unter anderem mindestens drei Leopard 1 zusammen mit drei weiteren gepanzerten Fahrzeugen zum Istanbuler Flughafen Atatürk. Weltweite Bekanntheit erlangte in diesem Zusammenhang das Foto des sogenannten #TankMan. Bei ihm handelt es sich um Metin Doğan, ein Zivilist, der sich quer vor einen heranrollenden Leopard 1-Panzer legte, um diesen an der Weiterfahrt zu hindern, während Soldaten drohten, ihn zu erschießen. Der Fahrer des Leos stoppte daraufhin sein Fahrzeug.

Will man dem Restaurantbesitzer Mehmet Sükrukintas Glauben schenken, begaben er und andere sich in der Putschnacht zum Flughafen, wo sie sich den Panzern (vermutlich den besagten Leopard 1) in den Weg stellten. Einige hätten sich bis auf die Unterwäsche ausgezogen und die Kleidungsstücke in die Auspuffrohre der Panzer gestopft, so Sükrukintas. Diese Maßnahme hätte die Panzer wenige Minuten später zum Stehen gebracht. Die Soldaten hätten die Luken geöffnet und seien von Zivilisten aus den Fahrzeugen gezogen worden. Auf einem Foto ist zu sehen, wie eine Menschenmenge auf Wanne und Turm eines Leopard 1 steht. Es gibt jedoch auch Berichte darüber, dass Panzer am Flughafen Schüsse abgegeben haben sollen, ebenso nahe des Parlamentsgebäudes in Ankara. Der am Parlament eingesetzte Panzertyp ist unklar, doch zeigt ein dramatisches Video, wie ein Sabra Mk.III-Tank in Kizilay, Ankara, von einer Menschenmenge umringt wird und schließlich über ein Auto fährt, während sich zwei Männer am Turm festklammern. Dies könnte darauf hindeuten, dass in Ankara keine Leoparden eingesetzt wurden.

Neben dem nachgewiesenen Einsatz von Leopard 1 am Flughafen Atatürk spricht die Tagesschau zusätzlich von Panzern, die durch die Straßen in Ankara und Istanbul patrouillieren würden, und zeigt dazu Bilder von Leopard 1, die bei Dunkelheit eine Hauptstraße befahren. Es ist davon auszugehen, dass die Redakteure der Tagesschau nicht sauber zwischen Panzertypen differenzieren. Ebenfalls ist unklar, welche Straße gezeigt wurde; es könnte sich um eine Zufahrtsstraße zum Flughafen handeln. Ob demnach Leopard 1 in jener Putschnacht tatsächlich in der Innenstadt Ankaras und Istanbuls eingesetzt wurden, kann anhand der Quellenlage nicht abschließend geklärt werden.

Quellenhinweise für diesen Abschnitt

Für die Episode um Dagmar Lill empfehle ich das Studium des entsprechenden Spiegel-Artikels aus dem Jahr 1994. Hodge (2004) muss für den Einsatz von Leopard 1 gegen die PKK herhalten, außerdem Grässlin (2013). Siehe zusätzlich Aliza Marcus‘ Buch (2007). Weiterführend Human Rights Watch (1995) und Laizer (1996)

Vergleiche für Bosnien Kim Sørensens „The Leopard 1 in Danish Service“ (2020), das sämtliche Einsätze dänischer Leopard 1 abbildet. Weitergehend Hansen (undatiert) sowie Danish Defence Documentaries (2020). Die dänischen Begriffe von Formationsgrößen und Dienstposten entnahm ich meiner E-Mail-Korrespondenz mit Thomas Antonsen.

Auf der Website des Leopard Club (undatiert) können Fotos belgischer Leopard 1 im Einsatz abgerufen werden. Verboven (2014) gibt ebenfalls an, dass auch Belgien den Leopard 1 auf dem Gebiet des ehemaligen Jugoslawiens einsetzte, ferner van Hole (2021). Weiterführend: Dederichs (2001), Bron Pancerna (2015) sowie Wikipédia (undatiert) – letztgenanntes Portal ist als Quelle natürlich kaum akzeptabel und muss daher mit einem Fragezeichen versehen werden.

Zusätzlich sei auf Frank Lobitz‘ Publikation verwiesen (2009), in der er auch hie und da den Leo 1 betrachtet. Kanadas Engagement im Kosovo wird ausführlich bei Maloney (2019) beleuchtet, wo auch die Struktur eines Tank Troops umrissen wird. MacNeil spezifiziert die Leopardvariante, der im Kosovo zum Einsatz kam. Für die Operation Determined Effort siehe Government of Canada (2018). Der Einsatz von kanadischen Leopard 1 am Hindukusch wird bei Defense Industry Daily (2014) angedeutet, weiterführend siehe Walter Hålands Beitrag (2012) in der österreichischen Zeitschrift TRUPPENDIENST sowie die Auflistung von Canadian American Strategic Review (undatiert), Schulze (2010a), (2010b) sowie (2015) und Trevor Cadieu (2008), MacNeill (2017), Fowler (2016) als auch Windsor et al. (2008). Zu Windsor sei angemerkt, dass das Buch extrem positiv auf sämtliche Aktivitäten der Kanadier in Afghanistan blickt und, obgleich es sich um ein Fachbuch handelt, in seinen Beschreibungen bisweilen beinahe ins Romanhafte abdriftet. Für die Operation Baaz Tzuka siehe NATO (2006). Die Operation Achilles wird bei Gunther Hauser (2008) und Thomas Frankenfeld (2009) besprochen. Zum Einsatz vom 21. Dezember 2006 siehe Finlayson (2008), zu frühen Einsätzen im November 2006 siehe Horn (2010).

Der #TankMan wird bei Anna Kröning (2016) behandelt, siehe ferner zum Putschversuch Tagesschau (2016), Heinrich (2016) und Triebert (2016). Zum türkischen Putschversuch ist darüber hinaus Liveuamap.com ergiebig.

Der Leopard 2

Leopard 2 A6

Beschreibung

Als Generalunternehmer zeichnete für die Entwicklung des Leopard 2 Krauss-Maffei verantwortlich, jeweils mit einer signifikanten Beteiligung durch Porsche, Wegmann sowie Krupp MaK. Endmontiert und ausgeliefert wurden die Serienfahrzeuge durch Krauss-Maffei und anteilig durch Krupp MaK. Mittlerweile werden Neufahrzeuge in Deutschland durch das 1999 entstandene Unternehmen Krauss-Maffei Wegmann produziert. Darüber hinaus ist der Leopard 2 vielfach im Ausland in Lizenz gefertigt worden.

Die **Serienversion** des Leopard 2 (auch **Leopard 2 A0**) ist mit einem 12-Zylinder MB 873 Ka-500 Dieselantrieb bestückt, der aus der KPz 70-Entwicklung herrührt und in modifizierter Bauart mit Turbolader und Ladeluftkühlung eine Leistung von 1.500 PS abruft. Damit vermag der Leo 2 aus dem Stand innerhalb von fünf Sekunden etwas mehr als 20 Meter Wegstrecke zurückzulegen, womit er sein Beschleunigungsverhalten gegenüber seinem älteren Bruder mehr als verdoppelt. Die Höchstgeschwindigkeit liegt bei 68 Stundenkilometer vorwärts und 31 Stundenkilometer rückwärts. Die Reichweite muss mit rund 450 Kilometer hinter der des Leopard 1 zurückbleiben, allerdings schleppt der Leo 2 auch rund 15 Tonnen mehr Gewicht mit sich herum. Die Serienversion bringt eine Masse von

55 Tonnen auf die Waage. Ferner kann der Panzer 1,1 Meter klettern, Steigungen von bis zu 60 Prozent emporwalzen und Gräben von bis zu drei Meter Breite überwinden. Gewässer vermag er ohne große Vorbereitung bis zu einer Wassertiefe von vier Meter zu durchqueren.

Bei der Entwicklung des Leopard 2 ist dem Schutzfaktor wieder eine höhere Priorität zugestanden worden. Zum Zeitpunkt der Entwicklung standen Panzerungstechnologien zur Verfügung, die Schutz gegen Hohlladungsgeschosse versprachen. Besonderes Augenmerk wurde auch auf den Schutz gegen Minen gelegt, was den Panzer in die Militärische Lastenklasse 60 rückt. Dies bedeutet einen Mehraufwand und Mehrkosten bei der Logistik.

Rheinmetall steuerte als Hauptbewaffnung eine 120-Millimeter-Glattrohrkanone L/44 bei, für die flügelstabilisierte Wuchtmunition sowie Mehrzweckmunition mit Hohlladung inklusive Splitterwirkung (somit auch gegen weiche Ziele einsetzbar; ich spreche der Einfachheit halber im Folgenden auch von HEAT-Geschossen) entwickelt wurden. Dabei wiegt eine Patrone nicht mehr als ihr 105-Millimeter-Pendant des Leo 1. Später sind weitere Munitionsarten bei den unterschiedlichen Nutzern des Leo 2 hinzugekommen, unter anderem Kartätschenmunition und High Explosive-Geschosse. Der Korrelationsentfernungsmesser (Kombination aus optischer und lasergestützter Messung) im Hauptzielfernrohr EMES 15 verbindet die Vorteile von beiden Systemen. Das Ergebnis der Messung wird in den Feuerleitrechner eingespeist, der zahlreiche Einflussgrößen auf den Schuss verarbeitet und so den Aufsatz- und Vorhaltewert ermittelt, und diesen dem Anwender analog beziehungsweise digital angezeigt. Die Optiken sind primärstabilisiert. Eine Waffennachführanlage regelt die Bewegungen des Panzers aus. (Vielleicht kennen Sie das Video von dem Leopard 2, der in voller Fahrt eine Maß Bier auf seiner Kanonenspitze balanciert, ohne etwas zu verschütten.) Die elektrische Anbindung der Richtoptik an die Kanone sorgt in Kombination mit den erwähnten Bauteilen für eine hervorragende Erstschusstrefferwahrscheinlichkeit aus dem Stand und aus der Fahrt. Das ins EMES 15 integrierte Wärmebildgerät stand mit der Auslieferung der ersten Leopard 2 A0 noch nicht für die Serienproduktion zur Verfügung, jene Fahrzeuge wurden stattdessen mit einem Restlichtverstärker ausgerüstet. Der Leopard 2 gilt als erster deutscher Kampfpanzer, der voll nachtkampffähig ist. Als taktischer Vorteil vor allem gegenüber den russischen T-Modellen lässt sich zudem die große Absenkbarkeit der Kanone werten. Der Leo 2 ist in der Lage, die Frontturmpanzerung eines T-62 auf über 4.000 Meter zu durchschlagen, während besagter Ostblockpanzer auf 1.000 Meter herankommen müsste, um selbiges beim Leo 2 zu erreichen. Die Bereitschaftsmunition im Turm beträgt 15 Schuss. Als Sekundärbewaffnung verfügt der Leo 2 über ein MG3 als Blenden-MG sowie ein MG3 neben der Einstiegsluke des Ladeschützen zur Fliegerabwehr. Wie auch der Leopard 1 ist sein Nachfolger mit einer Nebelwurfanlage ausgestattet.

Auch im Leopard 2 finden vier Besatzungsmitglieder Platz: Kommandant, Richtschütze, Ladeschütze, Fahrer. Für den Fahrer steht ein passives Nachtsichtgerät zur Verfügung.

Der ehemalige Oberstleutnant und Kommandeur des Panzerlehrbataillons, Reinhold Schulenburg, urteilt in einem Gastbeitrag in Krapkes Publikation, der Leopard 2 sei die richtige Antwort auf die quantitative Übermacht des Warschauer Pakts, da der mit diesem Fahrzeug ausgerüstete Panzerzug in der Lage sei, auf sich gestellt aggressiv und initiativ das Gefecht zu führen und dabei in Duellsituationen seine Überlegenheit auszuspielen.

Darüber hinaus gilt der Leo 2 als hervorragend in seinen Materialhaltbarkeitseigenschaften. Auch wird ihm weiteres Wachstums- und Anpassungspotenzial bescheinigt und damit ein noch langes Leben im aktiven Dienst. Bemerkenswert ist jedenfalls, dass der Leopard 2 nach mehr als 40 Jahren immer noch produziert und mit großem Aufwand fortentwickelt wird.

Quellenhinweise für diesen Abschnitt

Meine Beschreibung des Leopard 2 stützen sich in erster Linie auf Krapke (1984) sowie Zwilling (2018a). Ergänzend Zwilling (2020), wo ich empfehle, bezüglich der Einschätzung zu diesem Waffensystem das Vorwort von Rolf Hilmes zu beachten. Die Reichweite habe ich der Website von Krauss-Maffei Wegmann (undatiert, b) entnommen. Das Video mit der Maß Bier lässt sich bei ViralTimeLapse (2015) bewundern.

Kampfwertsteigerungen

Anfang der 1980er Jahre stand der **Leopard 2 A1** zur Verfügung. Wichtigste Änderung ist der serienmäßige Einbau des Wärmebildgerätes ins Hauptzielfernrohr unter Wegfall des Restlichtverstärkers. Der Querwindsensor entfällt ebenfalls. Weitere Verbesserungen umfassen je nach Baulos die ABC-Hutze, die Elektrik, die Munitionshalterung für die Kanone, Trittbleche auf dem Triebwerksblock, Modifikationen am Kommandantenperiskop und den Abgasgrätings, ein Anschluss für das Feldkabel am Turm sowie Veränderungen bei der Anordnung der Abschleppseile, am Tankeinfüllstutzen und an weiteren Abdeckungen. Bei einigen Fahrzeugen dieses Musters wurden zusätzlich Änderungen am Kampfraum vorgenommen.

Die Serienfahrzeuge der Version A0 wurden nachträglich mit dem Wärmebildgerät im Hauptzielfernrohr ausgestattet, dafür wurde der Restlichtverstärker entfernt, womit sie zum **Leopard 2 A2** wurden.

Der **Leopard 2 A3** kommt mit einer neuen Funkausrüstung SEM 80/90 daher, außerdem erstmals mit Dreifarbentarnanstrich.

Der **Leopard 2 A4** wartet mit einem Gefechtsgewicht von 55 Tonnen bei einem Leergewicht von 52 Tonnen auf, wobei unter dieser Versionsbezeichnung verschiedene Fahrzeuge mit teils unterschiedlichem Rüststand zusammengefasst werden. Hauptmerkmal des Leopard 2 A4 ist der digitale Ballistikkern für den Feuerleitrechner, dieser kann unter anderem zusätzliche Munitionsarten berechnen.

Darüber hinaus wurden die A4er teils mit einer Brandunterdrückungsanlage im Kampfraum ausgestattet, mit einer benutzerfreundlicheren Lackierung, mit verbesserten Panzerungsmodulen am Turm und an der Wannenfront, neuen Batterien, Ketten, Kettenschürzen und Leitradabdeckungen sowie einem Feldjustierspiegel für die Bordkanone. Dafür entfällt die Munitionsluke links am Turm.

Unter der Prämisse, die Überlebensfähigkeit und Führbarkeit zu verbessern, entstand schließlich der **Leopard 2 A5**. Bei dieser Variante wurden Turmfront und die Turmseiten mit neuen, abgeschrägten Schutzmodulen versehen, die der Optik des Fahrzeugs einen leicht futuristischen Anstrich verleihen, der den Leopard 2 auch in den späteren Kampfwertsteigerungen auszeichnet. Innen wurde der Turm mit Spall Liner-Elementen verkleidet, die den Splitterschutz bei Beschuss deutlich verbessern. Neben weiteren Detailverbesserungen wie geänderten Luken, Kettenblenden und mehr ist die Rückfahrhilfe für den Fahrer samt Monitor erwähnenswert, außerdem die Integration eines Wärmebildgerätes OPHELIOS im Rundumblickperiskop des Kommandanten und der Einbau einer rein elektrischen Waffennachführanlage sowie eines rein elektrischen Notrichtantriebs. Auch wurde der Laserentfernungsmesser verbessert und ein hybrides Navigationsgerät verbaut. Das Gefechtsgewicht erhöht sich auf fast 60 Tonnen. Für den Leo 2 A5 ist zusätzlich ein urbanes Tarnschema für den Kampf in bebautem Gelände entwickelt worden.

Die Fortschritte beim **Leopard 2 A6** fokussieren sich auf die Steigerung der Feuerkraft. So erhielt dieses Muster mit der L/55 eine verbesserte und um 1,30 Meter längere Kanone des gleichen Kalibers sowie leistungsgesteigerte KE-Munition. Das Gefechtsgewicht überschreitet mit der Kampfwertsteigerung A6 erstmals die Marke von 60 Tonnen, wenn auch nur um 500 Kilogramm.

Mit dem **Leopard 2 A6M** reagierte die Bundeswehr auf ihre Erfahrungen, die sie seit 1999 im Kosovo und in Mazedonien gesammelt hat. Entsprechend wurden Fahrzeuge dieser Kampfwertsteigerung mit einem zusätzlichen Minenschutz versehen. Das Gefechtsgewicht liegt dadurch bei 62,5 Tonnen. Neben dem Minenschutz wurden weitere Modifikationen eingerüstet, darunter verbesserte Sitzkonstruktionen, Abdeckungen über den vorderen Drehstäben, neue Wannenmunitionshalter, ein neuer Schleifringübertrager und eine neue Turmdrehbühne. Auch wurde das Verstaukonzept der Bordausrüstung verändert. Später wurde die Kampfwertsteigerung A6M durch ein neues Wärmebildgerät, eine neue Bordverständigungsanlage, eine Brandunterdrückungsanlage im Turm, neue Bediengeräte sowie durch den Einbau von Ultracaps auf dem Kampfraumdach weiter verbessert.

Der Rüststand **Leopard 2 A6MA2** baut auf niederländischen Leos 2 A6 auf, die mit dem niederländischen digitalen Battlefield Management System ausgestattet wurden. Es bleibt unklar, ob diese Kampfwertsteigerung das zusätzliche Schutzpaket aus der Kampfwertsteigerung A6M besitzt. Der Name legt dies nahe, jedoch finde ich keine Quelle, die die entsprechende Aufrüstung niederländischer 2 A6-Tanks belegt.

Der **Leopard 2 A7** markiert eine weitere grundlegende Kampfwertsteigerung dieses Muster. Durch die Integration des Integrierten Führungs- und Informationssystems IFIS befindet sich der Rüststand A7 auf dem neusten Stand der taktischen

Führung. Zudem wurde eine Energie- und Kampfraumkühlanlage eingerüstet, wodurch der Panzer in allen Klimazonen einsetzbar ist. Der Leo 2 A7 ist soweit umgebaut, dass er die zukunftsweisende DM11-Patrone von Rheinmetall verschießen kann, deren Zünder auf Aufschlag, Verzögerung oder Luftsprengung eingestellt werden kann. Daneben wurde das Rundumblickperiskop des Kommandanten mit einem neuen Wärmebild versehen, ebenfalls wurde eine neue Bordverständigungsanlage mit Außensprechanlage eingerüstet. Eine Optimierung des Bordnetzes, neue Bedienelemente und eine Brandunterdrückungsanlage im Turm vervollständigen diese Kampfwertsteigerung. Das Gefechtsgewicht steigt damit auf satte 64,1 Tonnen bei einem Leergewicht von 61,9 Tonnen, was sich negativ auf die Beschleunigung auswirkt, die durch den seit 1979 im Kern unveränderten Antriebsstrang sichergestellt werden muss.

Im Jahr 2017 wurden geringfügige Verbesserungen an der Version A7 eingeführt. Die Handwaffen der Besatzung werden nun auf dem Turmdach verstaut, um schneller eingesetzt werden zu können, zudem wurden weitere Veränderungen am Verstaukonzept vorgenommen. Daneben erhielt der Fahrer eine Leselampe und der Sitz des Ladeschützen wurde ausgetauscht.

Der **Leopard 2 A7V** (womit sich der Kreis zum ersten deutschen, in Serie produzierten Kampfpanzer A7V beabsichtigt oder zufällig schließt) wurde unter anderem auf der Grundlage jener Erfahrungen entwickelt, die die Kanadier und Dänen mit ihren Leos 2 in Afghanistan gesammelt haben. Der A7V verfügt über ergonomischere Sitze, ein neues Wärmebildgerät im Hauptzielfernrohr des Richtschützen, eine nachtsichtfähige Front- und Rückfahrkamera, eine verbesserte Klimaanlage samt ABC-Schutzbelüftungsanlage sowie erweitere Panzerungselemente. Ein verbesserter Laserentfernungsmesser steigert die Erstschusstrefferwahrscheinlichkeit weiter. Das Rohr wurde gehärtet und kann reichweitengesteigerte Munition verschießen, was Kampfentfernungen bis 5.000 Meter ermöglicht. Modifikationen am Getriebe, der Übersetzung, den Drehstäben sowie eine neue Kette verbessern das Beschleunigungsverhalten bei gleichzeitiger Reduzierung der Höchstgeschwindigkeit auf theoretisch 63 Stundenkilometer. Ein neuer Kommandantenmonitor, neue digitale Bedienelemente und weitere Detailverbesserungen vervollständigen die Kampfwertsteigerung A7V, was den Panzer auf ein Gewicht von 63,9 Tonnen hievt.

Krauss-Maffei Wegmann führte die Modifikationen der Versionen 2 A7 und 2 A7V mit weiteren Detailverbesserungen im Modell Leopard **2A7+** zusammen. Im Mittelpunkt stehen Schutzkomponenten für die Besatzung, unter anderem eine verbesserte Turmpanzerung sowie Minenschutz in der Wanne. Auf dem Turm ist eine Waffenstation FLW 200 mit .50-MG oder 40-Millimeter-Granatmaschinenwaffe montiert, die aus dem Kampfraum heraus bedient werden kann.

Kürzlich wurde indes beschlossen, den Leopard 2 A/-Varianten mit dem israelischen Schutzsystem Trophy auszustatten, das Bedrohungen wie heranfliegende PA-Raketen erkennt und durch eine projektilbildende Ladung in ausreichender Entfernung neutralisiert. Dieser Rüststand wird als **Leopard 2 A7A1** bezeichnet.

Quellenhinweise für diesen Abschnitt

Dieser Abschnitt stützt sich auf Zwilling (2018a) und (2018b) sowie Lobitz (2009). Für Informationen zur DM11 verweise ich auf die Website von Rheinmetall Defence (2017). Für die frühen Leopard 2-Versionen verweise ich neben Zwilling (2020) auf Spielberger (1995) und Schulze (2020). Für den 2 A7+, siehe Krauss-Maffei Wegmann (undatiert, c). Für die niederländische Sonderversion, vergleiche Twigt (2018). Der A7V wird zusätzlich bei Bundeswehr (undatiert) behandelt, der A7A2 bei Heiming (2021a) und Heiming (2021b).

Nutzer

Ende der 1970er Jahre bestellte das Verteidigungsministerium der Bundesrepublik **Deutschland** insgesamt 1.800 Leopard 2. Das Gros dieser Bestellung wurde in den ersten vier Baulosen ausgeliefert. Im ersten Baulos wurden die beschriebenen Serienfahrzeuge produziert (insgesamt 380), das zweite und dritte Baulos bestand aus Leopard 2 A1 (insgesamt 750 Stück), im vierten Baulos wurden bis Ende 1985 300 Leopard 2 A3 produziert und an die Truppe übergeben. Die Serienfahrzeuge wurden nachträglich auf den Rüststand A2 gebracht. Zwischen 1985 und 1992 erhielt die Bundeswehr 695 weitere Leopard 2 der Version A4 in vier Baulosen und mit teils leicht abweichendem Rüststand. Deutschland beschaffte insgesamt 2.125 Leopard 2-Kampfpanzer der Kampfwertsteigerungen A0 bis A4, wobei sämtliche älteren Versionen im Laufe ihrer Dienstzeit auf A4 hochgerüstet wurden. (Rolf Hilmes spricht in seiner Publikation aus dem Jahr 2011 von 2.225 Leos insgesamt – ich gehe davon aus, dass es sich um einen Tippfehler handelt, da er damit allen anderen Quellen um exakt 100 Fahrzeuge widerspricht.) Der letzte neu produzierte Panzer wurde der Bw am 19. März 1992 übergeben.

Insgesamt 285 Fahrzeuge wurden ab 1995 auf die Version A5 kampfwertgesteigert, von denen heute weniger als 20 Stück in der Truppe verblieben sind. Ab dem Jahr 2001 wurden 160 Leo 2 A5 auf den Rüststand A6 gebracht, außerdem 65 Leos der Kampfwertsteigerung A4. Zwischen 2004 und 2008 wurden 70 Kpz auf den Rüststand A6M kampfwertgesteigert. Der Leo 2 A4 wurde bis 2008 außer Dienst gestellt. Seit Dezember 2014 hat die Bundeswehr 20 Leopard 2 A7 erhalten. In 2021 kamen die ersten A7V zur Truppe, namentlich zum Panzerbataillon 393 in Bad Frankenhausen. Geplant ist die Beschaffung von 104 Fahrzeugen dieses Musters bis 2023. Dazu wurden/werden unter anderem 51 Exemplare der A6-Version und 50 A6M ab März 2019 der Kampfwertsteigerung A7V angeglichen.

Die Bundeswehr plant, ihre Leopard 2-Flotte bis 2025 auf insgesamt 320 aufzustocken und dabei jedes von insgesamt acht Bataillonen mit einem einheitlichen Muster auszustatten. Darüber hinaus ist davon auszugehen, dass die deutsche Truppe eine zweistellige Zahl von Fahrzeugen zusätzlich für Erprobungen und Umrüstungen im Bestand halten wird. Einige Quellen sprechen von 328 Leopard 2 insgesamt. Björn Müller weiß zudem zu berichten, dass das Heer den Bedarf für mindestens 80 weitere Kampfpanzer sieht, deren Finanzierung aber abgelehnt wurde. Dies war im Jahr 2021; es ist bis zum Redaktionsschluss dieses Buches unklar, ob das beschlossene Sondervermögen für die Bundeswehr und die Absicht, den Wehretat dauerhaft zu steigern, die 80 zusätzlichen Panzer erneut aufs Tableau bringen werden.

Bis 2024 sollen 17 Fahrzeuge auf A7A1 kampfwertgesteigert werden. Krauss-Maffei Wegmann wird dazu neue Fahrgestelle produzieren, auf die Leopard 2 A6-Türme aufgesetzt werden (der Versuchsträger erhält einen 2 VT-ETB-Turm).

Der Sonderfall der deutsch-niederländischen Zusammenarbeit in Sachen Panzerwaffe wird im folgenden Abschnitt über die Niederlande abgehandelt.

Als erster ausländischer Abnehmer erhielt die Landmacht der **Niederlande,** nachdem bereits ein Vorabmuster für Erprobungszwecke ausgeliefert worden war, in den Jahren 1981 bis 1986 insgesamt 445 Kampfpanzer Leopard 2 A1 (als Leopard 2 NL) mit leichten Modifikationen: Die Sekundärbewaffnung wurde auf belgische MAG-MG umgerüstet, es wurden eine andere Bordverständigungsanlage und andere Funkgeräte samt Antennen montiert und eine niederländische Nebelwurfanlage eingebaut. Im Laufe der folgenden Jahre wurden sämtliche Fahrzeuge auf die Version A4 kampfwertgesteigert. (Die Niederländer übernahmen jeweils die deutschen Bezeichnungen und hängten ihr NL an.) Das Einrüsten der Brandunterdrückungsanlage im Kampfraum wurde allerdings nicht durchgeführt.

180 Kampfpanzer wurden ab 1996 mit minimalen Anpassungen (unter anderem Verzicht auf veränderte Seitenschürzen) auf den Rüststand A5 gebracht, zwischen 2001 und 2004 dann weiter auf A6 kampfwertgesteigert. Die Fahrzeuge behielten dabei die oben beschriebenen nationalen Modifikationen bei.

Nach zahlreichen Heeresstrukturreformen mit stetiger Reduzierung der Kampftruppe verfügte die Landmacht im Jahre 2009 noch über 60 aktive Kampfpanzer Leopard 2. Im Jahr 2011 verkündete die niederländische Regierung, dass ihre Streitkräfte im Zuge von Sparmaßnahmen künftig vollständig auf eine eigene Panzerwaffe verzichten. Die verbliebenen 60 Leopard 2 wurden außer Dienst gestellt. Nur vier Jahre später intensivierten Deutschland und die Niederlande ihre binationale militärische Zusammenarbeit: Die niederländische 43 Gemechaniseerde Brigade wurde in die deutsche 1. Panzerdivision integriert, im Gegenzug wurde das deutsche Panzerbataillon 414 in Bergen neuaufgestellt und besagter Brigade unterstellt. Das Bataillon setzt sich mehrheitlich aus deutschem Personal und Material zusammen, eine Kompanie besteht aus niederländischen Soldaten. Die Niederlande stellen für diesen Verband 16 Leopard 2 A6MA2 zur Verfügung, die mit dem Kampfwertsteigerungspaket A7 versehen werden sollen, und offiziell Teil des deutschen Fahrzeugpools werden. Insgesamt wird die niederländische Panzerkompanie mit 18 Kampfpanzern ausgestattet (16 niederländische Fahrzeuge plus zwei Panzer aus deutschem Bestand). Die Bundeswehr wird weitere 18 Leopard 2 A6M zu A6MA2 umrüsten und dem Panzerbataillon 414 zuordnen. Damit werden die Tanks dieses Verbandes die ersten Leopard 2 der Bundeswehr sein, die digital funken. Das Heer und die Koninklijke Landmacht arbeiten derweil gemeinsam daran, ein neues digitales Führungssystem zu entwickeln.

Im Jahr 2018 wurden die ersten Leopard 2 A6MA2 an das Panzerbataillon 414 übergeben.

Die **Schweiz** beschaffte für ihre Armee zwischen 1987 und 1993 insgesamt 380 Leopard 2 A4, die sie unter der Bezeichnung Panzer 87 Leopard führt und die mit Masse in Lizenz in der Schweiz produziert wurden. Die Beschaffung wurde von einer öffentlichen Debatte über die Sinnhaftigkeit von Kampfpanzern für eine reine Verteidigungsarmee begleitet. Änderungen gegenüber der deutschen Version umfassen den Einbau US-amerikanischer Funkgeräte inklusive Bordverständigungsanlage und Außensprechanlage, zusätzliche Schneegreifer, die Verwendung von MG 87 als Sekundärbewaffnung, eine veränderte ABC-Schutzanlage sowie das Anbringen von Abgasschalldämpfern; daneben wurden weitere Detailmodifikationen vorgenommen. Später wurden einige Fahrzeuge weiter angepasst. Unter anderem wurde eine Feldjustieranlage eingerüstet, die Munitionsluke verschweißt (wo vorhanden) und schwere Kettenblenden montiert. Mit dem Rüstungsprogramm 06 aus dem Jahr 2006 wurde die aktive Leo-Flotte auf 134 Kampfpanzer zusammengedampft und in einem Werterhaltungsprogramm mit modernen Führungsmitteln, einer Rückfahrhilfe und weiteren Detailverbesserungen zur Sicherstellung der Verfügbarkeit und Versorgbarkeit versehen, um mindestens bis über das Jahr 2025 hinaus als Rückgrat der Schweizer Panzerwaffe fungieren zu können. 42 Fahrzeuge wurden an Rheinmetall verkauft, der Rest stillgelegt.

Die **schwedischen Streitkräfte** führen zwei Leopard 2-Varianten unter den Bezeichnungen Strv 121 und Strv 122. Nach Vertragsschluss im Jahr 1994 erreichten zunächst 160 Leopard 2 A4 als Strv 121 vom Januar 1996 an die Truppe. Sie wurden mit veränderten Funkgeräten und weiteren Detailmodifikationen versehen. Mindestens 100 dieser Fahrzeuge wurden ab 2014 an Rheinmetall zurückgeliefert, nachdem sie aus dem aktiven Dienst genommen worden waren.

Die ersten von insgesamt 120 Strv 122 erreichten Schweden im Oktober 1995. Die Produktion wurde Stück für Stück nach Schweden verlagert, wo im Jahr 2001 das letzte Fahrzeug vom Band lief. Bei diesem Muster handelt es sich um einen modifizierten Leopard 2 A5. Zu den Modifikationen zählen zusätzliche (teils modulare) Schutzkomponenten am Kommandantenperiskop, am Bug und am Turm inklusive eines erweiterten Turmhecks, geänderte Liner für den gesamten Kampfraum, ein digitales Führungssystem TCCS mit Touchscreen (wurde später mit GPS ergänzt), ein verbesserter Feuerleitrechner samt Hauptzielfernrohr, eine Nebelwurfanlage aus französischer Produktion, eine Außenbordsprechanlage, ein anderes Navigationsgerät und eine Saugbelüftungsanlage für den Triebwerkraum nebst weiteren Detailverbesserungen. Das Gefechtsgewicht erhöht sich dadurch auf 62,5 Tonnen. Durch das TCCS lassen sich zahlreiche Fahrzeuge unterschiedlicher Modelle digital vernetzen, was die Führung eines Verbandes erheblich erleichtert. Spezielle Thermomattensysteme der Firma Saab (Barracuda) reduzieren die Infrarot- und Wärmestrahlung der Panzer. Das System kommt mit einem Sonnenschirm auf dem Turm daher, was die Silhouette des Panzerns erhöht. Zehn Fahrzeuge wurden mit Minenschutz versehen und als Strv 122B bezeichnet. Sie erreichen ein Gefechtsgewicht von 65 Tonnen.

Es ist geplant, 88 Strv 122 bis zum Jahr 2023 durch Krauss-Maffei Wegmann modernisieren zu lassen, unter anderem soll ein Battle Management System eingebaut und veraltete Komponenten erneuert werden. In 2022 wurde bekannt, dass Schweden programmierbare Sprengmunition von IMS Systems für seine Panzer erworben hat.

Spanien übernahm zunächst ab Mitte der 1990er Jahre 108 Leopard 2 A4 aus Bundeswehrbeständen (als Leopard 2 A4 E). Diese wurden mit anderen Funkgeräten versehen. Im Jahr 2004 wurde dann das erste von insgesamt 219 neuproduzierten Fahrzeugen mit der Bezeichnung Leopardo 2 E an die Truppe übergeben. Dieses Muster entspricht einem 2 A6 mit Zusatzpanzerung am Turm, Bug und an den Seitenschürzen, einem digitalen Führungsmittel BMS ähnlich dem schwedischen System, neusten Wärmebildgeräten für Kommandant und Richtschütze, anderem Funkgerät inklusive Bordverständigungsanlage und Außenbordsprechstelle, einer Klimaanlage und einem Zusatzstromaggregat. Als Sekundärbewaffnung hielt in allen spanischen Fahrzeugen das Modello 55-MG Einzug. In 2018 verkündeten die spanischen Streitkräfte, die Feuerleitrechner von sechs Leopardo 2 E zu modernisieren, ehe die Tanks der NATO Battle Group in Lettland unterstellt werden würden.

Dänemark sicherte sich im Jahr 1997 insgesamt 51 Leopard 2 A4 (als Leopard 2 A4 DK) aus deutschen Armeebeständen, deren Funkgeräte auf den dänischen Standard umgerüstet wurden. Ab 2002 wurden sämtliche Fahrzeuge auf den Rüststand 2 A5 DK aufgewertet, heißt, sie wurden auf 2 A5 kampfwertgesteigert und dann weiter modifiziert: So wurde die Bugpanzerung verstärkt, zusätzliche Schneegreifer und ein weiterer Suchscheinwerfer angebracht, eine Klimaanlage im Turm eingerüstet und ein Stromzusatzaggregat verbaut. Das Turmheck wurde erweitert, eine neue Mehrfachwurfanlage installiert und weitere Detailverbesserungen eingerüstet. Dafür wurde auf das Fliegerabwehr-MG verzichtet. Später kam eine neue gewichtssparende Kette hinzu. Um den Leopard 1 schließlich ganz zu ersetzen, wurden weitere 18 Leopard 2 A4 erworben und sechs davon auf A5 DK umgerüstet. Für Auslandseinsätze in heißen Regionen wurden bei mindestens 14 Fahrzeugen nebst zahlreichen Detailänderungen folgende Modifikationen eingerüstet: Barracuda-Thermomattensysteme, Drahtabweiser am Turmdach, beige-grün-brauner Tarnanstrich, zusätzliche Panzerungselemente, ein Kompressor mit Druckluftschlauch zum Reinigen der Luftfilter, Wärmebildgeräte an Front und Heck für den Fahrer, Kühlwesten für die Besatzung, eine Schleppschere, zusätzliche Funkausstattung, eine verbesserte Feuerlöschanlage und später Minenschutzelemente. Für den Afghanistaneinsatz wurden teilweise zusätzlich Slat-Panzerungselemente (Käfigpanzerung, die vor allem gegen Hohlladungsgeschosse schützen soll) montiert, außerdem wurde das Fliegerabwehr-MG wieder eingerüstet oder stattdessen ein 12,7-Millimeter-Maschinengewehr von Browning.

Im Jahr 2016 genehmigte die dänische Regierung die Umrüstung der dänischen Kampfpanzerflotte auf den Rüststand A7. Eine Meldung aus dem Jahr 2014 deutet ob des einzurüstenden neuen Wärmebildgerätes ATTICA auch beim Richtschützen darauf hin, dass eine gewisse Harmonisierung mit dem Rüststand A7V angestrebt wird. Die Modernisierungsarbeiten sollen bis 2023 abgeschlossen sein. Dänemark wird dann laut Ingvorsen (2018) über 44 aktive Leopard 2 A7 verfügen. Die von Frank Lobitz im Jahr 2009 angekündigte Reduktion auf 34 KPz (Lobitz, F., 2009, S. 153) hat damit nicht stattgefunden, obwohl auch Thomas Antonsen in seiner Publikation aus dem Jahr 2016 noch davon spricht, dass sich nunmehr noch 32 Leos im Dienste Dänemarks befänden.

Österreich beschaffte zwischen 1998 und 2001 insgesamt 114 Leopard 2 A4-Panzer aus niederländischen Beständen (als Leopard 2 A4 Ö). Gegenüber der NL-Variante wurden nach und nach neue Funkgeräte, eine Brandunterdrückungsanlage und eine digitale Mehrfachwurfanlage eingerüstet. Die aktive Panzertruppe wurde 2006 auf 56 Kampfpanzer Leopard 2 reduziert, organisiert im Panzerbataillon 14 in Wels, bei denen mittlerweile ein erheblicher Investitionsbedarf in Wartung und Modernisierung erkannt, aber allem Anschein nach noch nicht behoben worden ist (Seidl, C., 2018). Es sollen nur wenige Fahrzeuge überhaupt einsatzbereit sein. Die österreichische Panzertruppe weist einen guten Ausbildungsstand auf und konnte so unter anderem die Tank Challenge 2017 in Grafenwöhr für sich entscheiden. Im Dezember 2021 wurde ein Planungsdokument zur Behebung der Mängel erstellt. Passiert ist bis zum Redaktionsschluss dieses Buchs nichts. Aussagen von österreichischem Sicherheitsexperten deuten aber darauf hin, dass es pressiert, da die Ersatzteillage prekär wird und bereits einige Leoparden ausgeschlachtet werden mussten.

Der Ukrainekrieg hat auch in Österreich zu neuen Impulsen für die Streitkräfte gesorgt. In einem YouTube-Beitrag vom 6. Oktober 2022 bekennt sich der Planungschef, Generalmajor Bruno Hofbauer, zur Zukunft der mechanisierten Truppen und verkündet explizit eine Kampfwertsteigerung der Kampfpanzerflotte.

Auch **Norwegen** nutzte die Reduzierung der niederländischen Panzerwaffe und ging auf Einkaufstour. Im Jahr 2001 kam ein Vertrag über die Anschaffung von 52 Leopard 2 A4 NL zustande, die Auslieferung begann noch im selben Jahr. Die norwegischen Streitkräfte ließen bei ihren Leoparden wieder die Mehrfachwurfanlage der Bundeswehr einrüsten, darüber hinaus wurden die Funkgeräte ausgetauscht und ein Battle Management System eingebaut. Weitere Modifikationen im Detail wurden vorgenommen, die Sekundärbewaffnung belgischer Bauart blieb aber erhalten. Teilweise werden die leichteren Kettenblenden des Leo 1 verwendet.

Seit Ende der 2000er Jahre bestehen Überlegungen, die Kampfpanzerflotte Norwegens zu modernisieren oder durch den Zukauf modernerer Leoparden zu verstärken. Verschiedene Pläne wurden immer wieder auf den Tisch gelegt und dann doch nicht umgesetzt. Oslo hat sich zwischenzeitlich dazu entschieden, die noch 38 vorhandenen Leopard 2 nicht zu modernisieren, sondern fabrikfrische Fahrzeuge zu kaufen. Der Leopard 2 A7 und der koreanische K2 Black Panther haben es in die engere Auswahl geschafft. Norwegen erhielt Erprobungsmuster beider Fahrzeuge. Eine Entscheidung soll Ende 2022 fallen.

Finnland erhielt im Jahr 2003 insgesamt 124 Leopard 2 A4 aus Altbeständen der Bundeswehr, wovon 100 Fahrzeuge für die Nutzung als aktive Kampfpanzer vorgesehen sind (unter der Bezeichnung Leopard 2 A4 FIN). Der Rest wurde zu Spezialpanzern umgebaut oder als Ersatzteilspender verwendet. Im Laufe der Folgejahre wurden weitere 15 Leopard 2 A4 gekauft, wobei mindestens 12 Panzer als Ersatzteillager und weitere 12 Panzer zu Brückenlege- und Pionierpanzern umgebaut wurden. Bei den Kampfpanzern wurden nur im Detail Modifikationen vorgenommen, unter anderem wurden weitere Schneegreifer angebracht, andere Funkgeräte eingebaut und zusätzlicher Stauraum geschaffen. In 2014 beschloss Finnland, seine Panzerwaffe durch den Erwerb von 100 niederländischen Leopard 2 A6 zu modernisieren, die letzten Tanks wurden im Oktober 2019 ausgeliefert.

Von 2022 bis 2026 wird KMW eine unbekannte Anzahl an finnischen Panzern modernisieren. Nach dem Upgrade werden die finnischen Leos in der Lage sein, HE/FRAG-Munition zu verschießen. Dies geschieht vor dem Hintergrund einer engeren Zusammenarbeit mit der Panzerwaffe Schwedens. So können die Tanks beider Nationen dann unter anderem die gleiche Munition verwenden.

Polen beschaffte erstmals im Jahr 2002 128 Leopard 2 A4 aus Bundeswehrbeständen, ohne Modifikationen vorzunehmen. Sie werden als Leopard 2 A4 PL geführt. Zwischen Mai 2014 und Dezember 2015 wurden darüber hinaus zusätzlich 105 Leopard 2 A5 an die polnischen Streitkräfte geliefert sowie 14 weitere Leopard 2-Muster unbekannten Rüststands. In 2016 gab Rheinmetall bekannt, im Auftrag des polnischen Heeres die 128 Panzer A4 auf den Rüststand A5 beziehungsweise A6 zu bringen. Da die polnische und die deutsche Panzertruppe eng zusammenarbeiten, ist der polnischen Seite daran gelegen, ihre Leopard 2-Flotte nah am deutschen Standard zu halten. Gerhard Heiming spricht in 2020 sogar von 142 umzurüstenden polnischen Panzern, was zu den 14 nachträglich angekauften Fahrzeugen passt. Offenbar verzögert sich die Modernisierung, da Warschau mit der Qualität des Prototyps nicht zufrieden war.

Die Zukunft des Leopard 2 im polnischen Heer ist mittlerweile unklar. Im Windschatten des Ukrainekrieges treibt Warschau eine beispiellose Aufrüstung seiner Streitkräfte voran. Polen beschaffte jüngst 250 Abrams-Panzer aus den USA nebst sage und schreibe 1.000 koreanischen Black Panther K-2 bzw. K-3. Die ersten Panzer sollen bereits Ende des Jahres 2022 ausgeliefert werden, das Gros der koreanischen Panzer wird in Polen gefertigt. Was das für die polnischen Leoparden bedeutet, ist zu diesem Zeitpunkt unklar. Während Spartanat schreibt, Warschau beabsichtige, seine Leoparden auszumustern, geht das deutsche Heer weiterhin davon aus, dass an der deutsch-polnischen Kooperation in Sachen Leopard 2 festgehalten wird und die Polen ihre Leos modernisieren werden. Meiner Ansicht nach ist es wahrscheinlich, dass die neubeschafften Panzer aus den USA und Korea in erster Linie die sowjetischen Panzermodelle in den Beständen Polens ersetzen werden und die Leopard 2 mindestens als Reserve für den Kriegsfall erhalten werden.

Griechenland entschied sich im Jahr 2002 für die Beschaffung von Leopard 2-Kampfpanzern. Ab 2005 wurden zunächst 183 Leopard 2 A4 aus Altbeständen der

Bundeswehr ausgeliefert. Die Bezeichnung lautete Leopard 2 A4 GR. Wesentliche Änderungen wurden nicht vorgenommen. Darüber hinaus beschaffte Griechenland 170 fabrikfrische Leopard 2 HEL, ein Sondermuster, das auf einem dem Strv 122 ähnlichem Rüststand basiert. Es wurde ein griechisches Führungsunterstützungssystem eingerüstet, außerdem eine Klimaanlage, ein Querwindsensor und ein Wärmebildgerät der 2. Generation. Die Masse der Fahrzeuge wurde bis 2009 in Griechenland in Lizenz gefertigt, eine Charge von 30 Fahrzeugen in Deutschland. Nach der Auslieferung wurden Berichte über nicht beglichene Rechnungen, Mängel an den ausgelieferten Fahrzeugen und mutmaßliche Schmiergeldzahlungen im Zusammenhang mit dem Leo 2-Deal bekannt.

Im Mai 2022 wurde bekannt, dass Griechenland eine umfassende Modernisierung seiner Leo-Flotte plant. So sollen alle 183 Leopard 2 A4 auf den Rüststand A7 aufgewertet werden. KMW reichte ein entsprechendes Angebot ein, das laut Medienberichten von Athen begrüßt wurde. Ob eine finale Entscheidung bereits gefallen und wann mit dem Beginn der Arbeiten zu rechnen ist, ist derweil nicht bekannt.

Mit Vertragsschluss im Jahr 2005 beschaffte auch die **Türkei** zunächst 298 Leopard 2 A4 aus Bw-Beständen (als Leopard 2 A4 TU), wenig später kamen weitere 50 Kampfpanzer des gleichen Musters hinzu, die nicht nennenswert modifiziert wurden. Vieles deutet jedoch darauf hin, dass die Firma Aselsan Leoparden für das türkische Heer kampfwertsteigerte, unter anderem durch den Einbau einer modernen Feuerleitanlage. Auch sollen verbesserte Luftfilter verbaut worden sein. Es kursieren darüber hinaus Berichte über ein als Next Generation bezeichnetes Upgrade durch Aselsan. Deutlich auf Fotos zu erkennen sind zusätzliche Schutzkomponenten an Turm und Wanne, die dem Tank Ähnlichkeit mit einem Leo 2 A5 verleihen, wobei unklar bleibt, ob über die Herstellung eines Prototyps hinaus Modernisierungsmaßnahmen an der türkischen Leopard-Flotte vorgenommen wurden. Das verfügbare Bildmaterial von Leopard 2-Panzern in Nordsyrien liefert keinerlei Hinweise auf die Montage der Zusatzpanzerung aus dem Next Generation-Projekt. Die im Zuge der Operation Olivenzweig in Nordsyrien eingesetzten Leoparden hingegen könnten mit Reaktivpanzerung sowie Raketenabwehrsystemen von Aselan nachgerüstet worden sein (Kramper, G., 2018). Deutschland hatte im Januar 2018 einer Nachrüstung türkischer Leos mit Minenschutzpaketen unter dem Eindruck der jüngsten türkischen Offensive im Norden Syriens abgelehnt.

Laut Berichten vom Mai 2020 ist nun geplant, zunächst 84 Leoparden, später die gesamte Leo 2-Flotte, durch die türkische Firma BMC modernisieren zu lassen. Nach einer Vorstellung im Februar 2021 gab der Leiter des türkischen Präsidiums für Verteidigungsindustrie bekannt, dass bei der Firma Aselsan die Massenproduktion von Rüstsätzen für die Leo 2-Modernisierung beginnt. Zunächst soll ein Teil der vorhandenen Panzer zum sogenannten Leopard 2 A4 T1 kampfwertgesteigert werden. Die Modernisierungen umfassen zusätzliche Panzerungsmodule für Turm und Wanne, verstärkte Kettenschürzen und eine Käfigpanzerung. Der Kampfraum wird mit Linern versehen und die Sitze und die Anordnung der Ausrüstung wird minengerecht verbessert. Zudem soll ein halonfreies Feuerunterdrückungs- und

Löschsystem eingebaut werden. Diese Ankündigung ist sicherlich als Reaktion auf die Erfahrungen in Syrien als auch auf die Weigerung der deutschen Regierung, die türkischen Panzer zu modernisieren, zu verstehen.

Im November 2007 schloss **Chile** mit der Bundesrepublik einen Vertrag über den Ankauf von Leopard 2 A4 aus deutschen Altbeständen (als Leopard 2 A4 CHL). Die Bundesregierung selbst sprach in einer Antwort auf eine kleine Anfrage aus dem Jahr 2013 von 172 ausgelieferten Fahrzeugen, von denen nicht alle als aktive Kampfpanzer verwendet werden sollen. Military Leaks spricht von 132 aktiven Leopard 2-Kampfpanzern, zusammengefasst zu drei Kampfgruppen innerhalb einer Panzerbrigade.

Die chilenischen Leoparden wurden mit einer alternativen Funkanlage versehen, außerdem wurde das Turmheck verändert und möglicherweise eine Ausstattung mit Führungssystem und GPS eingerüstet. Am Motor wurden Modifikationen vorgenommen, um für den Einsatz in höheren Gefilden geeignet zu sein.

In 2022 wurde bekannt, dass bei bis zu 170 chilenischen Leopard 2 das Feuerleitsystem durch OIP Land Systems modernisiert werden soll. Zudem soll der türkische Rüstungskonzern Aselan neue Kommunikationsmittel einrüsten.

Über die Menge an Leopard 2 A4, die **Singapur** in 2006 aus Altbeständen der Bundeswehr erwarb, ist Stillschweigen vereinbart worden. Die Meldungen beider Staaten an das Waffenregister der Vereinten Nationen bestätigen mittlerweile, dass zwischen 2007 und 2019 206 Exemplare ausgeliefert wurden, wobei die Vermutung naheliegt, dass einige Fahrzeuge als Spezialpanzer oder Ersatzteillager herhalten sollen. Die Jahre 2013 bis 2015 markieren eine Lücke, in denen keine ausgelieferten Leopard 2 gemeldet wurden, ehe 45 Exemplare zwischen 2016 und 2019 übergeben wurden.

Die Leopard 2 A4 werden als Leopard 2 A4 SGP bezeichnet. Zum Rüststand lässt sich sagen, dass die Tanks vermutlich mit belgischer Sekundärbewaffnung, neuen Funkanlagen, einer neuen Mehrfachwurfanlage und (zumindest teilweise) mit einem Stromzusatzaggregat ausgerüstet wurden.

Singapur bestätigte einzig, in 2006 96 Leopard 2 A4 erworben zu haben, von denen 66 in die aktive Panzerflotte integriert wurden. Einen weiteren Ankauf von Leoparden dementierte Singapur, und die deutsche Regierung stufte Informationen über Waffenlieferungen an Singapur als Verschlusssache ein. Allerdings gibt es Berichte, dass Krauss-Maffei Wegmann nagelneue Leopard 2 A7 für Singapur fertigt – jene Berichte könnten sich auf die zweite, in 2016 begonnene Auslieferungscharge beziehen.

Derweil verdichten sich Hinweise, dass Singapur einige oder alle Leos weiter modifizierte: Zusatzpanzerungskomponenten in Form von MEXAS-Verbundpanzerung mindestens am Turm und den Seitenschürzen, entwickelt durch die Firma Deisenroth, sowie montierte Slat-Elemente konnten im Jahr 2009 von Frank Lobitz nur vermutet werden, scheinen sich aber bestätigt zu haben – jedenfalls legen ein Artikel von Mike Yeo in Defense News und das entsprechende Foto dies nahe.

Portugal übernahm zwischen 2008 und 2009 37 Leopard 2 A6 von den Niederlanden (als Leopard 2 A6 PRT). Digitale Funkanlagen und ein Battle Management System wurden nachträglich eingerüstet. Eine Modernisierung der Panzerflotte ist für den Zeitraum 2026 bis 2030 geplant Der Beschreibung der geplanten Modifikationen nach scheint es sich um eine Aufwertung auf die Version A7V zu handeln. Darüber hinaus zeigte Portugal Interesse am Einbau des Active Protection Systems Trophy.

Kanada befand sich im Jahr 2007 auf der dringenden Suche nach einer Übergangslösung, die zeitnah in Afghanistan im Rahmen der ISAF-Mission zur Verfügung stehen konnte, einen überragenden Minenschutz bot und gleichzeitig die Brücke zwischen dem vor der endgültigen Ausmusterung stehenden Leopard 1 und einem neu zu beschaffenden Kampfpanzertyp ab 2030 schlug. Man entschied sich für den Leopard 2. „Zeitnah" ist in diesem Fall tatsächlich das Zauberwörtchen, denn Ottawa wollte die Panzer ASAP in Afghanistan wissen. 20 Leopard 2 A6M wurden im Eilverfahren von Deutschland geleast (als Leopard 2 A6M CAN). Da die Bundesrepublik nicht genügend 2 A6M umgerüstet beziehungsweise eingelagert zur Verfügung hatte, wurden der aktiven Panzertruppe der Bundeswehr einige Fahrzeuge für den Export nach Kanada entnommen. Rekordverdächtige fünf Monate lagen so zwischen Vertragsabschluss und Auslieferung der Panzer. Nur kurze Zeit später beteiligten sie sich bereits an Kampfeinsätzen am Hindukusch.

Die 2 A6M wurden für die kanadischen Ansprüche wie folgt modifiziert: Einbau von Funkanlagen kanadischen Standards, zusätzliche Bugplatte, Kühlhutze sowie zusätzliche Verstauboxen. Das MG3 wurde aus Zeitgründen zunächst als Sekundärbewaffnung beibehalten. Manche Besatzungen tauschten in Afghanistan zumindest das Fliegerabwehr-MG gegen das belgische 7,62-Millimeter-C6 GPMG aus, das auch im Leopard 1 C2 Verwendung fand und daher samt Lafette problemlos am Turm des Leo 2 montiert werden konnte. Für den ISAF-Einsatz wurden zusätzlich Käfigpanzerungselemente seitlich und hinten montiert, um den Schutz vor RPG-Beschuss zu erhöhen. Außerdem wurde ein Counter-IED-Jammer verbaut – ein Störsender, der Mobilfunkfrequenzen im Nahbereich unterdrückt, um zu verhindern, dass Sprengfallen via Fernsteuerung gezündet werden. Weitere Detailänderungen wurden mit der Zeit vorgenommen, so wurde zum Beispiel im April 2008 das Barracuda-Thermomattensystem inklusive Sonnenschirm auf dem Dach ergänzt. Eine Klimaanlage wurde laut MacNeill nicht nachgerüstet, sondern ausschließlich eine Kühleinheit verbaut, an die die Besatzungsmitglieder spezielle Westen anschließen konnten, um diese zu kühlen. Die Kühleinheit pumpte dann Kühlmittel durch die Westen.

Ferner beschaffte Kanada 100 Kampfpanzer aus niederländischen Beständen (20 Leopard 2 A6 NL sowie 80 2 A4 NL), 15 weitere Leo 2 A4 von Deutschland als Ersatzteilspender sowie 12 Tanks aus der Schweiz, die zu Spezialpanzern umgebaut wurden. Im Jahr 2009 verkündete die kanadische Regierung, im Rahmen eines Aufrüstungsprogramms 29 Minenpflüge, Minenwalzen und Räumschilde zur Montage an Fahrzeugen der Leo 2-Flotte beschaffen zu wollen. Erste Tests fanden noch im selben Jahr mit einem 2 A6M CAN statt, ehe zumindest Minenwalzen im scharfen Einsatz eingesetzt wurden. Diese werden vor den Panzer gespannt, mangeln über den Untergrund und bringen so Minen und Sprengfallen zur Detonation.

Die ersten nach kanadischen Wünschen bei Krauss-Maffei Wegmann umgerüsteten 20 Leopard 2 A4M CAN (bei Lobitz auch als 2 A4(Ops) CAN bezeichnet) aus dem Vertrag mit den Niederlanden wurden im Oktober 2010 an die Truppe übergeben, die letzten folgten im ersten Halbjahr 2011. Zu den Modifikationen zählen ein Minenschutz aus dem A6M-Rüststand, Zusatzpanzerungselemente an den Seiten und am Turm, Slat-Panzerungselemente, Spall Liner im Kampfraum, spezielle Sitze für Fahrer und Kommandant sowie eine verbesserte Federung, womit der Schutzfaktor deutlich gesteigert wurde. Zudem wurde ein digitales Elektroniksystem inklusive neuer Bedienelemente und eines digitalisierten elektronischen Turmantriebs eingerüstet, außerdem ein Counter-IED-Jammer. Darüber hinaus wurde eine Front- und Rückkamera mit Nachtsichtfähigkeit (Restlichtverstärker plus Wärmebild) für den Fahrer, kanadische Funksysteme und eine andere Sekundärbewaffnung verbaut (C6 GPMG). Die Aufnahme von Minenpflügen und ähnlichen Erweiterungen wurde vorbereitet. Thermomattensysteme Barracuda wurden auch für die A4M beschafft, außerdem Kühlwesten für die Besatzungen. Der Leo 2 A4 CAN erreicht ein Gefechtsgewicht von 61,8 Tonnen und ist für die asymmetrische Kriegsführung optimiert, wie sie den kanadischen Streitkräften in Afghanistan aufgezwungen wurde, während die Variante 2 A6M CAN für die Panzer-gegen-Panzer-Duellsituation optimiert ist.

Im Jahr 2014 wurde angekündigt, mehr als 100 kanadische Leopard 2 mit neuen Wärmebildgeräten für den Kommandanten und den Richtschützen nachzurüsten.

Als Ausgleich für die 20 geleasten Panzer schickte Kanada später die 20 zu A6M umgebauten A6 NL nach Deutschland zurück. Auf diese Weise konnten die ursprünglich geleasten Fahrzeuge in Afghanistan verbleiben. Insgesamt halten die kanadischen Streitkräfte 20 A6M sowie 20 A4M für Einsätze vor, während 42 Leopard 2 A4 als Trainingsfahrzeuge dienen. Der Rest der beschafften Panzer hält als Ersatzteillager oder als Plattform für Spezialpanzer her. Die kanadischen Streitkräfte planen mit ihrer Leo-Flotte mittlerweile bis ins Jahr 2035, wobei in 2019 Modernisierungen ins Auge gefasst wurden, die hin zu einem in der Entwicklung befindlichen Rüststand namens A8 führen sollen und die die Dienstzeit der Leoparden bis in das Jahr 2050 verlängern könnten.

Indonesien unterzeichnete 2012 einen Vertrag über den Ankauf von 103 modifizierten Leopard 2 A4 aus Beständen der Bundeswehr. Die Tanks wurden bis Ende 2016 ausgeliefert. Zuvor waren die Panzer durch Rheinmetall dergestalt verändert worden, dass sie für tropisches Klima geeignet sind. Sie firmieren unter dem Namen Leopard 2 A4 IR.

Zwischen 2015 und 2018 lieferte Krauss-Maffei Wegmann insgesamt 62 Leopard 2 A7+ an das Golfemirat **Katar**.

Ungarn bestellte im Jahr 2018 44 fabrikneue Leopard 2 A7+ sowie zwölf Leopard 2 A4 aus Altbeständen der Bundeswehr. Die Auslieferung begann im Juli 2020 mit der Übergabe von vier A4-Fahrzeugen.

Ein Medienbericht von Zeit Online wirft die Frage auf, ob die Türkei eine niedrige einstellige Zahl an Leopard 2 der syrischen Rebellengruppe **Dschaisch al-Islam** überlassen haben könnte. Birakdar, Sprecher der Rebellen, bestätigte im Jahr 2019, dass Kämpfer der Miliz durch die Türkei auf dem Leopard 2 ausgebildet würden. Ein Sprecher der übergeordneten Rebellenallianz Syrische Nationale Armee hingegen dementierte mit den Worten, die Panzer würden der Türkei gehören. Das Bundesministerium der Verteidigung erklärte, es gehe davon aus, dass sich die Türkei an bestehende Verträge hält, womit eine Weitergabe der Kampfpanzer ohne Genehmigung aus Berlin ausgeschlossen ist. Sollte sich bewahrheiten, dass die Dschaisch al-Islam-Miliz von der Türkei überlassene Leopard 2 einsetzt, kann es sein, dass einzelne, im Kapitel über die Kampfeinsätze in Nordsyrien beschriebene Einsätze nicht auf das Konto der türkischen Streitkräfte, sondern auf das von Dschaisch al-Islam gehen. Da es weder aus Ankara noch von Dschaisch al-Islam öffentliche Informationen darüber gibt, bleibt dies zum jetzigen Zeitpunkt im Reich des Spekulativen.

Der Angriff Russlands auf die Ukraine hat frisches Interesse am Leopard 2 entfacht. Die deutsche Regierung unter Bundeskanzler Olaf Scholz hat sich das Konzept des Ringtauschs überlegt, um die ukrainischen Streitkräfte mit Kriegsmaterial aus Sowjetbeständen auszustatten, da die Ukrainer darin geübt sind, dieses zu verwenden. Im Gegenzug erhalten jene Länder, die ihr sowjetisches Material an Kiew liefern, Waffensysteme aus deutscher Produktion. So erhält die **Slowakei** 15 Leopard 2 A4 im Gegenzug für die Übergabe von 30 Schützenpanzern an Kiew.

Auch die **Tschechische Republik** erhält im Zuge des Ringtauschs 15 Leopard 2 A4 aus deutschen Beständen nebst einem Bergepanzer Büffel. Sie hat dafür mehrere Dutzend Kampfpanzer sowjetischer Bauart der Ukraine überlassen. Zudem verkündete Ministerpräsident Fiala, bis zu 50 Leopard 2 A7 kaufen zu wollen. Die ersten Leopard 2 A4 sollen noch im Jahr 2022 übergeben werden.

Quellenhinweise für diesen Abschnitt

Für die Gesamtzahl an Leopard 2 in der Bundeswehr, siehe Hilmes (2006), weiterführend zur Einführung der ersten vier Baulose auch Spielberger (1995). Zwilling (2018a) und (2018b) verweisen auf die Nutzung der Leoparden in der Bw und sprechen sogar von künftig 328 geplanten Leopard 2, ebenso Kohl (2019). Für die offiziell verkündete Größe der Panzerflotte der Bundeswehr ab 2025, siehe Ulbrich (2019). Ergänzend auch Schulze (2020). Heiming (2021a) und Heiming (2021b) wissen von der Trophy-Einrüstung zu berichten. Die Auslieferung der ersten A7V-Wagen an das Panzerbataillon 393 wird bei Heiming (2021d) besprochen. Der Bedarf für weitere Leoparden für die Bundeswehr wird bei Müller (2021) diskutiert. Für die meisten Nutzungsländer ist Frank Lobitz‘ Publikation aus dem Jahr 2009 sehr ergiebig. Für Ungarn beachte Mitteldeutscher Rundfunk (2020) sowie Heiming (2018). Indonesiens Waffendeal lässt sich bei NurW (2016) sowie bei Rheinmetall Defence (2013) nachlesen. Leo 2-Deals mit Polen und Katar werden bei Lühr Henken (undatiert) besprochen. Weiterführend zu Polen auch Zwilling (2018b), Hamburger Abendblatt (2013), UNROCA (2020), Heiming (2020) und

Rheinmetall Group (2016). Für die jüngsten Entwicklungen bezüglich der polnischen Panzerwaffe verweise ich auf Müller (2021), Spartanat (2022a), Kramper (2022a) und Militär Aktuell (2021). Für die jüngeren Entwicklungen im niederländischen Heer, vergleiche Die Presse (2011), Wiegold (2015b), Wiegold (2016a), Wiegold (2019) sowie Twigt (2018). Die Entwicklung der Schweizer Leoparden lässt sich bei Der Bundesrat (2006) und (2010) nachvollziehen. Detaillierte Informationen zur Beschaffung der ursprünglichen Leopard 2-Chargen durch die Schweizer und die Niederlande finden sich bei Krapke (1984). Für den Strv 121 siehe Nasr (2014) und Max (2016). Die jüngsten Modernisierungsmaßnahmen Spaniens können bei 21st Century Asian Arms Race (2018) nachgelesen werden. Weiterführend zu Dänemark auch Dan (2019), Schulze (2011), Antonsen (2016) sowie Ingvorsen (2018). Zu Antonsen ist zu sagen, dass er sich in seiner Einleitung bezüglich des Einsatzes kanadischer Leos am Hindukusch vertut; so spricht er davon, dass die Kanadier bereits im Jahr 2005 Leopard 1 in Kandahar eingesetzt hätten. Der Stand der österreichischen Leos wird bei Seidl (2018), Kullmann (2019) und Seidl (2022) beleuchtet. Die Ausführungen des Planungschefs können bei Hofbauer (2022) angeschaut werden. Die jüngeren Entwicklungen der norwegischen Panzerwaffe lassen sich bei Wiegold (2015a) sowie Max (2018) verfolgen, außerdem bei gwh (2022a). Für Finnland, beachte Shephard (2019) und Zaffar (2021). Die Verwerfungen um den Leo 2-Deal mit Griechenland lassen sich bei Bockenheimer & Simantke (2015) nachlesen. Die Modernisierungen der griechischen Leos werden bei Meta-Défense (2022) sowie Spartanat (2022b) behandelt. Der nicht bei Lobitz aufgeführte Zusatzdeal der Türkei über 50 Leos lässt sich aus der Antwort der Bundesregierung auf eine kleine Anfrage nachvollziehen (2013). Für die Modernisierungsbemühungen der Türkei, siehe Aziz (2017), Malyasov (2015), Railly News (2020), Mister Análisi (2017), Kramper (2018) sowie Defence Turkey (2011) und Heiming (2021c). Die Absage Deutschlands bezüglich des Minenschutzes lässt sich bei Frankfurter Allgemeine (2018) nachlesen. Zu Singapur bieten HNA (2016) sowie Yeo (2019) Informatives. Chile wird unter anderem bei Military Leak (2022) behandelt. Das Waffenregister der UN ist für sämtliche Panzerlieferungen eine ergiebige Quelle: UNROCA (undatiert). Für Portugal, beachte den Forenbeitrag von theoderich (2019) mit einer Zusammenstellung relevanter Quellen, außerdem Heiming (2021e). Fakten zur Panzerwaffe Kanadas lassen sich bei Defense Industry Daily (2014), Krauss-Maffei Wegmann (undatiert, d), Schulze (2010a) und (2015), MacNeill (2017) sowie Allan Joyner (2019) finden; dort wird auch über die ATTICA-WBG für dänische Leopard 2 informiert. Defense Industry Daily sagt aus, die Leopard 2 A6M CAN seien in Afghanistan mit Klimaanlagen nachgerüstet worden, während Frank Lobitz und Carl Schulze explizit das Fehlen von Klimaanlagen problematisieren. Mehrere Fotos von A4M im Einsatz in Afghanistan zeigen deutlich, dass die Besatzungen weiterhin Kühlwesten tragen. Ob syrische Rebellen über Leopard 2 verfügen könnten, wird bei Zeit Online (2019b) besprochen. Für den Ringtausch, siehe Zimmermann (2022). Der Erwerb neuer Munition durch Schweden wird bei gwh (2022b) behandelt.

Kampfeinsätze

Leo 2 in Bosnien

Da die im Rahmen von UNPROFOR eingesetzten Blauhelme der UN von den Konfliktparteien nicht ernst genommen wurden und niederländische Soldaten unter anderem das Massaker von Srebrenica zuließen, setzten die niederländischen Streitkräfte für die Folgemissionen IFOR und SFOR auf den Faktor Abschreckung, indem sie mit ihren Leopard 2-Panzern schweres Gerät einsetzten. Es sollte in Bezug auf beide Missionen bei Abschreckung bleiben, die Panzer gerieten nicht in eine Kampfsituation.

Für IFOR setzte die niederländische Landmacht (Heer) auf ihre Leopard 2 A4-Panzer vom 11. Tankbataljon. Das Gerät wurde per Schiff nach Split transportiert und dort im Januar 1996 entladen.

Für SFOR verlegte Den Haag Leopard 2 A5 nach Bosnien zur Unterstützung der Operation Joint Guard.

Die Panzer wurden für den Balkaneinsatz extra mit einer sogenannten Motorola Box nachgerüstet, die das Funken in der von Bergen zerklüfteten Karstlandschaft Bosniens ermöglichte. Es ist unklar, ob niederländische Panzer nach Juni 1998 noch Teil der Folgemission Operation Joint Forge waren.

Leoparden erobern das Kosovo

Ab dem 12. Juni 1999 marschierten NATO-Truppen im Rahmen der KFOR-Mission ins Kosovo ein (Operation Joint Guardian). Rund 6.000 deutsche Soldaten beteiligten sich am Einmarsch. Die Bundeswehr hatte dazu ein verstärktes mechanisiertes Bataillon (vstk MechBtl) aufgestellt, das mit Personal und Material aus 37 verschiedenen Einheiten und Verbänden ausgestattet worden war. Zur Speerspitze gehörten gepanzerte Kräfte der Panzerbrigade 21 Lipperland; diese wurden gestellt von der 4. Kompanie des Panzerbataillons 33 aus Luttmersen sowie durch die 3. Kompanie des Panzerbataillons 214 aus Augustdorf, die unter anderem mit Leopard 2 A5-Kampfpanzern ausgestattet waren. Sie bildeten innerhalb des vstk MechBtl folgende Einheiten ab: Die 3./214 formte die 2. Einsatzkompanie mit den Panzerzügen A, B, C und D; die 4./33 die 4. Kompanie, ebenfalls mit den Panzerzügen A bis D. Laut Rolf Clemens entschied sich Verteidigungsminister Rudolf Scharping aufgrund der Erfahrungen, die die Dänen mit ihren Leoparden in Bosnien gesammelt hatten, für den Einsatz von Kampfpanzern für die KFOR-Mission. Als die Öffentlichkeit davon erfuhr, entbrannte kurz eine Debatte darüber, ob Panzer die richtigen Instrumente für eine Friedensmission seien.

Insgesamt kamen beim Einmarsch ins Kosovo 28 deutsche Leo 2 A5 zum Einsatz. Daneben kursiert auch die Angabe von 33 beteiligten Leopard 2, zum Beispiel auf der Website des ehemaligen Bundestagsabgeordneten der Grünen, Winfried Nachtwei, als auch in der Gliederungsansicht des verstärkten mechanisierten Bataillons, die bei Maximilian Eder zu finden ist. Zumindest Nachtweis Beitrag kann als schlecht recherchiert entlarvt werden, da er unter anderem auch vom Einsatz niederländischer Panzerhaubitzen 2000 im Juni 1999 spricht, dabei beschafften die Niederländer dieses Waffensystem erst später. Eder hingegen macht deutlich, dass seine Angaben Reserven mit einbeziehen, was die fünf zusätzlichen Panzer erklären könnte. Auch könnten seine Angaben Spezialpanzer auf Leopard-Plattform miteinbeziehen.

Der Einmarsch der deutschen Panzer erfolgte im Verbund mit Panzergrenadieren und weiteren Kräften, die in langen Kolonnen über mazedonische, albanische und kosovarische Straßen rollten. Dies stellte insbesondere für die deutsche Öffentlichkeit ein neuartiges Bild dar. Nur Monate, nachdem Deutschlands Beteiligung am NATO-Luftkrieg gegen Serbien ohne UN-Mandat kontrovers diskutiert worden war, schien der Einmarsch der NATO nun die Befürchtungen jener zu bestätigen, die vor einem neuen Militarismus gewarnt hatten. Etwas mehr als 20 Jahre später hingegen kann man vor dem Hintergrund der Entwicklung des Kosovo und der gesamten Region den damaligen KFOR-Einsatz auch wohlwollend bewerten. Mit dem Einmarsch ins Kosovo sollte die Bundeswehr ihre Leos fast 20 Jahre nach Übergabe des ersten Fahrzeugs an die Truppe erstmals in einen scharfen Einsatz entsenden.

Doch der Reihe nach: Mit Befehl vom 1. Februar 1999 erteilte das Heeresführungskommando zunächst den Auftrag, neben weiteren Einheiten besagtes verstärktes mechanisiertes Bataillon aufzustellen. Nach kurzer Umstrukturierungsphase durchliefen die beiden nominierten Panzerkompanien jeweils bis Ende März die Einsatzvorausbildung mit einem Schwerpunkt auf der Extraktion der OSZE-Beobachter, die sich zu jenem Zeitpunkt noch im Kosovo befanden, ehe eine quälende Zeit des Wartens einsetzte. Lange blieb unklar, ob, und wenn ja, wann man auf den Balkan verlegen würde. Neben einem möglichen Einmarsch ins Kosovo (zu jener Zeit dauerten die Luftangriffe der NATO mit ungewissem Ausgang an) wurde zeitweise immerhin eine Teilnahme deutscher Kräfte an der Operation Joint Guarantor Tier 3 in Erwägung gezogen, die letztlich nicht ausgeführt werden musste.

Das Großgerät des Bataillons wurde seit Ende Februar samt Begleitpersonal auf dem Seeweg nach Thessaloniki verlegt. Die griechische Seite zeigte sich nicht immer kooperativ, was sowohl in Werner Pfeils Erinnerungsschrift „Ein Sommertag im Krieg“ (2019) als auch bei Sean Maloney (2019) deutlich wird. NATO-Soldaten wurden auf griechischem Boden teils zu unwürdigen Bedingungen untergebracht; gewaltbereite Demonstranten und eine generell ablehnende Haltung gegenüber ausländischen Truppen waren allgegenwärtig.

Von Thessaloniki aus wurde das Großgerät auf dem Landweg ins mazedonische Krivolak überführt, wo rasch ein Feldinstandsetzungspunkt und Truppenübungsplatz entstand. Die Entscheidung für Krivolak bedeutete, dass Gerät und Besatzungen getrennt voneinander untergebracht waren, was den technischen Dienst am Gerät erschwerte. Diesen Umstand streicht insbesondere der damalige Major Radig in einem Beitrag zu Eders Buch als problematisch heraus. Und Werner Pfeil spricht vom „größten Abstellplatz von Großgerät“ (Pfeil, W., 2019, S. 90). Manch Fahrzeug und Panzer stand in Krivolak derart lange unbewegt herum, dass grüne Triebe aus den Rohren sprossen und es zu Standschäden kam.

Die mazedonische Kaserne Kuzman Josifovski Pitu im rund 150 Kilometer entfernten Tetovo diente nämlich als einer der Hauptstützpunkte für das Personal des deutschen KFOR-Kontingents. Darüber hinaus entstand außerhalb der Stadt eine große Zeltstadt (Feldlager Erebino auf dem gleichnamigen Berg). Die feindliche Atmosphäre in Griechenland bekam später auch das für den Einmarsch ausgewählte Personal zu spüren, als dieses zwischen Mai und Anfang Juni 1999 per Flugzeug nach Thessaloniki verlegte, von wo aus es weiter nach Tetovo ging. Die OSZE-Beobachter hatten das Kosovo zu diesem Zeitpunkt bereits verlassen.

Werner Pfeil schildert eindringlich die Angespanntheit der Situation, die die Soldaten der Bundeswehr in Mazedonien zu ertragen hatten; neben dem Lärm des Krieges, der aus dem Nachbarland herüberdrang, galt es Tausende Flüchtlinge zu versorgen und sich mit einer Bevölkerung zu arrangieren, die den NATO-Soldaten zunehmend feindselig begegnete. Fahrzeuge der Bundeswehr, die zwischen den Standorten in Mazedonien pendelten, wurden manches Mal mit Steinen beworfen.

Bei Dunkelheit konnten die Bw-Soldaten in Tetovo und im Lager Erebino zudem die Flugzeuge der NATO hören, die das Kosovo und Serbien bombardierten. Ein flackernder Flammenschein jenseits der Grenze und die Positionsleuchten am Sternenhimmel beherrschten manche Nacht.

Der Krieg holte die Männer der Panzertruppe, die im Lager Erebino der Dinge harrten, die da kommen mochten, bereits ein, ehe sie einen Fuß ins Kosovo setzten. So wurden sie einmal von einem Funkspruch aufgeschreckt: Serbische MiG-29-Kampfflugzeuge befänden sich auf dem Weg. Eilfertig räumten die Truppen der Bundeswehr den Erebino, luden die Fliegerabwehrwaffen fertig, doch ein serbischer Luftschlag blieb aus. Eine andere Begebenheit ereignete sich einige Zeit später: Artilleriefeuer schlug entlang der Grenze auf mazedonischem Boden ein, unter anderem auch in unmittelbarer Nähe der Stellungen der deutschen Sicherungskräfte für das Lager. Fremde Schützenpanzer näherten sich schließlich den Deutschen, Infanteristen saßen ab. Erst am Folgetag stellte sich heraus, dass es sich um eine nicht angemeldete Übung der mazedonischen Armee gehandelt hatte. Pfeils Bericht ist zu entnehmen, wie sehr solche Begegnungen dem Autor aufs Gemüt schlugen, immerhin rechnete die NATO jederzeit mit einem serbischen Angriff.

Große Teile der Mannschaften verlegten im Laufe des Monats Mai 1999 nach Krivolak, um ihre Fahrzeuge für den bevorstehenden Einsatz vorzubereiten, und überführten diese ab Ende Mai bis Anfang Juni nach Tetovo beziehungsweise Petrovec in der Nähe von Skopje. Die 2. Kompanie meldete bereits am 29. Mai Vollzähligkeit in Tetovo, die 4. Kp folgte am 7. Juni in Petrovec. Dort zog das vstk

MechBtl im Laufe der folgenden Tage seine Einheiten zusammen, denen teilweise nicht einmal die Zeit blieb, ihr Gerät ordnungsgemäß zu überprüfen. Beispielsweise mussten die KFOR-Aufschriften auf den Fahrzeugen improvisiert werden; zu Buchstaben ausgeschnittene Pizza-Kartons dienten als Schablonen. Die Soldaten stellten sich darauf ein, ohne große Vorlaufzeit in den scharfen Einsatz aufbrechen zu müssen. Letzte Umstrukturierungen fanden eilfertig statt. Unter anderem wurden zwei zuvor abgegebene Panzerzüge der 2. Kp (B und C) wieder in die Stammkompanie eingegliedert, da die Marschroute über Albanien für Kampfpanzer als unpassierbar eingestuft wurde.

Am 11. Juni wurde die Kampfbeladung aufgenommen und Einsatzbereitschaft hergestellt. Hauptmann Kirchhoff schreibt dazu in seinem Beitrag zur Neuauflage von Eders Publikation über das erste KFOR-Kontingent (als Autor bereits im Rang eines Oberstleutnants i.G. stehend), dass dies für viele Panzersoldaten wohl das erste Mal war, dass sie die schwarze Gefechtsmunition des Leopard 2 in Händen hielten. Nach der Befehlsausgabe um 21.00 Uhr richtete Oberstleutnant Eder das Wort an sein Bataillon. Den meisten Beteiligten dürfte bewusst gewesen sein, dass ein historischer Moment unmittelbar bevorstand. Als das letzte Mal deutsche Soldaten kosovarischen Boden betreten hatten, hatten sie die Uniform von Wehrmacht oder Waffen-SS getragen.

Am Vormittag des 12. Juni 1999 (die Zeitangaben variieren je nach Quelle zwischen 10.00 und 12.45 Uhr) erging der Marschbefehl in den Aufmarschraum, während das Vorauskommando der Bundeswehr (2. Kompanie) als verstärkte mechanisierte Kompanie mit insgesamt 34 Ketten- und Großfahrzeugen, darunter sechs Leopard 2 A5, und rund 200 Soldaten unter der Führung des stellvertretenden Bataillonskommandeurs, Major Burchardi, als Teil einer großen NATO-Kolonne (britische 2nd Royal Scots Dragoon Guards und Royal Gurkha Rifles sowie die kanadische mechanisierte Aufklärungskompanie der Lord Strathcona's Horse) gen mazedonisch-kosovarische Grenze in Marsch gesetzt wurde. Teil des Kommandos waren neben den Kampfpanzern und Panzergrenadieren mit SPz Marder ein gemischter Jägerzug auf Transportpanzern Fuchs und Spähpanzern Luchs, ein leichter FlaZug Stinger, ein niederländischer Luftwaffenverbindungstrupp, ein beweglicher Arzttrupp (BAT), Sanitäter, ein Versorgungstrupp, eine Aufklärungsverbindungsgruppe sowie eine Abordnung des Kommando Spezialkräfte (KSK).

Captain Chris Hunt von den Strathcona's zeigte sich beeindruckt von der Feuerkraft, die die NATO für den Einmarsch ins Kosovo zusammengezogen hatte. Mechanisierte Kräfte unterschiedlicher Nationen setzten sich in Marsch, während Apache-Kampfhubschrauber den Luftraum beherrschten.

Ziel war zunächst, das Einsatzgebiet in Prizren mit besagtem Vorauskommando über die sogenannte Ostroute zu gewinnen. Mit der Ostroute war die Strecke Skopje-Prizren gemeint. Dabei mussten 8 Tunnels und 16 Brücken überwunden werden, die vor allem die Leopard 2 aufgrund des hohen Gefechtsgewichts teils nur im Einzelmarsch passieren konnten. Auch behinderten liegengebliebene Fahrzeuge der jugoslawischen Armee, die diese auf ihrem Rückzug einfach aufgegeben hatte, immer wieder das Vorankommen. Die unklare Minenlage führte zu Verzögerungen, obgleich Briten und Amerikaner die Hauptmarschstraßen zuvor hurtig geräumt hatten. Abseits der Straßen aber lauerte das Ungewisse.

Das Vorauskommando erreichte mit einem Leo 2 A5 und einem Schützenpanzer Marder an der Spitze gegen Mittag den Grenzübergang, wo es von kosovarischen Flüchtlingen jubelnd begrüßt wurde. Zuvor waren ab 05.00 Uhr bereits andere Einheiten der NATO ins Kosovo eingerückt, darunter britische Fallschirmjäger und Gurkhas. Sie hatten Grenzübergänge gesichert und unterstützten bei der Minenräumung. Nach dem Grenzübertritt bewegte sich das Vorauskommando durch die Enge von Kaçanik in Richtung Prizren, eine Stadt im Südzipfel des Landes.

Rund 30 Kilometer hinter der Grenze trennte sich das deutsche Vorauskommando von den übrigen NATO-Kräften und setzte den Marsch auf sich gestellt fort. Daraufhin öffneten sich die Wolken und literweise Starkregen prasselte auf die Soldaten hernieder. Funkgeräte fielen aus, falsch abgebogene Briten und Amerikaner verstellten den Weg und die oft unbefestigten Wege der befohlene Marschroute weichten bis zur Unpassierbarkeit auf, sodass das Vorauskommando bei Einbruch der Dunkelheit bei Ferizaj eine Alternativroute erkunden musste.

Nachdem bereits zuvor die Verbindung zu einem serbischen Oberst hergestellt werden konnte, überraschte das Vorauskommando bei Stimlje eine serbische Kolonne mit Panzern und Geschützen. Dieser Zusammenstoß mit serbischen Kräften verdeutlichte, dass ein friedlicher Einmarsch ins Kosovo keineswegs gesetzt war und die Lage jederzeit eskalieren konnte. Zunächst schreckten die serbischen Soldaten auf und rückten ab, dann aber versperrten betrunkene Serben den Weg. Leopard 2 und jugoslawische T-55 standen einander direkt gegenüber, so nah, dass sich die Kommandanten beinahe die Hand hätten reichen können, wie Stabsfeldwebel Flender berichtet. Die Serben bedachten die deutschen Eindringlinge mit feindseligen Blicken und Mittelfingergesten. Ein Ausbruch von Gewalt blieb dennoch aus. Die Bundeswehr versorgte die Serben sogar noch mit Betriebsstoffen und begleitete sie ein Stück des Weges.

Im Stimlje-Pass wurde das Vorauskommando erstmalig beschossen. Feuer aus Handwaffen fegte viel zu hoch über die deutschen Fahrzeuge hinweg. Wer das Feuer eröffnet hatte, blieb unklar. In Suva Reka stießen die Bw-Kräfte auf feiernde UÇK-Kämpfer.

Das Vorauskommando erreichte schließlich gegen Mitternacht Prizren, nachdem es den Dulje-Pass durchquert hatte. Beim Einmarsch deutscher Panzerkräfte in die Stadt wurden die Fahrzeuge rasch von frenetisch jubelnden Menschen umringt. Feiernde erklommen den Turm eines Leos und tanzten unter tosenden „NATO!"-Rufen auf ihm. Deutsche Panzer wurden von begeisterten Anwohnern mit Blumen verziert, Soldaten hochgehoben und von der ausgelassenen Menge getragen. (Major Radig berichtet in seinem Erinnerungstext als Einziger von einer menschenleeren Stadt bei der Ankunft des Vorauskommandos – verfügbare Videos und weitere Quellen stützen jedoch das Bild von der jubelnden, auf Panzern tanzenden Menschenmenge.) Wo die Deutschen auf jugoslawische Soldaten trafen, kam es teils zu hitzigen Wortgefechten, ehe die Jugoslawen abrückten, aber auch zu freundschaftlichen Begegnungen. Kriegsruinen bestimmten das Bild Prizrens. Es war unklar, wie die unterschiedlichen (und teilweise bewaffneten) Parteien im Land auf den Einmarsch der NATO reagieren würden. Die Stimmung an jenen Junitagen war daher angespannt und die Soldaten der Bundeswehr, die auf ihren Fahrzeugen in den ersten großen Auslandseinsatz seit Kriegsende rumpelten, mussten auf alles gefasst sein. Neben den diversen Konfliktparteien bildeten Minen und Blindgänger eine allgegenwärtige Gefahr. Kämpfer der UÇK, Soldaten der jugoslawischen Armee und Männer der Sonderpolizei befanden sich noch in der Stadt. Die Lage war hochexplosiv. Gleichzeitig zeigte die Bevölkerung große Sympathien für die eintreffenden Soldaten.

Weitere Truppen der Bundeswehr marschierten am Morgen des 13. Juni von Albanien aus ins Kosovo ein. Am Grenzübergang Morinë trafen sie entgegen der Absprache noch auf Soldaten der Jugoslawischen Volksarmee und mussten einen Puffer zwischen ihnen und herbeiströmenden Flüchtlingen bilden. Von dort stammt auch die legendäre Episode des Brigadegenerals Helmut Harff, der den Vorgesetzten der Jugoslawen vor laufender Kamera ein unzweideutiges Ultimatum stellte: „You have to leave within 30 minutes! (…) That is the end of discussion! You have now 28 minutes!“ Auf der anderen Seite der Grenze wurden Harffs Einheiten durch Leopard 2 der 2. Kompanie unter der Führung von Kompaniechef Hauptmann Stephan Kirchhoff in Empfang genommen. Ein Panzer reihte sich in die Kolonne der Vorhut ein, der Rest begleitete später den Haupttross. Somit wurde das Gros der einrückenden Kräfte der Bundeswehr durch Leopard 2 A5 gesichert. Auf dem Marsch nach Prizren trafen hier abermals deutsche Kampfpanzer unter anderem auf jugoslawische T-55 auf ihrem Abzug gen Serbien. Werner Pfeil, der Teil dieser Vorhut war, erzählt in diesem Zusammenhang von einer Explosion, die sich etwa 500 Meter seitlich der von einem Leo 2 angeführten Kolonne ereignete. Trümmer regneten auf die Straße, doch der Ursprung oder Grund der Explosion konnte zunächst nicht ausgemacht werden. Erst später stellte sich heraus, dass wohl ein Schützenpanzer der abrückenden jugoslawischen Streitkräfte auf eine Mine gefahren war. Allerorts waren Minenwarnschilder angebracht, ausgebrannte Ruinen, Fahrzeuge, Leichen, Tierkadaver und abgeschossene Panzer säumten die Marschroute. Die Bundeswehrkräfte stießen auch auf illegale Checkpoints der UÇK auf ihrem Weg in die Stadt.

Weitere Leopard-Panzer des Vorauskommandos waren am Westrand Prizrens mit übergeworfenen Tarnnetzen in Stellung gegangen, um serbische Kräfte am Eindringen in die Stadt zu hindern. Sie nahmen die aus Albanien kommende Vorhut der Westroute in Empfang. Abermals konnten sich die mit dem Leo 2 an ihrer Spitze in die Stadt einrückenden Bundeswehrtruppen nur im Schritttempo ihren Weg durch die jubelnde Menschenmenge bahnen. Eine junge Frau erklomm blindlings den Leopard 2 der Vorhut, küsste den aus der Luke schauenden Kommandanten auf beide Wangen und überreichte ihm Blumen.

Noch am selben Tag wurde eine Panzerkompanie abgestellt, um zusammen mit Feldjägern und Jägern der Westrouten-Vorhut serbische Truppen, die zwischen der albanischen Grenze und Prizren standen, auf ihrem Abmarsch zu eskortieren. Ziel war der britische Sektor. Die Unternehmung verlief ohne Zwischenfälle; die von der Mehrheit der Anwohner und der UÇK verhassten Serben konnten das Gebiet unversehrt räumen.

Ebenfalls erging der Marschbefehl an einige Leopard 2, nach Suva Reka weiterzufahren. Wieder mussten sie sich ihren Weg durch ein jubelndes Menschenmeer bahnen. Abrückende Einheiten der jugoslawischen Armee und der Sonderpolizei wurden derweil bedroht und einzelne Soldaten geschlagen, sodass immer wieder Warnschüsse über Prizren ertönten. Die Lage war chaotisch. Die NATO hatte Mühe, ein klares Bild zu gewinnen.

Höhepunkt der äußerst angespannten Lage an jenem 13. Juni 1999 war dann ein Zwischenfall in Prizren, bei dem die Besatzung eines Leopard 2 A5 des Panzerzugs A/2. Kompanie sowie abgesessene Kräfte durch zwei serbische Paramilitärs bedroht und offensichtlich angegriffen wurden. Ein gelber Lada raste gegen Abend mitten in der Stadt in der Nähe der Fuchsbrücke auf einen deutschen Checkpoint zu, an dem unter anderem besagter Kampfpanzer positioniert war.

„Hier Alpha Zwei, Fahrzeug, gelber Lada, hat Fahrzeugsperre durchbrochen! Haben erkannt: zwei Personen, bewaffnet“, meldete noch der Funker eines Fuchs-Panzers am Ortsausgang.

Der Fahrer hielt eine Handgranate in der Hand, der Beifahrer feuerte eine Kalaschnikow ab, während der Lada in Schlangenlinien auf den Checkpoint zuraste. Die Besatzung des Leopard befand sich nicht vollständig an Bord, weshalb der Leo in den folgenden Schusswechsel nicht eingriff. Die Deutschen forderten die Unbekannten zunächst lautstark auf Serbokroatisch auf anzuhalten, verbunden mit der Drohung zu schießen, wie sie es in der Ausbildung gelernt hatten. Leutnant Ferk, der vor Ort die abgesessen Kräfte führte, gab schließlich einen Warnschuss ab. Daraufhin wurde ein Oberfeldwebel durch einen Querschläger am Arm verwundet. Ferk ließ das Feuer auf den Lada eröffnen. Das Fahrzeug stoppte, rollte dann rückwärts. Die abgesessen Kräfte bekämpften den rückwärts rollenden Lada mit MG3, Pistole P8 und G36. Einschläge stanzten Löcher in das Fahrzeug, zerfetzten Abblendlichter und Scheiben. Rasch bildete sich eine Öllache unter dem Lada. Der Fahrer starb im Kugelhagel. Zwei Zivilisten näherten sich letztlich dem Fahrzeug und entwaffneten den schwerverwundeten Beifahrer, der kurz darauf von deutschen Sanitätern versorgt und zur ärztlichen Versorgung abtransportiert wurde. Er erlag seinen Verwundungen zwei Tage später. Unter den deutschen Soldaten befanden sich der damalige Leutnant und Panzerzugführer Peter Vollmers sowie Stabsunteroffizier Martin Waltemathe. Im Video, das von dem Zwischenfall existiert, ist Waltemathe gut zu erkennen. Er liegt hinter dem Turm des Leopard 2 A5 und feuert seine Pistole auf den Lada ab.

Insgesamt wurden etwa 220 Schuss auf die Angreifer abgegeben. Ferk wurde von Rudolf Scharping für seinen Einsatz mit dem Ehrenkreuz der Bundeswehr in Gold gewürdigt. Im Nachgang wurde allerdings auch Kritik am Vorgehen der Deutschen an jenem Tag laut; siehe etwa Köhler, O. (2000), der darlegt, dass das Fahrzeug eher von Betrunkenen denn von tötungswilligen Freischärlern geführt worden sei, die nach Abgabe der ersten Schüsse durch Bw-Soldaten zu fliehen versucht hätten und dennoch niedergemacht worden wären. Für meinen Geschmack übertreibt es Köhler mit seiner Kritik, wenn er den Vorfall in Prizren mit Befehlen der Wehrmacht für Vergeltungsaktionen an der jugoslawischen Bevölkerung aus dem Zweiten Weltkrieg vergleicht. Die Staatsanwaltschaft Koblenz attestierte den beteiligten Soldaten später, keine Rechtsbrüche begangen zu haben.

Vollmers bewertete in einem Interview den Zwischenfalls als positives Signal an die kosovarische Bevölkerung, da er allen vor Augen führte, dass die Deutschen willens und in der Lage waren, ihren Auftrag auch mit Gewalt durchzusetzen. Werner Pfeil teilt diese Auffassung in seinem Buch.

Stabsunteroffizier Martin Waltemathe verschanzt sich während des Zwischenfalls in Prizren hinter dem Turm seines Leopard 2 und feuert seine Pistole auf den Lada ab.

Der Leopard 2 steht während des Zwischenfalls in Prizren unbeweglich am Straßenrand.

Deutsche Kampfpanzer nahmen den gesamten 13. Juni 1999 über bis in die Nacht hinein Sicherungsaufgaben in und um Prizren wahr. Die 2. Kompanie kam zunächst in einer einstigen Teefabrik am Südwestrand der Stadt unter, später wurde das vstk MechBtl gesammelt im Osten der Stadt untergebracht.

Am Abend des 13. Juni gegen 18.00 Uhr setzten sich die Hauptkräfte der Bundeswehr (Reste des vstk MechBtl sowie Unterstützungskräfte der Einsatzbrigade) aus Albanien sowie von Skopje aus in Bewegung, darunter die übrigen Leopard 2 A5. Die erste Marscheinheit (Ostroute) bestand aus 104 Fahrzeugen. Auch niederländische Artilleristen wurden dem vstk MechBtl unterstellt. Die Lage blieb unübersichtlich; aus Prizren wurden neuerliche Zusammenstöße zwischen Serben und UÇK gemeldet, bei denen auch Schusswaffen eingesetzt wurden.

Die Straßen in Mazedonien waren mit feiernden Zuschauern gesäumt, was teilweise ein Vorankommen nur in Schrittgeschwindigkeit zuließ. In der Nacht passierte die erste Marscheinheit die Grenze ins Kosovo.

Zwei zeitlich zusammenhängende Begebenheiten, die sich in der Nacht auf dem Marsch über die Ostroute nach Prizren ereigneten, stehen exemplarisch für die kräftezehrende Anspannung, die die Männer und Frauen von KFOR zwischen Jubel und Schrecken verspüren mussten: Gegen 03.30 Uhr stieß der Spitzenzug in der Nähe des Dulje-Passes auf eine Leiche am Straßenrand mit einer Schusswunde im Kopf. Ein rotes Auto parkte in Straßennähe. Der daraufhin angeforderte und anrückende Kampfmittelräumtrupp fand keine Hinweise auf Sprengfallen, dafür aber einen Ausweis. Es handelte sich bei dem Toten um Volker Krämer, 56, deutscher Staatsangehörige und einer von zwei am Vortag ermordeten Reportern des Magazins Stern. Als der Leichnam geborgen wurde, ereignete sich zweimal ein lauter Knall im hinteren Drittel der Kolonne. Eindeutig handelte es sich um Detonationen, doch ihr Ursprung blieb unklar. Zu Schaden kam niemand. Bald stellte sich dafür heraus, dass die Kolonne längst unter Beobachtung von UÇK-Kämpfern stand, die sich aber friedlich verhielten. Auch dürfte der Vorfall mit dem gelben Lada unlängst zu den Soldaten auf dem Marsch durchgedrungen sein. Auf dem weiteren Weg trafen die Soldaten abermals sowohl auf eine begeisterte Bevölkerung als auch auf einzelne Steinewerfer.

Der Ostrouten-Konvoi erreichte Prizren im Morgengrauen des 14. Juni, die Straßen waren dieses Mal nahezu menschenleer. (Einzig Uffelmann spricht von feiernden Menschen bei der Ankunft der Hauptkräfte der Ostroute – und Pfeil weiß zu berichten, dass sich die feiernden Menschen in Prizren an bestimmten Orten versammelten, während andere Straßenzüge geradewegs verwaist wirkten.)

Die erste Zeit in Prizren gereichte aufgrund fehlender Infrastruktur zur Herausforderung. Die deutschen Panzersoldaten lebten und schliefen teilweise auf, in oder unter ihren Fahrzeugen. Zudem musste KFOR umgehend Polizeiaufgaben übernehmen, da die öffentliche Ordnung mit dem Abrücken der Serben zusammenbrach. Zunächst aber musste jenes Abrücken überhaupt erst einmal gewaltfrei sichergestellt werden, denn von allen Seiten strömten bereits bewaffnete UÇK-Männer in die Stadt. Sogar ein Kampfpanzer von Miloševićs Truppen befand sich noch in Prizren. Immer wieder wurden Schüsse abgegeben, zu Gefechten aber kam es nicht.

Leopard 2-Panzer wurden in Alarmzügen eingesetzt und mussten mehrfach ausrücken, um Schusswechsel zwischen ethnischen Gruppen aufzulösen. Auch der Grenzübergang nach Albanien wurde durch mechanisierte Kräfte der 2. Kompanie gesichert. Dort stellte sich die Lage ebenso chaotisch dar, da bis zu 20.000 Flüchtlinge trotz unklarer Minenlage täglich ins Kosovo, ihre Heimat, zurückkehrten. Checkpoints wurden eingerichtet.

Sean Maloney lässt in seiner Publikation über die kanadische Operation Kinetic den Heeresflieger Captain Aaron Nickerson zu Wort kommen. Dieser beschreibt einen Zusammenstoß zwischen deutschen, britischen und US-amerikanischen Kampfpanzern mit der UÇK sowie jugoslawischen mechanisierten Kräfte, darunter ebenfalls Kampfpanzer, die im Rückzug begriffen waren. Der Zwischenfall ist weder datiert noch ist ein Ort angegeben. Da Nickerson für diesen spezifischen Einsatz deutsche Kampfpanzer in einem Nebensatz ohne weitere Ausführungen erwähnt und sich dazu keine deutsche Quelle finden lässt, muss diese Episode mit einem Fragezeichen versehen werden. Der Vollständigkeit halber führe ich sie aber auf: So versteckte sich besagte jugoslawische mechanisierte Kolonne in einer Baumreihe vor britischen Challenger-Tanks, die über die Straße vorstießen. Nickerson beobachtete die Situation aus der Luft. Die Challenger stoppten und richteten ihre Kanonen auf die jugoslawischen Kräfte aus, um sie aufzufordern, ihren Rückzug fortzusetzen. Dann aber schlug die Stunde der UÇK. Mehrerer Kämpfer stürmten über einen Hügel auf die jugoslawischen Truppen zu und feuerten dabei RPGs ab. Es entbrannte ein Feuerkampf. Erst als deutsche und US-amerikanische Panzer in Sicht gerieten und sich näherten, zog sich die UÇK wieder zurück. Daraufhin raste ein Lada auf einen britischen Warrior-Panzer zu; ein Insasse feuerte eine Kalaschnikow auf diesen ab. Der Warrior erwiderte das Feuer aus seiner 30-Millimeter-Kanone und verteilte damit den Lada samt Insassen im gesamten Umland. Ich zweifle nicht an, dass sich diese Episode so zutrug, glaube aber, dass keine deutschen Panzer involviert waren – oder höchstens auf eine Entfernung, auf die deren Besatzungen von dem Vorfall nichts mitbekamen.

Im gesamten Einsatzraum erlebten die deutschen Panzersoldaten nach dem Einmarsch hautnah das Wechselbad der Gefühle, das die multiethnische Bevölkerung Kosovas auszeichnet: da die den deutschen Panzern zujubelnden und sie mit Blumen schmückenden Kosovo-Albaner, und hier die Serben, die der Bundeswehr mit Skepsis bis Ablehnung entgegentraten und die von Angst vor Repressalien durch die Albaner spürbar durchdrungen waren.

Immer wieder wurden einzelne Panzer oder Panzerzüge in gemischten Verbänden abgestellt, so zum Beispiel zu einem vierwöchigen Einsatz in Dragas südlich von Prizren, wo sich die Bundeswehrsoldaten als Polizei, Verwaltung und Wiederaufbauexperten gleichzeitig bewiesen. Zudem waren die deutschen Panzer in den Kriegsplänen der NATO für den Fall eines Angriffes serbischer Truppen auf das Kosovo für einen Gegenstoß in den Raum Podujeva nördlich von Pristina mit seinen drei Hauptstraßen vorgesehen. Dort hätten sie gemeinsam mit kanadischen Leopard 1 C1 operiert, um die Grenze zu sichern.

Am 15. Juni 1999 erging an die 4. Kompanie der Marschbefehl nach Orahovac. Sie wurde dazu unter das Kommando des niederländischen 11. Panzerartilleriebataillons gestellt (Luitenant-kolonel van Loon). Zwei Panzerzüge von ihr verblieben allerdings in Prizren. Der Auftrag der 4. Kompanie in Orahovac zeigte die ganze Bandbreite des KFOR-Einsatzes auf: Betrieb eines Checkpoints nördlich der Ortschaft, Patrouillen, Bereitstellen eines Alarmzugs, Überwachung und Sicherung der Ortschaft, hier speziell des Serbenviertels und des serbischen Bürgermeisters, sowie Bewachung eines Massengrabs in Velica Krusa, das mit erschossenen und verbrannten Frauen, Kindern und Männern gefüllt war. Die Infrastruktur in Orahovac und im Biwakraum der Bundeswehr war verheert. Bis zum 21. Juni gab es keinen Strom in der Stadt. Die Soldaten schliefen wieder in und an ihren Fahrzeugen und mussten für ihre Notdurft Latrinen bauen. Zuvor musste jeder Quadratzentimeter Land auf Minen und UXOs (nicht zur Wirkung gelangte Kampfmittel) abgesucht werden. Allgemein war die Minenlage im Kosovo brandgefährlich. Daneben ging eine ständige Gefahr von den vielen Blindgängern aus, die durch Cluster-Bombardements in der Gegend verteilt worden waren, sowie durch mit Uran angereicherte Munition, die jugoslawische Panzerwracks in strahlende Nuklearfallen verwandelt hatte.

Am 23. Juni 1999 erwischten deutsche Panzersoldaten 30 Zivilisten beim Plündern und nahmen diese fest.

Ein Zwischenfall im Zusammenhang mit deutschen Leopard 2 A5 ereignete sich Ende Juni 1999 bei der 4. Kompanie in Orahovac (Frank Lobitz datiert diesen Zwischenfall auf den 26. Juni, Joachim Lohse auf den 28. Juni): Zunächst häuften sich in der Ortschaft die Fälle von Brandstiftung, dann ereignete sich im Krankenhaus auch noch eine Schießerei. Um eine weitere Eskalation der Lage im Keim zu ersticken, entschloss sich van Loon, zwei seiner Panzerhaubitzen zur Abgabe von Warnschüssen vorzubereiten. Zusätzlich sollte der Leopard 2 von Oberfeldwebel Olaf Hemann außerhalb der Stadt in erhöhter Position Stellung beziehen. Als dann nachts eine Streife ein Feuer und eine Menschentraube meldete, die vermeintlich in Richtung Krankenhaus marschierte (es handelte sich tatsächlich um UÇK-Männer, die zum Feuerwehrauto der Stadt eilten), erging der Feuerbefehl an die Panzerhaubitzen sowie an Hemann. Die Haubitzen erleuchteten die Stadt taghell mit Illuminationsgeschossen, daraufhin eröffnete Hemann das Feuer aus seiner 120-Millimeter-Kanone. Das Spektakel wurde zur Festigung der Wirkung wiederholt. Hemann feuerte insgesamt vier Warnschüsse über die Siedlung hinweg ab. Es handelte sich dabei um die ersten Schüsse, die ein Panzer unter deutscher Flagge seit Kriegsende im Rahmen eines Kriegseinsatzes abgab. Nach dieser Aktion ereigneten sich eine ganze Zeit lang keine weiteren Fälle von Brandstiftung mehr in Orahovac.

Die Bundeswehr setzte vor allem zu Beginn des KFOR-Einsatzes auf Patrouillenfahrten auf ihre Leopard 2 als Show-of-Force-Mittel, bald darauf aber verzichtete sie auf den Einsatz von Kettenfahrzeugen für diesen Zweck. Die Panzer blieben seitdem weitestgehend am Ort ihrer Stationierung (zunächst Prizren, ab dem Jahr 2000 auch Suhareka). Zu Zwecken der Abschreckung Belgrads, als auch um den Einwohnern Kosovas die Stärke KFORS zu demonstrieren, wurde unter anderem im November 1999 die Übung Constant Resolve abgehalten. Im Rahmen dieser Übung verlegte vermutlich ein Leopard 2-Zug – die kanadische Quelle für dieses Ereignis spricht im Originaltext von einem „Troop of leopard 2s" (Maloney, S., 2019, Pos. 4136 im Kindle-Format) – zusammen mit anderen Einheiten der MNB (S) nach Podujevo.

Die deutschen 2 A5 wurden zwischen Ende 2000 und Anfang 2001 durch Leopard 2 A4 ausgetauscht, da die Bedrohungslage nunmehr als weniger gefährlich galt und die im Einsatz befindlichen 2 A5 in der Heimat gewartet und umgerüstet werden sollten. Beachte, dass die in Zwillings Publikation über den Leopard 2 A4 aufgestellte Behauptung, die Leopard 2 A5 des KFOR-Kontingents seien erst im August 2001 durch 2 A4 ausgetauscht worden, wohl ein Fehler ist. Tatsächlich sprechen alle anderen Quellen – im Übrigen auch Zwilling selbst in seinem Beitrag über den Leo 2 A5 – vom Zeitraum Ende 2000 bis Anfang 2001 für die Rochade der Leopard-Muster.

Ende 2004 wurden die deutschen Kampfpanzer dann aus dem Kosovo abgezogen.

Tetovo und Operation Essential Harvest

Als ab dem 13. März 2001 in Tetovo, Mazedonien, stationierte Soldaten der Bundeswehr unter Beschuss der UÇK gerieten, beorderte die Führung neben Marder-Schützenpanzern auch Leopard 2 A4 an den Ort des Geschehens, wo diese am 14. März eintrafen. Zu diesem Zeitpunkt befand sich gerade das dritte Kontingent des deutschen KFOR-Anteils auf dem Balkan.

Laut Verteidigungsminister Rudolf Scharping dienten die Panzer dazu, eine unmissverständliche Warnung an die Rebellen zu schicken. Die Bundeswehr verfügte in Mazedonien anders als im Kosovo jedoch nur über Selbstverteidigungsrechte. Ein tatsächlicher Waffeneinsatz der Leos gegen die UÇK erscheint vor diesem Hintergrund als äußerst unwahrscheinlich und lässt sich auch nicht belegen. In der Literatur wird bezüglich des Intermezzos in Tetovo nicht immer trennscharf zwischen der Reaktion der Bundeswehr auf die Kämpfe in Tetovo auf der einen und dem Einsatz im Rahmen von Essential Harvest in Mazedonien ab August 2001 auf der anderen Seite unterschieden. So spricht Ralph Zwilling in seiner Publikation über die Entwicklung und Einsätze des Leopard 2 A4 davon, jenes Kampfpanzermuster sei im Zuge der März-Kämpfe in Tetovo zum Einsatz gekommen, was sich mit den Aussagen diverser Zeitungsartikel deckt. (Der Spiegel-Artikel ist sogar mit dem Foto eines Leo 2 A4 versehen.) Zwilling allerdings bringt die besagten März-Kämpfe mit dem Bild eines Leopard 2 A4 in Verbindung, der ob seiner Markierung offensichtlich Bestandteil der NATO-Operation Essential Harvest war – eine Operation, die erst ab dem 22. August 2001 durchgeführt wurde. Dieses Foto ist interessant, da es den Einsatz deutscher Leopard 2 A4 im Rahmen von Essential

Harvest belegt. Noch Ende Juni war völlig offen, ob sich die Bundeswehr überhaupt an dieser Operation beteiligen würde. Laut einem Artikel der Frankfurter Allgemeinen, der auf den 28. August 2001 datiert, bereitete die Bundeswehr zu dieser Zeit den Einsatz von unter anderem acht Kampfpanzern vor, die aus dem Kosovo nach Mazedonien verlegen sollten.

Kampfeinsätze sind auch für den Einsatz im Rahmen von Essential Harvest nicht dokumentiert. Ein Interview vom 29. August 2001 mit Oberst Harder, seines Zeichens Kommandeur des Mazedonien-Kontingents, verdeutlicht, dass die Leopard-Panzer ausschließlich zum Zwecke des Show-of-Force beziehungsweise als Backup nach Mazedonien verlegt wurden, sich allerdings nicht aktiv an der Entwaffnung der UÇK beteiligten.

Leopard 2 am Hindukusch

Ehe es zum Einsatz von Leopard 2 am Hindukusch kam, hatte eine Forschungsgruppe unter Federführung Kanadas in Afghanistan untersucht, welche Modifikationen am Leo 2 notwendig wären, um ihn optimal auf dieses Einsatzland vorzubereiten. Die Dänen beteiligten sich an den Untersuchungen und diskutierten in diesem Rahmen auch taktische und logistische Herausforderungen. Die Ergebnisse flossen in die Kampfwertsteigerungen der Leopard 2 beider Nationen sowie in deren Einsatzdoktrin und die Versorgung ein.

Die von Deutschland geleasten Leopard 2 A6M der Canadian Army ergänzten umgehend die Leopard 1 C2, die bereits in Afghanistan operierten. Insgesamt wurden 14 Leopard 2 A6M CAN für den aktiven Dienst am Hindukusch vorgesehen nebst sechs Leopard 1 C2. Sechs weitere Leopard 2 wurden als Reserve zurückgehalten. Die Besatzungen der ersten beiden Leo 2-Kontingente wurden seit Mai 2007 in Munster durch die deutsche Panzertruppe sowie in den Niederlanden ausgebildet. Der erste Leo 2 traf im August 2007 am Kandahar Airfield ein und war unter anderem noch nicht mit der Käfigpanzerung, dem Wüstentarnanstrich und dem Barracuda-Netzsystem versehen. Letzteres wurde erst im Frühjahr 2008 nachgerüstet. C Squadron des The Lord Strathcona's Horse (Royal Canadians) stellte das Personal der ersten Rotation. Im September 2007 befanden sich alle 20 Leo 2 in Afghanistan. Die Überführung der kanadischen Panzer von Deutschland an den Hindukusch steht dabei sinnbildlich für den internationalen Charakter moderner Militäroperationen: Ein ukrainisches Antonow An-124-Schwerlastflugzeug beförderte die Fahrzeuge zum Kandahar Airfield, wo sie auf von den Niederlanden gemietete Trucks für den weiteren Landweg verladen wurden.

Nach einem Überprüfungsschießen durch das zu dieser Zeit im Einsatz befindliche C Squadron (drei Troops plus ein Stabselement) nahmen die kanadischen Leos regelmäßig an Patrouillenfahrten in gepanzerten und teilgepanzerten Verbänden teil. Darüber hinaus wurden sie aus vorbereiteten Stellungen heraus zur Überwachung des Lagers eingesetzt: der FOB Ma'Sum Ghar in Panjwai. Außerdem wurden sie bei Bedarf in die Quick Reaction Force integriert. Zeitweise setzten die Kanadier beide Leopard-Muster gleichzeitig ein, da die Leo 2 zunächst nicht mit Räumschilden und anderen Ergänzungen versehen werden konnten.

MacNeill beurteilt die Tatsache, dass sich der Leopard 2 zunächst nicht mit Räumschilden, Minenpflügen und Minenwalzen ausstatten ließ, als großen Makel für die kanadische Panzertruppe in Afghanistan. Dies bedeutete nämlich, dass sie auf ihre Leopard 1 C2 weiterhin nicht verzichten konnten, was dazu führte, dass die Männer eines Squadrons plötzlich für die Wartung und Unterhaltung von 22 Kampfpanzern verantwortlich waren, die im Wüstenstaub Afghanistans der täglichen Pflege bedurften. Zudem war die FOB Ma'Sum Ghar mittlerweile zu einer richtigen Festung mit Bunkern ausgebaut worden, und von den kanadischen Panzersoldaten wurde zusätzlich verlangt, „Hausmeisteraufgaben" in der Basis wahrzunehmen. Zudem beschossen die Aufständischen die Basis nahezu täglich mit Raketen und Mörsern.

Seit September 2007 beteiligten sich die kanadischen Leoparden an alle größere Operation der Taskforce Kandahar. Die TF Kandahar war ein US-amerikanisch-kanadischer Verband, der das ISAF-Mandat in der Provinz Kandahar ausübte und dem Regional Command South unterstand. Neben panzerbrechender Munition und Mehrzweckgeschossen setzten die Kanadier vor allem gegen Gruppen von Aufständischen und hinter Lehmmauern verschanzte Gegner Kartätschenmunition mit einigem Erfolg ein. Mit einem Schuss werden dabei 1.100 Rundkugeln ins Ziel befördert.

Die dänischen Streitkräfte weiteten ihr Engagement im Rahmen von ISAF suggestive aus. Am 1. Juni 2007 wurde aufgrund der angespannten Sicherheitslage und der Erweiterung des Verantwortungsbereichs von ISAF entschieden, den im Süden Afghanistans – in der Provinz Helmand – operierenden dänischen Verband mit der Bezeichnung DANCON ISAF Stage 3 zur vollwertigen Battle Group auszubauen, die der Taskforce Helmand unterstand. Die TF Helmand war ein internationaler Verband unter der Führung Großbritanniens, der das ISAF-Mandat in der Helmand-Provinz unter dem Kommando des Regional Command Southwest ausübte. Es musste damit gerechnet werden, dass durch diesen Schritt mehr Feindkontakte entstehen würden. Interessanterweise erwähnen die Quellen keinen innergesellschaftlichen Diskurs über die Entsendung von dänischen Kampfpanzern, wie dies für Kanada im Zuge der Entsendung von Leopard 1 nach Afghanistan zu beobachten gewesen war, dafür aber eine Debatte innerhalb des dänischen Militärs. Es wurde die Sorge geäußert, der Einsatz von Panzern am Hindukusch könnten die Taliban und andere Insurgenten noch aggressiver auftreten lassen.

Im September 2007 wurde in Dänemark ein Panzer-Deling mit 15 Soldaten, ausgestattet mit drei Kampfpanzern Leopard 2 A5 DK plus ein Umlaufreservefahrzeug (einzig Schulze (2011) spricht von zwei Umlaufreservefahrzeugen) plus ein M113 plus ein Cougar 6x6 plus ein Bergepanzer für den Einsatz in Helmand vorbereitet. Die dänische Bezeichnung dieses Verbandes lautete Kampvognsdetachement, kurz TANKDET. Von Zeit zu Zeit veränderte sich die personelle und materielle Zusammensetzung des TANKDET leicht, so kam später unter anderem ein Mobile Electronic Warfare Team hinzu; es blieb jedoch immer bei der Anzahl von drei Kampfpanzern plus Reserve. Sämtliche Leoparden waren mit den im Abschnitt „Nutzer“ beschriebenen Modifikationen für den Auslandseinsatz versehen mit Ausnahme des Minenschutzes, der erst später als Reaktion auf einen IED-Anschlag eingerüstet wurde. Auch die Slat-Panzerung wurde den Fotografien aus Antonsens Buch nach erst um den Sommer 2008 herum nachgerüstet. Der M113 beherbergte einen britischen Funker, über den der Kontakt zwischen der britischen Führung und den Dänen sichergestellt wurde, außerdem einen Jammer zur Unterdrückung von Mobilfunksignalen.

Das Parlament stimmte der Verlegung der Panzer am 23. Oktober 2007 zu. Als Treiber für die Entscheidung, Leoparden nach Afghanistan zu entsenden, gelten Oberstløjtnant Jan Grünberger, Kommandeur von DANCON 3 (die Zahl steht für das Kontingent, es handelt sich also um die dritte Rotation; dänische Kontingente leisteten stets für sechs Monate Dienst am Hindukusch: Februar bis August sowie August bis Februar), sowie sein Nachfolger, Oberst Kim Kristensen, die beide die Notwendigkeit für Kampfpanzer vor Ort erkannten.

Die Einreise ins Land erfolgte per Flugzeug (Antonov An-124-100) nach Kandahar, von dort verlegten die Panzer in die FOB Sandford in der Helmand-Provinz. Der erste Leo traf bereits kurz nach dem 25. Oktober in Kandahar ein. Im November 2007 meldete das TANKDET Einsatzbereitschaft. Als Basis diente die FOB Sandford. Das Reservefahrzeug befand sich in Camp Bastion. Das TANKDET trat in Afghanistan als eigenständige Einheit auf, die direkt dem Kommandeur der Battle Group unterstellt war. Das Personal des ersten Kontingents wurde hauptsächlich durch das Jydske Dragonregiment gestellt. Als Kommandeur der Eskadron trat Kaptajn Bjarne Hundevad in Erscheinung, der Deling wurde durch Premierløjtnant Ulrik befehligt. (Für das dänische Engagement am Hindukusch sind für die meisten Akteure im Quellenmaterial ausschließlich Dienstgrad und Vorname ausgewiesen.)

Zeitgleich übernahmen die dänischen Streitkräfte mit dem Distrikt Nahr-e Saraj ihren eigenen Verantwortungsbereich in der Provinz Helmand. Ein Versorgungselement, das für die gesamte Logistik des dänischen ISAF-Kontingents verantwortlich zeichnete, war in Camp Bastion stationiert. Zwei Mechaniker der dänischen Panzerwaffe befanden sich in Sandford, weshalb zahlreiche Wartungs- und Reparaturarbeiten dort ausgeführt wurden. Einmal im Monat verlegten die Panzer nach Bastion für eine umfassendere Wartung. Dort befanden sich ebenfalls Mechaniker vom Kundendienst von Krauss-Maffei Wegmann, die bei Reparaturen aushalfen.

Die dänischen Panzersoldaten beteiligten sich regelmäßig an der Bewachung der FOB, um im Falle eines Angriffes sofort darüber informiert zu sein, aus welcher Richtung und in welcher Stärke der Gegner antrat.

Das Aufgabenspektrum der dänischen Leos umfasste neben der Gestellung der Quick Reaction Force auch die Sicherung von Konvois, die Raumüberwachung, die Sicherung von temporären Checkpoints und Einsätze zur Behauptung der Region. Dies führte dazu, dass die dänischen Panzer an der Mehrzahl der Operationen der Battle Group beteiligt waren, zudem unterstützten sie bei größeren Unternehmungen der Taskforce Helmand sowie des Regional Command Southwest. Zur Kampfbeladung der dänischen Leos gehörten HEAT-Geschosse, Treibspiegelgeschosse (Anti-Panzer) sowie Kartätschengeschosse und PELE-Granate (zum Durchschlagen von beispielsweise Betonwänden).

Am 30. Oktober 2007 begann die dreitägige Schlacht um Arghandāb. Zuvor hatte sich die Lage im Arghandāb-Distrikt verschlechtert, nachdem der dort herrschende Stammesführer des den Taliban abgeneigten Alakozai-Stammes verstorben war. Die Taliban gedachten, umgehend in das Machtvakuum hineinzustoßen, und verbreiteten Angst und Schrecken im gesamten Distrikt, sodass zahlreiche Einwohner in Richtung Kandahar flohen. Kanadische und US-amerikanische Kräfte fielen mit einer gezielten Aktion ab dem 30. Oktober 2007 in den Distrikt ein und vertrieben die Taliban in dreitägigen Kämpfen. Leopard-Panzer sicherten dazu zusammen mit Coyote-Spähpanzern die Westflanke der vorstoßenden Kräfte ab.

Bereits in den ersten Monaten erwies sich der Einsatz der Leopard 2 A6M für eine kanadische Tankbesatzung als lebensrettend, als nämlich am 02. November 2007 ihr Kampfpanzer 10 Kilometer nördlich des Arghandāb-Ufers durch ein am Straßenrand angebrachtes IED angesprengt wurde. Der Fahrer wurde dabei verwundet, er erlitt einen Hüftbruch. Der Rest der Besatzung blieb unversehrt. Der Kommandant des Panzers stellte in einem Dankesschreiben an das Bundesverteidigungsministerium fest, dass die Besatzung in jedem anderen Fahrzeug vermutlich nicht überlebt hätte und dass der Leo 2 A6M durch das IED zwar vorübergehend außer Gefecht gesetzt gewesen sei, sich nach Reparaturen vor Ort aber bereits wieder im Einsatz befinde.

Am 10. November beteiligten sich die dänischen Leos an der Operation Green Fleet, mit der ein aus fast 100 Fahrzeugen bestehender Konvoi unter britischer Führung von Kandahar nach Camp Bastion verlegte. Der Konvoi erstreckte sich über eine Länge von vier Kilometer und musste eine Wegstrecke von rund 140 Kilometer überbrücken, wozu er fast 24 Stunden benötigte. Noch in der Innenstadt Kandahars ereignete sich der einzige nennenswerte Zwischenfall, als Meldungen eintrafen, die Taliban könnten aus den Menschenmassen heraus angreifen. Tatsächlich machten die dänischen Panzersoldaten, die die Spitze des Konvois bildeten, einen Lastwagen aus, der vor ihnen stoppte, ehe zwei Männer heraussprangen und schlagartig davonrannten. Sergent Bjarke, Kommandant des Spitzenpanzers mit dem Rufnamen 2, befahl seinem Fahrer, den Truck von der Straße zu schieben. Gesagt, getan, dabei kam es nicht zu einem Angriff. Der weitere Marsch verlief ohne Vorkommnisse; die Panzersoldaten schliefen im Wechsel in ihren Fahrzeugen.

Am 17. November 2007 reisten die drei aktiven Panzer des TANKDETs nach Camp Sandford weiter.

Am 24. November 2007 gab ein dänischer Leopard erstmals einen Schuss im Rahmen einer Patrouille ab, die das TANKDET gemeinsam mit Infanteristen des mechanisierten Den Kongelige Livgarde-Regiments nördlich der FOB Sandford durchführte, um eine Reaktion der Taliban herauszufordern: Im Umland zweier

Gebäude machten die Infanteristen drei Taliban-Kämpfer aus, die sich in einer Baumreihe versteckten. Die dänischen Fußsoldaten griffen diese an und töteten einen der Insurgenten. Die beiden anderen flohen in Richtung Gebäude. Der Panzer von Sergent Bjarke beschoss die Fliehenden auf etwas mehr als 1.000 Meter Entfernung mit seinem achsparallelen MG. Nach rund 50 Schuss ohne Treffer befahl Bjarke, auf die Kanone zu wechseln. Der Richtschütze feuerte daraufhin ein HEAT-Geschoss ab, in dessen Explosionswolke die beiden Taliban verschwanden. Die Gebäude, nur 15 bis 20 Meter vom Einschlag entfernt, blieben dabei vollkommen unbeschädigt. Auch gab es keine Verwundeten unter den dänischen Infanteristen zu beklagen, die in einem der Gebäude Deckung gesucht hatten. Nach dem Zwischenfall zogen sich die Dänen unter Deckungsfeuer ihrer Mörser in die FOB Sandford zurück.

Ebenfalls im November wurde der Panzer von Sergent Bjarke durch eine Mine oder ein IED angesprengt, ohne dass die Besatzungsmitglieder ernstlich verwundet wurden.

Zeitweise nahm das TANKDET als Unterstützungswaffe an zahlreichen Operationen im Nahbereich des Helmand-Flusses teil; jener Nahbereich wird als Green Zone bezeichnet. So zum Beispiel geschehen im Dezember 2007 während des Abbaus der FOB Arnhem am Ostufer, wo die dänischen Leos insgesamt drei Wochen vor Ort verblieben. In dieser Zeit feuerten die Aufständischen eine Rakete auf die FOB ab, ansonsten kam es zu keinem Feindkontakt. Oft bezogen die Panzer in erhöhter Position Stellung, um den im Umland operierenden Verbänden sofort Feuerunterstützung liefern zu können.

In der Wüste außerhalb der Green Zone genossen die dänischen Leos zunächst eine Bewegungsfreiheit, die späteren Kontingenten vergönnt war, da die Insurgenten bald auf den Trichter kommen sollten, Gebiete mit Minen und IED gegen Leopard-Einsätze abzusichern.

Am 5. Januar 2008 ereignete sich in der Green Zone ein größeres Gefecht zwischen Taliban-Kämpfern und dem dänischen TANKDET. Dieses bezog zunächst in erhöhter Position Stellung, um die auf beiden Uferseiten operierenden dänischen (Westufer) und britischen (Ostufer) Soldaten zu überwachen. Die Infanteristen rückten gen Norden vor, um die Taliban weiter von den stärker bevölkerten Gebieten zwischen der FOB Sandford und der Stadt Girishk zu vertreiben. Gegen 11.00 Uhr gerieten die Briten unter Beschuss durch Taliban, die sich am Ostufer verschanzt hatten. Kurz darauf eröffneten Aufständische vom Westufer aus das Feuer auf die dänischen Infanteristen. Darüber hinaus wurden mehrere Raketen auf die Leoparden abgefeuert. Sergent Bjarke identifizierte einen Aufständischen mit einem rückstoßfreien B-10-Geschütz in einem Gebäude und ließ dieses mit einer HEAT-Granate beschießen. Auch danach noch wurden die Leos aus mehreren Stellungen heraus mit Raketenwerfern und vergleichbaren Waffen unter Beschuss genommen. Die anderen Panzer stiegen in den Feuerkampf ein und bekämpften erkannte Feindstellungen sowie Taliban-Kämpfer, die sich aus der Deckung wagten. Letztlich verschossen die Leoparden 25 Patronen ihrer Primärwaffe. Das Gefecht endete nach zwei Stunden, nachdem durch Luftunterstützung zwei

Gebäude bombardiert worden waren, in denen sich eine größere Anzahl Taliban aufgehalten hatte. Die Insurgenten zogen sich zurück und das Gebiet blieb für mehrere Wochen feindfrei.

Der dänische Panzersoldat Jacob (Dienstgrad unklar), Ladeschütze des Panzers mit dem Decknamen 3, wurde in dem Gefecht verwundet; er zog sich Erfrierungen zweiten Grades am Gesäß zu. Wie das passieren konnte? Eine unglückliche Verkettung von Ereignissen führte zu dieser sehr speziellen Verwundung, die ihm den Spitznamen „Jacob Frozen Ass“ einbrachte: Nach Abgabe des zweiten Schusses fiel die Patronenhülse so unglücklich auf die bereits im Auffangbehälter liegende erste Hülse, dass ein Funken entsprang, der die Feuerlöschanlage auslöste. Diese pumpte Jacob einen Stoß eiskaltes Halon direkt gegen den Hintern.

Ulrik, der bei Antonsen zitiert wird, bewertet das Auftreten der Taliban bei diesem Gefecht als professionell, koordiniert und darauf abzielend, einen Leopard 2 außer Gefecht zu setzen.

Ebenfalls im Januar 2008 leisteten dänische Leoparden Feuerunterstützung bei einer weiteren Begegnung von britischen Truppen mit Taliban-Kämpfern.

Nachdem sich der Kontingentwechsel zu DANCON 5 vollzogen hatte, fuhr am 22. Februar 2008 der Panzer mit Rufnamen 3 auf eine sowjetische Panzermine. Die Kette wurde bei der Explosion geworfen und zwei Laufrollen abgesprengt. Die übrigen Leos bildeten sofort einen Ring um das bewegungsunfähige Fahrzeug, während die Taliban über Funk einen Angriff auf die Panzer berieten, den sie aber nicht ausführten. Die Crew des angesprengten Leos blieb unversehrt und zog die Kette rasch wieder auf. Trotz der fehlenden Laufrollen vermochte der Panzer aus eigener Kraft die rund 80 Kilometer nach Camp Bastion zu fahren, wo er repariert wurde. Insgesamt geschah es während der Zeit von DANCON 5 zehn Mal, dass ein Leo auf eine Mine fuhr oder von einem IED angesprengt wurde.

Die Frankfurter Allgemeine meldete einen ähnlichen Vorfall, der sich am 26. Februar 2008 zugetragen haben soll und der sich nahezu gleich liest wie jener Zwischenfall vom 22. Februar 2008, weshalb ich vermute, dass es sich um denselben Einsatz handelt; entweder hat die Frankfurter Allgemeine oder Antonsen sich im Datum geirrt.

Ebenfalls im Februar 2008 fuhr ein Leopard 2 A6M CAN im Wirkbereich des Strong Points Mushan auf ein IED auf und wurde so stark beschädigt, dass er vorübergehend aufgegeben werden musste. Warum entschieden wurde, den Panzer einfach zurückzulassen, bleibt unklar. Vermutlich konnte das außer Gefecht gesetzte Fahrzeug durch Sicherungskräfte vom Strong Point Mushan aus gesichert werden, weshalb ein Verbleib an Ort und Stelle als sicherer eingestuft worden sein könnte als eine unmittelbare Bergung. Die Bergung sollte jedenfalls erst über einen Monat später erfolgen, da das Gebiet um Mushan herum geradezu IED-verseucht war (dazu später mehr). Beim Strong Point Mushan handelte es sich um einen Stützpunkt, der abgelegen im Panjwai-Distrikt auf der Halbinsel zwischen Arghandāb und Dori lag, rund 20 Kilometer Wegstrecke von der Stadt Mushan entfernt.

Am 2. März 2008 beteiligten sich kanadische Leopard 1 im Zusammenwirken mit den mittlerweile in Afghanistan operierenden Leopard 2 A6M Can an einer größeren Operation bei Mushan. Ein Leo 2 wurde zunächst durch ein IED angesprengt und beschädigt. Der Panzer wurde zum Strong Point Mushan geschleppt, um dort repariert zu werden. Da das Einsatzgebiet aufgrund starker Regenfälle verschlammt war, stellte dies eine Herausforderung dar. Es handelt sich bei dieser Operation um jenen Einsatz, bei dem der Fahrer eines angesprengten Leopard 1 C2 (Trooper Hayakaze) starb (siehe „Leoparden am Hindukusch").

Anfang März verlegte das dänische TANKDET in die Forward Operating Base Armadillo, vier Kilometer nördlich der FOB Sandford. Armadillos Infrastruktur war geradewegs feudal, weshalb die Panzersoldaten viel Zeit und Energie aufwendeten, um sie herzurichten.

Bei den Kanadiern vollzog sich im Laufe des März der Kontingentwechsel; B Squadron (Commanding Officer Major Adams) übernahm die Verantwortung in Ma'Sum Ghar. Die drei Troops wechselten sich in etwa wöchentlichen Rhythmen bei folgenden Aufgaben ab: besetzen der Alarmposten der FOB (dazu wurde nur noch ein Panzer auf dem höchsten Punkt der FOB genutzt, während die übrigen Soldaten die Bunker und die Toranlage besetzten), Stellen der Quick Reaction Force für die Battle Group sowie Stellen eines Operations Troops, der dazu diente, an geplanten Einsätzen teilzunehmen. Nachts übernahmen die Soldaten jenes Troops, der die QRF stellte, zusätzlich einen Dienst im Command Post, sodass sie im Fall einer Alarmierung direkt aus erster Hand informiert waren.

B Squadron entsandte einen Troop für rund eine Woche in die FOB Frontenac zur Verstärkung der kanadischen Präsenz vor Ort sowie zur Überwachung des Transports von Bauteilen für das Staudammprojekt in der Helmand-Provinz. Der Rest des Squadrons rückte ebenfalls aus, um den Transport besagter Teile von einer Position nördlich des Highway 1 zu schützen. Der Tank von Master Corporal Likley (Deckname T26) erlitt auf dem Weg einen Motorschaden. Adams entschied, den Panzer mittels Bergepanzer weiter mitzunehmen, statt zur nächsten NATO-Basis zu schleppen. Am Zielort angekommen, formte B Squadron eine Igelstellung.

Wenig später beobachteten die Kanadier zwei Männer auf einem Motorrad, das sich näherte. Ein Mann sprang schließlich ab und es erschien, als erteilte der zweite Mann ihm die Anweisung, sich der kanadischen Stellung zu nähern. Dies tat der Mann auch. Die Kanadier begannen, ihm zuzurufen und ihm zu gestikulieren, er solle nicht näherkommen. Der Mann kehrte schließlich um und zum Motorrad zurück, wo der andere Kerl ihm erneut die Anweisung zu geben schien, sich den Kanadiern zu nähern. Dies tat der Mann auch, und dieses Mal ließ er sich von den Rufen der NATO-Soldaten nicht mehr von seinem Vorhaben abbringen. Adams entschied, dem Mann einen abgesessenen Trupp entgegeneilen zu lassen, um ihn unter allen Umständen von den Fahrzeugen fernzuhalten. Besagter Trupp näherte sich dem Mann unter der Führung von Sergeant Jerry Peddle. Er rief dem Mann mit erhobener Waffe zu, umzudrehen, und untermalte seine Forderung durch wildes Gestikulieren. Der Kerl trug zerrissene Klamotten – es war nicht zu erkennen, ob sich darunter etwas befand. Er fiel zwischendurch auf die Knie, warf Sand in die Luft und setzte dann seinen Marsch fort. Er schien unter Drogeneinfluss zu stehen. Als der Mann bis auf 50 Meter an Sergeant Peddles und rund 100 Meter an die Igelstellung herangekommen war, sah der Unteroffizier keine andere Möglichkeit mehr, als das Feuer zu eröffnen. Er schoss und traf den Mann, doch nicht einmal das stoppte dessen Marsch. Erst zwei weitere Schüsse streckten ihn nieder. Der Motorradfahrer setzte sich gen Westen ab. B Squadron kehrte schließlich zur FOB zurück, nachdem die Transportkolonne mit den besagten Bauteilen vorübergerollt war.

Kurz darauf unterstützte Third Troop Infanterieeinheiten bei einer Operation außerhalb der Mauern von Ma'Sum Ghar. Adams ließ dazu einen Leo 2 des Squadron Headquarters in eine der alten teilgedeckten Stellungen fahren, von wo aus das Vorgehen überwacht werden konnte. Die Operation war nach rund zwölf Stunden beendet. Auf dem Rückweg aus der teilgedeckten Stellung ins Lager ereignete sich ein Unglück: Die Zufahrtsstraße war an einen steilen Hang angelehnt. Die rechte Kette des Leopards kam von der Straße ab und geriet auf abschüssiges Gelände, wo sie den Halt verlor und ins Rutschen kam. In der Folge warf der Leo beide Ketten und verkeilte sich am Hang. Er befand sich direkt oberhalb des Munitionslagers der Basis und würde mit seinen 63 Tonnen Gewicht in dieses hineinstürzen, sollte er weiter abrutschen. Die Kanadier arbeiteten unter Zuhilfenahme eines Bergepanzers Taurus und eines zweiten Leopard 2 die ganze Nacht hindurch, um das verunfallte Fahrzeug zurück auf den Weg zu ziehen und die Ketten wieder zu montieren.

Mutmaßlich im März wurde der Humvee einer US-amerikanischen Kolonne durch ein IED angesprengt und schwer beschädigt. Die Kanadier wurden als Unterstützung zur Absicherung des Anschlagsortes angefordert. Als die Tanks des Squadron Headquarters eintrafen (die übrigen Fahrzeuge waren anderweitig gebunden), hatten die Amerikaner die Aufständischen bereits vertrieben und die Verwundeten ausgeflogen. Es kam dann von oben die Anfrage, ob die Kanadier den Humvee zerstören könnten, damit den Taliban nicht die darin verbaute Technik in die Hände fiel. Adams bestätigte. Der Humvee wurde mit einer Sprenggranate in seine Einzelteile zerlegt.

Ende März startete die kanadische Battle Group eine Operation zur Säuberung der Route Foster, die von Ma'Sum Ghar bis nach Mushan führte. Adams erkannte seine Chance, endlich das Leopard-Wrack nahe des Strong Points zu bergen. Seine Einheit beteiligte sich mit dem Second Troop (vier Leos plus Ersatzteile plus eine Besatzung für das Wrack) an der Operation. Route Foster galt als IED-verseucht, das Vorgehen gestaltete sich entsprechend schwierig und langatmig. Pioniere suchten jeden Meter nach Sprengfallen ab. Bald wurden die Kanadier in Schusswechsel verwickelt. Nachdem ein LAV III durch ein IED angesprengt und der Fahrer dabei getötet worden war, brach die Führung die Operation ab und beorderte ihre Kräfte zurück nach Ma'Sum Ghar.

Zu jener Zeit wurde mit der Planung der Operation Room Service begonnen. Die Operation hatte zum Ziel, die drei entlang der Route Foster liegenden Außenposten

(Haji, Zangabad und Talukan) sowie Mushan selbst mit Nachschub zu versorgen. Adams erkannte darin eine Chance, endlich den Leopard 2 nahe Mushan zu bergen.

Letztlich brach eine Kolonne, die aus fast 100 Fahrzeugen, darunter mutmaßlich zwei Troops mit Leopard-Panzern, bestand, zur Operation Room Service auf. Leos übernahmen die Spitze und stellten auch die letzten Fahrzeuge der Kolonne. Ein Troop von B Squadron verblieb bei den Fahrzeugen mit dem Nachschub. Die Kolonne passierte somit zunächst den ersten Wegpunkt und stoppte, als sich die Nachschubfahrzeuge auf dessen Höhe befanden. Sie legten dann zusammen mit den Leos das letzte Stück Wegstrecke zurück und versorgten den Stützpunkt. Auf diese Weise arbeitete sich die Kolonne von Außenposten zu Außenposten bis nach Mushan vor, wobei sie teilweise direkt durch das Flussbett des Arghandāb fuhr. Sie geriet dabei mehrmals unter indirektes und direktes Feuer, konnte aber alle Angriffe abwehren.

In Mushan angelangt, bildete die Kolonne in etwa 500 Meter Entfernung eine Igelstellung. Sodann näherte sich B Squadron dem Wrack und machte sich an die Arbeit. Beide Ketten waren durch die Explosion abgesprengt worden, und zu allem Überfluss steckte eine scharfe Granate zwischen zwei Rädern. Pioniere entschärften den Sprengkörper.

Bei Einbruch der Dämmerung wurde die Igelstellung mit Mörsern beschossen. Die Kanadier identifizierten die Position der Angreifer und erledigten sie mit gezielten Schüssen. Im Laufe der Nacht reparierten die Kanadier den Leopard so weit, dass er aus eigener Kraft zurück nach Ma'Sum Ghar fahren konnte. Entsprechend brachen die Kanadier am nächsten Morgen auf und kehrten ohne weitere Zwischenfälle in die Forward Operating Base zurück.

Zur gleichen Zeit verdingte sich First Troop als Feuerunterstützung für eine Infanterieeinheit, die westlich von Ma'Sum Ghar operierte (Operation Mulki Azad). Die Taliban befahlen den örtlichen Landwirten, ihre Felder zu fluten, um das Gelände ungangbar zu machen und die NATO-Truppen somit auf die wenigen Straßen zu kanalisieren, was ihnen auch gelang, da sich der Wüstensand durch das Wasser in regelrechten Klebstoff verwandelte. Am 28. März 2008 passierte der Leo 2 von Lieutenant James Anderson (Rufname T21) eine Stelle, die die Panzer bereits zuvor befahren hatten. Ein IED, das aus fünf Panzerminen plus selbstgemachtem Sprengstoff bestand, zündete direkt unter dem Panzer. Obwohl der Fahrer, Corporal Mark Fuchko, in einem speziellen Sitz saß, der so konstruiert war, dass er einen Teil der Explosionsenergie absorbierte, war der Explosionsdruck zu viel. Er rammte Fuchko beide Beine in den Unterleib. Geistesgegenwärtig band sich der Fahrer die Beine ab und schaltete den Motor aus. Die Bauweise des Leopard 2 machte es in dieser Situation schwierig, den Fahrer zu bergen. Erst nach einer Stunde konnte er aus dem Fahrzeug befreit werden. Er wurde notoperiert und überlebte, verlor jedoch beide Beine.

Anschließend musste der Panzer geborgen werden. Dazu sprengten kanadische Pioniere die beschädigte Kette ab und transportierten den Panzer mittels eines niederländischen Panzertransporters zur FOB. Der Panzer wurde schließlich zum

KAF gebracht und nach Deutschland ausgeflogen, um die Wirkung der Explosion auf den Leo zu studieren.

Am 31. März 2008 beteiligten sich die dänischen Leoparden an der Operation Tufaan Dervish II, die zum Ziel hatte, die Stellungen der Aufständischen nördlich der FOB Sandford aufzuklären, anzugreifen und den Gegner weiter zurückzudrängen. Zuvor waren von dort aus bereits mehrfach dänische Infanterieeinheiten unter Feindfeuer geraten. Mit Tufaan Dervish II setzten die Dänen daher starke Kräfte ihrer Battle Group an, um den Gegner zu werfen und das gewonnene Terrain auch zu behaupten. Das TANKDET wurde dazu in zwei Trupps aufgeteilt: der erste Trupp unter der Führung des Kommandanten des Delings, Oberstløjtnant Martin (Leopard mit dem Rufnamen 3), bestand neben den Leoparden aus dem M113, welcher britische Pioniere transportierte. Der zweite Trupp setzte sich aus dem Leopard mit dem Decknamen 2, dem Bergepanzer, dänischen Pionieren und einem Infanteriezug zusammen. Die Aufständischen hatten zu diesem Zeitpunkt bereits verstanden, dass den dänischen Panzern nur mit Sprengfallen und Minen beizukommen war. Vorbei waren daher die Zeiten der absoluten Bewegungsfreiheit; nun mussten Pioniere mit Minendetektoren mühsam jeden Quadratmeter absuchen, ehe die Leoparden diesen befahren konnten. Das war für die Pioniere eine gefahrvolle Aufgabe und bedeutete überdies eine Verlangsamung aller Panzeroperationen. Die beiden Panzertrupps wurden direkt in der Green Zone eingesetzt, wo sie im Abstand von 1.500 bis 2.000 Meter zueinander Gassen für die An- und Abfahrt freiräumen sollten.

Operation Tufaan Dervish II begann um 05.00 Uhr an jenem 31. März 2008. Nur kurze Zeit später stießen die vor den Panzern den Boden absuchenden Pioniere auf das erste IED, als aus einem rund 700 Meter entfernten Gebäude RPGs auf sie abgefeuert wurden, die nur knapp verfehlten. Martin reagierte geistesgegenwärtig; er ließ das Gebäude durch seinen Panzer als auch durch die 3 unter HEAT-Beschuss nehmen. Nachdem das Feindfeuer abgeklungen war, nahmen die Pioniere ihre Arbeit wieder auf. Auf diese Weise arbeiteten sich die NATO-Soldaten langsam weiter vorwärts. Nach wenigen hundert Metern Geländegewinn eröffneten Aufständische aus demselben Gebäude erneut das Feuer mit RPGs. Dieses Mal zielten sie augenscheinlich direkt auf die Leos. Sechs weitere Mehrzweckgeschosse wurden auf das Gebäude abgegeben, ehe der Forward Air Controller des TANKDETs einen Luftschlag anforderte. Etwa zur selben Zeit geriet auch der andere Trupp unter Beschuss, was dazu führte, dass er zwei Taliban-Kämpfer im Nahkampf (weniger als 300 Meter) mit Kartätschengeschossen bekämpfte.

In Anschluss rückte die dänische Infanterie in einem Tempo vor, bei dem die Panzer nicht länger folgen konnten, da sie durch die suchenden Pioniere ausgebremst waren. Martin entschied, die Pioniere ihre Arbeit einstellen zu lassen, um zu den Infanteristen aufzuschließen. Ohne Zwischenfälle erreichte sein Trupp einen Aussichtspunkt, von wo aus er das weitere Vorgehen der Infanterie überwachen konnte. Dabei beobachtete er, wie die Bevölkerung fluchtartig das Gebiet verließ – normalerweise ein sicheres Zeichen für eine bevorstehende Attacke der Aufständischen. Voraus bei den Infanteristen zündete daraufhin ein IED, das einen

Soldaten in den Tod riss und zwei schwer verwundete. Martin machte Taliban-Kämpfer im Vorgelände aus und ließ das Feuer auf sie eröffnen. Über Funk kam die Meldung herein, dass derjenige, der das IED gezündet hatte, auf einem Motorrad das Schlachtfeld zu verlassen versuchte. Der Leo mit dem Rufnamen 3 fasste den Flüchtigen auf und erledigte ihn mit einer HEAT-Granate. Die Infanteristen befanden sich im durch die Vegetation teils unübersichtlichen Vorgelände noch immer im Feindkontakt, weshalb sie die Verwundeten nicht evakuieren konnten. Sie markierten eine erkannte Feindstellung mit gelbem Rauch, und Martins Trupp brach den Widerstand mit einer weiteren HEAT-Granate. Die Dänen vermochten daraufhin ihre Verwundeten herauszubringen. Insgesamt setzte das TANKDET bei diesem Gefecht 21 Mehrzweckgeschosse, zwei Kartätschengeschosse und rund 500 MG-Patronen ein.

Ferner legten die dänischen Panzersoldaten im Laufe ihres Einsatzes am Hindukusch mehrere Feuerstellungen inklusive Ausweichstellungen in erhöhter Position an, von wo aus sie die Green Zone entlang des Helmands überblicken konnten. Die Aufständischen begannen rasch damit, diese Stellungen und die Anfahrtswege zu verminen. TANKDET-Kommandeur Martin wird bei Thomas Antonsen mit der Aussage zitiert, der Einsatz der dänischen Panzer in der Provinz Helmand habe oft dafür gesorgt, dass die Aufständischen gar nicht erst zum Kampf angetreten seien, da sie gegen die Leos nicht viel auszurichten konnten, im Gegenzug aber jederzeit damit rechnen mussten, auch auf große Entfernungen und bei schlechten Sichtverhältnissen noch beschossen zu werden.

Seit Ende März stiegen die Temperaturen und damit die Aktivität der Aufständischen. Die kanadischen Leos verdingten sich nun nahezu täglich als Quick Reaction Force und bildeten Sicherungsringe, wenn IEDs gefunden worden waren und unschädlich gemacht werden mussten, oder um Anschlagsorte abzuschirmen. Für die kanadische Panzertruppe kam die Aufgabe hinzu, die Straßenarbeiten an der Route Foster zu überwachen. Anfänglich konnten die Arbeiten aus der FOB Ma'Sum Ghar heraus überwacht werden. Aufgrund der enormen Hitze begannen die Arbeiten täglich um 05.00 Uhr und wurden bereits gegen Mittag eingestellt. Aufständische griffen die Baustelle mehrfach an und bedrohten die Mitarbeiter der involvierten lokalen Firmen. Adams nahm jeden Donnerstag an Gesprächen mit den örtlichen Dorfältesten teil, um die Moral der Arbeitskräfte zu erhalten.

Ab April 2008 wurden die kanadischen Leos in Afghanistan mit Kühlaggregaten samt Kühlwesten, Barracuda-Thermomatten und Sonnenschirm auf dem Turm nachgerüstet, was den Wärmeaustausch verringerte und somit das Hitzeproblem im Kampfraum der Panzer milderte. Auch die Dänen hatten mit diesem System gute Erfahrungen gesammelt. Laut Fowler wirkte sich auch die Tatsache, dass die von Deutschland geleasten Kampfpanzer über elektrische Turmschwenkwerke verfügten, positiv auf die Hitzeentwicklung im Inneren aus im Vergleich zum Leopard 1. Der Nachteil an den Thermomatten bestand darin, dass nun die Ringmarkierungen am Rohr kaum mehr zu erkennen waren.

Zudem wurde das Squadron damit beauftragt, einmal pro Monat die Operation Room Service zu wiederholen, um die verschiedenen Basen bis runter nach

Mushan zu versorgen. Adams gab einer dieser Operationen den Namen Market Garden II. Jedes Mal wurde die kanadische Kolonne auf ihrem Marsch attackiert. Bei einer dieser Einsätze kam es im Außenposten Zangabad zu einem Angriff aufständischer Fußtruppen. Diese kamen so nah an die kanadischen Leos heran, dass MacNeill den Feind mit dem Turm-MG3 bekämpfte. Daraufhin suchte eine Gruppe Insurgenten hinter einer Lehmmauer Deckung. MacNeills Leo schoss aus seiner Hauptkanone auf dieses Ziel.

Am 17. April 2008 beteiligten sich Teile des Squadrons an einem Einsatz im Raum Pashmul gegen Aufständische.

Am 13. Juni 2008 befreiten die Taliban bei einem Raid auf das Sarposa-Gefängnis in Kandahar bis zu 1.000 Gefangene. In der Folge musste B Squadron mehrere Einsätze gegen den durch diesen Coup spürbar gestärkten Gegner unternehmen. Die Quick Reaction Force, und somit die kanadischen Panzersoldaten, wurden nun immer häufiger angefordert und mussten oftmals mehrmals am Tag ausrücken. Insbesondere die Bedrohung durch Sprengfallen hatte deutlich zugenommen.

Bei einem QRF-Einsatz eilten insgesamt fünf Panzer (ein Troop plus Adams) zur Unterstützung einer US-amerikanischen Kolonne herbei, die eine recht offensichtlich am Straßenrand und auf die Fahrbahn ausgerichtete Rakete entdeckt hatten. Diese diente als Ablenkung; der tatsächliche Sprengsatz befand sich dort, wo die Amerikaner angehalten hatten (etwa 500 Meter entfernt). Er zündete jedoch nicht. Die Panzer sicherten den Ort des Geschehens ab und vergrößerten den Perimeter, als eingetroffene NATO-Pioniere die kontrollierte Sprengung des IEDs vorbereiteten. Nach vier Stunden war die Sprengfalle zerstört und die Straße wieder notdürftig geflickt.

Speziell im Sommer des Jahres 2008 fochten Kanadier und Aufständische erbittert um den Stützpunkt Mushan. Die kanadischen Streitkräfte befanden sich mit dem Operational Mentor and Liaison Team (OMLT) 71A des 3rd Battalion/Princess Patricia's Canadian Light Infantry vor Ort. Das Team bestand aus vier Soldaten, es begleitete die 1. Kompanie des 1. Kandaks der 1. Brigade des 205. Corps der ANA, kommandiert durch Colonel Anwar.

Das nördliche Flussufer des Arghandāb wurde durch Aufständische beherrscht. Im Juni 2008 spitzte sich die Lage am Stützpunkt Mushan bedenklich zu. Jede Patrouille, die ihn verließ, geriet unter Beschuss. Gegnerische Mörsertrupps bedachten den Stützpunkt mit Steilfeuer, deren Einschläge bis auf 100 Meter an die Außenmauern herankamen. Die Kanadier starteten daraufhin eine erneute Operation namens Room Service, um den Stützpunkt Mushan mit einem zusätzlichen Ausbilder für die afghanischen Kräfte sowie fünf ANA-Soldaten zu verstärken. Diese sollten via gepanzerter Kolonne herangeführt werden, die sich unter anderem aus kanadischen Leopard 2 zusammensetzte. Zu dieser Zeit führte Captain Dave MacIntyre die Panzereinheit, da sich Adams mit Teilen des Squadrons im Urlaub befand.

In der folgenden Operation Nolai am 14. Juni 2008 rückten die Kräfte des Stützpunktes Mushan mit einem Zug Soldaten sowie zwei Ausbildern aus, um den Fluss zu überqueren und die jenseits stationierten Taliban abzulenken, die daraufhin von mechanisierten kanadischen sowie afghanischen Kräften angegriffen werden sollten. Der Plan scheiterte am heftigen Abwehrfeuer der Taliban. Die Mushan-Kräfte zogen sich wieder zurück, anschließend wurde der Stützpunkt mit Mörserfeuer beschossen. Dabei wurde ein afghanischer Offizier sowie ein kanadischer Ausbilder verwundet. Die mechanisierte Kolonne der Operation Room Service verließ Mushan kurz darauf wieder.

Die Kämpfe um den Stützpunkt intensivierten sich in den folgenden Tagen. Verließen kanadische und/oder ANA-Kräfte das Lager, gerieten sie nahezu umgehend unter Beschuss, spätestens jedoch am Flussbett. Der Stützpunkt wurde mit RPGs, einem rückstoßfreien 82-Millimeter-Geschütz, Handfeuerwaffen und Mörsern beschossen. Die Kanadier antworteten mit Luftschlägen, Mörsern und Schüssen aus ihrer Carl Gustav, während die Afghanen Angriffe mit Ford Ranger-Autos samt lafettierten 12,7-Millimeter-MGs unternahmen. Den Mushan-Kräften ging bald die Munition zur Neige. Am 4. Juli geriet der Stützpunkt erneut unter heftigen Steilfeuerbeschuss, der fünf afghanische Soldaten verwundete und den Mörser der Kanadier ausschaltete. Ein Afghane erlag seinen Verletzungen, während dem Stützpunkt Mushan nun auch die medizinischen Versorgungsgüter ausgingen.

Am 5. Juli 2008 unterstützten die Leos des B Squadron erneut im Rahmen einer mechanisierten Kolonne, um die Operation Room Service 2 auszuführen. Der Stützpunkt Mushan sollte mit Versorgungsgütern beliefert werden, außerdem sollten die dort stationierten Kanadier und Afghanen ausgetauscht werden. Teil der Kolonne waren demnach Ford Ranger der ANA. Bereits der nur wenig mehr als 20 Kilometer lange Anmarschweg geriet zum Spießrutenlauf. Mehrmals entlang des Arghandāb-Ufers kam es zu Kontakten mit Aufständischen. Die Kolonne wurde schließlich vor den Mauern des Stützpunktes durch das Ausbilderteam 71A sowie die afghanische 1. Kompanie empfangen. Für sie übernahmen 71B und die 2. Kompanie des Kandaks. Auch auf dem Rückweg geriet die Kolonne wieder unter heftigen Beschuss. Die Leopard 2 A6M erwiderten das Feuer aus ihren 120-Millimeter-Kanonen, während Captain Matt Aggus von 71A unter Feuerschutz der Panzer einen afghanischen Trupp anführte, der abgesessen den Kampf aufnahm. Die Angreifer flohen daraufhin.

Nur 600 Meter weiter wurde die Kolonne erneut beschossen. Auf beiden Uferseiten bellten Handfeuerwaffen und fauchten RPGs. Die Kräfte der Kolonne erwiderten das Feuer. Es wurde hektisch, als ein Taliban, bewaffnet mit einem RPG-Werfer, frontal auf zwei Leoparden zurannte. Die Kommandanten stimmten sich kurz ab und feuerten dann jeweils eine Mehrzweckgranate auf den Angreifer, was diesen förmlich in Fetzen riss.

Ende Juli 2008 wurde die Operation Room Service 3 durchgeführt; erneut begleiteten die Leoparden des B Squadrons die Kolonne. 71A und die afghanische 1. Kompanie kehrten nach Mushan zurück. Die Leoparden blieben für mindestens zwei Nächte vor Ort. Bereits in der ersten Nacht versuchten die Aufständischen, die Panzer mit insgesamt sieben Mörsergranaten zu treffen. Auch in der zweiten Nacht setzte Steilfeuerbeschuss auf die Leoparden ein. Daraufhin bombardierten zwei US-amerikanische F-18 die vermutete Mörserstellung. Aufständische, die sich außerhalb Mushans herumdrückten, wurden von den Leoparden mit 120-Millimeter-Geschossen begrüßt und flohen. In dieser Nacht wurden insgesamt fünf Aufständische getötet. Kurz darauf kehrten die Leoparden nach Ma'Sum Ghar zurück.

Für die Panzersoldaten von DANCON 5 wurde der Tod eines ihrer Kameraden zum prägenden Ereignis ihrer sechs Monate in Afghanistan: Am 25. Juli 2008 fiel der Fahrer des Leopards mit dem Rufnamen 2, Jesper Gilbert Pedersen, auf einer Patrouille auf der Westseite des Flusses. Das TANKDET unterstützte an jenem Tag eine Operation der ANA und ihrer britischen Mentoren gegen die Taliban etwa vier Kilometer nördlich der FOB Armadillo. Nachdem die ANA mit einer kontrollierten Explosion einen IED-Anschlag simuliert hatte, um die Taliban herauszulocken, trat ein Spotter des Gegners recht auffällig in Erscheinung, der Mörserfeuer gegen die dänischen Panzer koordinierte. Einige Salven aus dem achsparallelen MG eines der Leoparden schlugen ihn in die Flucht, woraufhin das Steilfeuer abebbte. Daraufhin setzte das TANKDET zu einem Stellungswechsel über eine durch die Pioniere geräumte Gasse an. An einer Stelle dieser Gasse mussten die Panzer scharf um 90 Grad abbiegen. Als der Leo mit dem Rufzeichen 2 (Kommandant Mikkel – Dienstgrad unklar) besagtes Manöver ausführte, zündete ein IED. Für wenige Augenblicke fiel die Bordsprechanlage aus, danach konnte Mikkel umgehend seine Besatzungsmitglieder anrufen. Dramatische Sekunden folgten: Lade- und Richtschütze meldeten Gefechtsbereitschaft, Fahrer Perdersen aber blieb stumm. Da der Turm zur Seite gedreht war, kamen die anderen Besatzungsmitglieder nicht an ihn heran. Zu allem Überfluss lief der Motor noch, der Panzer rollte weiter und bewegte sich auf eine Kante zu, wo es 10 bis 15 Meter steil in die Tiefe ging. Mikkel befahl seiner Besatzung auszubooten. Alle drei sprangen vom fahrenden Panzer und zogen sich beim Aufprall Verletzungen zu. Der Leopard rollte auf die Kante zu, fuhr sich kurz davor aber fest und blieb stehen.

Die Verwundeten wurden umgehend evakuiert und nach Camp Bastion ausgeflogen. Der Panzer wurde geborgen und zu einer Basis der ANA in der Nähe gebracht, wo Pedersens Tod festgestellt wurde. Es stellte sich heraus, dass die Sprengfalle direkt unter der Notausstiegsluke des Fahrers in die Luft gegangen war und er im entstandenen Druck keine Überlebenschance gehabt hatte.

Das Danish Army Combat Centre nahm den Vorfall zum Anlass, um die im Einsatz befindlichen Leos 2 mit dem Minenschutz aus dem M-Paket nachzurüsten.

Mitte August begann sich das kanadische B Squadron auf die Operation Timis Preem vorzubereiten, eine großangelegte NATO-Offensive zur Neutralisierung von IED-Fabriken und Taliban-Stützpunkten. Am 21. August startete die Operation im Morgengrauen. US-amerikanische B-1 Bomber bombardierten die Position einer vermuteten IED-Fabrik, kurz bevor die kanadischen Leopard 1 und 2 im Zusammenwirken mit weiteren Kräften diese erreichten. Mit dem bekannten Vorgehen (zwei Anmarschgassen mit teilgedeckten Stellungen schaffen) rückten die Panzer vor – Pionierpanzer und Leopard 1 C2 mit Räumschild schlugen die gangbaren Gassen ins Gelände. Dabei gerieten sie immer wieder unter Handwaffenbeschuss. Ein Leopard 2 klärte einen Aufständischen im Schutz einer Lehmmauer auf und feuerte seine Hauptkanone auf ihn ab. Der Schuss verfehlte sein Ziel und flog stattdessen so haarscharf an einem unbeteiligten Zivilisten vorbei, der sich auf dem Dach einer Hütte aufhielt, dass es ihn durch die Luft schleuderte. Der Mann konnte mit leichten Verletzungen geborgen werden und wurde ambulant versorgt. Die NATO-Truppen rückten durch üppige Marihuanafelder vor und erreichten nach rund zwei Stunden den Ort der zerstörten Fabrik. Während die Panzer in Stellung gingen, durchkämmte die Infanterie das Gebiet. Darauf brach sich ein fünfzehnminütiger Feuerkampf bahn, in den mindestens ein Leopard 2 mit seinem achsparallelen MG eingriff und damit einen Aufständischen vernichtete.

In den folgenden Stunden konnte die Infanterie zahlreiche Waffen, Munition und brauchbare Überreste aus der IED-Fabrik sicherstellen. Dann rückten die NATO-Truppe ab, wobei sie darauf achteten, nicht dieselben Wege zu nutzen. Dabei wurde der Leopard 1 C2 von Sergeant Thompson erneut beschossen. Aufgrund des Geländes konnte er sein Rohr nicht weit genug absenken, um die Ziele zu bekämpfen. Adams Leo 2 eilte ihm zu Hilfe und vernichtete den Feind mit einem Kartätschengeschoss. Die Operation konnte ohne Verluste erfolgreich beendet werden.

Ebenfalls im August 2008 erfolgte der Wechsel zum nächsten dänischen Kontingent (DANCON 6). Die 2. Eskadron des 1. Panserbataljons des Jydske Dragonregiments stellte das TANKDET-Personal. Mit dem Kontingentwechsel erweiterte sich zudem der Auftrag der Panzersoldaten: Hinzu kam die Verteidigung der Stadt Girishk sowie die Absicherung ihres Wiederaufbaus. Girishk ist eine Stadt rund 110 Kilometer Luftlinie nordöstlich von Kandahar am Ufer des Helmands. Auf den vielen Fahrten durch Girishk in den Jahren des Afghanistaneinsatzes wurden die dänischen Panzer gelegentlich mit Steinen oder Gemüse beworfen.

Mit dem Kontingentwechsel veränderten sich ebenfalls die Rufnamen: Das TANKDET wurde nun als Alpha Troop bezeichnet, geführt durch Premierløjtnant Jens.

Am 31. August um 05.00 Uhr brach das kanadische B Squadron im Verbund mit weiteren Kräften nach eingehender Planung zur Operation Mutafiq Tandar 4 auf, einem weiteren „Zimmerservice“ für die Außenposten bis runter nach Mushan. Erneut wählten die Kanadier eine andere Route und nutzten teilweise das Flussbett des Arghandābs für ihren Vormarsch. Ein Pionierpanzer Badger wurde durch ein IED außer Gefecht gesetzt und fing Feuer. Während die Kolonne stoppte und Sicherungspositionen bezog, kippte ein Frontlader Erde über das Wrack, um das Feuer zu löschen, ehe es zurück zur FOB geschleppt wurde.

Die Operation wurde fortgesetzt und die Außenposten erfolgreich versorgt. Außerhalb von Mushan richtete sich die Kolonne in einer Igelstellung zur Übernachtung ein. In der Morgendämmerung trat sie den Rückweg an. Leopard 2-Panzer sicherten die Anschlagsorte ab, als kurz hintereinander zwei Leo 1 jeweils ein IED auslösten. Hier wurde zum Problem, dass der Leopard 2 nicht in der Lage war, die Erweiterungen wie die Minenwalzen aufzunehmen. Dies limitierte die Kanadier nach zwei Anschlägen auf ihre Leo 1 deutlich, da gegen die IED-Gefahr auf jeden Fall ein Fahrzeug mit Minenwalzen die Kolonne anführen sollte.

Im September 2008 wurden die kanadischen und afghanischen Kräfte im Stützpunkt Mushan abgezogen, während kanadische Pioniere vor Ort ans Werk gingen. Die Versorgung des Stützpunktes wurde nun aus der Luft vorgenommen. Auch wenn es nicht explizit dokumentiert ist, ist davon auszugehen, dass kanadische Leoparden auch für die Extraktion der Mushaner Kräfte im September 2008 sowie für den sicheren Transport der Pioniere eingesetzt wurden. Beachte, dass Fowler hingegen davon spricht, dass Mushan erst im Frühjahr 2009 aufgegeben wurde.

Ab Mitte September 2008 übernahm sukzessive A Squadron die Verantwortung über die Panzer in Ma'Sum Ghar.

Ein dänischer Leopard 2 A5, der im Oktober 2008 die Main Operation Base (MOB) Price passiert. Kurz zuvor wurden die dänischen Leopard 2 mit Lamellenpanzerungsgittern ausgestattet, um die Fahrzeuge vor RPG-Beschuss zu schützen. Während DANCON 6 (August 2008 bis Februar 2009) waren die Leopard 2 mit Besatzungen der 2. Eskadron des 1. Panserbataljons des Jydske Dragonregiments bemannt, wie aus dem Einheitswimpel an der Turmantenne ersichtlich ist. Gut zu erkennen sind die Thermomatten. (Copyright Danish Defence Command)

Am 14. November 2008 kehrte das TANKDET der Dänen von einer Patrouille in die FOB Armadillo zurück. Kaum hatten die Panzersoldaten ihre Fahrzeuge verlassen, wurde das Camp durch das Geschoss eines B-10-Geschützes getroffen. Die Granate schlug nur wenige Meter neben Jens und einem seiner Panzerkommandanten in ein Lager ein. Der Explosionsdruck fegte die beiden von den Füßen. Sie blieben unverletzt. Am Tag darauf wurde das B-10-Geschütz in einem Höhleneingang identifiziert. Nachdem ein Luftangriff keinen Erfolg gezeitigt hatte, rückte Alpha Troop aus und zerstörte das Geschütz mit einer Mehrzweckgranate.

Am 16. und 17. November 2008 unterstützte das dänische TANKDET eine britische Operation mit zwei Leopard-Panzern (Premierløjtnant Jens sowie Sergent Chris, Rufzeichen 2) südlich von Camp Bastion. Ziel war es, Feindberührung herzustellen, um den Standort und die Stärke des Gegners aufzuklären. Gegen Mittag verließen die beiden Leopard-Panzer zusammen mit weiteren Truppen das Camp, um sich mit britischen Aufklärungskräften (British Brigade Reconnaissance Force) zu vereinigen. Gemeinsam zogen sie dann gen Süden; die Leoparden bildeten das schließende Element der Kolonne. Um 17.00 Uhr erreichte die Kolonne den ausgemachten Treffpunkt mit britischen Spezialkräften (Taskforce 444), die eine Igelstellung errichtet hatten, aus der heraus sie das Gelände observierten. Nach einer Lagebesprechung und Ruhephase rollten die Tanks ab 02.00 Uhr nachts südwärts, wo sie gegen 04.30 Uhr den nächsten Sammelpunkt erreichten. Um 07.00 Uhr meldeten die britischen Aufklärer Feindkontakt, kurz darauf setzten die Spezialkräfte dieselbe Meldung ab. Die Leoparden setzten sich zusammen mit einer britischen Eskorte in Richtung Taskforce 444 in Bewegung. Dort angekommen, standen die Fahrzeuge der Spezialkräfte im Feuerkampf mit zwei Aufständischen, die sich auf einem Friedhof verschanzt hatten. Nach mehreren Stellungswechseln gab Chris' Panzer einige Warnschüsse mit dem MG ab. Daraufhin zeigte sich ein dritter Aufständischer, nur 800 Meter von Chris entfernt. Er trat aus der Deckung und schoss mit seiner Kalaschnikow auf die dänischen Tanks. Jens' Crew erwiderte das Feuer zunächst mit dem achsparallelen MG, was den Angreifer hinter den Schutz einer Mauer fliehen ließ, von wo aus er erneut zu schießen begann. Eine HEAT-Granate riss die Mauer in Stücke und erledigte den Angreifer letztlich.

Die Leoparden bewegten sich daraufhin in Richtung der britischen Aufklärer. Auf dem Weg gerieten sie unter Kleinkaliber- und RPG-Beschuss, konnten die Stellungen der Angreifer aber nicht aufklären, weshalb sie zu den Briten durchbrachen. Die Soldaten der British Brigade Reconnaissance Force standen ebenfalls unter Feuer, ohne den Gegner ausmachen zu können. Briten und Dänen zogen sich daraufhin zurück.

Anfang Dezember wurde Sergent Chris' Panzer auf dem Rückweg von Armadillo nach Camp Bastion von einem IED angesprengt. Der Sprengsatz zerfetzte die Kette und einige Laufrollen und riss einen Teil der Slat-Panzerung ab. Kommandant und Ladeschütze fuhren zu diesem Zeitpunkt über Luke, die abgerissenen Panzerungselemente flogen knapp über ihren Kopf hinweg. Umgehend suchten die Pioniere die Umgebung ab. Der Schaden konnte vor Ort nicht behoben werden, weshalb Premierløjtnant Jens' Panzer den beschädigten Tank zurück nach Armadillo schleppte. Dort wurde er notdürftig repariert, um den Weg nach Bastion aus eigner Kraft zu schaffen. Im Camp angekommen, wurde dann festgestellt, dass die Wanne durch die Explosion derart verzogen war, dass der Panzer stillgelegt werden musste.

Mit dem Wechsel zu DANCON 7 im Februar 2009 übernahm Premierløjtnant Dennis das Kommando über das TANKDET. Ebenfalls im Februar 2009 übernahm C Squadron die kanadischen Leos in Afghanistan. Als Squadron Sergeant-Major zeichnete Master Warrant Officer Richard Stacey verantwortlich. Eine der Hauptaufgaben bestand für dieses Kontingent darin, die Infanterie bei Operationen in den Distrikten Panjwai, Zharey und Maiwand zu unterstützen. Der SSM führte das Versorgungselement für die kanadischen Leoparden und war damit für die Bereitstellung von Betriebsstoffen, Ersatzteilen und Verpflegung verantwortlich. Der sogenannte Echelon bestand aus rund zwölf Fahrzeugen: Lastkraftwagen für den Materialtransport, ein gepanzerter Bison-Krankenkraftwagen, Wartungsfahrzeuge, Badger Pionierpanzer und Taurus-Bergepanzer. In der Regel bewegte sich der Echelon nah hinter den Panzern selbst, um diese jederzeit versorgen zu können. Ich gehe davon aus, dass der Echelon zu Zeiten des alleinigen Leopard 1-Einsatzes in Afghanistan ähnlich organisiert war. Eine Beschreibung seiner Struktur und Aufgaben findet sich aber nur bei Fowler für die Unterstützung der Leopard 2 A6M.

Am Morgen des 31. Juli 2009 verließen sechs kanadische Leoparden die FOB Sperwan Ghar als Teil einer Kolonne, die zu einer Operation im Arghandāb-Tal aufbrach, um die dort ansässigen Taliban zu stören und mögliche Waffenverstecke auszuheben. An dieser Operation nahmen sowohl Leopard 1 als auch Leopard 2 teil. Da ein Leopard 1 im Zentrum der Kampfhandlungen stand, ist der Bericht über diese Operation im entsprechenden Kapitel zu finden.

Von April bis Mitte Juli 2009 führte die Taskforce Helmand eine Serie von Operationen durch, die unter dem Namen Panther's Claw liefen. Ziel war es, das Dorf Spin Masjed zu erobern und zu halten, das die beiden wichtigen Städte Girishk und Lashkar Gah miteinander verband. Hintergrund waren die für den 20. August angesetzten Wahlen. Dabei wurde das TANKDET regelmäßig zur Feuerunterstützung und Überwachung des Vorgehens eigener Truppen eingesetzt.

Im Frühjahr 2009 wurden spezielle Halterungen an einigen kanadischen Leopard 2 in Ma'Sum Ghar angebracht, sodass sie in der Lage waren, Minenwalzen zu operieren.

Im April 2009 verlegten die dänischen Panzer ihre Basis von Armadillo in die Main Operating Base Price westlich von Girishk. (Die FOBs Sandford und Armadillo befanden sich östlich und weit abgelegen von der Stadt.)

Am 20. Juni nahmen die dänischen Panzer wieder einmal ihre Stellungen in erhöhter Position zur Überwachung der Green Zone ein. Die Besatzung des Leos mit dem Rufnamen 2 meldete Explosionen direkt vor ihrem Fahrzeug. Der Kommandant des M113 konnte von seiner Position aus sehen, wie eine Gruppe von Taliban unterhalb der Panzerstellungen RPG-Granaten in die Luft feuerte, um die Leoparden zu treffen. Über den Forward Air Controller wurde ein Luftschlag angefordert. Eine F-15 Strike Eagle bekämpfte die Taliban mit ihrer 20-Millimeter-Gatling. Die Aufständischen flohen daraufhin. Der Beschuss schlug derart nah am Panzer mit dem Rufnamen 2 ein, dass dessen Richtschütze den Vorgang als dramatisch beschrieb.

Ebenfalls im Juni fand eine größere Operation der Dänen statt. Mehrere dänische Einheiten kreisten eines frühen Morgens eine Gruppe von Taliban nördlich der FOB Armadillo hufeisenförmig ein. Ziel war es, die Insurgenten in Richtung der Leopard-Panzer zu treiben, die die „Öffnung des Hufeisens" blockierten. Nach einiger Zeit näherte sich ein Bewaffneter bis auf 200 Meter den Panzern; er stand offensichtlich im Feuerkampf mit der ihn treibenden dänischen Infanterie. Der Leo mit dem Rufnamen 2 erledigte ihn mit Maschinengewehrfeuer. 10 bis 15 Minuten später tauchte ein zweiter Aufständischer, bewaffnet mit einem MG, auf. Die 2 bekämpfte ihn mit einem Mehrzweckgeschoss. Daraufhin näherten sich zwei Mann mit einer RPG-7. Sie wurden auf 1.600 Meter ebenfalls mit einem Mehrzweckgeschoss beschossen, das in einen Baum schlug, diesen zerfetzte und dabei die beiden Insurgenten ausschaltete. In der Folge wurden weitere Angreifer bekämpft, ehe zwei Mann in einem Wadi links des Leopards mit dem Rufnamen 2 gesichtet wurden. Da der Panzer noch andere Ziele bekämpfte, griff der Ladeschütze die beiden Männer über Luke mit seinem Karabiner M/96 (Colt Canada C8 Carbine) an. Er hielt sie durch sein Feuer nieder, verschoss dabei insgesamt mehr als fünf Magazine, ehe der Richtschütze den Turm drehen konnte und mit zwei Kartätschengeschossen eingriff, was die Aufständischen tötete.

Ein dänischer Leopard 2 A5 irgendwo in der afghanischen Wüste während DANCON 8 (August 2009 bis Februar 2010). Die Fahrzeuge wurden mit Barracuda-Thermomatten der schwedischen Firma SAAB bestückt. (Copyright Danish Defence Command, Anders Fridberg)

Ab Ende Juni wurde die Einheit zudem durch einen zu einem Minenräumpanzer umgebauten Bergepanzer Wisent verstärkt, weshalb Pioniere nicht mehr abgesessen nach Minen und IED suchen mussten. Das Räumen von Wegstrecken erfolgte nun 15- bis 20-mal schneller.

Am 2. Juli 2009 rückte im Zuge der Operation Panther's Claw eine Taskforce, bestehend aus Briten, Afghanen und Dänen inklusive ihrer Leos über den Nahr-E-Bughra-Kanal vor. Die Panzer sicherten dabei das Queren des Kanals der übrigen Truppen ab. Bei dieser Operation kam erstmals besagter Wisent zum Einsatz, der kurz darauf auf ein IED fuhr und vorerst ausfiel.

Auch am 8. Juli operierte die Taskforce wieder am Nahr-E-Bughra-Kanal. Das TANKDET wurde für diese Operation in zwei Trupps aufgeteilt. Zwei Panzer wurden auf der Westseite des Kanals als Feuerunterstützung für eine britische Operation positioniert. Der Leopard mit dem Rufnamen 3 überquerte den Kanal und überwachte östlich des Übergangs dänische Infanterie bei ihrem Vorgehen. Gegen 08.00 Uhr durchbrach die 3 eine Hecke, stellte dann aber fest, dass die Infanterie nicht folgte, und setzte rückwärts. Dabei verkeilte sich ein Baumstamm so unglücklich im Laufwerk, dass die Kette geworfen wurde und der Panzer steckenblieb. Der Rest des TANKDET eilte umgehend zu Hilfe, konnte den Panzer aber ob des weichen Untergrunds nicht bergen. Im Camp Price befand sich noch ein Bergepanzer auf Leopard 1-Basis (Bergepanzer 2), der allerdings vorübergehend stillgelegt worden war. In aller Eile wurde eine Besatzung organisiert, die die Einsatzbereitschaft des Bergepanzers herstellte und sofort in Richtung TANKDET aufbrach. Der Panzer konnte schließlich aus der Green Zone geborgen und von zwei Leos zur MOB Price geschleppt werden.

Mit dem Kontingentwechsel im August 2009 übernahm Premierløjtnant Erik das Kommando über das TANKDET. Die Panzersoldaten von DANCON 9 waren zunächst hauptsächlich mit Instandsetzungsarbeiten beschäftigt, da die Tätigkeiten im Zuge der Operation Panther's Claw ihre Spuren hinterlassen hatten. Die dänischen Leoparden waren verschlissen und die Ersatzteillage angespannt.

Die Taliban drohten derweil, die Wahlen am 20. August zu behindern, weshalb DANCON einen Trupp des TANKDETs in Artillery Hill stationierte, einer Kaserne der Artillerietruppe der ANA am Ostufer des Helmand-Flusses in Reichweite einer wichtigen Brücke über selbiges Gewässer und in Sichtweite von Girishk. Mit Öffnen der Wahllokale feuerten Insurgenten einen Mörser ab, was sowohl von der Besatzung des dänischen Leos mit dem Rufnamen 2 als auch von dänischen Scharfschützen beobachtet wurde. Ein Artillerieschlag führte nicht zum Erfolg, weshalb der Leo schließlich Feuerfreigabe erhielt, nachdem die Angreifer einen zweiten Schuss abgegeben hatten. Die Angreifer konnten mit zwei Mehrzweckgeschossen auf eine Entfernung von 3.800 Meter in die Flucht geschlagen werden.

In Thomas Antonsens Buch berichtet Erik von einem weiteren Feindkontakt, von dem unklar bleibt, wann er sich zutrug: Mindestens ein Leopard überwachte das Vorgehen einer Aufklärungseinheit durch ein Kornfeld in Pasab. Ziel war ein Kanal, an dem es bereits früher zu Feindberührungen gekommen war. Kaum hatten die Aufklärer jenen Kanal erreicht, kamen sie unter starkes Abwehrfeuer. Der beziehungsweise die Leoparden stiegen zunächst mit ihren MGs in den Feuerkampf ein. Kurz darauf bekämpften sie erkannte Ziele mit der Hauptkanone, während ein weiterer Leo 2 das Schlachtfeld betrat und ebenfalls das Feuer eröffnete. Später detonierte ein RPG-Geschoss nahe des M113. Schließlich wurde die Hauptstellung der Taliban aufgeklärt und mit einem Luftschlag ausgeschaltet.

Im September 2009 wurde das TANKDET für fünf Tage abgestellt, um einen weiteren Übergang über den Helmand zu sichern. Zu jener Zeit rotierte auch die kanadische Panzertruppe wieder und B Squadron übernahm das Ruder.

Die erste Dezemberwoche des Jahres 2009 stand im Zeichen der Operation Cobra's Anger. Die Federführung oblag dem US Marines Corps, das explizit Kampfpanzer anforderte, da es selbst in Afghanistan über keine verfügte. Ziel war die Befreiung der Stadt Now Zad rund 80 Kilometer nördlich von Girishk sowie die Beseitigung aller IEDs dort. Now Zad befand sich seit zwei Jahren unter Taliban-Kontrolle. Unter größter Geheimhaltung beförderte eine britische Logistikeinheit die mit Fallschirmen abgedeckten Leopard-Panzer per Schwertransport in einem eineinhalbtägigen Marsch ins Zielgebiet. Auf dem Weg wurde einer der Schwertransporter durch einen IED-Anschlag außer Gefecht gesetzt. Da die dänischen Fahrer der Panzer die Kolonne begleiteten (der Rest der Besatzungen wurde per Helikopter ins Zielgebiet verbracht), konnte der Leo den übrigen Teil der Marschstrecke aus eigner Kraft zurücklegen.

Die Marines und Dänen fanden Now Zad menschenverlassen vor. Es kam bald jedoch zu kleineren Scharmützeln zwischen Marines und Taliban. Darüber hinaus stellte sich das Stadtzentrum als geradewegs IED-verseucht heraus. Die Marines sahen keine andere Möglichkeit, als ganze Teile der Stadt kontrolliert zu sprengen. Kurz vor Weihnachten trafen die Dänen wieder in der MOB Price ein.

Während der Operation Toffan (29. bis 31. Dezember 2009) kamen kanadische Leopard 2-Panzer zum Einsatz, geführt durch die Männer und Frauen der zu diesem Zeitpunkt vor Ort befindlichen B Squadron. Die Taskforce Kandahar kämpfte mit Unterstützung von Leopard 2-Panzern der Quick Reaction Force und weiteren mechanisierten Kräften den Isa Dora-Lalique-Korridor im Südwesten Kandahars von Aufständischen frei.

Am 30. Dezember 2009 kam es im Rahmen von Toffan zu einem Zusammenstoß einer ISAF-Kolonne mit Aufständischen. Die Leopard 2 A6M CAN der QRF eröffneten aus einer gepanzerten Kolonne heraus mit ihrer Hauptkanone das Feuer auf den Gegner. Darüber hinaus ebneten kanadische Leos mit vorgespannten Minenwalzen während der Operation Toffan den Weg durch Minen-, UXO- sowie IED-verseuchtes Gelände. Dabei wurde der Wert der Minenwalzen unter Beweis gestellt, als ein Leopard 2 damit ein IED auslöste. Bei der Detonation wurden weder das Fahrzeug noch die Walzen beschädigt.

Für eine größere Operation im Jahr 2010 wurde das dänische TANKDET sowie ein Zug eines dänischen Aufklärungsbataillons zur Taskforce Beast zusammengefasst, die von Premierløjtnant Erik befehligt wurde. TF Beast erhielt den Auftrag, ein Ablenkungsmanöver durchzuführen: Dazu sollte sie östlich des Helmands den Bereich zwischen der FOB Khar Nikah und dem Highway 611 patrouillieren, um von Operationen westlich des Flusses abzulenken. Sechs Tage lang stellte TF Beast temporäre Checkpoints entlang der Rollbahn, führte Erkundungen durch und sicherte Flussübergänge. Ein Einsatz drehte sich sogar um die medizinische Versorgung eines Dorfes in der Area of Operations. Die Mission gereichte zum Erfolg, die Hauptoperationen westlich des Flusses konnten teils ohne Kenntnisnahme der Taliban durchgeführt werden.

Im Februar 2010 erfolgte dänischerseits der Kontingentwechsel zu DANCON 9. Die Zusammenarbeit mit den afghanischen Sicherheitsbehörden intensivierte sich zu dieser Zeit und die dänische Battle Group wies insgesamt eine hohe Aktivität auf. Das Kommando über das TANKDET übernahm Premierløjtnant Martin (nicht dieselbe Person wie Premierløjtnant Martin von DANCON 5).

Mit der britischen Operation Moshtarak unter britischer Federführung ergab sich für die dänischen Leos von DANCON 5 der erste größere Kampfeinsatz. Ziel war es, die südwestlich von Lashkar Gah gelegene Stadt Marjah von den Taliban und Akteuren aus dem Drogenmilieu zu befreien. Im gleichen Atemzug galt es, mehrere Beobachtungsposten entlang des Highways, der parallel zum Helmand verläuft, zu errichten. Für die insgesamt dreiwöchige Operation wurde das TANKDET samt Wisent und zwei Versorgungslastwagen britischen Aufklärern unterstellt. Dänen und Briten errichteten bei einem Checkpoint der Afghanischen Nationalpolizei nahe der Bolan-Brücke über den Helmand einen temporären Stützpunkt als Ausgangspunkt für jegliche Operationen. Auf dem Weg in den Einsatzraum plagten die dänischen Panzersoldaten verschiedene technische Defekte, weshalb ein Leo nur bedingt einsatzbereit war und über die Funkausstattung des M113 kein Kontakt zu den Briten hergestellt werden konnte. Die Folge war, dass Sergent Heine, Kommandant des teildefekten Panzers, den Briten als Verbindungsmann zur Verfügung gestellt wurde. Interessant ist in diesem Zusammenhang das Urteil von Premierløjtnant Martin, das bei Thomas Antonsen abgedruckt ist: Mit nur einer Versorgungsfahrt und dem einmaligen Einfliegen eines Teams von Mechanikern konnten die Leoparden trotz der technischen Probleme über die gesamte Spanne von drei Wochen völlig autark operieren.

Am Morgen des 13. Februar 2010 beteiligte sich Heine an einer britischen Patrouille zu Fuß bei der Kreuzung von Bolan, um die Taliban herauszufordern; die dänischen Leoparden überwachten anfänglich das Vorgehen.

Nach einiger Zeit meldete Heine dem TANKDET-Kommandeur Martin Feindkontakt. Der britische Trupp war festgenagelt und hatte bereits einen Verwundeten zu beklagen, doch die Panzer konnten aufgrund des unübersichtlichen Geländes nicht eingreifen. Erst das Abfeuern einer Hellfire-Rakete durch einen Apache ließ das Feuer der Aufständischen abebben.

Martins Einlassung zu Moshtarak in Thomas Antonsens Buch deutet an, dass es während der Operation zu weiteren Feindkontakten kam, wobei der Gegner oft zurückwich, sobald die dänischen Leos das Schlachtfeld betraten.

Kurz darauf absolvierte das TANKDET einen Einsatz in der Nähe der PB Khar Nikah.

Im März 2010 übernahm bei den Kanadiern erneut A Squadron der Strathcona's die Verantwortung über die Leoparden in Ma'Sum Ghar.

Am Nachmittag des 4. Mai 2010 starteten die Taliban einen konzentrierten Angriff auf die von Dänen gehaltene Patrol Base Bridzar am Rande jener Höhen, von denen aus die Green Zone überwacht werden konnte. Am Abend hatten die Dänen bereits elf Verwundete (von rund 20 Soldaten insgesamt) zu verzeichnen, die aufgrund eines Sandsturms nicht ausgeflogen werden konnten. Es wurde daher eine dänisch-britische Taskforce zusammengestellt, in die sich auch das TANKDET einreihte. Das Gesamtkommando übernahm Premierløjtnant Martin. Der Marsch von der MOB Price zur Patrol Base Clifton, einen Kilometer nördlich von Bridzar, erstreckte sich über eine Distanz von 15 Kilometer, der tobende Sandsturm beschränkte die Sicht jedoch auf wenige Meter. Der Marsch dauerte drei Stunden. Zwei britische Fahrzeuge sowie ein dänisches Militärvehikel fielen aus und mussten durch dänische Feldjäger respektive Pioniere zurück nach Price eskortiert werden, was die Stärkte der Taskforce um mehr als die Hälfte reduzierte. Martin traf die Entscheidung, von Clifton aus zu Fuß nach Bridzar zu marschieren, da er im Sandsturm weitere Ausfälle befürchtete. Die Soldaten in Brizdar konnten schließlich entsetzt und die Verwundeten herausgeholt werden, ohne auf die Leopard-Panzer zurückzugreifen.

Mit dem nächsten Kontingentwechsel im August 2010 definierte für drei Monate die Rolle als Quick Reaction Force den Alltag der dänischen Panzersoldaten. Daneben lieferten sie einmal mehr Feuerunterstützung für zahlreiche Operationen in der Green Zone. Die letzten drei Monate konzentrierten sich auf Operationen am Ostufer des Helmands entlang des Highways 611. Daneben eskortierten die Leoparden zahlreiche Kolonnen in der Area of Responsibility, vornehmlich zwischen den verschiedenen FOBs, MOBs und Camps. Das Kommando über das TANKDET hatte Premierløjtnant Troels inne. In den Zeitraum von DANCON 10 fiel auch der Ausbau besagten Highways, der ob seiner Wichtigkeit als Verbindungsstraße hohe Priorität genoss. Die Taliban töteten mit mehreren Angriffen mehr als 20 Mann eines privaten Sicherheitsdienstes der Baustelle, weshalb ISAF für die weiteren Bauarbeiten eine Sicherungstruppe abstellte, bestehend aus Briten, US-Amerikanern und Dänen inklusive deren Leos. Dies langte, um alle größeren Attacken der Taliban einzustellen. Major-General Richard Mills vom US Marines Corps bewertete den Auftritt der dänischen Kampfpanzer als ausschlaggebend für die Taliban, von weiteren Aktionen abzusehen. Nichtsdestotrotz wurde das TANKDET immer wieder in kleinere Scharmützel entlang der Baustelle verwickelt, so zum Beispiel am 5. November 2010. Gegen Nachmittag dieses Tages hatten die dänischen Panzersoldaten mit ihren Tanks eine Igelstellung in Sichtweite der Bauarbeiten errichtet, als ein einzelner Angreifer das Feuer mit einem russischen PKM-Maschinengewehr eröffnete, dessen Salven die Panzer trafen. Sergent Jesper, Kommandant des Panzers mit dem Rufzeichen 2, ließ den Angreifer erfolgreich mit einer HEAT-Granate auf 1.680 Meter Entfernung bekämpfen.

Anfang November 2010 klärten britische Truppen eine IED-Fabrik in einem Gebäude östlich von Girishk auf. Bei dem Versuch, die Fabrik unschädlich zu machen, wurde ein britischer Pionier in einer IED-Explosion getötet, weshalb entschieden wurde, auf die Feuerkraft der dänischen Leoparden zurückzugreifen. Am Abend des 9. Novembers gingen die Kampfpanzer in Schussreichweite der IED-Fabrik in Stellung und beschossen diese im Laufe der nächsten halben Stunde mit insgesamt 76 Mehrzweckgeschossen, wodurch sämtliche IEDs in die Luft flogen.

Die ersten kanadischen 2 A4 CAN wurden im Dezember 2010 nach Kandahar verlegt. Ende Januar befanden sich fünf Panzer dieses Musters vor Ort, geführt durch Soldaten der C Squadron der Strathcona's. Bereits am 17. Januar 2011 wurde einer dieser Panzer durch ein IED angesprengt. Das Fahrzeug wurde beschädigt, die Insassen kamen mit leichten Verwundungen davon.

Der Januar 2011 stand für das dänische TANKDET im Zeichen einer viertätigen Operation britischer Truppen in der Green Zone, deren Vorgehen durch die Panzer überwacht wurde. Auch in diesem Zusammenhang streicht ein beteiligter britischer Offizier, Captain James Nightingale, den Abschreckungseffekt der Leos auf die Aufständischen heraus. Es kam zu keiner Feindberührung während dieser Operation.

Für DANCON 11 (Februar 2011 bis August 2011) stellte das Jydske Dragonregiment die Panzersoldaten des TANKDETs, geführt durch Premierløjtnant Christian. Das Hauptaugenmerk lag auf Girishk und der östlich davon liegenden Reihe von Patrol Bases (Patrol Base Line). Zunächst unterstützten die dänischen Panzer im Februar 2010 beim Abbau der FOB Armadillo, die in der Folge an die ANA übergeben wurde. Beim letzten Aufenthalt in der Base wurden die Leoparden dabei von mutmaßlichen Taliban beobachtet, zu einem Angriff kam es allerdings nicht.

Leopard 2 A4M CAN agierten im März 2011 mit vorgespannten Minenwalzen im Arghandāb-Tal. An ähnlichen Minenräum- und Sicherungseinsätzen beteiligten sie sich immer wieder im Laufe des kanadischen ISAF-Einsatzes.

Ende Mai forderten britische Truppen in der FOB Rahim (ehemals Sandford) Panzerunterstützung der Dänen an, um wiederholte Attacken auf die Basis abzuwehren. Auch nach der Ankunft der Leos setzten sich die Angriffe fort. Am dritten Tag der Anwesenheit der Dänen geriet die Basis erneut unter Beschuss. Britische Radfahrzeuge und zwei der dänischen Leos schwärmten aus. Während sich die Briten in die Green Zone begaben, bezog der erste Panzer (Oversergent Mads) in erhöhter Position Stellung, von wo aus die Green Zone überwacht werden konnte. Um die Positionen der Aufständischen in einem Gebäude anzuzeigen, markierten die Briten dieses mit zwei Feuerstößen. Mads ließ einen Schuss auf das Gebäude abgeben, daraufhin erreichte der zweite Leo die erhöhte Position und stieg in den Feuerkampf ein. Nachdem sie fünf Mehrzweckgeschosse abgefeuert hatten, erreichte Premierløjtnant Christian in seinem Panzer den Ort des Geschehens. Kurz darauf erging der Befehl zum Einstellen des Feuers. Bei diesem Zwischenfall wurden mehrere Aufständische getötet.

Am 2. April 2011 wurde der dänische Panzer von Oversergent Mads am Ostufer des Helmand-Flusses in der Region Zumbelay durch ein IED angesprengt, als das TANKDET britische Einheiten bei der Errichtung einer neuen Patrol Base südlich der FOB Keenan unterstützte. Die Dänen marschierten über eine Route ins Zielgebiet, die nie zuvor von ISAF-Kräften benutzt worden war, um die Wahrscheinlichkeit eines Anschlages zu minimieren. Dennoch detonierte gegen 14.00 Uhr ein Sprengsatz auf Höhe von Mads' Tank mit einem Stärkeäquivalent von 20 bis 22,5 Kilogramm TNT. Der Kommandant verlor kurzzeitig das Gedächtnis und seine Funkhaube erlitt einen Defekt. Darüber hinaus zerfetzte die Explosion die Kette und mehrere Laufrollen. Der Motor lief jedoch noch und auch die Elektronik war unversehrt geblieben. Alle Besatzungsmitglieder waren wohlauf. Christians

Panzer schleppte den angesprengten Leo zurück in Richtung Girishk, wobei sich die Brücke östlich der Stadt als großes Hindernis erweisen sollte, da sie außerstande war, zwei Leopard-Panzer gleichzeitig zu tragen. Östlich der Brücke in der Wüste traf das TANKDET mit der zwischenzeitlich alarmierten QRF zusammen, die den Bergepanzer 2 mitbrachte. Gegen 22.00 Uhr erreichten sie die Brücke. Zunächst wurde jede Uferseite durch einen Leo 2 gesichert. In einer zeitraubenden Prozedur zog der Bergepanzer den beschädigten Leo 2 daraufhin über die Brücke, wobei darauf geachtet wurde, dass sich stets nur ein Fahrzeug auf Höhe eines Brückenpfeilers befand. Die Prozedur wiederholte sich noch einmal bei einer zweiten Brücke innerhalb von Girishk, die auf dem Weg zur MOB Price ebenfalls überwunden werden musste. Das TANKDET erreichte Price zwischen 02.00 und 03.00 Uhr nachts. Noch am selben Tag wurde der Reservepanzer aus Camp Bastion geholt, um wieder volle Einsatzbereitschaft herstellen zu können.

Im Mai 2011 wurde der M113 des TANKDETs durch einen US Oshkosh MRAP-Militärgeländewagen ausgetauscht, der einen höheren Schutzfaktor versprach.

Im Juli begleiteten die dänischen Leos einen Konvoi.

Auch Premierløjtnant Christian schätzt den Effekt der Leoparden auf die Aufständischen als abschreckend ein und geht davon aus, dass die Präsenz der Panzer Feindkontakte minimierte. Unterstützt wird diese These durch den Text von John Rugarber, der anhand einer RAND Corporation-Studie nachweist, dass der Einsatz von Leopard 2-Panzern regelmäßig dafür sorgte, dass die Aufständischen einen geplanten Angriff unterließen.

Die kanadischen Leopard 2 beider Varianten verblieben bis Juli 2011 in Afghanistan, als Kanada seine Beteiligung an der ISAF-Mission einstellte, und beteiligten sich bis dahin immer wieder an Einsätzen gegen Aufständische.

Premierløjtnant Anders übernahm während DANCON 12 das Kommando über das TANKDET, dessen Rufname während dieses Kontingents A-Troop lautete. Im September 2011 kam es östlich von Girishk nahe der Patrol Base Line erstmals zu einem Feindkontakt für die neue Rotation. Am Abend des 4. Septembers erreichten die dänischen Leoparden zunächst die PB Clifton am Rande der Höhenstellung oberhalb der Green Zone. In der Nacht räumten Pioniere ein Gebiet westlich der Patrol Base, sodass die Panzersoldaten dort ihr Lager aufschlagen konnten. Am 5. September meldete eine in der Nähe operierende dänische Infanterieeinheit Feindkontakt. Anders teilte seine Panzereinheit daraufhin in zwei Trupps auf: Er selbst blieb mit einem Minenräumpanzer und dem Oshkosh MRAP vor Ort, während der zweite Trupp, bestehend aus den beiden übrigen Leoparden und dem Wisent, in das Gebiet zwischen den beiden Patrol Bases Spondon und Bidzar verlegte, um die Infanterie zu unterstützen. Später, auf dem Rückweg, geriet der Panzer mit dem Rufzeichen 3 aus kurzer Distanz unter Feuer. Er beantwortete den Angriff mit zwei Kartätschengeschossen. Daraufhin bewegte sich der Trupp entlang jener Straße gen Süden, die die Patrol Bases miteinander verband (Route Sephton). Erneut wurde er beschossen. Dieses Mal hatte sich der Gegner in einem Gebäude abseits der Straße verschanzt. Die beiden Panzer bekämpften die Angreifer mit HEAT- und PELE-Granaten. PB Spondon meldete zu diesem Zeitpunkt, ebenfalls angegriffen zu werden. Die 3 fuhr daraufhin zurück zur Patrol Base, als sie aus einem Gebäude östlich der Straße unter Feuer geriet. Die Aufständischen befanden sich so nah am Leopard-Panzer, dass der zweite Tank nicht mit einer HEAT-Granate eingreifen konnte, sondern stattdessen eine PELE-Granate abfeuerte. Im Anschluss setzte Mörserfeuer gegen die Patrol Base Bidzar ein, ebenfalls von einem Gebäude aus abgefeuert. Der zweite Leo des Trupps beendete auch diesen Angriff mit einem Mehrzweckgeschoss. Das TANKDET sammelte im Anschluss in der PB Clifton. Während dieses Einsatzes trug zur guten Koordination der dänischen Panzer bei, dass sie im Vorfeld die Gebäude entlang der Route Sephton durchnummeriert hatten, um die Zielansprache und die Absprachen untereinander zu erleichtern. Auch an den folgenden Tagen kam es zu mehreren Feindberührungen entlang der Route Sephton.

Den Oktober und November 2011 verbrachten die dänischen Panzer in der FOB Ouellette östlich des Helmands an der Route 611 in Gesellschaft britischer Truppen, ehe sie Ende November in die MOB Price zurückkehrten.

Der Januar stand im Zeichen der Absicht, die Taliban von der Route Sephton zu vertreiben. Die dort installierte Patrol Base Line erwies sich dafür als nicht effektiv genug. In einer gemeinsamen britisch-dänisch-afghanischen Operation wurden neue Patrol Bases entlang der Höhenstellung über der Green Zone und Girishk errichtet, wobei die dänischen Leoparden das Vorgehen überwachten. Jeder Panzersoldat verbrachte dazu täglich 16 Stunden in der Stellung im Panzer.

Eines Morgens beobachtete Panzerkommandant Sergent Jacob einen Insurgenten, der in etwa 200 Meter Entfernung kriechend einen RPG-Werfer trug. Er meldete seine Entdeckung, woraufhin zunächst der Leo mit dem Rufnamen 2 und kurz darauf auch Anders‘ Wagen aus dem „Pausenraum“ herbeirollten. Der RPG-Träger bewegte sich zu einem Heuhaufen, wo er mit seiner Waffe in Anschlag ging. Jacobs Fahrzeug sowie der Panzer mit dem Rufnamen 2 schalteten ihn im Feuerüberfall mit HEAT-Granaten aus, ehe Anders‘ Panzer mit einer weiteren Granate auf einen zweiten Aufständischen schoss. Dieser überlebte und hastete hinter die Deckung einer Mauer, die Jacob mit einer PELE-Granate beschoss. Danach wurde der Aufständische nicht mehr gesehen. Nachdem die beiden anderen Tanks den Stellungsbereich wieder verlassen hatten, klärte Jacob einen dritten Aufständischen auf, der zu dem unbeschädigt gebliebenen RPG-Werfer kroch. Einen Meter von der Waffe entfernt, verharrte der Mann in Bewegungslosigkeit und rührte sich für eine halbe Stunde nicht. Als er schließlich nach dem RPG griff und sich aufrichtete, erledigte Jacobs Richtschütze ihn mit einem Mehrzweckgeschoss.

Wenige Tage nach diesem Zwischenfall kehrte das TANKDET in die MOB Price zurück. Für den Rest der Kontingentszeit kam es zu weiteren Begegnungen mit Aufständischen.

Mit DANCON 13 (Februar 2012 bis August 2012) vollzogen sich große Veränderungen für das dänische ISAF-Engagement. Das Betreiben einer eigenen Battle Group mit eigener Area of Responsibility wurde aufgegeben, während sich der Fokus auf die Ausbildung afghanischer Sicherheitskräfte verschob. Daraus resultierte, dass das TANKDET direkt der British Taskforce Helmand unterstellt wurde, die nun verantwortlich zeichnete für die ehemals dänische AoR. Befehlshaber der dänischen Panzereinheit wurde Premierløjtnant Kim. Ein dänischer Verbindungsoffizier der Panzertruppe wurde im Stab der britischen Battle Group installiert, der das TANKDET zugeordnet wurde.

Am 28. Februar 2012 wurde der Wisent des TANKDETs durch ein starkes IED angesprengt, als sich die dänische Panzereinheit in Kolonne abseits des Wegenetzes quer durch die Wüste bewegte. Sämtliche Besatzungsmitglieder wurden bei dem Anschlag leicht verwundet und das Fahrzeug derart stark beschädigt, dass es für eine Komplettüberholung zurück nach Dänemark geschickt werden musste. Zunächst aber schleppten Bergepanzer und ein Leo 2 gemeinsam den beschädigten Wisent zur nächsten befestigten Straße, wo britische Bergeeinheiten den weiteren Transport nach Camp Bastion übernahmen. Das Bergen nahm mehr als 24 Stunden in Anspruch und musste die gesamte Zeit über rundherum abgesichert werden, und als direkte Folge musste das TANKDET für zwei Monate ohne Wisent auskommen, was bedeutete, dass einmal mehr abgesessene Pioniere die Wegstrecken auf Minen und Sprengfallen absuchen mussten, was zeitraubend war.

Mitte Juni 2012 verlegten die dänischen Panzer zur FOB Rahim am Westufer des Helmands in erhöhter Lage oberhalb der Green Zone, wo sie sich in den letzten beiden Juniwochen an einer größeren internationalen Operation beteiligten: Afghanische Einheiten patrouillierten im Gebiet entlang der Patrol Base Line bis ins Gebiet südlich von Rahim, während dänische Infanterie am anderen Flussufer operierte. Gleichzeitig gingen US-Einheiten zwischen der FOB Rahim und der FOB Budwan (ehemals Armadillo) ans Werk, wodurch die Aufständischen eingekesselt wurden. Nun begann eine britische Infanteriekompanie damit, in das Gebiet der Aufständischen vorzudringen und dort in verschiedenen Gebäuden zu nächtigen, um Angriffe zu provozieren. Während der zwei Wochen lieferten die dänischen Panzer mehrfach Feuerunterstützung für die im Raum operierende Infanterie, dabei stellte der Leopard 2 seinen Ruf als Präzisionsinstrument unter Beweis, wenn die Dänen mit ihm zum Beispiel Insurgenten in unmittelbarer Nähe britischer Truppen bekämpften, ohne dass die Verbündeten Schaden nahmen.

Im Juli beteiligten sich die dänischen Leoparden an einer britisch-US-amerikanischen Operation im äußersten Südosten der Provinz Helmand. Ziel war es, einige bekannte Taliban-Kämpfer festzunehmen. Dabei fiel den Dänen vor allem die Aufgabe zu, das Vorgehen der verbündeten Truppen abzusichern. Tatsächlich half das TANKDET im Laufe der circa zweiwöchigen Operation häufig dabei, britische Fahrzeuge zum nahen Highway 1 (Verbindungsstraße zwischen Kandahar City, den Distrikten Panjwai und Zhari und der Helmand-Provinz) abzuschleppen, nachdem diese durch IED-Angriffe außer Gefecht gesetzt worden waren. Auch kam der mittlerweile wieder verfügbare Wisent verstärkt zum Einsatz, da der Operationsraum als hochgradig IED-verseucht galt. Ein Bergepanzer wurde mit Faschinen bestückt, um die zahlreichen Wasserstraßen im Einsatzgebiet passieren zu können. Die dänischen Leos hatten während dieses Einsatzes keinen Feindkontakt, was der Kommandant des Panzers mit dem Rufnamen 2, Oversergent

Jonas, in Thomas Antonsens Buch als „Umbrella Effect" bezeichnet. Gemeint ist damit der bereits vielfach vermutete Umstand, dass die Aufständischen beim Anblick von Kampfpanzern das Weite suchten.

Im August 2012 übernahm DANCON 14. Premierløjtnant Nikolaj vom Jydske Dragonregiment befehligte fortan das TANKDET. Als permanenter Verbindungsoffizier im Stab der British Battle Group diente Kaptajn Martin, zusätzlich stand dem TANKDET erstmals eine komplette Panzercrew als Ersatz zur Verfügung, wodurch sich die Einsatzbelastung auf mehr Schultern verteilte. Im Laufe von DANCON 14 verringerte sich die Einsatztätigkeit des TANKDETs immer weiter, da die afghanischen Sicherheitskräfte sukzessive die Verantwortung übernahmen.

Am 14. August 2012 beteiligte sich das neue Kontingent erstmals an einer Operation, diese fand östlich des Helmands nahe Girishk statt. Einmal mehr sollten die Tanks von einer erhöhten Position aus das Vorgehen von Infanterieeinheiten in der Green Zone überwachen. Da der Marschweg zu jener Position hin als IED-verseucht galt, wurde das TANKDET durch einen Zug der US-Streitkräfte verstärkt, die ein Fahrzeug mit radargestützter Mine Detection-Fähigkeit einsetzten. Das TANKDET und die US-Einheit erreichten den Stellungsbereich oberhalb der Green Zone, wo das Mine Detection-Fahrzeug beim Absuchen des Bereichs auf ein IED stieß und durch die Detonation ausfiel. Der Fahrer blieb dabei unversehrt. Daraufhin übernahm der Wisent der Dänen das weitere Räumen. Er fuhr im Stellungsbereich einen Hang hinauf, der aus losem Sand bestand. Dabei löste sich ein in einem gelben Plastikbecher verstecktes IED aus dem Untergrund und rollte hinter den Wisent. Dieser war dadurch zwischen einem direkt vor ihm an einer Felskante positionierten Leopard 2 und der Sprengfalle eingeklemmt. Abgesessene Pioniere des TANKDETs begannen daraufhin mit der händischen Suche nach weiteren bösen Überraschungen. Ihre Minendetektoren schlugen derart oft an, dass entschieden wurde, Kampfmittelräumer anzufordern. Die britische Battle Group konnte ein EOD-Team erst für den Folgetag zur Verfügung stellen, was bedeutete, dass Dänen und US-Amerikaner vor Ort bleiben mussten. Aufgrund der Vielzahl an vermuteten Sprengfallen konnten sich die Fahrzeuge nur in den bereits bestehenden Spurrillen bewegen und waren dadurch extrem eingeschränkt. Am nächsten Tag trafen die EOD-Kräfte ein und befreiten den Wisent, sodass das TANKDET und die US-Kräfte ihren Auftrag fortsetzen konnten – mit 24 Stunden Verspätung. Einzig der Leopard an der Felskante hatte sich von Anfang an in Position befunden, um in die Green Zone wirken zu können.

Zwischen dem 11. und dem 19. September 2012 beteiligten sich die dänischen Leoparden an einer Operation in einem Gebiet namens Yahkchal östlich des Helmand-Flusses. Britische und afghanische Truppen traten an, um dieses Gebiet von Aufständischen zu befreien. In der Nacht des 11. Septembers verließ das TANKDET dazu die MOB Price und fuhr über den Highway 1 in Richtung Zielgebiet. Als die Panzer die Rollbahn gen Sammelpunkt verließen, erlitt der Leo mit dem Rufnamen 2 mitten in der Wüste einen Schaden an einem der Laufrollenträger. Der beschädigte Panzer verlegte mit einer Eskorte nach Camp Bastion, der Rest des TANKDETs setzte den Marsch fort. Am südlichen Ende von Yahkchal bezogen die

Panzer Stellung in erhöhter Position nahe einer Wasserstraße. Britische Infanteristen verlegten weiter südwärts in die Green Zone entlang der Wasserstraße und bezogen einige Gebäude als Stützpunkt. Sie stießen bei Patrouillen mehrfach auf Insurgenten.

Bei einem dieser Feindkontakte waren die Sichtverhältnisse aufgrund Sandpartikel in der Luft äußerst schlecht. Die Briten waren unter Feuer geraten, als sie in die Green Zone aufgebrochen waren. Nikolajs Richtschütze machte nach einigem Suchen Rauchfahnen von abgefeuerten RPGs aus. Daraufhin klärte er zwei Aufständische mit einem russischen Maschinengewehr auf dem Dach eines Gebäudes auf, nur 300 Meter von den Briten entfernt. Nikolajs Panzer bekämpfte die Ziele mit einem Mehrzweckgeschoss, die Entfernung wurde via Laserentfernungsmesser mit 1.880 Meter beziffert. Vermutlich ob der schlechten Sichtverhältnisse hatten die Aufständischen die Leoparden nicht entdeckt, denn sie hatten keinerlei Anstalten gemacht, sich zu verstecken. Die übrigen Kämpfer flohen daraufhin. Nach Abschluss der Operation in Yahkchal kehrte das TANKDET zur MOB Price zurück.

Ab Oktober 2012 veränderte sich die Auftragslage für die dänischen Panzer. Vermehrt überwachten sie nun den Rückbau sowie die Schließung britischer Stützpunkte, so zum Beispiel Ende Oktober/Anfang November 2012. Der Kommandeur des 1st Battalion Scots Guards, Lieutenant Colonel Howieson, bewertet den Einsatz der dänischen Leoparden in einer E-Mail an DANCON als erfolgreiches Abschreckungsmittel. Es wurden mehrere Versuche der Aufständischen aufgeklärt, einen Angriff auf die Abbauteams zu starten, was ob der Präsenz der dänischen Leoparden nicht ausgeführt wurde. Dies ging aus Bewegungsprofilen aufgeklärter Aufständischer sowie aus deren Funksprüchen hervor.

Mitte Februar 2013 übernahm DANCON 15. Den Befehl über die dänischen Panzer übernahm Premierløjtnant Christian.

Im Juni 2013 übernahmen die afghanischen Sicherheitsbehörden die Verantwortung für das gesamte Land. ISAF fiel nur noch eine Unterstützerrolle zu, was auch die Lage für das TANKDET erneut veränderte. Fortan standen Counter-IED-Maßnahmen sowie die Evakuierung von Verwundeten und Toten im Fokus von ISAF. Die veränderte Situation im Land sorgte dafür, dass die Aktivitäten des TANKDETs spürbar herunterfuhren. So feuerten die dänischen Leos während DANCON 15 keinen einzigen Schuss gegen Feindkräfte ab, was wohl auch an den nun enger gefassten Rules of Engagement lag. Thomas Antonsen bewertet dies dennoch vor allem als das Ergebnis erfolgreicher Abschreckung.

Die erste Operation des neuen Kontingents drehte sich um den Rückbau einer britischen Patrol Base etwa einen Kilometer außerhalb der Green Zone. Ziel war es ferner, die Aufmerksamkeit der Taliban zu erregen, um US-Kräfte nördlich der British Battle Group zu entlasten, die sich jüngst heftigen Attacken ausgesetzt sahen. Die dänischen Panzer überwachten bei diesem Vorhaben den Abbau der Patrol Base. In der Nacht vor dem geplanten Abzug vermochten die Aufständischen trotz Raumüberwachung mehrere IEDs entlang jener Wegstrecken zu installieren, die die Briten für An- und Abfahrt nutzten. Innerhalb weniger Stunden wurden drei britische Fahrzeuge angesprengt, was die gesamte aus der Patrol Base abziehende Kolonne zum Stillstand brachte. Premierløjtnant Christian entschloss sich dazu, mit dem Wisent eine alternative Route zu räumen, was die nächsten 14 Stunden in Anspruch nahm. Ab Einbruch der Dunkelheit erleuchteten ISAF-Artilleristen das Gelände mit Leuchtgranaten taghell. Ein dänischer Bergepanzer schleppte eines der britischen Fahrzeuge nach Price. Briten und Dänen vermochten die Patrol Base schließlich zu räumen.

Ab Mai 2013 wurden weitere Patrol Bases abgebaut, was für das TANKDET in der Regel einen mehrtägigen Überwachungsauftrag mit sich brachte. Daneben liefen die Vorbereitungen der dänischen Streitkräfte zur Räumung der FOB Price auf Hochtouren. Am 22. Juli verließen die dänischen Panzer im Rahmen einer großen Kolonne die Basis und verlegten zu ihrem neuen Stützpunkt, Camp Bastion, und damit unter die Fittiche der US-Taskforce Belleau Wood. Die dänische Panzereinheit erhielt ihren eigenen Verfügungsraum süd-südwestlich des Camps von etwa 20 mal 50 Kilometer mit dem Auftrag, die Präsenz der Taskforce dort zu erhöhen, um die Taliban mit Störoperationen von Bastion fernzuhalten. In der Regel blieben die Panzer dazu zwei bis vier Tage im Operationsraum. Premierløjtnant Christian wurde zudem mit erweiterten Rules of Engagement bedacht, so durfte er wieder das Feuer auf klar als Feind identifizierte Ziele eröffnen.

Eine dieser Unternehmungen war die Operation Brutus im Zusammenwirken mit den US-Marines. Die Operation hatte zwei Ziele: Präsenz zeigen sowie die Aufenthaltsorte und Stärke der Aufständischen aufklären. Ein dänisches Mobile Electronic Warfare Team konnte dabei zahlreiche Funksprüche der Taliban abfangen und auswerten, und die dänischen Panzer überwachten das Vorgehen der Marines. Die Taliban vermieden eine Konfrontation.

Ein weiterer großer Überwachungsauftrag stellte sich für das TANKDET im Juni 2013 ein. Die 3. Brigade des 215. Corps der ANA führte die Operation Qalb an, an der sich Briten und Dänen beteiligten. Sie fand vom 20. bis zum 24. Juni 2013 in der Region Yakhchal statt; die dänischen Tanks überwachten dabei einmal mehr das Vorgehen der übrigen Einheiten.

Das TANKDET von DANCON 16 (August 2013 bis Februar 2014) wurde durch Premierløjtnant Steffen vom 2. Eskadron des Jydske Dragonregiment geführt. In die Zeit dieses Kontingents fiel die Auflösung der Taskforce Helmand sowie die Schließung zahlreicher von den Dänen genutzter Stützpunkte. Bei diesen Vorhaben überwachte das TANKDET oftmals das Geschehen.

Die erste Operation von Bedeutung ereignete sich zwischen dem 9. und 12. September 2013, Ziel war die Schließung der Forward Operating Base Ouellette östlich des Flusses Helmand und rund 60 Kilometer von Camp Bastion entfernt. Die Dänen sollten die äußere Sicherheit für den Abbau eines Abschnitts der FOB sicherstellen. Zum Problem wurde während dieser Zeit eine stetig wachsende und stetig aggressiver auftretende Menge junger Männer, die wohl darauf aus war, Material von der Baustelle abzugreifen. Sie lieferte sich Auseinandersetzungen mit der afghanischen Polizei und den Briten in der Forward Operating Base und wandte sich schließlich auch den dänischen Leoparden zu. Steine flogen in Richtung der

Kampfpanzer. Einige der Männer setzten sogar Steinschleudern ein. Alle Warnungen der Dänen verpufften ob der aufgebrachten Menge, auch das direkte Beschießen der Menschenmenge mit einer Signalpistole zeitigte nur kurzfristige Effekte. Bald flogen wieder Steine gegen die dänischen Panzer. Obwohl die Leoparden der Menschenmenge frontal und von einer Seite aus entgegentraten, ließen sich die jungen Männer nicht abschrecken. Steffen feuerte schließlich einige Warnschüsse mit seinem Karabiner ab, was die Menge dazu brachte, etwa 75 Meter Distanz zu den Panzern zu wahren. Nichtsdestotrotz machten die Männer weiter die Gegend unsicher.

Am nächsten Tag ging das Spielchen weiter. Die dänischen Panzersoldaten klärten in der Menschenmenge zudem einen Mann auf, der offensichtlich kein Interesse am Stehlen von Baustellenmaterial hatte, dafür aber wiederholt mit einer Gruppe junger Männer sprach. Diese verschwand bald hinter einer Kuppe, wo sie massig Staub aufwirbelte. Steffen ließ den Leo mit dem Rufnamen 3 daraufhin einen Stellungswechsel hinter besagte Kuppe vollziehen. Dabei stieß der Panzer mit der linken Kette auf eine Antipanzermine. Diese detonierte, aufgeworfenes Geröll regnete auf die übrigen Panzer hernieder. Die Menschenmenge floh in alle Himmelsrichtungen. Danach rückten Pioniere und Sanitäter aus der FOB Ouellette an, doch alle Insassen des angesprengten Tanks waren unversehrt. Die Pioniere suchten das Gelände auf weitere böse Überraschungen ab, während der Wisent den beschädigten Leo in die FOB schleppte. Um 04.00 Uhr in der darauffolgenden Nacht landete ein Hubschrauber aus Camp Bastion mit Ersatzteilen und Mechanikern, und nur 16 Stunden später konnte die Crew des angesprengten Tanks erneut Einsatzbereitschaft melden.

Nach dem 12. September 2013 verblieb das TANKDET für weitere vier Tage in Ouellette, ehe es nach Bastion zurückkehrte.

Die letzte Operation für die Panzer von DANCON 16 war eine Aktion im Verbund mit den US-Marines, die aufgrund feindlicher Sniper im Bereich der Patrol Base Boldak etwa acht Kilometer südlich von Camp Bastion bereits einige Verluste zu beklagen hatten und daraufhin Unterstützung bei den Dänen anforderten. Die Operation wurde Leopard Shield 1 genannt. Sie diente dem Ziel, die Insurgenten aus dem Nahbereich der Patrol Base zu vertreiben. Dazu bezogen die dänischen Leoparden, aufgegliedert zu zwei Trupps, am 23. Januar 2014 zunächst Stellung in erhöhter Position südlich von Camp Bastion, von wo aus sie das Vorgehen eines Platoons der US-Marines überwachen konnten. Dieses verließ wenig später Camp Bastion und geriet bereits nach wenigen Kilometern Wegstrecke unter Feuer von Handwaffen, woraufhin die Marines in einem Gebäude in einem kleinen Dorf Deckung suchten. Die Dänen klärten danach mit einer Puma-Drohne etwa zehn Taliban auf, die sich in einem Gebäude am anderen Ende desselben Dorfs versteckt hielten. Eine Quick Reaction Force der Marines eilte aus Camp Bastion herbei, geriet auf dem Weg aber unter RPG-Beschuss, der zu schweren Verlusten führte. TANKDET-Kommandeur Steffen und der Panzer mit dem Rufnamen 7 rasten mit hoher Geschwindigkeit quer durch das Dorf zu den unter Beschuss stehenden Marines, was das Gefecht beendete.

Am 27. Januar 2014 rückten die Marines und dänischen Leoparden erneut gegen das Dorf vor, wobei sie unter Beschuss eines Scharfschützen gerieten, ehe dieser sich zusammen mit einem Komplizen per Motorrad abzusetzen versuchte. Premierløjtnant Steffen konnte die Identität der Männer auf dem Motorrad zunächst weder bestätigen noch seine Panzer informieren, da sein Funkgerät erst nach mehrmaligem Neustart funktionierte. Nachdem die Marines die Männer auf dem Motorrad als die Scharfschützen bestätigt hatten, erteilte Steffen den beiden übrigen Panzern den Feuerbefehl. Diese vernichteten das Ziel auf eine Entfernung von 2.170 Meter.

Kurz darauf fand im Februar der letzte Kontingentwechsel zu DANCON 17 statt. Das Personal wurde nun durch die 2. Eskadron des I. Panserbataljons des Jydske Dragonregiment gestellt. Premierløjtnant Martin übernahm die Führung des TANKDETs. Auch für DANCON 17 stand der Abbau von FOBs im Fokus, daneben beteiligten sich die dänischen Leos an Ablenkungsmanövern gegen die Taliban sowie Aufklärungs- und Raumüberwachungsoperationen. Einsätze drehten sich darüber hinaus verstärkt um die Fähigkeiten des Mobile Electronic Warfare Teams.

Dieser Leopard 2 A5 wurde im Mai 2014 fotografiert und nimmt an der letzten Patrouille während DANCON 17 teil. Kurz darauf wurde die ISAF-Mission der NATO beendet und die dänischen Leopard 2 kehrten nach Dänemark zurück. (Copyright Danish Defence Command, Kim Vibe Michelsen)

Am 25. April 2014 beteiligte sich das TANKDET an der Operation Chainmail unter britischer Führung. Zwei britische Infanteriekompanien durchkämmten die Gegend um die Patrol Base Boldak. Einmal mehr überwachten die dänischen Leoparden das Vorgehen aus erhöhter Position heraus. Als sich die Panzer gegen 17.15 Uhr in ihre Igelstellung für die Nacht zurückziehen wollten, geriet der schließende Leo der Kolonne unter Handwaffenbeschuss. Panzerkommandant Oversergent Mads klärte zwei Männer auf einem Motorrad auf, die sich in hohem Tempo in Richtung einiger Gebäude in der Green Zone entfernten. Er nahm die

Verfolgung auf, verlor sie aber bald aus den Augen. Mads fuhr zur Igelstellung zurück, als sich kurz zwei Männer zwischen den Gebäuden zeigten und vermutlich eine Kalaschnikow auf sein Fahrzeug abfeuerten. Als sie sich gegen 17.40 Uhr erneut zeigten, bekämpfte Mads' Richtschütze sie mit einem Mehrzweckgeschoss. Damit hatte er den letzten scharfen Schuss eines dänischen Panzers im Kampfeinsatz am Hindukusch abgegeben. Drohnenbilder bestätigten, dass mindestens einer der beiden Angreifer verwundet wurde.

Zwischen dem 1. und dem 5. Mai 2014 überwachte das TANKDET den Highway 1, über den Kolonnen aus schließenden Stützpunkten nach Camp Bastion verlegten. Vom 6. bis zum 10. Mai verlegten die dänischen Leoparden zur FOB Sterga II südlich von Girishk, um den Abbau dieser Basis zu überwachen, wobei die Panzersoldaten regelmäßig Patrouillen entlang der Versorgungsstraßen durchführten, um zu verhindern, dass dort IED angebracht wurden.

Das TANKDET stellte seine Arbeit in Helmand schließlich am 10. Mai 2014 ein.

Leo 2-Panzer beim Putschversuch in der Türkei

Die Bosporus-Brücke in Istanbul (die nach dem Putschversuch in Brücke der Märtyrer des 15. Juli umbenannt worden ist) wurde in der Putschnacht von den Einheiten der abtrünnigen Militärs gesperrt. Es kam unter anderem dort zu Zusammenstößen mit der Bevölkerung, nachdem Präsident Erdoğan sie zum Widerstand aufgerufen hatte. Bilder aus der Nacht sowie vom Tag danach beweisen, dass auf der Brücke mindestens drei Leopard 2 A4 zum Einsatz kamen, wobei sich nicht belegen lässt, dass die Panzer von ihren Waffen Gebrauch gemacht hätten. Vielmehr scheinen die Leos als Show-of-Force-Mittel und mobile Sperre eingesetzt worden zu sein. Fotos vom Tag danach zeigen Zivilisten, die die Leopard-Panzer erklettert und mit türkischen Fahnen geschmückt hatten.

Christiaan Triebert hat die Chatprotokolle hochrangiger Putschisten aus der Putschnacht ausgewertet. Diese nahmen mehrmals Bezug auf eigene Panzer, neben besagter Brücke auch außerhalb Istanbuls in der Provinz Sakarya sowie in Reichweite des Stadtteils Çamlıca. Die Teilnehmer der Chats zeigten sich besorgt über den Aufruf der Regierung, den Putschisten Widerstand zu leisten, und überlegten daher, wie sie die Sendemasten in Çamlıca abschalten könnten. Bei jenen Panzern in Reichweite des Stadtteils handelte es sich mit hoher Wahrscheinlichkeit um besagte Leos auf der Bosporus-Brücke. Welche Panzertypen in Sakarya eingesetzt wurden, bleibt unklar.

Weiteres Videomaterial aus der Nacht des Putschversuchs deutet ferner darauf hin, dass neben den drei Panzern auf der Bosporus-Brücke mindestens zwei weitere Leos 2 zum Einsatz kamen. Ein Video zeigt, wie zwei Leopard 2 A4 TU am 16. Juli gegen 01.50 Uhr eine belebte Straße befuhren (der Ort ist unbekannt). Ein Mann sprang vor den ersten Panzer, schleuderte ihm zwei Mal einen Gegenstand entgegen, und warf sich dann zu Boden. Der Fahrer des Panzers bremste noch, kam aber erst über dem Mann zum Stehen. Er fuhr daraufhin wieder an und rollte weiter. Der Mann, der Glück gehabt hatte, nicht von den Ketten erwischt worden zu sein, erhob sich sofort und machte einen zweiten heranfahrenden Leopard 2 auf sich aufmerksam. Dieser machte keine Anstalten anzuhalten. Der Mann warf sich erneut zu Boden, und der Leo rollte über ihn hinweg. Da der Mann abermals nicht von den Ketten erwischt wurde, überlebte er ein weiteres Mal.

Es muss sich bei diesen beiden Leoparden um andere Panzer als die auf der Bosporus-Brücke gehandelt haben, da jene Brücke Berichten zufolge bereits zwischen 22.00 und 23.00 Uhr unter anderem mit Leopard-Panzern gesperrt wurde und die Fotos vom nächsten Morgen belegen, dass sich die Tanks dann immer noch vor Ort befanden. Es erscheint vor diesem Hintergrund unrealistisch, dass sie sich nach Mitternacht kurzzeitig von der Brücke entfernt hätten und später zurückgekehrt wären, weshalb davon auszugehen ist, dass im Zuge des Putsches mindestens fünf Leopard 2 zum Einsatz kamen. Möglicherweise könnte das Video die angesprochenen Panzer in Sakarya zeigen.

Leoparden im Einsatz für die Türkei

Das türkische Heer setzte sowohl für die Operation Schutzschild Euphrat als auch für die Operation Olivenzweig Panzerverbände ein, die mit Leopard 2 ausgestattet waren.

Spätestens seit dem 8. Dezember 2016 setzte das türkische Militär bis zu 45 Leopard 2-Panzer bei al Bab ein, rund 35 Kilometer nordöstlich von Aleppo. Die Rede ist von mindestens 43 Panzern, die zwischen dem 8. und 10. Dezember bei al Bab eintrafen, womit sich ein ganzes Bataillon im Einsatz befunden haben dürfte. Fotos deuten darauf hin, dass es sich um äußerlich kaum modifizierte Leopard 2 A4 TU handelte. Zuvor hatten die türkischen Streitkräfte bereits rund ein Dutzend ihrer veralteten M60-Kampfpanzer im Zuge der Operation Schutzschild Euphrat verloren. Über mögliche Kampfeinsätze des Leopard 1 im Rahmen der beschriebenen Operationen liegen hingegen keinerlei Hinweise vor.

Al Bab galt zu jenem Zeitpunkt als IS-Hochburg, in die sich die Terrorkämpfer des sogenannten Islamischen Staates nach schweren Kämpfen mit FSA-Kräften und türkischen Einheiten zurückgezogen hatten. In der Regel führten Infanterie und Technicals (für den Kampfeinsatz umgebaute Zivilkraftwagen) der FSA Vorstöße an, die türkischen Streitkräfte unterstützten diese Angriffe aus dem Hintergrund. Die FSA-Kräfte, die sich teils aus Flüchtlingscamps in der Türkei rekrutiert hatten, dürften eher von niedriger Kampfkraft gewesen sein, zudem existierten Sprachbarrieren zwischen türkischen Soldaten und FSA-Kämpfern. Da die Türkei die FSA-Offensive nur unterstützte, statt selbst an vorderster Front zu kämpfen, muss davon ausgegangen werden, dass sie das volle Potenzial ihres Heeres in der Operation Schutzschild Euphrat nicht abrief.

Die türkischen Leopard 2-Panzer wurden zunächst via Eisenbahn ins Einsatzgebiet verbracht und vor Ort mit einem neuen Wüstentarnanstrich versehen. Sie operierten wohl in Zügen zu je drei Leos. Es handelte sich bei der eingesetzten Einheit vermutlich um das 1. Bataillon der 2. Zırhlı Tugay (Panzerbrigade). Allein Christiaan Triebert ist sich unsicher, ob die Fahrzeuge der 1. oder 2. 2. Zırhlı Tugay zugeordnet werden müssen. Laut Mister Anàlisis wurden die Leoparden in der Regel im Zugrahmen eingesetzt, manchmal sogar einzeln. Sie erhielten üblicherweise den Auftrag, dort Stellung zu beziehen, von wo aus sie das Schlachtfeld überblicken konnten, um aus diesen ortsfesten Positionen heraus in Absprache oder auch ohne Absprache mit der FSA, die an der Front kämpfte, Feuerunterstützung zu leisten.

Es lassen sich mehrere Einsätze türkischer Leopard 2-Panzer rekonstruieren, die sich im Zuge der al Bab-Offensive bis zum 15. Dezember 2016 zutrugen:

Ein erstes bestätigtes Video, das auf den 9. Dezember datiert, zeigt bereits zwei Leopard-Panzer, die mutmaßlich Stellungen bei Al Bab unter Feuer nehmen. Ferner ist auf Fotos und Videos zu sehen, wie die türkischen Leos vor allem zusammen mit gepanzerten Fahrzeugen vom Typ Cobra II eingesetzt wurden. In Kolonne rückten Leoparden und Cobra II vor und bezogen auch gemeinsam Stellungen.

In einem Fall schlichen sich am 13. Dezember 2018 Panzervernichtungstrupps, bewaffnet mit Lenkraketen, hinter den türkischen Linien an mindestens zwei Leoparden in teilgedeckten Stellungen zwischen einem Hang und einigen Gebäuden an und beschossen diese von hinten beziehungsweise von der Seite. Zunächst traf eine Rakete den Turm eines Leos – es ist unbekannt, ob der Treffer die Panzerung durchschlug. Ein in unmittelbarer Nähe positionierter Leopard 2 reagierte überhaupt nicht auf diesen Angriff, ehe er selbst von hinten von einer Rakete getroffen wurde. Der Treffer entflammte entweder die Hydraulik oder die gelagerte Munition, denn sichtbar entsprangen dem Panzer gewaltige Flammen. Es sollen dabei mindestens vier Besatzungsmitglieder verwundet worden sein.

Weiter lässt sich durch das veröffentlichte Bildmaterial bestätigen, dass ein Panzer durch eine Panzerabwehrlenkwaffe (ATGM) im Turmbereich getroffen wurde, möglicherweise eine TOW-2A aus US-amerikanischer Produktion. Mister Análisis geht davon aus, dass es sich bei der ATGM um ein russisches Muster handelte, da der IS vermutlich kaum TOW-Waffen in die Finger bekommen hat. Während kurdische Kämpfer der YPG vor allem auf Panzerabwehrlenkwaffen vom Typ TOW-2A zurückgegriffen haben dürften, rüstete der IS seine Truppen mit russischen 9K111 Fagot und 9M133 Komet aus. Auch AT-7 Metis und AT-5 Konkurs sollen gegen türkische Leopard 2 zum Einsatz gekommen sein. Die unterschiedlichen Quellen widersprechen sich darin, ob die Panzerung bei dem beschriebenen Zwischenfall durchschlagen wurde, stimmen aber darin überein, dass alle Insassen überlebten. Der Fall könnte zu einer Meldung vom 21. Dezember 2018 passen.

Weder das Bildmaterial noch Beschreibungen durch Zeugen geben Hinweise darauf, dass an diesen beiden Vorfällen türkischerseits andere Truppengattungen beteiligt waren, was die Frage aufkommen lässt, ob die Leos bei al Bab auf sich gestellt operierten. Nur einige wenige Bilder von der Operation Schutzschild

Euphrat zeigen mechanisierte Infanterie im Zusammenwirken mit kleinen Leopard-Einheiten (maximal in Zugstärke). Augenfällig ist zudem, dass sich die teilgedeckten Stellungen bei den beschriebenen Vorfällen auf Erdwälle vor den Panzern beschränkten. Im zweiten beschriebenen Fall befand sich auf einer Seite lediglich eine zu niedrige Mauer. Die Flanken der Leos blieben somit weitgehend ungeschützt, was die Frage aufwirft, ob keine Pioniere vor Ort waren, die bessere Feuerstellungen für die Panzer hätten ausheben können. Eben diese ungeschützten Flanken nutzten die gegnerischen Kräfte in beiden beschriebenen Fällen aus.

Der 16. Dezember 2016 markierte schließlich einen schwarzen Tag für die türkischen Streitkräfte. In einer gemeinsamen Offensive mit der FSA konnte zunächst die Anhöhe Jabal Aqeel im Westen al Babs nach kurzen Gefechten genommen werden. Der Versuch, weiter nach Westen vorzustoßen, wurde durch den IS abgewehrt. In einem Gegenstoß mit Selbstmordattentätern, die mit Sprengstoff versehene Fahrzeuge bedienten, wurden in der Nähe des Krankenhauses von al Bab mindestens 16 türkische Soldaten getötet. Der IS selbst proklamiert sogar mehr als 70 getötete türkische Soldaten für sich.

Triebert geht bis Februar 2017 von insgesamt mehr als 60 Todesopfern auf türkischer Seite aus. Die meisten von ihnen fielen in der Schlacht um al Bab. Zudem konnte der IS im Zuge der Kämpfe in der Nähe des Krankenhauses zwei Leopard 2 A4 TU erbeuten, was er selbst durch ein Video, das am 22. Dezember 2016 veröffentlicht wurde, belegt. Auch in den sozialen Medien verbreitete Fotos deuten darauf hin, dass der IS türkische Leoparden erbeuten konnte. Mister Análisis konnte nachweisen, dass Leopard 2-Panzer in mindestens zwei weiteren Fällen in beschädigtem Zustand (einer warf die rechte Kette, als er auf eine Mine oder ein IED fuhr) vom IS erbeutet worden waren und erst später vollständig zerstört werden konnten – möglicherweise durch den IS selbst, um anschaulichere Bilder für die eigene Propaganda zu produzieren. In einem Fall wurde in sozialen Medien behauptet, dass ein Leopard 2 mit einer Bombe beladen wurde, die dann aus der Ferne durch den Schuss eines M82A1 Barret gezündet wurde. Am 24. Dezember 2018 veröffentlichte der IS Fotos von zwei verschiedenen zerstörten oder beschädigten Leopard 2 nebst weiterem türkischen Militärgerät wie Cobra II.

Nachweislich befanden sich türkische Bergepanzer in Nordsyrien im Einsatz, diese schienen aber manches Mal außerstande, beschädigte Leoparden rechtzeitig zu bergen – ein weiteres Indiz dafür, dass die Leopard 2 vornehmlich auf sich gestellt operierten.

In einem längeren Video des IS vom 20. Januar 2017 werden mehrere zerstörte Leopard 2-Panzer gezeigt. Bei zwei Tanks wurde der Turm regelrecht abgesprengt, was auf eine innere Explosion schließen lässt. Triebert schlussfolgert, dass die Panzer entweder durch Panzerabwehrlenkwaffen oder gar durch einen türkischen Luftschlag zerstört wurden, um das Gerät nicht in die Hände des IS fallen zu lassen (Mister Análisis vermutet aufgrund der völlig zerstörten Wracks Letzteres). Zwei westlich von al Bab beschädigte Leopard 2 aus besagtem IS-Video wurden später vermutlich durch türkische Kräfte oder deren Verbündete geborgen.

Dieser Leopard 2 fuhr wahrscheinlich auf eine Mine oder ein IED und warf dadurch die Kette.

Diese beiden Leopard 2 A4 wurden vermutlich durch die türkische Luftwaffe vernichtet.

Am Ende der Schlacht um al Bab hatte die zum Einsatz gekommene Zırhlı Tugay wohl 10 Leos als Verluste zu beklagen, wie eine am 23. Dezember 2016 ins Internet durchgestochene und als echt geltende Inventarliste des türkischen Heeres aufzeigt. Fünf Fahrzeuge fielen Panzerabwehrlenkwaffen zum Opfer, zwei gingen durch Minen oder IEDs verlustig, eines durch Steilfeuerbeschuss, bei zweien ist die Ursache laut Liste unbekannt. (Hier drängt sich der Verdacht auf, dass das türkische Militär lieber nicht schwarz auf weiß darlegt, dass es eigene Panzer per Luftschlag vernichten musste – die Zahl passt jedenfalls wie die Faust aufs Auge.) Christiaan Triebert konnte durch eine Auswertung der vorhandenen Fotos zerstörter Leos bestätigen, dass es sich um mindestens 8 unterschiedliche Fahrzeuge handelt. Türkische Generäle bezeichneten die Kämpfe um al Bab als Trauma.

Die türkischen Panzerkräfte führten verschiedene Munitionstypen mit sich: KE-Geschosse aus türkischer Produktion, APFSDS-Geschosse aus israelischer Produktion sowie HE- und HEAT-Geschosse. Schaut man sich das Inventar des IS und der kurdischen Milizen an, muss man davon ausgehen, dass hauptsächlich HE- sowie HEAT-Munition zum Einsatz kam. KE-Geschosse könnten vorwiegend gegen fahrzeuggestützte Selbstmordattentäter eingesetzt worden sein, da sie über eine höhere Mündungsgeschwindigkeit verfügen und somit gut geeignet sind, um zu Bomben umgebaute Fahrzeuge zu stoppen.

Am 8. Februar 2017 tauchte ein Video auf, das einen Leopard 2 A4 bei al Bab zeigt, der in eine vorbereitete Stellung fährt und aus dieser heraus auf Ziele feuert. Ein Video vom 19. Februar 2017 zeigt einen Leopard im Feuergefecht – der Panzer operiert hier im Verbund mit Infanterie.

Anfang März feuerten türkische Leos auf Stellungen der YPG.

Christoph Roblin beschäftigt sich in seiner Analyse ebenfalls mit dem Einsatz der Leos in al Bab und kommt zu dem Schluss, dass diese als Feuerunterstützer auf große Reichweite – also quasi als statische Geschütze – eingesetzt wurden, um das Vorgehen syrischer Milizen und türkischer Kommandosoldaten an der Front zu überwachen. Sie wurden dafür isoliert von anderen Truppenteilen in gut sichtbaren Stellungen eingesetzt. Jeff Jager hingegen bescheinigt den türkischen Streitkräften einen effektiven Einsatz ihrer Kräfte im Verbund der Waffen, betrachtet allerdings nur die Zeit bis etwa Mitte Oktober. Zu diesem Zeitpunkt hatte die Türkei mindestens 9 M60-Kampfpanzer verloren. Jager schließt daraus, dass auf der taktischen Ebene noch Optimierungspotenzial besteht, um solche Verluste künftig zu vermeiden.

Auch bei der Operation Olivenzweig kamen Leopard 2 zum Einsatz. Bereits im Oktober 2017 wurden dafür Leopard 2 in Grenznähe bei Oğulpınar zusammengezogen. Die Panzer könnten mit Reaktivpanzerung am Turm sowie Aselan Akkor-Abwehrsystemen (Active Protection Systems), die eine Art Schrotladung auf heranfliegende Raketen verschießen, nachgerüstet worden sein. Gesicherte Erkenntnisse dazu liegen nicht vor.

Am 20. Januar 2018 überquerten Leopard 2 A4, verzurrt auf Sattelschleppern, die Grenze auf dem Weg in Richtung Azaz.

Leopard 2-Panzer beschossen kurdische Stellungen bei Afrin, wobei in den sozialen Medien Berichte über mehrere Dutzend getötete Zivilisten aufkamen. Die kurdische Seite veröffentlichte am 21. Januar 2018 ein Video, das den Angriff auf einen abermals in teilgedeckter Stellung stillstehenden Leopard-Panzer mit einer 9M113 Konkurs-Panzerabwehrlenkwaffe zeigt. Laut Gernot Kramper vom Stern wurde der Panzer dabei nur beschädigt. Dazu passt ein veröffentlichtes Foto aus jenen Tagen, das einen Leopard 2 mit leichten Schäden an der linken hinteren Turmseite zeigt.

Ende Januar rückten türkische Truppen und FSA-Kräfte in den Rajo-Distrikt vor und setzten dabei auch ihre Leo 2 ein. Kurz darauf beteiligten sich mehrere Leopard 2 von dem Dorf Qorne aus an dem Beschuss von Stellungen der YPG. In einem Video ist zu sehen, wie die Panzer in das Dorf rollen und vom Dorfrand aus den Feuerkampf führen, während es überall von Fußtruppen wimmelt, bei denen es sich augenscheinlich um FSA-Kämpfer handelt.

Ein weiteres Video vom 3. Februar 2018 soll die Zerstörung eines türkischen Leopard 2-Panzers durch eine Konkurs zeigen, die durch kurdische Kämpfer abgefeuert wurde. Tatsächlich ist ein kampfpanzerartiges Fahrzeug in großer Entfernung am Rande eines Dorfes zu erkennen, das nach dem Einschlag der ATGM in einer dicken Explosions- und Rauchwolke verschwindet. Der Ort ist mit Heftar nahe Afrin angegeben. Auffallend ist, dass sich der Panzer von Beginn der Aufzeichnung bis zum Einschlag der Konkurs nicht bewegt (immerhin 50 Sekunden). Er befindet sich am Ortsrand auf einer Straße in exponierter Stellung, ist aber nicht alleine. Ein nicht näher zu erkennendes Fahrzeuge steht neben ihm, links davon ist auf oder neben einem Gebäude weitere Bewegung auszumachen. Ob es sich bei dem Panzer tatsächlich um einen Leopard 2 handelte, kann anhand des Bildmaterials nicht abschließend geklärt werden. Es ist aber definitiv ein großes Kettenfahrzeug mit Turm, das von der Form her dem Leo 2 stark entspricht – blickt man auf die Konfliktparteien und deren Inventar, kann es sich bei dem dargestellten Fahrzeug fast ausschließlich um einen türkischen Kampfpanzer handeln, da die FSA, kurdische Milizen und der IS kaum bis gar nicht über solche Fahrzeuge verfügen. Die Wahrscheinlichkeit, es hier mit einem Leo 2 zu tun zu haben, ist entsprechend sehr hoch. Zu jener Zeit tauchten zudem Fotos eines völlig zerstörten und ausgebrannten Leopard 2 im Netz auf, von dem ebenfalls behauptet wurde, er sei einer ATGM zum Opfer gefallen. Somit lässt sich abschließend mutmaßen, dass die Türkei bei ihrer Olivenzweig-Operation mindestens einen Leopard 2 verlor.

Quellenhinweise für diesen Abschnitt

Frank Lobitz (2009) arbeitet in seinem Buch die internationalen Einsätze des Leopard 2 heraus, dies gilt auch für das Engagement der Niederlande in Bosnien. Beachte ferner Grummitt (2020) und Saunderson (1996).

Zum KFOR-Einsatz verweise ich zunächst auf Freundeskreis Panzerbataillone 203 204 213 e.V., wobei es zu beachten gilt, dass unklar bleibt, ob die Chronik des PzBtl 214 vom Einmarsch ins Kosovo spricht, an welchem sich der Verband zweifelsohne beteiligte, oder von einem späteren Kontingent. Die gemachten Angaben widersprechen jedenfalls anderen Quellen zum KFOR-Einmarsch. (Beispielsweise wird bei Eder nur ein verstärktes mechanisiertes Bataillon gehandelt, nicht zwei Einsatzbataillone mit einem Bataillon als Leitverband.) Weiter sind in Bezug auf KFOR Zwillings Publikationen (2018b) und (2020) zu nennen, außerdem Eder (2019), Lohse (undatiert, a), (undatiert, b), (undatiert, c), (undatiert, d), Radig (undatiert, a), (undatiert, b) und (undatiert, c), Flender (undatiert), Dreher (2019), Uffelmann (undatiert), Koelbl (2000), Kirchhoff (undatiert), Hauf (undatiert), Pfeil (2019), Tagesschau (1999) sowie Rhein-Zeitung (1999).

Zu Eder bringe ich auch hier wie bereits weiter oben den Hinweis, dass mich sein Auftritt im Rahmen einer „Corona-Demo“, wo er forderte, die Bundeswehr gegen deutsche Polizisten und speziell das KSK in Berlin „ordentlich aufräumen“ zu lassen (Martin und Anni, 2021), schockiert. Seine jüngsten Äußerungen ändern aber nichts an der Tatsache, dass sein Buch eine hervorragende Beschreibung des Einsatzes deutscher Kräfte im Kosovo darstellt.

Maloney (2019) ist interessant im Hinblick auf die Hintergründe von KFOR sowie bezüglich der Zusammenarbeit der NATO-Staaten mit Griechenland. Auch bespricht er einzelne Einsätze deutscher Leopard 2. Ferner ist für die KFOR-Mission auch YouTube eine ergiebige Quelle, namentlich Bundeswehr (2019), Egzon Dina (2015) und Sommer, A. (2009). Darüber hinaus ist der undatierte Text von Apropos Kosovo aufschlussreich, der gleichzeitig mit Vorsicht zu genießen ist, da er mit einer klaren politischen Meinung unterlegt ist und sich zudem den Fauxpas leistet, den Leopard 2 zum Fuchs-Panzer umzudeklarieren. Ich stütze die Kernaussagen aus diesem Text daher durch eine weitere Quelle ab: Köhler (2000). Für weitere Eindrücke zum Einmarsch der Bundeswehr ins Kosovo beachte Elshanii Besart (2015), Spiegel TV (1999) sowie Deutscher BundeswehrVerband (2019a) und picture alliance (1999). Auch Kriemann (2019) erwähnt in seiner Abhandlung über den Kosovokrieg den Einmarsch deutscher Leopard 2 ins Kosovo, ebenso Clement (2000). Die Geschehnisse um die ermordeten Stern-Reporter lassen sich bei Spiegel (1999) nachvollziehen. Die Pläne für den Fall eines Angriffs jugoslawischer Truppen auf das Kosovo werden bei Maloney (2019) und Reinhardt (2002) besprochen. Für Rudolf Scharpings Einschätzung zum Leopard-Einsatz, siehe ebenfalls Clement (2000). Auch Harald Scheer (2011) äußert sich zum KFOR-Einsatz. Achtung: Diese Quelle ist mit großer Vorsicht zu genießen, siehe dazu unter anderem: Linsler, C. & Kohlstruck, M. (2018): Die SS in der kulturellen Praxis des deutschen Rechtsextremismus (1990-2012). In: Schulte, J. & Wildt, M. (Hrsg.): Die SS nach 1945: Entschuldungsnarrative, populäre Mythen, europäische Erinnerungsdiskurse (Berichte und Studien, Band 76). 1. Auflage, V&R unipress.

Für die Episode in Tetovo, siehe Frankfurter Allgemeine (2001a), (2001b), (2001c) und Spiegel (2001) sowie Carl Schulzes Online-Aufsatz (2020). Essential Harvest wird von NGO – Die Internet-Zeitung (2002) sowie von der NATO (2002) behandelt.

Thomas Antonsen (2016) ist zum Einsatz dänischer Leoparden in Afghanistan zu konsultieren, ebenfalls Curry (2006) und Schulze (2011). P. Dueholm (2010) gibt einen Überblick über das dänische Engagement in Afghanistan. Der Artikel der Frankfurter Allgemeinen über den Zwischenfall vom 26. Februar 2008 findet sich bei Lohse (2008).

Zum Einsatz kanadischer Leopard 2 im Rahmen von ISAF siehe Walter Hålands (2012) Beitrag in der österreichischen Zeitschrift TRUPPENDIENST, Allan Joyner (2019), Trevor Cadieu (2008), Marvin MacNeill (2017), Schulze (2010a), (2010b) und (2015) sowie Canadian American Strategic Review (undatiert) und Defense Industry Daily (2014). Der Kampf um Mushan wird bei Maloney (2009) besprochen. Auch bei Fowler (2016) finden sich Informationen zu Mushan und zum Leo 2-Einsatz der Kanadier am Hindukusch. (Zu Fowler sei anzumerken, dass er den Leo 2 fälschlicherweise auf ein Gewicht von 42 Tonnen reduziert.) Einzelheiten zum kanadischen Dankesschreiben an das Bundesverteidigungsministerium finden sich bei Florian Flade (2010).

Der Putschversuch in der Türkei wird bei Heinrich (2016), Tagesschau (2016), The Telegraph (2016) und Triebert (2016) behandelt.

Der Einsatz von Leos 2 unter türkischer Flagge wird bei Patrick Truffer (2017), m.m. (2016), Aboufadel (2016), Kramper (2018), Jager (2016), Roblin (2019), Triebert (2017), Mister Análisis (2017) und FOCUS (undatiert) besprochen. Die Trauma-Bezeichnung findet sich bei Gebauer & Schult (2018). Das Video vom 3. Februar 2018 ist bei Steinmeier (2018) zu sehen. Eine weitere Quelle stellt Liveuamap.com dar, ein Projekt, das sämtliche Meldungen, Social Media-Beiträge und weitere Informationen zu diversen Konflikten sammelt, ohne diese zu werten.

Es ist zu erwähnen, dass Truffer mit seiner Behauptung, dass es weder im Kosovo noch in Afghanistan zu Verlusten im Zusammenhang mit dem Leopard 2 kam, danebenliegt. Auch der FOCUS stellt dies falsch dar. Insgesamt muss festgestellt werden, dass die Quellenlage über den Einsatz türkischer Leos in Syrien extrem unsicher ist und sich auf private Blogs und Nachrichtenmeldungen stützt. Eine seriöse Aufarbeitung der Primärquellen fehlt und kann auch in diesem Buch nicht geleistet werden.

Fazit

Meinem Fazit vorwegschicken möchte ich, dass ich für meine Evaluation zwischen Einsätzen im Rahmen von UN- und NATO-Missionen auf der einen und den Einsätzen unter türkischer Flagge auf der anderen Seite differenziere. Ferner will ich erwähnen, dass es sicherlich weitere Leopard-Kampfeinsätze im Rahmen der beschriebenen Konflikte gab, die entweder nicht dokumentiert sind oder deren Dokumentation nicht zugänglich ist. Außergewöhnliche Zwischenfälle dürften aber nicht dabei sein, denn solche Einsätze hätten sicherlich Presseartikel produziert.

Zunächst betrachte ich die Learnings, die sich aus den Einsätzen im Rahmen von UN- und NATO-Missionen ableiten lassen: Beide Leopard-Muster sind ursprünglich für die Duellsituation in Zentraleuropa konzipiert worden. Die Fokussierung auf dieses Szenario führt durchaus zu Unzulänglichkeiten, sobald sich ein anderes Szenario ergibt. Beide Leoparden sind aufgrund fehlender Klimaanlagen beispielsweise nur bedingt für subtropische und tropische Gefilde geeignet, erweisen sich gleichzeitig aber auch als wandelbar. Der Politikwissenschaftler Michael Wallace, der zum Zeitpunkt der kanadischen Entscheidung, Panzer an den Hindukusch zu verlegen, als Kritiker dieser Entscheidung in Erscheinung trat, warnte in seinem Papier „Leopard Tanks and the Deadly Dilemmas of the Canadian Mission to Afghanistan" (2007) vor den Risiken, Panzer aus den 1960er Jahren in Afghanistan einzusetzen. Seine Befürchtungen sollten sich allerdings nicht bewahrheiten.

Durch die stetige Weiterentwicklung beider Panzertypen können diese zwar auch modernen Anforderungen gerecht werden (der Leopard 1 eingeschränkt), doch müssen die Problemfelder im Blick behalten werden. Dass beispielsweise die Bordsprechanlage als Folge der Hitzeentwicklung im Kampfraum ausfällt, wie beim Leopard 1 in Afghanistan geschehen, kann im Zweifel böse enden. Die verschiedenen Kampfeinsätze zeigen jedoch, dass vor allem der Leopard 2 in seinen jüngeren Ausführungen für moderne Auslandseinsätze geeignet ist.

Beachtenswert ist Cadieus These, der Kampfpanzer reduziere Kollateralschäden unter der Bevölkerung und an der Infrastruktur, da er sich präziser gegen Feindkräfte einsetzen lasse als indirektes Feuer, namentlich Artillerieschläge und Angriffe aus der Luft. Tatsächlich ist letztgenanntes Mittel ein gerne eingesetztes militärisches Instrument im modernen Krieg beziehungsweise für friedensstiftende Militäreinsätze. Man denke an das Kosovo, wo es Dutzende zivile Todesopfer als Folge von NATO-Luftangriffen gab, oder an den NATO-Einsatz in Libyen 2011. Es erscheint, als gingen den Entscheidern Luftschläge leichter von der Hand, da sie vermeintlich risikoärmer (für die eigenen Leute) sind. Ein Kampfpanzer auf der anderen Seite kommt immer mit dem psychologischen Moment eines Instruments des Angriffskrieges daher; eine Nation, die solche Kriegswaffen einsetzt, mag daher fürchten, als Kriegstreiber zu gelten. Möglicherweise wird der Kampfpanzer auch deshalb vor allem von westlichen Staaten nur sehr zurückhaltend eingesetzt. Man scheut die negative Presse, was durch die Diskussionen in Kanada, Deutschland und Dänemark unterstrichen wird, die die Entsendung von Kampfpanzern begleiteten. Dass beide Muster als Präzisionswerkzeug geeignet sind, zeigen nicht zuletzt die Einsätze unter dänischer und kanadischer Flagge am Hindukusch, wo Leoparden in zahlreichen Situationen das Feuer auf Insurgenten eröffneten, ohne eigene Truppen, Zivilisten oder die Infrastruktur in unmittelbarer Nähe in Mitleidenschaft zu ziehen. Thomas Antonsen prägt in seinem Buch nicht umsonst den Begriff des 65-Tonnen-Scharfschützengewehrs für den Leopard 2-Panzer (Antonsen, T., 2016, S. 115, eigene Übersetzung). Auch Windsor et al. spricht an einer Stelle vom Leo 1 als einem „massiven Scharfschützengewehr" (Windsor, L. et al., 2008, S. 165, eigene Übersetzung). Zudem sei nochmal auf Rugarber verwiesen, dessen Ausführungen diese These untermauern. Jedenfalls finden sich in den oben beschriebenen Einsätzen mannigfaltige Belege für Cadieus These. Man denke etwa an den dänischen Panzereinsatz nördlich der Forward Operating Base Sandford vom 24. November 2007, der beweist, wie präzise der Leopard 2 eingesetzt werden kann, ohne Kollateralschäden zu verursachen. Es ist kein einziger Einsatz von Leopard-Panzern dokumentiert, bei dem Unbeteiligte zu Schaden kamen.

Der Hang westlicher Staaten zum Einsatz indirekten Feuers in militärischen Konfliktsituationen erscheint vor dieser Auswertung geradezu absurd. Negative Presse entsteht auch dadurch, dass beispielsweise die NATO im Kosovo einen Flüchtlingstreck zusammenschießt oder dass eigene Soldaten in Afghanistan getötet werden, weil das Fahrzeug, in welchem sie saßen, von einer Sprengfalle in Stücke gerissen wurde. Der Einsatz von Kampfpanzern verringert die Wahrscheinlichkeit dieser beiden Szenarien deutlich. Oder wie Major Cadieu es vereinfacht ausdrückt: „Leopard C2-Panzer haben kanadische und afghanische Leben gerettet." (Cadieu, T., 2008, S. 21, eigene Übersetzung). Vor dem Hintergrund dieser Erkenntnisse stellt sich durchaus die Frage, warum andere Staaten nicht auch zu dem Schluss kamen, Kampfpanzer in Afghanistan einzusetzen, um das Leben eigener Soldaten besser zu schützen – ja, ich schaue dich an, liebe Hardthöhe!

Die Nutzerstaaten beider Leopard-Typen zeigen sich insgesamt sehr zurückhaltend im Einsatz von Kampfpanzern. 13 Streitkräfte beschafften den Leopard 1, mittlerweile sogar 21 den Leopard 2. Und obwohl viele der beteiligten Staaten seit Beschaffung ihrer Leoparden an mannigfaltigen militärischen Auseinandersetzungen beziehungsweise Missionen beteiligt waren, griffen sie nur äußerst selten auf ihre Kampfpanzer zurück. Exemplarisch seien die Streitkräfte Kanadas erwähnt, die sowohl im Zweiten Golfkrieg als auch beim Angriff auf das Taliban-Regime (Operation Enduring Freedom) auf den Einsatz von Kampfpanzern verzichteten, obwohl beispielsweise die irakischen Streitkräfte selbst Panzer einsetzten. Vielmehr aber bildete sich in den kanadischen Streitkräften zu jener Zeit die Idee heraus, auf Kampfpanzer gänzlich verzichten zu können. Es ist spannend, dass der für das Panzerduell eines heißgewordenen Kalten Krieges entwickelte Leopard 1 letztlich im Rahmen eines asymmetrischen Krieges gegen Aufständische, die selbst über keine Kampfwagen verfügen, seinen Wert und den Wert seiner Waffengattung unter Beweis stellte und folglich zu einer Kursänderung des kanadischen Militärs in der Panzerfrage beitrug. Major Cadieu bewertet den Einsatz der Leopard 1-Panzer am Hindukusch folgerichtig als entscheidend im Kampf um die Macht über die Provinz Kandahar. Die Fähigkeiten von Leopard 1 und Leopard 2 befähigten die kanadischen ISAF-Truppen, Wege zu beschreiten, die ihnen ansonsten verschlossen geblieben wären, sowie befestigte Stellungen des Gegners anzugreifen und zu überwinden.

Auch kann der Schutzfaktor nicht bedeutend genug eingeschätzt werden. Insgesamt fiel in Afghanistan „nur" ein Panzersoldat Kanadas, obwohl die Leoparden in zahlreiche Gefechte verwickelt waren und viele IED-Anschläge gegen sie dokumentiert sind. Sowohl der Leopard 1 als auch der bereits in seiner Entwicklung mit einem speziellen Minenschutz bedachte und später weitergehend mit verstärktem Minenschutz nachgerüstete Leopard 2 A6M CAN dürften das Leben einiger Kanadier gerettet haben. Oder anders formuliert: Hätten die kanadischen Streitkräfte auf den Einsatz ihrer Leoparden am Hindukusch verzichtet, hätten sie insgesamt voraussichtlich mehr Todesopfer und Verwundete zu beklagen, denn dann hätten die Minen und Sprengfallen LAV III-Schützenpanzer, Bison-Radpanzer oder gar M1028 Stryker getroffen – in all diesen Fahrzeugen sind die Insassen wesentlich schlechter gegen Sprengstoffanschläge geschützt als in Kampfpanzern vom Typ Leopard 1 und Leopard 2.

Weiten wir den Blick über Kanada hinaus, ist festzuhalten, dass sich Gleiches auch für andere Streitkräfte und andere Bedrohungslagen konstatieren lässt: Die dänischen Panzersoldaten hätten die Vierfachminenexplosion in Bosnien wohl in keinem anderen Vehikel der dänischen Streitkräfte weitgehend unbeschadet überstanden. Und auch wenn das Königlich Dänische Heer in Afghanistan einen Gefallenen unter seinen Panzerbesatzungen zu beklagen hat, spricht das nach rund sieben Jahren Dauerkampfeinsätzen am Hindukusch nicht gegen meine These. Kein Kampfeinsatz ist ohne Risiko, kein Schutz ultimativ.

Darüber hinaus lassen sich unter den verschiedenen Leo-Einsätze mannigfaltige Situationen finden, die ohne den Einsatz von Kampfpanzern deutlich gefahrvoller für die eigene Truppen gewesen wären – verwiesen sei etwa auf den Vorfall mit der IED-Fabrik östlich von Girishk.

In Afghanistan hatten die Leos gehörigen Anteil daran, die Macht der Taliban in Kandahar zu brechen. Die Aufständischen verfügten selbst über keine Kampfpanzer, und auch Sprengfallen, Minen und RPG-Werfer sind keine sicheren Mittel gegen Leopard-Tanks. Folglich hatte ein Taliban-Kommandeur erst einmal ein nahezu unlösbares Problem, wenn in seinem Sektor ein Leopard auftauchte – vom psychologischen Effekt ganz zu schweigen, den Ralf Raths bei seinem Auftritt im Literarischen Salon eingängig beschreibt. Berichte über die Angst einfacher Taliban-Kämpfer vor Leopard-Panzern sind zahlreich vorhanden und teils durch Studien belegt. Oversergent Jonas bezeichnet diese Angst und die daraus resultierenden ausbleibenden Angriffe als „Umbrella Effect".

Dass jene Abschreckung wirksam funktioniert, belegen die verschiedenen Einsätze von Leopard-Panzern eindrucksvoll. Im Kosovo kam es zu keinen größeren

Angriffen auf die KFOR-Kräfte, die mehrheitlich mit Kampfpanzern ins Land rollten. Die Bundeswehr musste die Waffen ihrer Panzer so gut wie gar nicht einsetzen. Und für Afghanistan deutet vieles darauf hin, dass die Anwesenheit von Leopard-Panzern manche Attacke der Aufständischen präventiv vereitelte sowie zahlreiche Gefechtssituationen rasch und verlustarm zugunsten der ISAF-Kräfte auflöste. Für mindestens einem Fall lässt sich der Abschreckungseffekt sogar anhand der Aussagen des Gegners beweisen: So wurde während des Einsatzes südlich und südwestlich von Camp Bastion im Juli 2013 der Taliban-Funkverkehr abgehört und festgestellt, dass diese gerade aufgrund der Präsenz der dänischen Leos von Angriffen auf ISAF-Kräfte absahen, da sie über keine wirksamen Panzerabwehrmittel verfügten, wie Antonsen zu berichten weiß. Auch Ergebnisse aus Befragungen von Gefangenen und Zivilisten in Afghanistan stützen diese Annahme. Das Überwachen des Vorgehens anderer Truppenteile durch Leopard-Panzer kann zudem als effektiv bewertet werden und zahlt ebenso auf den Schutz der beteiligten Kräfte an der Front ein. Das türkische Beispiel zeigt dabei, dass es ebenso bedeutend ist, die überwachenden Panzer selbst ausreichend zu sichern.

Es ist zudem davon auszugehen, dass die kanadischen und dänischen Operationen in Afghanistan ohne den Einsatz der Leos weniger erfolgreich verlaufen wären, die Machtstellung der Taliban folglich weniger stark erodiert wäre, was weitere Anschläge auf ISAF-Truppen wiederrum wahrscheinlicher gemacht hätte. Auch hinsichtlich dieses (zugegeben von vielen Konjunktiven geprägten) Aspekts trugen die Leos somit dazu bei, ISAF-Personal zu schützen.

Als erstes Zwischenfazit kann daher festgehalten werden: Der Einsatz von Leopard-Panzern schützt erheblich die eigene Truppe sowie die Verbündeten, und zwar sowohl durch den Schutz, den die Fahrzeuge ihren Insassen bieten, als auch durch jenen Schutz, den sie durch ihre Feuerunterstützung und durch Abschreckung einbringen. Ferner schützt der Einsatz von Kampfpanzern Leopard 1 und 2 auch die Zivilbevölkerung und die Infrastruktur, da diese Waffensysteme präziser wirken als indirektes Feuer oder Luftschläge.

Dieses Fazit wird unter anderem durch die zeitgenössischen Einschätzungen von Lieutenant-Colonel Lavoie sowie Brigadier-General Fraser unter dem Eindruck der Operation Medusa gestützt – dort zeigte sich, dass weder die angedachten M1028 Stryker noch die mit improvisierter Panzerung versehenen Bulldozer einen Kampfpanzer auf dem Schlachtfeld ersetzen können. Das Fazit wird ferner durch die rückwirkenden Betrachtungen von Major Cadieu und anderen Akteuren in Afghanistan und auf dem Balkan geteilt, wie in den verschiedenen Kapiteln dargestellt. Gegen dieses Zwischenfazit spricht scheinbar ein Zitat von Överste Peter Lundberg (Sørensen, K., 2020, S. 122), dem schwedischen Bataillonskommandeur während der Operation Amanda im Jahr 1994. Lundberg sagt, der Auftritt der dänischen Panzer in Bosnien hätte das gegnerische Feuer eher verstärkt. Dies geschah jedoch auch im Rahmen eines wenig robusten Mandats. Überhaupt verdeutlicht der UNPROFOR-Einsatz, wie sehr die Leopard-Panzer in ihrer Effektivität gehemmt werden, wenn die Führung den Panzersoldaten kaum Handlungsoptionen an die Hand gibt. Die wiederkehrende Beschießung von UN-Soldaten nahm sicherlich auch deshalb kein Ende, weil die bosnisch-serbischen Kräfte keinerlei Konsequenzen zu fürchten hatten. Es ist jedenfalls augenfällig, dass Angriffe auf dänische Leoparden in dem Moment aufhörten, wo diese durch den Wechsel zur NATO-Mission IFOR mit erweiterten Befugnissen ausgestattet wurden. Diese Erkenntnis stützt das Zwischenfazit weiter, ohne Lundberg zu widerlegen. Es streicht eben die Bedeutung eines robusten militärischen Mandats für die Effektivität des Schutzfaktors heraus.

Für das Kosovo lässt sich konstatieren, dass die Entscheidung für mechanisierte Kräfte in Form von unter anderem Leopard 2 dazu beigetragen haben könnte, dass sich erstens die serbischen Kräfte während des Einmarsches der NATO friedlich verhielten und dass zweitens Milošević später von einem erneuten Angriff auf das von der NATO besetzte Land absah. Beide Bedrohungsszenarien wurden von der NATO als durchaus vorstellbar gehandelt, doch mochte der Anblick von Kolonnen von Kampfpanzern und anderen mechanisierten Kräften den Serben ihre Unterlegenheit auf brutale Weise vor Augen geführt haben. Jedenfalls lässt sich konstatieren, dass es aufgrund der Spannungen im Land zwischen Flüchtlingen, Kosovo-Albanern, anderen Minderheiten, der UÇK und den Soldaten und Sonderpolizisten Milosevićs alles andere als selbstverständlich war, dass der Abzug der Serben weitgehend ohne Gewaltexzesse vonstattenging. Ich will daher die These aufstellen, dass die Präsenz moderner, eindrucksvoller Leopard-Kampfpanzer alle bewaffneten Parteien zur Zurückhaltung animierte. Vorfälle wie jener vom 13. Juni in Prizren hätten sich ohne NATO-Kampfpanzer womöglich häufiger ereignet und Opfer auf allen Seiten gefordert. Auch wenn dies eine nicht zu beweisende Hypothese bleiben muss, hat sie ihren Charme und sollte dazu anregen, die allgemeine Zurückhaltung westlicher Staaten beim Einsatz von Kampfpanzern in Auslandseinsätzen zu überdenken. Andrew Leslie, der im Jahr 1997 das Kommando über die 1st Canadian Mechanized Brigade Group übernahm, hielt es einmal wie folgt: „Wenn sie einen Haufen selbstbewusster, professionell aussehender Soldaten mit moderner Ausrüstung in Panzern oder Coyotes oder APC herumrumpeln sehen, werden diese eine Aura der Befähigung ausstrahlen, das zu tun, was getan werden muss, und wissen Sie was? Die hiesigen bösen Jungs werden die Füße stillhalten." (Maloney, S., 2019, Pos. 2172 im Kindle-Format, eigene Übersetzung).

Allerdings soll der Kampfpanzer beziehungsweise der Leopard 1 oder 2 nicht zum Allheilmittel für den bewaffneten Auslandseinsatz verklärt werden. Die Taliban fanden in Afghanistan mit selbstgebauten Sprengfallen und Minen durchaus effektive Mittel, um Panzer der NATO auszubremsen und sogar das Leben zweier Panzermänner zu beenden. Diese Erfahrungen führen vor Augen, dass die Leoparden auch gegenüber einem Gegner, der selbst über kein Großgerät verfügt, nur im bedachten Zusammenwirken der Waffen eingesetzt werden sollten. Auf sich gestellt ist selbst ein Leopard 2 modernster Kampfwertsteigerung in vielen Situationen hilflos. Dänen, Kanadier und Deutsche haben entsprechend gehandelt und konnten dadurch ihre Verluste minimieren –frei von Risiken ist kein Militäreinsatz.

Als weitere Learnings führt Cadieu an, dass die strategische weltweite Lufttransportfähigkeit durch eigene Kräfte sichergestellt sein muss, um schnell auf sich verändernde Lagen reagieren zu können und unabhängig zu sein. Gerade auch das kanadische Beispiel bezüglich des Kosovokrieges zeigt die Gefahren einer Auslagerung wichtiger militärischer Kompetenzen an Dritte beziehungsweise einer Zusammenstreichung militärischer Sekundärkompetenzen. Der Kampfpanzer kann eben nicht auf seine Werte Feuerkraft, Schutz und Beweglichkeit reduziert betrachtet werden, sondern muss darüber hinaus in ein funktionierendes Versorgungs- und Logistiksystem eingebunden sein. Der beste Kampfpanzer der Welt nützt wenig, wenn seinen Streitkräften die Mittel fehlen, ihn ins Einsatzgebiet zu verlegen oder vor Ort mit den notwendigen Betriebsstoffen und Ersatzteilen zu versorgen. Insbesondere aus den kanadischen Erfahrungen, aber auch aus den Erfahrungen der Bundeswehr mit Standschäden an ihren Fahrzeugen in Mazedonien sollte daher der Schluss gezogen werden, ein ganz besonderes Augenmerk auf die Logistik zu legen, die hinter jedem Kampfpanzereinsatz steht. Gerade der KFOR-Einsatz zeigt die Bedeutung der Fähigkeit auf, Truppen aus eigenen Kräften schnell und zielführend weltweit verlegen zu können. Die Vorstellung, dass kanadisches Kriegsgerät für die einmonatige Überfahrt ohne Schutz und Bewachung einer ukrainischen Schiffscrew ausgeliefert war, ist jedenfalls gruselig. Die Erfahrungen, die beispielsweise die Dänen in Bosnien und die NATO generell in Griechenland sammelten, verdeutlichen aber auch, dass der Logistikbegriff größer gefasst werden muss: auch politische und bürokratische Systeme vom Heimatland bis ins Einsatzland müssen betrachtet und bearbeitet werden. Die KFOR-Erfahrungen Dänemarks deuten zudem an, dass auch privatwirtschaftliche Lösungen gut funktionieren können.

Aus dem KFOR-Einsatz ist überdies die Lehre zu ziehen, dass die räumliche Trennung zwischen dem Großgerät in Krivolak und den Besatzungen im 150 Kilometer entfernten Tetovo in künftigen Einsätzen vermieden werden muss. Die Truppe hatte so nur sehr eingeschränkt die Möglichkeit, technischen Dienst an ihren Fahrzeugen vorzunehmen, auch war die Sicherung gegen Sabotage problematisch. Darüber hinaus hätte die Truppe die quälende Phase des Wartens in Mazedonien mit dem Einüben von Einsatzszenarien verbringen können, hätte sie ihr Gerät bei sich gehabt. Der damalige Major Radig, Angehöriger der Führungsgruppe des vstk MechBtl, geht in seiner Bewertung dieses Umstandes noch weiter: „da hat man blauäugig gehandelt und auch Glück gehabt.“ (Radig, P., undatiert, c, S. 241). Das Bild vom verwahrlosten Panzer, aus dessen Rohr die Pflanzen wucherten, wie es Werner Pfeil zeichnet, steht sinnbildlich für das Problem des gesonderten Abstellplatzes für die Waffensysteme.

Vor allem in Afghanistan stellte die Sicherstellung der Einsatzfähigkeit von Panzern, die an verschiedenen Orten der Provinz zeitgleich operierten, eine große Herausforderung dar und blieb ein Flaschenhals im Wirken der dänischen und kanadischen Leoparden. Die Episode um die beiden Leopard 1 C2, die im Juni 2007 als Verstärkung einer Infanteriekompanie auf dem Weg ins Operationsgebiet ausfielen, verdeutlicht die Risiken, die mit der Aufsplitterung der Panzerkräfte einhergehen. Auf sich gestellt waren die beiden Tanks und die Infanteristen nicht in der Lage, die Panzer zu bergen, und mussten folglich gefährlich exponiert auf

Hilfe warten. Hätten sie im Rahmen der gesamten Squadron operiert, hätten weitere Tanks zur Verfügung gestanden, um die beiden ausgefallenen Fahrzeuge aus der Misere zu holen.

Beide Leopard-Muster selbst werden als leistungsfähig und wartungsarm bewertet, unter anderem von Sørensen. Erfahrungen mit dem Leopard 2, zum Beispiel während der Operation Moshtarak, zeigen zudem, dass es sich um einen extrem zuverlässigen Kampfpanzer handelt, der für einen längeren Zeitraum autark betrieben werden kann. Dennoch stößt jedes Waffensystem an seine Grenzen, wenn es intensiv eingesetzt wird, wie die Erfahrungen der Dänen aus der Operation Panther's Claw verdeutlichen. Gibt man nur eine derart kleine Menge an Kampfpanzern für den Auslandseinsatz frei, ist es nur logisch, dass jedes einzelne Fahrzeug intensiv beansprucht wird. Hinzu kommen immense Kosten für den Betrieb von Kampfpanzern sowie speziell in Afghanistan für Entschädigungen für Schäden, die die Panzer an der Infrastruktur und an Privateigentum anrichteten.

Ferner ist die Doktrin des modernen Panzereinsatzes im asymmetrischen Krieg zu hinterfragen. Vorbei scheinen die Zeiten, in denen das Bataillon der kleinstmögliche Panzerverband ist. In Afghanistan war es oftmals notwendig, die Leopard-Kräfte weiter aufzusplittern, um so einzelne Infanterieeinheiten oder Kolonnen in Sachen Feuerkraft und Schutz aufzuwerten. Dabei darf der Panzer zu seinem eigenen Schutz niemals allein operieren, sondern immer nur im Verbund anderer Kräfte.

Die Aufteilung der Führungsfrage auf den Panzerkommandanten für die Phase des Angriffs und den Infanteriekommandanten für die Phase der Konsolidierung für einige kanadische Operationen des Jahres 2007 bewertet Cadieu als zweckmäßig, selbst wenn dadurch das Kommando im Laufe einer Operation mehrfach hin- und herwechselte. Darüber hinaus hebt er die Bedeutung einer umfassenden Ausbildung hervor; diese muss von der Ausbildung des einzelnen Soldaten bis hin zu einsatzlandspezifischen Trainings und Joint Arms-Übungen reichen.

Ferner sollten vermeintlich nicht mehr notwendige Fähigkeiten nicht vorschnell aufgegeben werden. Die Episode um MacNeills Tauchgang im Arghandāb zeigt deutlich auf, dass sich die Lage im Einsatz schnell ändern kann und die Soldaten darauf reagieren müssen. Der Zwischenfall hätte auch weit weniger glimpflich ausgehen können.

Haben die zahlreichen zerstörten Leopard 2-Panzer im Zuge der türkischen Militäroffensiven zwischen 2016 und 2018 nun die Schwächen dieses Musters offengelegt, wie es mannigfaltige Medienberichte darstellen? Und liefern sie den Gegenbeweis für meine oben ausgeführten Thesen? Ist der Leopard 2 gar überbewertet?

Zunächst ist zu konstatieren, dass die bei al Bab eingesetzten Leopard 2 A4 nach heutigem Standard als veraltet gelten müssen. Darüber hinaus scheinen die Panzer bei den Zwischenfällen unvorteilhaft eingesetzt worden zu sein. So warteten sie in teilgedeckter Stellung geradezu darauf, beschossen zu werden, statt den Vorteil ihrer Beweglichkeit zu nutzen. Bei dem Zwischenfall Mitte Dezember 2016, bei dem gleich zwei Leos nacheinander durch Raketen getroffen wurden, zeigte die

Besatzung des zweiten Tanks keinerlei Reaktion auf den Beschuss des ersten Panzers – dabei hätte sie sich sofort in Bewegung setzen müssen. Es liegen also tatsächlich Anzeichen dafür vor, dass die Türkei ihre Panzer nicht optimal einsetzte, wie ihr dies einige Experten vorwerfen. Die beschriebenen Situationen und das Bildmaterial, das von den Kämpfen existiert, lassen zudem die Frage nach der Rolle der türkischen Kampfpanzer im Verbund der Waffen aufkommen. So wirkt es, als seien die türkischen Leos meist auf sich gestellt gewesen, statt durch andere Truppengattungen ergänzt zu werden. Um dieses Argument zu stützen, sei auf den Einsatz dänischer und kanadischer Leos in Afghanistan verwiesen. Beide Nationen setzten diesen Panzertypen über Jahre hinweg im Kampf gegen Insurgenten ein; Kanada zeitweise sogar ebenfalls Leopard 2 A4 (allerdings aufgewertet als Leopard 2 A4 CAN). Und obwohl die Aufständischen Afghanistans ähnlich mit Panzerabwehrwaffen ausgerüstet waren wie der IS und die kurdischen Kämpfer (RPG, 82-Millimeter-Geschütze, Minen, IEDs), ist in sieben Jahren Dauereinsatz „nur" ein einziger Panzer verloren gegangen sowie ein einziges Besatzungsmitglied eines Leopard 2 gefallen.

Der Leopard in seiner Kampfwertsteigerung 2 A4 wurde noch für die Duellsituation des Kalten Krieges konzipiert mit klaren Schwachpunkten in der Seiten-, Heck- und Turmpanzerung. Er traf in Nordsyrien aber auf eine Lage, in der sich die türkischen Streitkräfte einem teils asymmetrisch kämpfenden Gegner gegenübersahen. Erst spätere Kampfwertsteigerungen des Leos zollen dieser Form der Kriegsführung Tribut. Dennoch beweist selbst die Version 2 A4 ihren hohen Schutzfaktor. Trifft beispielsweise eine Konkurs-Rakete einen modernen Kampfpanzer seitlich oder von hinten, wird dieser ohne spezielle Abwehrmaßnahmen wie Käfigpanzerung immer signifikante Schäden davontragen. Die intelligente Konstruktion des Leopard 2 samt Feuerlöschanlage, in einem separaten Bereich eingebunkerter Munition und mehr verhinderte in Nordsyrien dennoch vermutlich noch mehr ausgefallene Panzer und getötete Panzersoldaten.

Die für den Einsatz der Kampfpanzer unvorteilhafte Taktik der Türkei ist möglicherweise darauf zurückzuführen, dass Ankara ihr Engagement in Nordsyrien begrenzen wollte und daher statt einer vollausgestatteten Offensivkampftruppe nur Unterstützer für die FSA entsandte. So kam es, dass Leoparden auf sich gestellt Feuerunterstützung lieferten, statt im Verbund mit türkischen Pionieren, Infanteristen und weiteren mechanisierten Kräften am Schwerpunkt der Front zu wirken. Der Leopard 2 aber ist nie für die Rolle als statisches Geschütz konzipiert worden.

Allerdings ist festzuhalten, dass zumindest der Nimbus der Unbesiegbarkeit des Leo 2 durch die Kämpfe in Nordsyrien deutliche Kratzer davongetragen hat. Die Presseberichte sind nun in der Welt und sie differenzieren auch nicht zwischen den unterschiedlichen Kampfwertsteigerungen sowie der eingesetzten Panzerdoktrin, dabei macht es einen erheblichen Unterschied, ob ein Leopard 2 A4 als statisches Geschütz oder ein Leopard 2 A7V im Verbund der Waffen eingesetzt wird.

Richten wir den Blick jedoch auf die tatsächlichen Ausfälle deutscher, kanadischer und dänischer Leoparden, zeichnet sich nach rund 20 Jahren in Kampfeinsätzen auf dem Balkan und in Afghanistan ein gänzlich anderes Bild:

Für den Leopard 1 bleibt zu konstatieren, dass es keine Totalausfälle an Gerät zu verzeichnen gab. Selbst schwerste Sprengungen wie der Minenunfall in Bosnien im Januar 1996 vermochten den Panzer nicht völlig zu zerstören. Der angesprengte Tank konnte wieder instandgesetzt werden und bestritt später weitere Einsätze. Bei Leopard 1-Einsätzen wurden insgesamt mindestens ein Panzersoldat in Bosnien sowie neun in Afghanistan verwundet. Ein kanadischer Panzersoldat fiel.

Wie sieht es beim Leopard 2 aus? Mit ihm haben die Dänen nebst mindestens vier Verwundeten einen Toten und einen Panzer als Totalausfall zu beklagen. Die kanadischen Leopard-Besatzungen haben mindestens sechs Verwundete zu beklagen bei keinen Totalausfällen an Gerät. Diese Zahlen angesichts langjähriger, zahlreicher Einsätze bis an die Belastungsgrenze von Mensch und Material sprechen doch stark für die Leopard-Panzer und stehen im Widerspruch zu den türkischen Verlustzahlen. Mindestens 8, möglicherweise 10 Leopard 2 gingen wohl im Dezember 2018 verloren, zahlreiche türkische Panzersoldaten dürften dabei den Tod gefunden haben oder wurden verwundet. Bei der Folgeoperation in Nordsyrien wurde möglicherweise ein weiterer Leopard 2 vernichtet.

Ich hoffe, mit diesem Buch einen Beitrag zu leisten, der den Kampfpanzer im Allgemeinen und die Leopard-Muster im Speziellen in ein anderes Licht rückt. Mitnichten handelt es sich bei diesen Waffensystemen um Götzen einer offensiven Angriffskriegsführung. Hier hallt insbesondere die Goebbel'sche Propaganda nach, die von der modernen Popkultur aufgegriffen und verstärkt wird. Zur Untermauerung dieses Arguments verweise ich exemplarisch auf die jüngeren osteuropäischen Kriegsfilme, die sich im Kern um bombastische Panzeraction drehen, wie „T-34 – Das Duell“ oder „White Tiger – Die große Panzerschlacht“ und dafür große Materialschlachten inszenieren.

Die Leopard-Panzer sollten von den Entscheidern in der Politik und im Militär nicht als reines Instrument einer konventionellen Kriegsführung missverstanden werden. Eine öffentliche Debatte über die Entsendung von Kampfpanzern in Auslandseinsätze muss notfalls ausgehalten werden, wie es die Kanadier, Dänen und im Fall von KFOR sogar die Deutschen vorgemacht haben. Am Ende des Tages darf ich nach der Analyse der Kampfeinsätze dieser drei Nationen festhalten, dass die Entscheidung, Panzer Leopard 1 und Leopard 2 nach Bosnien, ins Kosovo, nach Mazedonien sowie nach Afghanistan zu entsenden …

1. … die eigene Truppe schützte. Angriffe fanden aufgrund des Abschreckungsfaktor gar nicht erst statt oder die Leoparden trugen im Falle von Angriffen dazu bei, dass die Überlebenschancen der eigenen Truppe beträchtlich stiegen. Entscheidend für die Effektivität des Schutzes durch den Einsatz von Leopard-Panzern ist ein robustes militärisches Mandat.
2. … Kollateralschäden verhinderte, da moderne Kampfpanzer ein Präzisionsinstrument der Kriegsführung sind.
3. … Todesopfer unter Panzersoldaten und Ausfälle an Kampfpanzern auch deshalb außerordentlich gering hielt, da die Leoparden im Verbund der Waffen nach moderner Einsatzdoktrin eingesetzt wurden.

Vor dem Hintergrund dieser Erkenntnisse sollten die Nutzerstaaten ihre Kampfpanzer Leopard 1 und 2 für laufende und künftige militärischen Einsätze zwingend mitdenken, wenn die Gefährdungslage dementsprechend ist. Da kann das BMVg seinen Blick ruhig auch mal nach Mali richten.

Ursprünglich wurden beide Leopard-Panzer jedoch für die Duellsituation gegen Panzer sowjetischer Bauart in einem konventionellen Krieg entwickelt. Mit der Annexion der Krim durch Russland im Jahr 2014, dem Afghanistan-Debakel in 2021 und dem Angriff auf die Ukraine im Jahr 2022 scheinen Auslandseinsätze westlicher Staaten wieder in den Hintergrund zu rücken. Stattdessen gewinnt die Verteidigung des NATO-Territoriums beziehungsweise die Landesverteidigung rasant an Bedeutung. Ob die Leoparden in der klassischen Duellsituation in einer Panzerschlacht tatsächlich bestehen, kann dieses Buch nicht klären. Die Theorie sagt ja, aber es fehlen schlicht die praktischen Erfahrungen.

Abschließend möchte ich dafür plädieren, die Erkenntnisse aus fast zwei Jahrzehnten Afghanistan, aus mehr als zwei Jahrzehnten Kosovo und aus weiteren Auslandseinsätzen nicht einfach wieder über Bord zu werfen und auf dem Altar der Landesverteidigung zu opfern. Die meisten westlichen Streitkräfte hechelten bereits einmal einem Trend hinterher – nämlich dem Trend „Auslandseinsatz" ab den späten 1990er Jahren. Sie schafften reihenweise ganze Waffengattungen und Verteidigungsstrukturen ab, weil der Verteidigungsfall als abwegig galt. Sie sollten nun nicht den gleichen Fehler begehen und die Fähigkeiten, Auslandseinsätze mit Show-of-Force- und Peacekeeping-Ansatz ausführen zu können, wieder abzuschaffen, nur weil Auslandseinsätze weniger und/oder unwahrscheinlich werden. Niemand kann mit Sicherheit sagen, was in 10 oder 20 Jahren sein wird. Und die militärischen Mühlen mahlen zu langsam, um eine Streitkraft alle paar Jahre erfolgreich auf links drehen zu können. Strukturelle Änderungen brauchen Zeit, weshalb eine wohlüberlegte Planung und Strategie die Schlüssel zum Erfolg sind.

Ausblick Ukraine: Sinnhaftigkeit und Möglichkeiten von Leopard-Panzern für die Ukraine

Spätestens, seit Olaf Scholz die Zeitenwende als Reaktion auf den russischen Angriffskrieg gegen die Ukraine ausgerufen hat, wird in Deutschland über die Lieferung von Kampfpanzern Leopard 1 und Leopard 2 an Kiew diskutiert. Ich will an dieser Stelle zwei Fragen unter völliger Ausblendung der politischen Realitäten beantworten:

1. Wie viele Leopard-Panzer stünden für eine zeitnahe Lieferung an die Ukraine zur Verfügung?
2. Welchen Unterschied könnten Leopard-Panzer auf dem Schlachtfeld im Ukrainekrieg machen?

Zunächst will ich eine Vorbemerkung zu den „Zahlenspielen" loswerden: Wie bereits weiter oben gesehen, sind die Zahlen von Panzerlieferungen und Beständen nicht immer eindeutig oder vollständig offengelegt worden. Erschwerend kommt hinzu, dass viele Quellen nicht trennscharf zwischen Kampfpanzern und Spezialpanzern auf Leopard-Basis unterscheiden. Nicht zuletzt bleibt teilweise unklar, wie viele der ausgemusterten Panzer tatsächlich noch verfügbar in Lagerhallen stehen – und in welchem Zustand diese sind. Wenn ich mich an die Bestandszahlen von Leopard-Panzern wage, kann dies also nur eine grobe Annäherung an die Realität darstellen.

Ein weiterer Hinweis von mir bezieht sich auf die Logistik. In meinem Fazit habe ich herausgearbeitet, wie entscheidend eine gut funktionierende Logistik für den militärischen Erfolg von Kampfpanzern ist. Die ukrainischen Streitkräfte dürften schon jetzt dank der Vielzahl an Waffensystemen, die ihnen aus aller Herren Länder in teils niedrigen, zweistelligen Stückzahlen geliefert wurden und werden, mit einem logistischen Albtraum konfrontiert sein, denn für jedes einzelne Waffensystem müssen die Ausbildung von Soldaten aufgesetzt und durchgeführt, die Versorgung mit der passenden Munition und Ersatzteilen bis an die Front und die adäquate Wartung und Reparatur durch fähige Werkstatteinheiten sichergestellt werden. Es kommt daher aus militärischer Sicht nicht nur darauf an, ob Leopard-Panzer geliefert werden, sondern auch *wie viele*. Würden beispielsweise insgesamt fünf Leopard-Panzer geliefert werden, würde der Aufwand, der nötig ist, um diese fünf einsatzbereit zu machen und zu halten, sicherlich den Nutzen übersteigen. Wo exakt die Schwelle liegt, ab der eine Lieferung von Leoparden militärisch und logistisch sinnvoll ist, lässt sich nicht ganz leicht beantworten. Die kleinste jemals georderte Stückzahl je Nutzer liegt bei 15 Fahrzeugen. (Die Dschaisch al-Islam klammere ich an dieser Stelle bewusst aus.) Das reicht mit Ach und Krach, um eine Panzerkompanie auszustatten mit maximal einer minimalen Umlaufreserve beziehungsweise wenigen Ersatzfahrzeugen. Mir kommt das sehr wenig vor und es scheint den Aufwand, sich logistisch mit allem Zipf und Zapf auf ein zusätzliches Waffensystem einzustellen, kaum zu rechtfertigen. Der Fairness halber muss dazu gesagt werden, dass einer der Staaten, die sich auf 15 Exemplare verständigt haben, in Aussicht stellt, weitere Leoparden zu ordern – und dass beide Nutzer die Panzer im Rahmen des Ringtausches erhalten. Vielleicht gilt hier das Motto: Einem geschenkten Gaul schaut man nicht ins Maul.

Für den **Leopard 1** lässt sich konstatieren, dass annähernd 5.000 Kampfpanzer produziert wurden. Es kann nahezu ausgeschlossen werden, dass KMW heute noch in der Lage wäre, rasch (oder überhaupt) fabrikfrische Leopard 1 zu fertigen. Das letzte Mal liefen die Produktionsbänder vor rund 40 Jahren. Aus diesem Grund kann beim Leopard 1 wohl ausschließlich auf die Bestände zurückgegriffen werden. Ungeachtet des Rüststandes lässt sich sagen, dass die Bundesrepublik im Laufe der Jahre rund 1.640 Fahrzeuge veräußerte. Somit könnten theoretisch noch bis zu 800 Panzer verfügbar sein abzüglich solcher, die irreparabel beschädigt sind, ausgeschlachtet oder bereits verschrottet wurden. Laut einem Artikel der Mitteldeutschen Zeitung aus dem Jahr 2005 wurden auf dem berühmten Panzerfriedhof der Battle Tank DismantlingGmbH in Thüringen hunderte Leopard-Panzer zum Verschrotten abgestellt. Selbst wenn diese bis heute noch nicht vollständig verschrottet worden sind, dürften mehr als 15 Jahre mitteldeutsche Witterung den Fahrzeugen nicht gutgetan haben. Zudem dürften die zum Verschrotten übergebenen Panzer zuvor kriegsuntauglich gemacht worden sein. Alle der Battle Tank DismantlingGmbH überstellten Leoparden dürften daher als verloren gelten. Damit bleibt aus den deutschen Beständen maximal noch eine niedrige dreistellige Zahl übrig, die möglicherweise noch eingelagert ist und zeitnah einsatzbereit gemacht werden könnte. Rheinmetall spricht von rund 50 Leopard 1, die für den Krieg in der Ukraine wieder flottgemacht werden könnten. Da KMW auf seiner Website mit dem Leopard 1A5 wirbt, darf erwartet werden, dass auch dieser Konzern noch über einige Exemplare verfügt, wobei auch möglich ist, dass sich beide Konzerne einen gemeinsamen Bestand teilen. Laut General a. D. Egon Ramm befinden sich noch rund 100 Leopard 1 A5 in den Beständen der deutschen Industrie. Ob Ramms über Insiderwissen verfügt oder diese Zahl auf der Grundlage von Presseberichten rät, bleibt unklar.

Außerhalb Deutschlands könnten ausschließlich folgende Nationen theoretisch Leopard 1-Panzer aus eingelagerten Beständen liefern: Norwegen (bis zu 170), Italien (bis zu 920), Dänemark (bis zu 230 – definitiv halten die Dänen einige Leopard 1 fahrbereit), Australien (bis zu 65), Kanada (eigentlich bis zu 128, dazu unten mehr), Brasilien (bis zu 220) und Chile (bis zu 172 abzüglich der Exemplare, die zur Umrüstung mit Raketenwerfern vorgesehen sind).

Der Fall Kanadas zeigt jedoch, dass die tatsächlich eingelagerten Fahrzeuge – wenn es überhaupt noch welche gibt – weit unter diesen theoretischen Zahlen liegen dürften. Kanada versuchte nämlich einige Jahre lang vergeblich, seine Leo 1-Flotte zu verkaufen. Ein Deal mit Jordanien scheiterte. Schließlich wurden augenscheinlich die meisten Fahrzeuge verschrottet, eine kleinere Anzahl als Kriegsdenkmal umfunktioniert und rund 50 Panzer zu Hartzielen umgearbeitet. Ergo dürfte Kanada heute über keine Leopard 1 mehr verfügen, die einsatzbereit sind. Sicherlich gilt Ähnliches für die meisten anderen Nationen, die diesen Panzer bereits vor vielen Jahren außer Dienst gestellt haben. Auch sie werden Probleme gehabt haben, Käufer zu finden, und werden schließlich, um Lagerkosten zu sparen, zur Verschrottung oder Umwandlung in Hartziele übergegangen sein. Diejenigen Nationen, die den Leopard 1 weiterhin nutzen, werden den Panzer ohnehin nicht herausrücken, ohne umgehend Ersatzpanzer zu erhalten. Meiner Einschätzung nach stünde damit maximal – wenn überhaupt – eine niedrige dreistellige Zahl an Leopard 1 weltweit zur Verfügung, die zeitnah wieder kriegstauglich gemacht werden könnte.

Bleibt die Frage, wie sinnvoll der Leopard 1, ein bald 60-jähriger Kampfpanzer, für die ukrainischen Streitkräfte sein kann, sollte er in einer ausreichend großen Mindestmenge inklusive Munition, Verbrauchsmaterial und Ersatzteilen zur Verfügung stehen. Tatsächlich kommt das natürlich stark auf den Rüststand an – es liegen Welten zwischen dem Kampfwert eines Leopard 1 A1 und eines A5. Grundsätzlich lässt sich sagen, dass der Leopard 1 der Ukraine auf dem Schlachtfeld durchaus nützlich sein kann. Es ist bestätigt, dass auch die Russen im Ukrainekrieg teils sehr alte Panzermuster wie den T-62 einsetzen. Wir erinnern uns: Die Serienversion des Leopard 1 ist in der Lage, einen T-62, dessen Panzerung nicht nachträglich verstärkt wurde, auf 1.500 Meter frontal zu durchschlagen. Die Variante A5 ist auch für russische T-72 ein gefährlicher Gegner, die das Rückgrat der russischen Panzerwaffe bilden. Der Leo 1 ist zudem selbst in der Serienversion bereits eingeschränkt nachtkampffähig und weist eine hohe Ersttrefferwahrscheinlichkeit auf. Die jüngeren Rüststände verstärken diese Attribute weiter, sodass der Leo 1 vielen eingesetzten russischen Panzern mindestens ebenbürtig sein dürfte. Auch der Militärhistoriker Torsten Heinrich kommt zu dem Schluss, dass der Leopard 1 trotz seiner viel zu schwachen Panzerung ein Gewinn für die ukrainischen Streitkräfte wäre. Egon Ramms hält vor allem die Variante A5 für wertvoll im Kampf gegen die russischen Streitkräfte. Unstreitig ist, dass jede Art von Kampfpanzer den Grad der Mechanisierung und somit die Fähigkeit der Ukrainer, sich kämpfend zu bewegen, erhöht.

Wir dürfen auch nicht vergessen, dass die großen Panzerschlachten im Ukrainekrieg bisher ausgeblieben sind. Stattdessen fungieren Panzer als Unterstützer der Infanterie – für diese Funktion ist der Leopard 1 allemal geeignet. Zudem könnte der Leo 1 auch außerhalb seiner originären Rolle als Kampfpanzer eingesetzt werden, zum Beispiel als Aufklärer, wie die Dänen ihn bereits nutzten.

Schlussendlich gilt natürlich: Ein alter Panzer ist besser als gar kein Panzer. Es muss davon ausgegangen werden, dass die Verluste der Ukraine nach acht Monaten Kampf nicht unerheblich sind, und aus eigener Kraft wird sie höchstens wenige neue Kampfpanzer produzieren können. Entsprechend könnte selbst eine zweistellige Zahl von Leopard 1 ein signifikanter Zugewinn für die ukrainische Panzerwaffe sein.

Die Situation beim **Leopard 2** unterscheidet sich dadurch grundlegend, dass der Leo 2 nach wie vor produziert wird und auch in diesem Jahrtausend noch verschiedenen Orts in Lizenz produziert wurde. Durch Bündelung der Kapazitäten wäre es sicherlich möglich, an die Ukraine abgegebene Panzer aus aktiven Armeebeständen zeitnah zu ersetzen – oder gleich neue Tanks für Kiew zu produzieren, wenn von einem noch jahrelang andauernden Krieg ausgegangen wird oder man bereits an die Aufrüstung der Ukraine für die Zeit danach denken will. Auf der anderen Seite gibt es bisher kaum Staaten, die sich für die Ausmusterung des Leopard 2 entschieden haben – zudem findet man zügig Abnehmer für diesen Kampfpanzer, sodass keine Nation über Lagerhallen, gefüllt mit großen Beständen abgeschriebener Leopard 2 verfügen dürfte. Ferner ist es unwahrscheinlich, dass so kostbare Rüstungsgüter wie ein Leopard 2 verschrottet werden (ausgenommen jene Fahrzeuge, die irreparabel beschädigt wurden), weshalb die Zahl der jemals produzierten Tanks noch in etwa der der weltweit verfügbaren Fahrzeuge entsprechen dürfte.

Insgesamt wurden bisher mindestens 3.711 Leopard 2 produziert oder bestellt und für die Produktion avisiert. Mit Tschechien und Norwegen stehen zudem weitere Nationen in den Startlöchern, die in Bälde fabrikfrische Leopard 2 ordern könnten.

Spielt man die Zahlen der eingelagerten Leopard 2 durch, dürfte die Bundeswehr maximal noch über etwas mehr als 340 Exemplare verfügen, von denen vermutlich einige ausgeschlachtet oder zu Spezialpanzern umgebaut wurden. Weitere rund 25 inaktive Tanks müssten sich noch im Besitz der Niederlande befinden. Die Schweiz könnte bis zu 204 Leo 2 eingelagert haben, bei Dänemark könnten es bis zu 24 Fahrzeuge sein. In Österreichs Lagern könnten bis zu 58 Panzer stehen, von denen allerdings viele ausgeschlachtet worden sein sollen. In Norwegen sind es maximal etwas mehr als 10. Für Norwegen gilt die Besonderheit, dass die bestehende Leopard 2-Flotte so oder so ausgemustert werden soll – das sind 38 Fahrzeuge, die perspektivisch in den nächsten Jahren für den Export verfügbar sein werden. Finnland dürfte rund 100 Panzer eingelagert haben, wird diese aber mit großer Wahrscheinlichkeit für den Kriegsfall mit Russland als Reserve einplanen, da die finnischen Streitkräfte traditionell darauf setzen, ihre Streitkräfte im Ernstfall rasch zu vergrößern. Kanada nutzt seine überschüssigen Leopard 2 als Ersatzteillager oder hat sie zu Spezialpanzern umgebaut. Durch Presseberichte wurde kürzlich bekannt, dass Spanien rund 40 Leopard 2 aus der deutschen Charge eingelagert hat, wovon allerdings nur 10 in einem Zustand sein sollen, dass mit ihnen noch etwas angefangen werden kann.

Der Rest der Fahrzeuge in internationalen Streitkräften befindet sich im aktiven Dienst, und gerade bei einem potenten Muster wie dem Leopard 2 muss davon ausgegangen werden, dass neben Finnland zahlreiche Nationen die eingelagerten Panzer als Reserve betrachten und nicht ohne zeitnahen Ersatz herausrücken werden. Zudem könnten zahlreiche Panzer als Teilespender dienen oder durch andere Umstände (etwa Unfälle) bereits unbrauchbar sein – in Spanien beispielsweise wurden 20 Leopard 2 von einer Schlammlawine überrollt und sollen nicht mehr kriegstauglich sein.

Am üppigsten sind also die Lager der Bundesrepublik Deutschland gefüllt, doch wird auch die Bundeswehr den bereits vor dem Überfall Russlands auf die Ukraine angemeldete Bedarf über 80 weitere Kampfpanzer im Auge behalten, ehe sie bereitwillig ihre Lager für Kiew leert. Dennoch darf davon ausgegangen werden, dass allein Deutschland eine niedrige dreistellige Zahl an Leopard 2 aus Altbeständen zur Verfügung stellen könnte. Sollte Berlin zudem mit dem Klingelbeutel durch Europa ziehen, käme sicherlich eine zweistellige Zahl zusätzlicher Panzer zusammen.

Dass der Leopard 2 – nach wie vor einer der potentesten Kampfpanzer auf dem Markt – aus militärischen Abwägungen heraus ein Zugewinn für die Ukraine wäre, steht außer Frage. Natürlich kommt es auch hier auf den Rüststand an; grundsätzlich aber darf angenommen werden, dass es ein Leopard 2 egal welchen Rüststands mit jedem im Ukrainekrieg eingesetzten russischen Kampfpanzer aufnehmen kann.

Allerdings muss auch festgehalten werden, dass Leopard 1 und 2 bisher nie in Duellsituationen gegen vergleichbare Panzer zum Einsatz kamen – abgesehen vom ein oder anderen Stand-off mit serbischen Tanks in Bosnien. Es bleibt daher abzuwarten, ob die deutschen Panzer in der Duellsituation tatsächlich bestehen, wie es die Theorie zu diktieren schein.

Zu beachten ist letztlich die Frage der Ausbildung. Sollte die Ukraine erfahrene Panzerbesatzungen abstellen, um die Leopard-Panzer zu führen, ist es wohl möglich, die Panzer nach einer Woche Training bedienen (!) zu können. Sie zu beherrschen erfordert ungleich mehr Zeit, wie auch Torsten Heinrich schätzt. Es wird am Ende auf die Frage ankommen, wie viel Ausbildungszeit die Ukraine ihren Leopard-Besatzungen einräumt, ehe sie sie an die Front wirft.

Aus militärischer Perspektive lässt sich somit schlussfolgern, dass die Kampfpanzer Leopard 1 und Leopard 2 die Streitkräfte der Ukraine signifikant verstärken würden, sofern sie in einer logistisch vertretbaren Mindestzahl geliefert werden und die Logistik sichergestellt ist.

Quellenhinweise für diesen Abschnitt

Als Quellen dienen mir Murphy (2022), Klein (2005), Steinke (2021), Trevithick (2019), Heinrich (2022), Ramms (2022) sowie ntv (2022). Die Causa Spanien lässt sich bei Kramper (2022b) und Petersen (2022) nachvollziehen.

Nachwort von Thomas Antonsen

Die beiden deutschen Hauptkampfpanzer, der Leopard 1 und der Leopard 2, sind zwei sehr unterschiedliche Fahrzeuge, und doch haben sie denselben historischen Ausgangspunkt, den Kalten Krieg zwischen der NATO und dem Warschauer Pakt, der 1989 endete, ohne, dass es jemals zu offenen Kampfhandlungen gekommen war. Beide Fahrzeuge wurden gebaut, um der massiven mechanisierten Bedrohung durch den Warschauer Pakt zu begegnen, deren Panzerwaffen während des gesamten Zeitraums eine konstante quantitative Überlegenheit und einen immer kleiner werdenden qualitativen Rückstand gegenüber den NATO-Partnern aufwiesen.

Alle gepanzerten Fahrzeuge werden innerhalb der drei Parameter Panzerung, Mobilität und Feuerkraft gebaut. Dies traf 1916 zu, als das erste panzerähnliche Fahrzeug bei der britischen Armee in Dienst gestellt wurde, und es wird auch für jedes Fahrzeug gelten, das den Leopard 2 ersetzen wird.

Der Leopard 1 wurde als relativ leichtes Fahrzeug (40-Tonnen-Klasse) gebaut, wobei der Schwerpunkt auf Feuerkraft und Mobilität lag, und daher war sein Mangel an Panzerung weniger wichtig, da Mobilität als der Faktor angesehen wurde, der den Mangel an schwerer Panzerung ausgleichen konnte. Als der Leopard 1 1965 bei der deutschen Armee in Dienst gestellt wurde, war er mit der britischen L7A3 105-Millimeter-Kanone ausgerüstet, die schnell zu einem NATO-Standardpanzergeschütz wurde. Zusammen sorgten das Geschütz und die sehr wendige Plattform dafür, dass der Leopard 1 in der NATO und im Ausland zu einem äußerst beliebten Fahrzeug wurde, das bis heute im Einsatz ist und während seiner gesamten Nutzungsdauer kontinuierlich weiterentwickelt wurde. Viele Benutzer des Leopard 1 sind auf den Leopard 2 umgestiegen. Im Jahr 2006 hat die kanadische Armee 15 ihrer Leopard 1 C2 in Afghanistan eingesetzt. Hier dienten sie in einer direkten Feuerunterstützungsrolle und lieferten kanadischen und anderen NATO-Partnern schnelle und präzise Feuerunterstützung, bis sie zunächst von einer kanadischen Version des Leopard 2 begleitet und später durch diese ersetzt wurden.

Der Leopard 2-Panzer wurde 1979 bei der Bundeswehr in Dienst gestellt, und zu diesem Zeitpunkt schien es seinen Konstrukteuren endlich gelungen zu sein, die drei oben genannten Prinzipien zu umgehen. Es handelte sich um ein 60-Tonnen-Fahrzeug mit modernster Feuerkraft durch das 120-Millimeter- Geschütz von Rheinmetall und gleichzeitig konkurrenzloser Mobilität durch den 1.500-PS-starken MTU-Motor. Wie war das möglich? Nun, die Panzerung basierte und basiert auf der Schicht- oder Komposit-Technologie und nicht auf der massiven "Rolled Homogenous Armour", die vor der Einführung der Komposit-Panzerung im Leopard 2 die Norm gewesen war. Bald darauf wurde diese Technologie auch beim amerikanischen Abrams und beim britischen Challenger-Panzer verwendet. Während seiner gesamten Dienstzeit hat der Leopard 2 an Gewicht zugenommen, und seine Mobilität hat bis zu einem gewissen Grad gelitten, da er immer noch über den 1.500-PS-Motor verfügt.

Der Leopard 2 wird bis mindestens 2035 bei der Bundeswehr und vielen anderen NATO-Partnern im Einsatz sein. Man kann mit Sicherheit sagen, dass das Fahrzeug seit seiner Einführung ein herausragender Erfolg ist. Die Anwendernationen reichen von Norwegen im Norden, über Chile im Süden, Kanada im Westen bis hin zu Singapur und Indonesien im Osten. Derzeit nehmen immer mehr Benutzer den Leopard 2 in Dienst, und alle Benutzer haben einen starken Anreiz, den Leopard 2 weiterhin als funktionsfähige Waffenplattform zu erhalten, die in der Lage ist, allen künftigen Bedrohungen begegnen zu können. Der Schlüssel zu seinem Erfolg ist und war schon immer, dass es sich um eine Plattform handelt, die an die verschiedenen Lagen, denen sie ausgesetzt ist, angepasst werden kann. Die dänische Armee hat das Fahrzeug in den Jahren 2007 bis 2014 weiter an die Bedrohungen angepasst, die von den aufständischen Taliban ausgingen, als Leopard 2-Panzer die Infanterie der dänischen Armee und anderer NATO-Armeen in Afghanistan schützte. Es sei auch darauf hingewiesen, dass kein Kampfpanzer völlig immun gegenüber Angriffen ist. Das haben die Kanadier und die Dänen in Afghanistan und die Türken an der Grenze zu Syrien gelernt. In allen oben genannten Fällen wurde immer wieder bewiesen, dass die Qualität der Ausbildung der Besatzung, oder die mangelnde Qualität ihrer Ausbildung, der Schlüssel zum Erfolg oder Misserfolg ist.

Gegenwärtig nehmen die deutsche und die dänische Armee sowie die Armeen anderer Anwendernationen den Leopard 2 A7 in Dienst, und diese 3. Generation des Leopard 2 ist in vielerlei Hinsicht ein neues Fahrzeug, das innerhalb der verbesserten Wannen früherer Versionen des Leopard 2 gebaut wurde. Sollten die Spannungen zwischen der NATO und Russland in offene Feindseligkeiten ausbrechen, zum Beispiel über die baltischen Staaten, wird es für die nächsten Jahre der Leopard 2 A7 sein, der in einem solchen Konflikt gegen russische Kampfwagen zu Felde ziehen würde.

Alles in allem ist der Leopard 2 seit seiner Einführung bei der Bundeswehr im Jahr 1979 ein herausragender Erfolg. Wenn er um 2035 bis 2040 durch einen anderen Kpz ersetzt wird, wird er mehr als 60 Jahre im Einsatz gewesen sein, und kein anderes ähnliches Fahrzeug kann sich dieser Leistung rühmen.

Über den Autor, Jill Marc Münstermann

Geboren wurde ich am 25. November 1988 in Tönisvorst. Im Jahre 2008 trat ich als Feldwebelanwärter in die Bundeswehr ein. Meine Grund- und Vollausbildung durchlief ich in Schwarzenborn beim Jägerregiment 1. Es folgten bundesweit Lehrgänge, ehe ich im Jahre 2010 zu den Heeresfliegern wechselte und in Wesel beim Fernmeldebataillon 284 und später beim 1st NATO Signal Battalion als Ausbilder für Rekruten sowie in der politischen Bildung und der Einsatzvorbereitung eingesetzt wurde. Es folgten weitere Lehrgänge in Bückeburg und Münster, wo ich schließlich zum Feldwebel befördert wurde. Auf einem späteren Lehrgang in Stetten am kalten Markt im Zentrum für Kampfmittelbeseitigung der Bundeswehr bildete ich mich in der Erkennung und Meldung von Sprengfallen und Blindgängern weiter. Seit 2012 arbeitete ich schwerpunktmäßig in der Verwaltung des 1st NATO Signal Battalions und organisierte Events im Rahmen der Öffentlichkeitsarbeit des Standorts.

Im Sommer 2014 wechselte ich zur Targobank, um ein duales Studium zu beginnen. Die integrierte Ausbildung zum Kaufmann für Dialogmarketing schloss ich im Jahre 2016 ab. Meinen Bachelor of Arts in International Business and Social Sciences erlangte ich im Jahr 2019.

Von Oktober 2018 bis Februar 2021 verantwortete ich als Operations Manager den operativen Dienst des ärztlichen Bereitschaftsdienstes der Kassenärztlichen Vereinigungen Nordrhein und Westfalen-Lippe.

Seit dem Jahre 2014 trete ich unter diversen Pseudonymen als Schriftsteller fiktionaler Literatur in Erscheinung. Seit 2018 verdinge ich mich zusätzlich als Lektor und Verleger. Dafür haben wir den Verlag „EK-2 Publishing“ ins Leben gerufen, um deren Programm ich mich seit März 2021 in Vollzeit kümmere.

Ich bin verheiratet, habe zwei Kinder und lebe mit meiner Familie in Nordrhein-Westfalen. Seit Sommer 2020 bin ich (wieder) Mitglied im Verband der Reservisten der Deutschen Bundeswehr. Ebenfalls seit diesem Jahr bin ich Mitglied einer im Bundestag vertretenen Partei.

Ich freue mich über jede Rückmeldung aus der Leserschaft:

jill.muenstermann@ek2-publishing.com

Danksagung

Ich danke Jochen Vollert von TANKOGRAD PUBLISHING – Verlag Jochen Vollert für seine Beratung über die Publikationen seines Hauses zur Panzerfamilie der Leoparden und möchte allen interessierten Leser und Leserinnen die hochwertigen Publikationen aus seinem Haus hiermit wärmstens ans Herz legen. Auch Thomas Antonsen möchte ich ausdrücklich danken, er hat mich mit Fotos und seinem Fachwissen bereichert und ein starkes Nachwort geschrieben.

Ferner danke ich meiner Frau und meinen Kindern für ihre Geduld und Zuneigung.

Quellenverzeichnis

21st Century Asian Arms Race (2018): Spanish Leopard 2 Tanks Are Getting A Minor Upgrade. Link: https://21stcenturyasianarmsrace.com/2018/09/20/spanish-leopard-2-tanks-are-getting-a-minor-upgrade/ [besucht am 31.07.2020]

Aboufadel, L. (2016): Turkish Army offensive takes disastrous turn in east Aleppo as slain soldiers litter battlefield. In: AMN Al Masdar News. Link: https://www.almasdarnews.com/article/turkish-army-offensive-takes-disastrous-turn-east-aleppo-slain-soldiers-litter-battlefield/ [besucht am 18.10.2020]

Althaus, J. (2019): Der Leopard 2 war seinem US-Gegenstück deutlich überlegen. Link: www.welt.de/geschichte/article204290414/Panzer-Der-Leopard-2-ist-so-gut-dass-er-55-Jahre-im-Dienst-bleibt.html [besucht am 06.07.2020]

Antonsen, T. (2016): Danish Leopards in Helmand. 1. Auflage, Trackpad Publishing

Apropos Kosovo: 1999 – 2014: Der Einsatz der Bundeswehr im Kosovo. Link: http://reporterreisen.com/apropos-kosovo/iframes/bundeswehr.html [besucht am 24.07.2020]

Army Guide (undatiert): Leopard 1. Link: http://www.army-guide.com/eng/product152.html [besucht am 20.06.2020]

Army Vehicles (undatiert): Leopard 1 Family. Link: https://www.armyvehicles.dk/leopard1a3.htm [besucht am 09.06.2020]

Army Recognition (2022): Chile has developed new 122mm rocket launcher based on Leopard 1 tank chassis. Link: https://www.armyrecognition.com/weapons_defence_industry_military_technology_uk/chile_has_developed_new_122mm_rocket_launcher_base_on_leopard_1_tank_chassis.html [besucht am 25.09.2022]

Aziz, S. (2017): TSK SURİYE'DE NEREYE GİDİYOR?-1. Link: https://belluminexpertis.wordpress.com/2017/02/15/tsk-suriyede-nereye-gidiyor-1/ [besucht am 02.08.2020]

Bockenheimer, J. & Simantke, E. (2015): Panzer in der Schuldenkrise. Link: https://www.tagesspiegel.de/wirtschaft/ruestungsexporte-nach-griechenland-panzer-in-der-schuldenkrise/11722550.html [besucht am 02.08.2020]

Brewster, M. (2007): Germany gets thank-you note from Canadian IED survivor. Link: http://milnewstbay.pbworks.com/f/ThankYouToDEU-CP-Canoe-052039Dec07.pdf [besucht am 09.06.2020]

Bromley, M. & Guevara, I. (2014) [erstmals veröffentlicht 2010]: Arms modernization in Latin America. In: Tan, A. (Hrsg.): The Global Arms Trade – A Handbook. 1. Auflage, Routledge.

Bron Pancerna (2015): Belgian Leopard 1A5BE. Link: https://www.flickr.com/photos/bronpancerna/22411092156/ [besucht am 27.09.2020]

Bundesministerium der Verteidigung (2018): Europäische Rüstung stärken. Link: https://www.bmvg.de/de/aktuelles/europaeische-ruestung-staerken-25498 [besucht am 20.07.2021]

Bundesregierung (2013): Rüstungsexporte – Verkauf von deutschen Leopard-Kampfpanzern an Staaten des Mittleren Ostens und an weitere Länder. In: Deutscher Bundestag. Link: https://www.waffenexporte.org/wp-content/uploads/2013/04/KA-R%C3%BCstungsexporte-Leopard-Kampfpanzer-11.9.13.pdf [besucht am 02.08.2020]

Bundeswehr (2019) [Erstausstrahlung vermutlich 1999]: Classix: Einmarsch der Bodentruppen zur KFOR-Mission (1999) – Bundeswehr. In: Youtube (Bundeswehr). Link: https://www.youtube.com/watch?v=I4PIlf8qrm8 [besucht am 23.07.2020]

Bundeswehr (undatiert): Kampfpanzer Leopard 2 A7V. Link: https://www.bundeswehr.de/de/organisation/heer/auftrag/vjtf-2023/kampfpanzer-leopard-2-a7v#:~:text=Insgesamt%20104%20Leopard%202%20A7V,an%20die%20Bundeswehr%20%C3%BCbergeben%20werden. [besucht am 03.10.2022]

Bundeszentrale für politische Bildung (2012): Deutsche Panzerlieferungen. Link: https://sicherheitspolitik.bpb.de/m5/articles/german-tank-exports [besucht am 23.06.2020]

Bundeszentrale für politische Bildung (2017): Vor 25 Jahren: UN-Sicherheitsrat beschließt Friedensmission UNPROFOR für Kroatien und Bosnien-Herzegowina. Link:

https://www.bpb.de/politik/hintergrund-aktuell/242979/1992-unprofor-mission [besucht am 25.06.2020]
Cadieu, T. (2008): Canadian Armour in Afghanistan. In: Canadian Army Journal Vol. 10.4, Canadian Army Publishing CFB Kingston
Calic, M. (2017): Kleine Geschichte Jugoslawiens. In: Bundeszentrale für politische Bildung. Link: https://www.bpb.de/apuz/256921/kleine-geschichte-jugoslawiens?p=3 [besucht am 25.06.2020]
Calic, M. (2020): Geschichte Jugoslawiens. 2. Auflage, Verlag C.H.Beck
Canadian American Strategic Review (undatiert): Hard Numbers – CF Afghanistan Casualties by Vehicle Type. Link: http://web.archive.org/web/20080116190726/http://www.sfu.ca/casr/ft-vehicle-casualties-2.htm [besucht am 06.08.2020]
Citino, R. (2010): Death of the Wehrmacht: The German Campaigns of 1942. In: Youtube (The USAHEC). Link: https://www.youtube.com/watch?v=UNDhswF1GKk&t=2803s [besucht am 09.06.2020]
Clement, R. (2000): Die Teilnahme der Bundeswehr am internationalen Militäreinsatz im Kosovo und in Jugoslawien. In: Reiter, E. (Hrsg.): Der Krieg um das Kosovo 1998/1999. V. Hase & Koehler Verlag
Curry, B. (2006): Canada beefs up Afghan war commitment. Link: https://www.theglobeandmail.com/news/national/canada-beefs-up-afghan-war-commitment/article1103544/ [besucht am 26.06.2020]
Dan (2019): Mehr große Raubkatzen für Europa. In: Spartanat. Link: https://www.spartanat.com/2019/11/mehr-grosse-raubkatzen-fuer-europa/ [besucht am 31.06.2020]
Danish Defence Documentaries (2020) [Erstausstrahlung 1996]: Operation Bøllebank. In: YouTube (Danish Defence Documentaries). Link: https://www.youtube.com/watch?v=mzPs5BxzvK4 [besucht am 20.07.2021]
Dederichs, M. (2001): Vor 50 Jahren – Soldaten der belgischen Armee kommen nach Altenrath. In: Zeitschrift für Mitglieder und Freunde des Heimat- und Geschichtsvereins Troisdorf e.V., Nr. 25. Link: http://geschichtsverein-troisdorf.de/wp-content/uploads/2019/08/hug-nr.-25-juni-2001.pdf [besucht am 27.09.2020]
Defence Industry Daily: Tanks for the Lesson: Leopards, too, for Canada. Link: https://www.defenseindustrydaily.com/tanks-for-the-lesson-leopards-too-for-canada-03208/ [besucht am 14.11.2020]
Defence Turkey (2010): The last Leopard-1 Tank modernized by ASELSAN. Band 4, Ausgabe 20. Link: https://www.defenceturkey.com/en/content/the-last-leopard-1-tank-modernized-by-aselsan-413 [besucht am 26.06.2020]
Defence Turkey (2011): Aselsan's Leopard 2 Upgrade Solution. Band 5, Ausgabe 27. Link: https://www.defenceturkey.com/en/content/aselsan-8217-s-leopard-2-upgrade-solution-600 [besucht am 02.08.2020]
Defense News (2021): Brazilian 6th Armored Cav Rgt receives 4 more upgraded Leopard 1A5BR MBTs. Link: https://www.armyrecognition.com/defense_news_june_2021_global_security_army_industry/brazilian_6th_armored_cav_rgt_receives_4_more_upgraded_leopard_1a5br_mbts.html [besucht am 06.10.2022]
Der Bundesrat (2006): Das Rüstungsprogramm 2006. Link: https://www.admin.ch/gov/de/start/dokumentation/medienmitteilungen.msg-id-5352.html [besucht am 30.07.2020]
Der Bundesrat (2010): Verkauf von überzähligen Leopard-2-Kampfpanzern an den deutschen Hersteller. Link: https://www.admin.ch/gov/de/start/dokumentation/medienmitteilungen.msg-id-36295.html [besucht am 30.07.2020]
Deutscher BundeswehrVerband (2019a): Vor 20 Jahren: Der Kfor-Einsatz der Bundeswehr beginnt. Link: https://www.dbwv.de/aktuelle-themen/blickpunkt/beitrag/news/vor-20-jahren-der-kfor-einsatz-der-bundeswehr-beginnt/ [besucht am 24.07.2020]
Deutscher BundeswehrVerband (2019b): 40 Jahre Leopard 2 – Stärke auf Ketten. Link: https://www.dbwv.de/aktuelle-themen/blickpunkt/beitrag/news/40-jahre-leopard-2-staerke-auf-ketten/ [besucht am 09.06.2020]

Dreher, F. (2019): Falko Dreher, Oberstleutnant. In: Eder, M. (als Hrsg.., 2019) [erstmals veröffentlicht 2000]: Dienen für den Frieden im Kosovo. Neuauflage, HePeLo Verlag Golbet

Dueholm, P. (2010): Denmark in Afghanistan. Link: http://www.netpublikationer.dk/um/10526/pdf/denmark_in_afghanistan.pdf [besucht am 26.06.2020]

Eder, M. (als Hrsg.., 2019) [erstmals veröffentlicht 2000]: Dienen für den Frieden im Kosovo. Neuauflage, HePeLo Verlag Golbet

Eder, M. (1999): Weisung Nr. 1 für den Einsatz KFOR. In: Eder, M. (als Hrsg.., 2019) [erstmals veröffentlicht 2000]: Dienen für den Frieden im Kosovo. Neuauflage, HePeLo Verlag Golbet

Egzon Dina (2015) [Videomaterial von 1999]: KOSOVË: PRIZREN: TRUPAT GJERMANE TË NATO-s VRASIN DY SNAJPERIST SERBË. In: Youtube (egzon). Link: https://www.youtube.com/watch?v=i904UcFp9Ck [besucht am 24.07.2020]

Elshanii Besart (2015) [Videomaterial von 1999]: Prizren13 Qershor 1999: Diskutim i tensionuar mes Kforit dhe Ushtris Jugosllave. In: Youtube (Besart Elshani). Link: https://www.youtube.com/watch?v=C4USPAU3yEc [besucht am 24.07.2020]

Ernst, Wolfgang (2001): War Hitler ein Feldherr?: Der Oberste Befehlshaber der Wehrmacht im Zweiten Weltkrieg. Ohne Auflage, Books on Demand

Esercito (2019): Combat Vehicles. Link: http://www.esercito.difesa.it/en/Equipment/Combat-Tanks-and-Armoured-Vehicles/Combat-Vehicles [besucht am 22.06.2020]

Feichtinger, W. (2000). Die militärstrategische und operative Entwicklung im Konfliktverlauf. In: Reiter, E. (Hrsg.): Der Krieg um das Kosovo 1998/1999. V. Hase & Koehler Verlag

Finlayson, K. (2008): OPERATION BAAZ TSUKA: Task Force 31 Returns to the Panjwayi. In: Office of the Command Historian. Link: https://arsof-history.org/articles/v4n1_op_baaz_tsuka_page_2.html [besucht am 31.10.2020]

Fischer, M. (2017): Bosnien-Herzegowina. In: Bundeszentrale für politische Bildung Link: https://www.bpb.de/internationales/weltweit/innerstaatliche-konflikte/54780/bosnien-herzegowina [besucht am 25.06.2020]

Flade, Florian (2010): Im "Leopard" bombensicher durch Afghanistan. In: Welt. Link: https://www.welt.de/politik/deutschland/article7214428/Im-Leopard-bombensicher-durch-Afghanistan.html [besucht am 17.10.2020]

Flender, E. (undatiert): Die 2./ vstkMechKp in Prizren / an der Grenze. In: Eder, M. (als Hrsg.., 2019) [erstmals veröffentlicht 2000]: Dienen für den Frieden im Kosovo. Neuauflage, HePeLo Verlag Golbet

FOCUS (undatiert): Er galt als unzerstörbar: In Syrien wird ein Panzer-Mythos zerstört. Link: https://www.focus.de/politik/videos/schwachstelle-entdeckt-verluste-in-syrien-ein-deutscher-panzer-mythos-wird-jetzt-zerstoert_id_6487678.html [besucht am 05.08.2020]

Fowler, T. R. (2016): Combat Mission Kandahar – The Canadian Experience in Afghanistan. Dundurn Toronto

Frankenfeld, T. (2009): Barack Obamas riskanter Kurs. In: Hamburger Abendblatt. Link https://www.abendblatt.de/politik/ausland/article108517513/Barack-Obamas-riskanter-Kurs.html [besucht am 05.08.2020]

Frankfurter Allgemeine (2001a): Mehr Panzer, weniger Soldaten in Tetovo. Link: https://www.faz.net/aktuell/politik/mazedonien-mehr-panzer-weniger-soldaten-in-tetovo-117106.html [besucht am 21.07.2020]

Frankfurter Allgemeine (2001b): Zwei Kompanien kommen aus dem Kosovo. Link: https://www.faz.net/aktuell/politik/bundeswehr-kontingent-zwei-kompanien-kommen-aus-dem-kosovo-130445.html [besucht am 22.07.2020]

Frankfurter Allgemeine (2001c): Deutscher Mazedonien-Kommandeur Harder: „Wir gehen mit großem Rückhalt in die Mission“. Link: https://www.faz.net/aktuell/politik/faz-net-exklusiv-deutscher-mazedonien-kommandeur-harder-wir-gehen-mit-grossem-rueckhalt-in-die-mission-131911.html [besucht am 22.07.2020]

Frankfurter Allgemeine (2018): Auf Eis gelegt: Türkische Leopard-2-Panzer werden nicht nachgerüstet. Link: https://www.faz.net/aktuell/politik/inland/tuerkische-leopard-2-panzer-werden-vorerst-nicht-nachgeruestet-15416659.html [besucht am 03.11.2020]

Franklin, S. (2018): A farewell to the Leopard 1 main battle tank. Link: https://canadianarmytoday.com/a-farewell-to-the-leopard-1-main-battle-tank/ [besucht am 22.06.2020]

Freundeskreis Panzerbataillone 203 204 213 e.V.: Das Panzerbataillon im KFOR Einsatz. Link: https://www.panzerbataillone-augustdorf.de/214-kfor/ [besucht am 23.07.2020]

Galland, A. (2012) [erstmals veröffentlicht 1953]: Die Ersten und die Letzten – Jagdflieger im Zweiten Weltkrieg. 1. Auflage, Verlagshaus Würzburg – Flechsig

Gebauer, M. & Schult, C. (2018): Berlin Weighs Tank Deal with Turkey to Free Journalist. In: Spiegel International. Link: https://www.spiegel.de/international/germany/arms-for-hostage-germany-explores-yuecel-deal-with-turkey-a-1189197.html [besucht am 18.10.2020]

Global Security (undatiert): Turkish Army Equipment. Link: https://www.globalsecurity.org/military/world/europe/tu-army-equipment.htm [besucht am 23.06.2020]

Gottschlich, Jürgen (2016): Das Militär, die AKP und der gescheiterte Putsch. In: Bundeszentrale für politische Bildung. Link: https://www.bpb.de/internationales/europa/tuerkei/233343/putschversuch-im-juli-2016 [besucht am 19.10.2020]

Government of Canada (2018a): Kosovo Force (KFOR). Link: https://www.canada.ca/en/department-national-defence/services/military-history/history-heritage/past-operations/europe/kinetic.html [besucht am 16.08.2020]

Government of Canada (2018b): Operation DETERMINED EFFORT. Link: https://www.canada.ca/en/department-national-defence/services/military-history/history-heritage/past-operations/europe/cobra.html [besucht am 24.08.2020]

Gürbey, G. (2014): Der Kurdenkonflikt. In: Bundeszentrale für politische Bildung. Link: https://www.bpb.de/internationales/europa/tuerkei/185907/der-kurdenkonflikt [besucht am 19.10.2020]

Grässlin, J. (2013): Schwarzbuch Waffenhandel – Wie Deutschland am Krieg verdient. Wilhelm Heyne Verlag

Greek Military Photos (undatiert): Leopard-1 in the Hellenic Army. Link: http://greekmilitary.net/greekmbtanks.htm [besucht am 23.06.2020]

Grummitt, D. (2020): Leopard 2: NATO's First Line of Defence, 1979–2020. Tankcraft – Pen and Sword Military

Guderian, H. (1994) [erstmals veröffentlicht 1951]: Erinnerungen eines Soldaten. 18. Auflage, Motorbuch-Verlag

Gwh (2022a): Vergleichserprobung von Kampfpanzern in Norwegen. In: Europäische Sicherheit & Technik. Link: https://esut.de/2022/02/meldungen/32326/vergleichserprobung-von-kampfpanzern-in-norwe-gen/#:~:text=Norwegen%20ist%20seit%201969%20mit,denen%20noch%2036%20genutzt%20werden. [besucht am 24.09.2022]**Gwh (2022b):** 120-mm-Sprengmunition für schwedische Kampfpanzer Leopard 2. In: Europäische Sicherheit & Technik. Link: https://esut.de/2022/03/meldungen/33100/120-mm-sprengmunition-fuer-schwedische-kampfpanzer-leopard-2/ [besucht am 03.10.2022]

Håland, W. (2012): Neue Herausforderungen für Kampfpanzer. In: TRUPPENDIENST, Ausgabe 4/2012. Link: https://www.bundesheer.at/truppendienst/ausgaben/artikel.php?id=1421 [besucht am 26.06.2020]

Hamburger Abendblatt (2013): Vertrag mit Deutschland über Kauf von 120 Panzern. Link: https://www.abendblatt.de/politik/ausland/article122182670/Vertrag-mit-Deutschland-ueber-Kauf-von-120-Panzern.html [besucht am 25.07.2020]

Hauf, M. (undatiert): Vom Einsatz / Auftrag her denken!! Dies sollte vor allem im Bereich Personalwesen gelten! In: Eder, M. (als Hrsg.., 2019) [erstmals veröffentlicht 2000]: Dienen für den Frieden im Kosovo. Neuauflage, HePeLo Verlag Golbet

Hansen, O. (undatiert): Operation "Hooligan-Bashing" – Danish Tanks at War. Link: https://web.archive.org/web/20140221230137/http://www.milhist.dk/post45/boellebank/boellebank_uk.htm [besucht am 02.09.2020]

Hähnlein, R. (2018): Militärisch unlösbar. In: Bundeszentrale für politische Bildung. Link: https://www.bpb.de/internationales/europa/tuerkei/257585/militaerisch-unloesbar [besucht am 26.06.2020]
Hauser, G. (2008): Die NATO – Transformation, Aufgaben, Ziele. Peter Lang – Internationaler Verlag der Wissenschaften
Heiming, G. (2018): Leopard 2 und PzH 2000 für Ungarn. In: Europäische Sicherheit & Technik. Link: https://esut.de/2018/12/meldungen/land/9608/leopard-2-und-pzh-2000-fuer-ungarn/ [besucht am 25.07.2020]
Heiming, G. (2020): Modernisierung der polnischen Leopard 2 stockt. In: Europäische Sicherheit & Technik. Link: https://esut.de/2020/05/meldungen/20446/modernisierung-der-polnischen-leopard-2-panzer-stockt/ [besucht am 16.11.2020]
Heiming, G. (2021a): Trophy für Leopard 2 ab 2024. In: Europäische Sicherheit & Technik. Link: https://esut.de/2021/02/meldungen/25449/trophy-fuer-leopard-2-ab-2024/?fbclid=IwAR0ppBkw-MQWheGvemFREyE0-mbxt3TuImwrPzxwmuzbt2UMpHYcxDuK0No [besucht am 13.08.2021]
Heiming, G. (2021b): Erste Bilder vom Trophy-Leopard 2. In: Europäische Sicherheit & Technik. Link: https://esut.de/2021/02/meldungen/25678/erste-bilder-vom-trophy-leopard-2/?fbclid=IwAR2s3gPPNp5bKXFdm5bcwDly551MYL-2BxkSJ-z22vxte4gXLuMwh7dC6AM [besucht am 13.08.2021]
Heiming, G. (2021c): Mehr Schutz für türkische Leopard 2 A4. In: Europäische Sicherheit & Technik. Link: https://esut.de/2021/06/meldungen/27806/schutz-fur-turkische-leopard-2/?fbclid=IwAR3a9JOpG3Xm-gJxOvZI7xJb5S8VGagtmvotiM1r3Uaml7Hg9pSaO2oSUVE%2Fmeldungen%2F25449%2Ftrophy-fuer-leopard-2-ab-2024%2F%3Ffbclid%3DIwAR0ppBkw-MQWheGvemFREyE0-mbxt3TuImwrPzxwmuzbt2UMpHYcxDuK0No [besucht am 13.08.2021]
Heiming, G. (2021d): Erste Leopard 2 A7V in der Truppe. In: Europäische Sicherheit & Technik. Link: https://esut.de/2021/09/meldungen/29897/erste-leopard-2-a7v-in-der-truppe/ [besucht am 06.11.2021]
Heiming, G. (2021e): Gemeinschaftsunternehmen Euro Trophy soll gegründet werden. Link: https://esut.de/2021/11/meldungen/30806/gemeinschaftsunternehmen-euro-trophy-soll-gegruendet-werden/ [besucht am 04.10.2022]
Heinrich, D. (2016): Der Putsch und seine Helden. In: Deutschlandfunk. Link: https://www.deutschlandfunk.de/tuerkische-medien-der-putsch-und-seine-helden.1773.de.html?dram:article_id=361280 [besucht am 19.10.2020]
Heinrich, T. (2022): Ukraine stürmt in Kherson (Cherson) voran! Lagebericht (113) und Q&A. In: YouTube (Militär & Geschichte mit Torsten Heinrich). Link: https://www.youtube.com/watch?v=APWQDMM1yoo&t=8918s [besucht am 06.10.2022]
Henken, L. (undatiert): Vom Tiger zum Leopard: Waffenexporte und Rüstungsindustrie in Kassel. In: Kasseler Friedensforum. Link: https://www.kasseler-friedensforum.de/280/rheinmetall/Vom-Tiger-zum-Leopard-Waffenexporte-und-Ruestungsindustrie-in-Kassel/ [besucht am 25.07.2020]
Hilmes, R. (2006): 50 Jahre Fahrzeuge der gepanzerten Kampftruppen. In: Das schwarze Barett, Nr. 34, Freundeskreis Offiziere der Panzertruppe e.V.
Hilmes, R. (2011): KPz Leopard 1 1956-2003 – Typenkompass. 1 Auflage, Motorbuch Verlag
Hilmes, R. (2016): 1916-2016 – Vom Tank zum Leopard 2. In: YouTube (DasPanzermuseum). Link: https://www.youtube.com/watch?v=kWb-hH_MxiY&t=1279s [besucht am 09.06.2020]
HNA (2016): Panzerbauer haben gut zu tun: KMW baut Leoparden und Pumas. Link: https://www.hna.de/kassel/rothenditmold-ort131614/panzerbauer-haben-tun-baut-leoparden-pumas-panzerhaubitzen-6065986.html [besucht am 02.08.2020]
Hodge, C. (2004): The Failure of Europe – Power and Irresponsibility. In: Nolan, C. (Hrsg.): Power and Responsibility in World Affairs – Reformation vs. Transformation, Praeger Publishers
Hofbauer, B. (2022): Das neue Budget des Bundesheeres. In: YouTube (Österreichs Bundesheer). Link: https://www.youtube.com/watch?v=zEJO0l7tPQg [besucht am 07.10.2022]
Horn, B (2010): No Lack of Courage – Operation Medusa, Afghanistan. Dundurn
Hull, I. (2004): Absolute Destruction: Military Culture and the Practices of War in Imperial Germany. 1. Auflage, Cornell University Press

Human Rights Watch (1995): Weapons Transfers and Violations of the Laws of War in Turkey. Link: https://www.refworld.org/docid/3ae6a7ea4.html [besucht am 30.08.2020]

Ingvorsen, E. (2018): 44 kampvogne skal moderniseres: Koster mindst 829 millioner mere end forventet. In: DR Nyheder. Link: https://www.dr.dk/nyheder/politik/44-kampvogne-skal-moderniseres-koster-mindst-829-millioner-mere-end-forventet [besucht am 01.08.2020]

Jacobsen, H. (2014): Leopard 1 har skutt sin siste granat. Link: https://www.tv2.no/a/3592319 [besucht am 17.06.2020]

Jager, J. (2016): Turkey's Operation Euphrates Shield: An Exemplar of Joint Combined Arms Maneuver. In: Small Wars Journal. Link: https://smallwarsjournal.com/jrnl/art/turkey%e2%80%99s-operation-euphrates-shield-an-exemplar-of-joint-combined-arms-maneuver [besucht am 19.10.2020]

Joyner, A. (2019): The Leopard changes (some) of its spots. In: Canadian Army Today. Link: https://canadianarmytoday.com/the-leopard-changes-some-of-its-spots/ [besucht am 06.08.2020]

Kirchhoff, S. (undatiert): Mosaiksteine aus dem KVM und Kosovo-Einsatz 1999. In: Eder, M. (als Hrsg.., 2019) [erstmals veröffentlicht 2000]: Dienen für den Frieden im Kosovo. Neuauflage, HePeLo Verlag Golbet

Klein, D. (2005): Militärtechnik: Deutschlands wahre Panzerknacker kommen aus Thüringen. In: Mitteldeutsche Zeitung. Link: https://www.mz.de/deutschland-und-welt/militartechnik-deutschlands-wahre-panzerknacker-kommen-aus-thuringen-2639532 [besucht am 06.10.2022]

Koelbl, S. (2000): "Der Kampf, das ist das Äußerste". In: Der Spiegel, Ausgabe 6/2000

Kohl, M. (2019): Heavy Metal – Neuer Leopard rollt vom Band. Link: https://www.bundeswehr.de/de/organisation/heer/aktuelles/heavy-metal-neuer-leopard-rollt-vom-band-146788 [besucht am 19.07.2020]

Köhler, O. (2000): Auf erkannten Feind Feuer frei! In: Der Freitag – die Wochenzeitung. Link: https://www.freitag.de/autoren/der-freitag/auf-erkannten-feind-feuer-frei [besucht am 24.07.2020]

Kramper, G. (2018): Wie dieser Leopard-Panzer einen Raketentreffer überlebte. In: Stern. Link: https://www.stern.de/digital/technik/wie-dieser-leopard-2a4-einen-raketentreffer-ueberlebte-7831818.html [besucht am 19.10.2020]

Kramper, G. (2022a): Polen rüstet massiv auf und kauft 1000 Kampfpanzer aus Korea. In: Stern. Link: https://www.stern.de/digital/technik/leopard-2-panzer-fuer-kiew-aus-spanien---darum-scheitert-der-deal-32597368.html [besucht am 09.10.2022]

Kramper, G. (2022b): Keine Leopard-2-Panzer für Kiew aus Spanien – darum scheiterte der Deal. In: Stern. Link: https://www.stern.de/digital/technik/polen-ruestet-massiv-auf-und-kauft-1000-kampfpanzer-aus-korea-32590712.html [besucht am 04.10.2022]

Krapke, P. (1986): Leopard 2: Sein Werden und seine Leistung. 1. Auflage, Verlag E.S. Mittler & Sohn

Krauss-Maffei Wegmann (undatiert, a): Leopard 1 A5. Link: https://www.kmweg.de/systeme-produkte/kettenfahrzeuge/kampfpanzer/leopard-1-a5/ [besucht am 31.10.2020]

Krauss-Maffei Wegmann (undatiert, b): Die Varianten des Kampfpanzers LEOPARD. Link: https://www.kmweg.de/systeme-produkte/kettenfahrzeuge/kampfpanzer/ [besucht am 25.07.2020]

Krauss-Maffei Wegmann (undatiert, c): Die Leistungsmerkmale des LEOPARD 2 A7+. Link: https://www.kmweg.de/systeme-produkte/kettenfahrzeuge/kampfpanzer/leopard-2-a7/ [besucht am 25.07.2020]

Krauss-Maffei Wegmann (undatiert, d): Performance characteristics of the LEOPARD 2 A4M. Link: https://www.kmweg.com/systems-products/tracked-vehicles/main-battle-tank/leopard-2-a4/ [besucht am 06.08.2020]

Kriemann, H. (2019): Der Kosovokrieg 1999. 2. Auflage, Reclam Verlag

Kröning, A. (2016): Wie sich #TankMan vor den Leopard-Panzer warf. In Welt. Link: https://www.welt.de/politik/ausland/article157177346/Wie-sich-TankMan-vor-den-Leopard-Panzer-warf.html [besucht am 15.11.2020]

Kullmann, E. (2019): "Wir sind die Letzten in Europa, die mit einem Panzer auf diesem Stand fahren". In: OÖNachrichten. Link: https://www.nachrichten.at/oberoesterreich/wir-sind-die-letzten-in-europa-die-mit-einem-panzer-auf-diesem-stand-fahren;art4,3154456 [besucht am 03.10.2022]

Kurschinski, K. (2014): From Centurion to Leopard 1A2 by Frank Maas. In: Laurier Centre for Military, Strategic and Disarmament Studies. Link: http://canadianmilitaryhistory.ca/from-centurion-to-leopard-1a2-by-frank-maas/ [besucht am 28.10.2020]

Küstner, K. (2022): Viel Streit um die richtige Aufarbeitung. In: Tagesschau (Online-Auftritt). Link: https://www.tagesschau.de/inland/innenpolitik/afghanistan-krieg-aufarbeitung-101.html [besucht am 06.10.2022]

Laizer, S. (1996): Martyrs, Traitors and Patriots – Kurdistan after the Gulf War. Zed Books

Leopard Club (undatiert): LW016 - Belgian Leopard 1A5BE. Link: http://leopardclub.ca/workshop/LW016/ [besucht am 27.09.2020]

Liveuamap (2016a): A Haber, close to AKP, are showing live images of a tank being attacked with rocks by civilians in Kızılay, Ankara. Link: https://turkey.liveuamap.com/en/2016/15-july-a-haber-close-to-akp-are-showing-live-images-of-a [besucht am 24.09.2022]

Liveuamap (2016b): Turkish People Seize Tanks. Link: https://turkey.liveuamap.com/en/2016/16-july-turkish-people-seize-tanks [besucht am 24.09.2022]

Liveuamap (2016c): Turkish military tanks firing around Istanbul airport. Link: https://turkey.liveuamap.com/en/2016/16-july-turkish-military-tanks-firing-around-istanbul-airport [besucht am 24.09.2022]

Liveuamap (2016d): Tanks open fire around Turkish parliament building - Reuters witness. Link: https://turkey.liveuamap.com/en/2016/16-july-tanks-open-fire-around-turkish-parliament-building [besucht am 24.09.2022]

Liveuamap (2016e): Footage shows A tank tries to run over citizens, crushes a car. Link: https://turkey.liveuamap.com/en/2016/16-july-footage-shows-a-tank-tries-to-run-over-citizens-crushes [besucht am 24.09.2022]

Liveuamap (2016f): Turkish Leopard 2 tanks near Al Bab. Link: https://syria.liveuamap.com/en/2016/8-december-turkish-leopard-2-tanks-near-al-bab- [besucht am 24.09.2022]

Liveuamap (2016g): Video shows Turkish Leopard 2A4 tanks firing shells in Syria near Al-Bab – Turkey. Link: https://syria.liveuamap.com/en/2016/9-december-video-shows-turkish-leopard-2a4-tanks-firing-shells [besucht am 24.09.2022]

Liveuamap (2016h): Video: Euphrates shield op in Al Bab: Copra, Leopard tank. Link: https://syria.liveuamap.com/en/2016/13-december-video-euphrates-shield-op-in-al-bab-copra-leopard [besucht am 24.09.2022]

Liveuamap (2016i): Turkey Land Forces together with FSA somewhere at Abd ar Razzaq mountain west of Al-Bab with Leopard 2A4 and Cobra II. Aleppo Syria. Link: https://syria.liveuamap.com/en/2016/12-december-turkey-land-forces-together-with-fsa-somewhere [besucht am 24.09.2022]

Liveuamap (2016j): ISIL hit Leopard 2A4 tank with ATGM near Al Bab, 4 crew members injured. Link: https://syria.liveuamap.com/en/2016/13-december-isil-hit-leopard-2a4-tank-with-atgm-near-al-bab [besucht am 24.09.2022]

Liveuamap (2016k): ISIS ATGM strike on Turkish Leopard 2A4 tank. Link: https://syria.liveuamap.com/en/2016/21-december-isis-atgm-strike-on-turkish-leopard-2a4-tank [besucht am 24.09.2022]

Liveuamap (2016l): Al-Bab: ISIS claimed captured Turkish Leopard 2A4 MBT. Link: https://syria.liveuamap.com/en/2016/22-december-albab-isis-claimed-captured-turkish-leopard-2a4 [besucht am 24.09.2022]

Liveuamap (2016m): Al-Bab: ISIS publishes pictures of destroyed/abandoned TSK Leopard 2A4, M60T, Otokar Cobra. Link: https://syria.liveuamap.com/en/2016/24-december-albab-isis-publishes-pictures-of-destroyedabandoned [besucht am 24.09.2022]

Liveuamap (2017a): FSA Safwah Battalions and TSK Leopard 2A in action vs ISIS on Al-Bab front within Euphrates Shield operation. Link: https://syria.liveuamap.com/en/2017/8-february-fsa-safwah-battalions--and--tsk-leopard-2a-in [besucht am 24.09.2022]

Liveuamap (2017b): Footage - EuphratesShield (TAF) Leopard 2A4 tank firing at IS positions in AlBab area. Link: https://syria.liveuamap.com/en/2017/21-february-footage--euphratesshield-taf-leopard-2a4-tank [besucht am 24.09.2022]

Liveuamap (2017c): Turkish Leopard firing at YPG positions near Al Bab. Link: https://syria.liveuamap.com/en/2017/3-march-turkish-leopard-firing-at-ypg-positions-near-al-bab [besucht am 24.09.2022]

Liveuamap (2017d): A a few hours ago, Leopard 2A4 tanks have been sent, to the border outpost near Oğulpınar village in Reyhanlı district. Link: https://syria.liveuamap.com/en/2017/8-october-a-a-few-hours-ago--leopard-2a4-tanks-have-been [besucht am 24.09.2022]

Liveuamap (2018a): Turkish Leopard 2A4 tanks are crossing the border and going to Azaz. Link: https://syria.liveuamap.com/en/2018/20-january-turkish-leopard-2a4-tanks-are-crossing-the-border [besucht am 24.09.2022]

Liveuamap (2018b): #AfrinOp: aftermath of ATGM strike on Leopard 2A in TSK border post. Back of turret hit without significant damage. Link: https://syria.liveuamap.com/en/2018/21-january-afrinop-aftermath-of-atgm-strike-on-leopard-2a [besucht am 24.09.2022]

Liveuamap (2018c): Turkish army and FSA progress in Rajo district, Leopard tanks are being used. Link: https://syria.liveuamap.com/en/2018/30-january-turkish-army-and-fsa-progress-in-rajo-district [besucht am 24.09.2022]

Liveuamap (2018d): Footage German-made Leopard2, geolocated firing at YPG position from inside Olive Branch-captured Qorne, Afrin region. Link: https://syria.liveuamap.com/en/2018/31-january-footage-germanmade-leopard2-geolocated-firing [besucht am 24.09.2022]

Liveuamap (2018e): Leopard tank Destroyed by ATGM of YPG today. Link: https://syria.liveuamap.com/en/2018/3-february-destroyed-by-atgm-of-ypg-today [besucht am 24.09.2022]

Lobitz, F. (2009): Kampfpanzer Leopard 2 – Internationaler Einsatz und Varianten. Verlag Jochen Vollert – Tankograd

Lobitz, F. (2019): Der Kampfpanzer Leopard 2 A7V – Aufwuchs bei den gepanzerten Kampftruppen. In: Europäische Sicherheit & Technik. Link: https://esut.de/2020/07/fachbeitraege/21302/der-kampfpanzer-leopard-2-a7v-aufwuchs-bei-den-gepanzerten-kampftruppen/ [besucht am 05.10.2022]

Lohse, E. (2008): Leopardenjagd am Hindukusch. In: Frankfurter Allgemeine. Link: https://www.faz.net/aktuell/politik/ausland/afghanistan-leopardenjagd-am-hindukusch-1513570.html [besucht am 15.10.2020]

Lohse, J. (undatiert, a): Sammelraum Petrovec. In: Eder, M. (als Hrsg.., 2019) [erstmals veröffentlicht 2000]: Dienen für den Frieden im Kosovo. Neuauflage, HePeLo Verlag Golbet

Lohse, J. (undatiert, b): Die 4./vstkMechBtl im Sammelraum Petrovec. In: Eder, M. (als Hrsg.., 2019) [erstmals veröffentlicht 2000]: Dienen für den Frieden im Kosovo. Neuauflage, HePeLo Verlag Golbet

Lohse, J. (undatiert, c): Leben auf / neben / unter / in dem Panzer. In: Eder, M. (als Hrsg.., 2019) [erstmals veröffentlicht 2000]: Dienen für den Frieden im Kosovo. Neuauflage, HePeLo Verlag Golbet

Lohse, J. (undatiert, d): Die 4./PzBtl 33 erhält den Einsatzbefehl. In: Eder, M. (als Hrsg.., 2019) [erstmals veröffentlicht 2000]: Dienen für den Frieden im Kosovo. Neuauflage, HePeLo Verlag Golbet

Lüdeke, A. (2008): Panzer der Wehrmacht Band 1: 1933-1945. 1. Auflage, Motorbuch Verlag

m.m. (2016): Leopard 2 in Syria. In: Below The Turret Ring. Link: https://below-the-turret-ring.blogspot.com/2016/12/leopard-2-in-syria.html [besucht am 02.08.2020]

MacNeill, M. (2017): They called us … The New Evil – Memories from Afghanistan 2006-2008. Trackpad Publishing

Maloney, S. (2009): Panjwayi Alamo The Defence of Strongpoint Mushan. In: Canadian Military History, Volume 18, Issue 3

Maloney, S. (2019): Operation Kinetic – Stabalizing Kosovo. Potomac Books (University of Nebraska)

Malyasov, D. (2015): Photo of upgrade Leopard 2NG by by Aselsan of Turkey. In: Defence Blog. Link: https://defence-blog.com/news/army/photo-of-upgrade-leopard-2ng-by-by-aselsan-of-turkey.html [besucht am 02.08.2020]

Marcus, Aliza (2007): Blood and Belief: The PKK and the Kurdish Fight for Independence, NYU Press

Martin und Anni (2021): "Man sollte das KSK nach Berlin schicken und hier ordentlich aufräumen", Oberst a.D. Maximilian Eder. In: YouTube (Martin Lejeune). Link: https://www.youtube.com/watch?v=OX5bIgl3ItM [besucht am 28.05.2021]

Max (2016): KMW soll 88 Kampfpanzer Leopard 2 modernisieren. In: Hartpunkt. Link: https://www.hartpunkt.de/kmw-soll-88-kampfpanzer-leopard-2-modernisieren/ [besucht am 22.06.2020]

Max (2018). Modernisierung von Leopard 2 wird verschoben. In: Hartpunkt. Link: https://www.hartpunkt.de/modernisierung-von-leopard-2-wird-verschoben/ [besucht am 01.08.2020]

McPhedran, I (2007): Leopard tanks up for grabs. Link: https://www.heraldsun.com.au/news/victoria/tanks-to-scare-neighbours/news-story/3bdbecbe0b099412cc004e94159d68ce [besucht am 22.06.2020]

Meta-Défense (2022): Griechenland ist bereit, 2 Milliarden Euro für die Modernisierung seiner schweren Panzer Leopard 1 und 2 auszugeben. Link: https://meta-defense.fr/de/2022/05/11/griechenland-ist-bereit%2C-2-mde-f%C3%BCr-die-modernisierung-seiner-schweren-panzer-leopard-1-und-2-zu-zahlen/ [besucht am 25.09.2022]

Military Leaks (2022): Chile to Upgrade Its Marder Infantry Fighting Vehicles and Leopard 2A4 Main Battle Tanks. Link: https://militaryleak.com/2021/07/23/chile-to-upgrade-its-marder-infantry-fighting-vehicles-and-leopard-2a4-main-battle-tanks/ [besucht am 04.10.2022]

Mister Análisis (2017): Achtung Leopards in Syria! Full analysis of the Leopard 2A4TR in Syria. Link: https://misterxanlisis.wordpress.com/2017/03/12/achtung-leopards-in-syria-full-analysis-of-the-leopard-2a4tr-in-syria/ [besucht am 21.10.2020]

Mitteldeutscher Rundfunk (2020): Erste Leopard-Panzer an Ungarn ausgeliefert. Link: https://www.mdr.de/nachrichten/politik/ausland/erste-leopard-panzer-fuer-ungarn-100.html [besucht am 25.07.2020]

Müller, B. (2021): Europas Panzer-Karussell. In: .loyal. Link: https://www.reservistenverband.de/magazin-loyal/europas-panzer-karussell/ [besucht am 04.10.2022]

Murphy, M. (2022): Rheinmetall bietet der Ukraine Panzer des Typs Leopard 1 an. In: Handelsblatt. Link: https://www.handelsblatt.com/politik/waffenproduktion-rheinmetall-bietet-der-ukraine-panzer-des-typs-leopard-1-an/28244314.html [besucht am 06.10.2022]

Nachtwei, W. (2019): Entschlossen + besonnen: Die Gratwanderung des 1. KFOR-Kontingents im Kosovo 1999 – Bericht mit Reden (unter anderem meiner) vom Ehemaligentreffen in Regen/Bayer. Wald. Link: http://nachtwei.de/index.php?module=articles&func=display&aid=1599&theme=print [besucht am 24.07.2020]

Nasr, N. (2014): Stridsvagnar kör sista varvet. In: Sydsvenskan. Link: https://web.archive.org/web/20140718231258/http://www.sydsvenskan.se/skane/stridsvagnar-kor-sista-varvet/ [besucht am 30.07.2020]

NATO (2002): Operation Essential Harvest (Taskforce Harvest). Link: https://www.nato.int/fyrom/tfh/home.htm [besucht am 21.07.2020]

NATO (2006): Operation Baaz Tsuka secures two regions. Link: https://www.nato.int/isaf/docu/pressreleases/2006/pr061220-382.htm [besucht am 07.08.2020]

Neitzel, S. (2018): In: "Schicksalsgemeinschaft – Europas Zukunft hundert Jahre nach dem ersten Weltkriegsende" – Aussage aus Diskussionsrunde. In: YouTube (Klang von Blau). Link: https://www.youtube.com/watch?v=kyoHrKFb3OI&t=3100s [besucht am 17.06.2020]

NGO – Die Internet-Zeitung (2002): Bundeswehr Mazedonien Rückblende. Link: https://www.ngo-online.de/2019/09/04/bundeswehr-mazedonien/ [besucht am 21.07.2020]

NurW (2016): Indonesian Army Awaiting Arrival of Leopard RI Main Battle Tanks. In: Defense Studies. Link: http://defense-studies.blogspot.com/2016/05/indonesian-army-awaiting-arrival-of.html [besucht am 25.07.2020]

Ntv (2022): "Moderne Panzer nicht notwendig". Link: https://www.n-tv.de/politik/Warum-Moskau-auch-veraltete-T-62-in-die-Ukraine-schickt-article23374134.html [besucht am 06.10.2022]

Parsons, Z. (2006): My Tank is Fight! Citadel Press

Pauli, F. (2010): Wehrmachtsoffiziere in der Bundeswehr – Das kriegsgediente Offizierskorps der Bundeswehr und die Innere Führung 1955-1970. Ferdinand Schöningh

Petersen, L. (2022): Spanien bietet Ukraine zehn Leopard-2-Panzer an – und bringt damit die Nato unter Zugzwang. Link: https://www.businessinsider.de/politik/welt/spanien-bietet-ukraine-zehn-leopard-2-panzer-an-und-bringt-damit-die-nato-unter-zugzwang-a/ [besucht am 09.10.2022]

Pfeil, W. (2019): Ein Sommertag im Krieg – Mein D-Day im Kosovo. Lau-Verlag und Handel KG

picture alliance (1999): Verladung von Panzern für Kosovo. Auf: GettyImages. Link: https://www.gettyimages.de/detail/nachrichtenfoto/ein-sch%C3%BCtzenpanzer-vom-typ-marder-der-bundeswehr-rollt-nachrichtenfoto/1213184168 [besucht am 16.11.2020]
Poehle, S. (2014): Das Ende der langen ISAF-Mission. Link: https://www.dw.com/de/das-ende-der-langen-isaf-mission/a-18142863 [besucht am 26.06.2020]
Pöhlmann, M. (2016): Der Panzer und die Mechanisierung des Krieges – Eine Deutsche Geschichte 1890 bis 1945. Ferdinand Schöningh
Radig, P. (undatiert, a): Der Marsch in das Einsatzland. In: Eder, M. (als Hrsg.., 2019) [erstmals veröffentlicht 2000]: Dienen für den Frieden im Kosovo. Neuauflage, HePeLo Verlag Golbet
Radig, P. (undatiert, b): Prizren – eine Stadt im Chaos. In: Eder, M. (als Hrsg.., 2019) [erstmals veröffentlicht 2000]: Dienen für den Frieden im Kosovo. Neuauflage, HePeLo Verlag Golbet
Radig, P. (undatiert, c): 20 Jahre KFOR-Einsatz – Nachwirkungen aus der persönlichen Erinnerung. In: Eder, M. (als Hrsg.., 2019) [erstmals veröffentlicht 2000]: Dienen für den Frieden im Kosovo. Neuauflage, HePeLo Verlag Golbet
Railly News (2020): BMC to Modernize 84 Leopard 2A4 Tanks. Link: https://www.raillynews.com/2020/05/bmc-to-modernize-84-leopard-2a4-tanks/ [besucht am 02.08.2020]
Ramms, E. (2022): In: PANZER für die UKRAINE: "Auch der Leopard 1 ist fähig gegen russische Panzer zu kämpfen" – Ramms. In: YouTube (WELT Nachrichtensender). Link: https://www.youtube.com/watch?v=p-fFCb0dvp8 [besucht am 12.10.2022]
Raths, R. (2020a): Panzer im Literarischen Salon – ein Abend zum Nachhören. In. YouTube (DasPanzermuseum). Link: https://www.youtube.com/watch?v=jag-LZK3YqU [besucht am 02.07.2020]
Raths, R. (2020b): Buchbesprechung "Der Panzer und die Mechanisierung des Krieges". In. YouTube (DasPanzermuseum). Link: https://www.youtube.com/watch?v=4Gtd7AR6Nd8&t=1382s [besucht am 15.06.2020]
Reinhardt, K. (2002): KFOR – Streitkräfte für den Frieden – Tagebuchaufzeichnungen als Deutscher Kommandeur im Kosovo. 2. Auflage, Verlag der Universitätsbuchhandlung Blazek und Bergmann seit 1891
Reiter, E. (Hrsg.) (2000): Der Krieg um das Kosovo 1998/1999. V. Hase & Koehler Verlag
Rheinmetall Defence (2013): Indonesien bestellt militärische Kettenfahrzeuge bei Rheinmetall – Auftragsvolumen rund 216 MioEUR. Link: https://www.rheinmetall-defence.com/de/rheinmetall_defence/public_relations/news/archiv/archive2016/index~1_4480.php [besucht am 25.07.2020]
Rheinmetall Defence (2017): Rheinmetall gewinnt bedeutenden Munitions-Rahmenvertrag der Bundeswehr. Link: https://www.rheinmetall-defence.com/de/rheinmetall_defence/public_relations/news/archiv/2017/aktuellesdetailansicht_7_14336.php [besucht am 18.07.2020]
Rheinmetall Group (2016): Rheinmetall bringt 128 polnische Leopard 2-Kampfpanzer auf den neuesten Stand. Link: https://www.rheinmetall.com/de/rheinmetall_ag/press/news/archiv/archive2016/index_7424.php [besucht am 25.07.2020]
Rhein-Zeitung (1999): … KFOR setzt Einmarsch fort. Link: http://archiv.rhein-zeitung.de/on/99/06/13/topnews/kfor.html [besucht am 11.08.2020]
Roblin, S. (2019): Germany's Leopard 2 Tank in Syria Was Beaten Badly in Battle. Why? In: The National Interest. Link: https://nationalinterest.org/blog/buzz/germany%E2%80%99s-leopard-2-tank-syria-was-beaten-badly-battle-why-78441 [besucht am 18.10.2020]
Rugarber, J. (2011): Operation Cooperation and the Needs for Tanks. In: ARMOR – Mounted Maneuver Journal, Ausgabe Januar-Februar 2011, US Army Armor School
Ruttig, T. (2017): Afghanistan. In: Bundeszentrale für politische Bildung. Link: https://www.bpb.de/internationales/weltweit/innerstaatliche-konflikte/155323/afghanistan [besucht am 26.06.2020]
Saunderson, J. (1996): 18th January 1996 During the war in Bosnia: a Dutch Leopard II Main Battle Tank being unloaded from a ship in the Croatian port of Split. Link: https://www.alamy.com/18th-

january-1996-during-the-war-in-bosnia-a-dutch-leopard-ii-main-battle-tank-being-unloaded-from-a-ship-in-the-croatian-port-of-split-image378703441.html [besucht am 06.11.2020]
Schack, G. (1926): Die Heereskavallerie im Zukunftskriege. In: Deutsche Wehr; Beilage: Das Wissen vom Kriege, Nr. 3
Scheer, H. (2011): "Leopard" am Hindukusch. In: Deutsche Militärzeitschrift, Nummer 81, Verlag Deutsche Militärzeitschrift, Berchtesgarden – Achtung: Diese Quelle ist mit großer Vorsicht zu genießen, siehe dazu unter anderem: Linsler, C. & Kohlstruck, M. (2018): Die SS in der kulturellen Praxis des deutschen Rechtsextremismus (1990-2012). In: Schulte, J. & Wildt, M. (Hrsg.): Die SS nach 1945: Entschuldungsnarrative, populäre Mythen, europäische Erinnerungsdiskurse (Berichte und Studien, Band 76). 1. Auflage, V&R unipress
Scholz, O. (2022): Regierungserklärung von Bundeskanzler Olaf Scholz am 27. Februar 2022. In: Bundesregierung. Link: https://www.bundesregierung.de/breg-de/suche/regierungserklaerung-von-bundeskanzler-olaf-scholz-am-27-februar-2022-2008356 [besucht am 06.10.2022]
Schulze, C. (2010a): Canadian LEOPARD 2A6M CAN. Verlag Jochen Vollert – Tankograd
Schulze, C. (2010b): Taskforce Kandahar. Verlag Jochen Vollert – Tankograd
Schulze, C. (2011): DANCON-ISAF: DANISH BATTLE GROUP. Verlag Jochen Vollert – Tankograd
Schulze, C. (2015): Leopard 2A4M CAN. Verlag Jochen Vollert – Tankograd
Schulze, C. (2020): Bundeswehr Leopard MBT at 40. Link: https://www.joint-forces.com/features/31652-bundeswehr-leopard-2-mbt-at-40-part-6 [besucht am 22.07.2020]
Seidl, C. (2018): Bundesheer muss seine verbliebenen Panzer nachrüsten. In: Der Standard. Link: https://www.derstandard.at/story/2000084423074/bundesheer-muss-seine-verbliebenen-panzer-nachruesten [besucht am 01.08.2020]
Seidl, C. (2022): Bundesheer zieht erste Lehren aus dem Ukraine-Krieg. In: Der Standard. Link: https://www.derstandard.de/story/2000133759879/bundesheer-zieht-erste-lehren-aus-dem-ukraine-krieg [besucht am 24.09.2022]
SFOR Stabilization Force (undatiert): Historyof the NATO-led Stabilisation Force (SFOR) in Bosnia and Herzegovina. Gehört zum offiziellen Webauftritt der NATO. Link: https://www.nato.int/sfor/docu/d981116a.htm [besucht am 29.07.2020]
Shepard (2019): Finnish Leopard 2A6 fleet complete. Link: https://www.shephardmedia.com/news/landwarfareintl/finnish-leopard-2a6-fleet-complete/ [besucht am 01.08.2020]
Smit, W (2014): Dutch Leopard 1: Armoured Fist of the Dutch Army. 1. Auflage, Trackpad Publishing
Sommer, A. (2009): Bundeswehr In Aktion News!!! Video. In: YouTube (Alexander Sommer). Link: https://www.youtube.com/watch?v=61twNAFM1No [besucht am 24.07.2020]
Sørensen, K. (2020): The Leopard 1 in Danish Service. Trackpad Publishing
Spartanat. (2022a): PANZER: POLEN WIRD KOMPLETT KOREANISCH. Link: https://www.spartanat.com/2022/07/panzer-polen-wird-komplett-koreanisch/ [besucht am 04.10.2022]
Spartanat. (2022b): DIE GRIECHEN PIMPEN IHRE LEOPARDEN. Link: https://www.spartanat.com/2022/05/die-griechen-pimpen-ihre-leoparden/ [besucht am 04.10.2022]**Spiegel (1992):** "Keine Kontrolle mehr". Link: https://www.spiegel.de/spiegel/print/d-13683197.html [besucht am 26.06.2020]
Spiegel (1994): Furchtbar präsent. Link: https://www.spiegel.de/spiegel/print/d-13682487.html [besucht am 26.06.2020]
Spiegel (1996): "Leo" in Reserve. Link: https://www.spiegel.de/spiegel/print/d-9133461.html [besucht am 09.06.2020]
Spiegel (1999): "Einfach verdammtes Pech". Link: https://www.spiegel.de/spiegel/print/d-13850110.html [besucht am 11.08.2020]
Spiegel (2001): Deutsche Panzer in Tetovo. Link: https://www.spiegel.de/politik/ausland/mazedonien-deutsche-panzer-in-tetovo-a-123195.html [besucht am 21.06.2020]
Spiegel TV (1999): Kosovo Krieg
Spielberger, W. (1995): Waffensysteme Leopard 1 und Leopard 2. 1. Auflage, Motorbuch-Verlag
Steinke, G. (2021): Repurposed Leopard 1 tanks invade Vegreville. In: Global News. Link: https://globalnews.ca/news/8480175/repurposed-leopard-1-tanks-vegreville/ [besucht am 06.10.2022]

Steinmeier, G. (2018): Direct ATGM hit: Kurdish female fighters destroy invading Turkish Leopard 2 tank in Afrin region. In: YouTube (Günther Steinmeier). Link: https://www.youtube.com/watch?v=YafzmkvVRiI [besucht am 12.06.2020]

Stragey Page (2009): Armor: Aging Leopards Prowl the Andes. Link: https://www.strategypage.com/htmw/htarm/articles/20090116.aspx [besucht am 12.06.2020]

Tagesschau (1999): Tagesschau vom 12. Juni 1999, ARD

Tagesschau (2016): Putschversuch in der Türkei: Zusammenfassung der Ereignisse, ARD

Theoderich (2019): Portugal modernisiert Leopard 2A6. In: Doppeladler. Link: https://www.doppeladler.com/da/forum/viewtopic.php?t=920 [besucht am 02.08.2020]

The London Gazette (1944): Wednesday, 20 December 1944. Link: https://www.thegazette.co.uk/London/issue/36849/supplement/5841 [besucht am 18.06.2020]

The Telegraph (2016): Shocking video shows man 'run over' by two tanks during Turkey coup. In: YouTube (The Telegraph). Link: https://www.youtube.com/watch?v=QbXqvwZsCYo [besucht am 22.10.2020]

Trevithick, J. (2019): Canada Has Given Up Trying To Find A Good Home For Its Retired Leopard Tanks. In: The Warzone. Link: https://www.thedrive.com/the-war-zone/22044/canada-has-given-up-trying-to-find-a-good-home-for-its-retired-leopard-tanks [besucht am 06.10.2022]

Triebert, C. (2016): "We've shot four people. Everything's fine." The Turkish Coup through the Eyes of its Plotters. In: Bellingcat. Link: https://www.bellingcat.com/news/mena/2016/07/24/the-turkey-coup-through-the-eyes-of-its-plotters/ [besucht am 19.10.2020]

Triebert, C. (2017): The Battle for Al-Bab: Verifying Euphrates Shield Vehicle Losses. In: Bellingcat. Link: https://www.bellingcat.com/news/mena/2017/02/12/battle-al-bab-verifying-turkish-military-vehicle-losses/ [besucht am 19.10.2020]

Truffer, P. (2017): Härtetest für den Leopard 2 Panzer. In: Offiziere.ch. Link: https://www.offiziere.ch/?page_id=49 [besucht am 18.10.2020]

Twigt, A. (2018): Digitale revolutie op rupsbanden. In: Defensiekrant 08. Link: https://magazines.defensie.nl/defensiekrant/2018/08/01_leopard2_08 [besucht am 29.07.2020]

Uffelmann, R. (undatiert): Mein Einsatz als stvKpChef der 3./vstkMechBtl 1 im 1. Deutschen Einsatzkontingent. In: Eder, M. (als Hrsg.., 2019) [erstmals veröffentlicht 2000]: Dienen für den Frieden im Kosovo. Neuauflage, HePeLo Verlag Golbet

Ulbrich, N. (2019): Modernisierte Leoparden für die Truppe. Link: https://www.bundeswehr.de/de/organisation/heer/aktuelles/bundeswehr-laesst-kampfpanzer-leopard-modernisieren-160264 [besucht am 18.06.2020]

United States of America Department of Defense (2014): Report on Progress Toward Security and Stability in Afghanistan. Link: https://web.archive.org/web/20141102000803/http://www.defense.gov/pubs/Oct2014_Report_Final.pdf [besucht am 18.06.2020]

UNROCA (undatiert): Link: https://www.unroca.org/ [besucht am 02.08.2020]

UNROCA (2020): Poland 2018. Link: https://www.unroca.org/poland/report/2018/ [besucht am 02.08.2020]

Uzulis, André (2021): MGCS – Ein neues Kampfsystem für das Heer. In: Loyal, #4 2021, Verband der Reservisten der Deutschen Bundeswehr e.V. Bonn

Van Hole, G. (2021): In: Facebook. Link: https://www.facebook.com/groups/156619093061/permalink/10158009049018062/ [besucht am 07.10.2022]

Verboven, S. (2014): LE LÉOPARD TIRE SA RÉVÉRENCE. Link: https://www.mil.be/fr/article/le-leopard-tire-sa-reverence [besucht am 22.06.2020]

Verlag Jochen Vollert (2015): Tankograd 5058 Kampfpanzer LEOPARD 2A7 Bester Panzer der Welt – Entwicklungsgeschichte und Technik Broschüre. 1. Auflage, Verlag Jochen Vollert – Tankograd

Veterans Affair Canada (2019): Canada in Afghanistan - Fallen Canadian Armed Forces Members. Link: https://www.veterans.gc.ca/eng/remembrance/history/canadian-armed-forces/afghanistan-remembered/fallen?filterYr=2002 [besucht am 08.08.2020]

ViralTimeLapse (2015) [Videomaterial ist aber deutlich älter, vermutlich Anfang der 1980er Jahre]: German engineering at its finest. In: YouTube (ViralTimeLapse). Link: https://www.youtube.com/watch?v=zYI6gOc-3vQ [besucht am 15.11.2020]

Vogel, T. (2015): Die Wehrmacht: Struktur, Entwicklung, Einsatz. Link: https://www.bpb.de/geschichte/deutsche-geschichte/der-zweite-weltkrieg/199406/die-wehrmacht-struktur-entwicklung-einsatz [besucht am 10.06.2020]

Von Manstein, E. (1991) [erstmals veröffentlicht 1955]: Verlorene Siege. 12. Auflage, Bernhard & Graefe

Von Seeckt, H. (2013) [erstmals veröffentlicht 1929]: Gedanken eines Soldaten. 1. Auflage, tradition

Vollert, J. (2018a): HEDI und die anderen "Freikorps-A7V". In: Militärfahrzeug —Internationales Fachmagazin für Militärfahrzeugfans Fahrzeugbesitzer und Modellbauer, Ausgabe 1-2018. Verlag Jochen Vollert – Tankograd

Vollert, J. (2018b): Eine kurze Geschichte des Panther. In: Militärfahrzeug —Internationales Fachmagazin für Militärfahrzeugfans Fahrzeugbesitzer und Modellbauer, Ausgabe 1-2018. Verlag Jochen Vollert – Tankograd

Wallace, M. (2007): Leopard Tanks and the Deadly Dilemmas of the Canadian Mission to Afghanistan. In: Canadian Centre for Policy Alternatives Foreign Policy Series, Volume 2, Number 1, February 2007

Weber, T. (2011): Hitlers erster Krieg: Der Gefreite Hitler im Weltkrieg – Mythos und Wahrheit. 1. Auflage, Propyläen Verlag

Wiegold, T. (2015a): Aufrüstung in Norwegen: Modernisierung der Panzer. In: Augen geradeaus! Link: https://augengeradeaus.net/2015/04/aufruestung-in-norwegen-modernisierung-der-panzer/ [besucht am 01.08.2020]

Wiegold, T. (2015b): Deutsch-Niederländische Zusammenarbeit – Panzer für die Landmacht, Standort für Deutschland. In: Augen geradeaus! Link: https://augengeradeaus.net/2015/09/deutsch-niederlaendische-zusammenarbeit-panzer-fuer-die-landmacht-standort-fuer-deutschland/ [besucht am 28.07.2020]

Wiegold, T. (2016a): Panzer für die Niederländer, ein Schiff (teilweise) für die Bundeswehr. In: Augen geradeaus! Link: https://augengeradeaus.net/2016/02/panzer-fuer-die-niederlaender-ein-schiff-teilweise-fuer-die-bundeswehr/ [besucht am 28.07.2020]

Wiegold, T. (2016b): Der Bundeswehreinsatz in Afghanistan. In: Bundeszentrale für politische Bildung.Link: https://www.bpb.de/politik/grundfragen/deutsche-verteidigungspolitik/238332/afghanistan-einsatz [besucht am 26.06.2020]

Wiegold, T. (2019): Viereinhalb Jahre nach dem Abschied von der Großgeräte-Liste: Erster modernisierter Leo übergeben. In. Augen geradeaus! Link: https://augengeradeaus.net/2019/10/viereinhalb-jahre-nach-dem-abschied-von-der-grossgeraete-liste-erster-modernisierter-leo-uebergeben/comment-page-1/ [besucht am 29.07.2020] (beachte hier auch die Kommentare zum Artikel)

Wikipédia (undatiert): 1er régiment de guides (Belgique). Link: https://fr.wikipedia.org/wiki/1er_r%C3%A9giment_de_guides_(Belgique)#1960-1994 [besucht am 27.09.2020]

Windsor, L. et al. (2008): Kandahar Tour – The Turning Point in Canada's Afghan Mission. Gregg Centre for the Study of War and Society, John Wiley & Sons Canada

Yeo, M. (2019): German documents reveal Singapore received more Leopard 2 tanks. In: Defense-News. Link: https://www.defensenews.com/land/2019/02/21/german-documents-reveal-singapore-received-more-leopard-2-tanks/ [besucht am 02.08.2020]

Zaffar, H. (2021): Finnish Defence Forces to Upgrade Leopard 2 Main Battle Tank Fleet. In: The Defense Post. Link: https://www.thedefensepost.com/2021/12/10/finland-leopard-2-upgrade/ [besucht am 04.10.2022]

Zeit Online (2019a): Türkei beginnt Offensive gegen Kurden. Link: https://www.zeit.de/politik/ausland/2019-10/nordsyrien-tuerkei-beginnt-offensive-gegen-kurden [besucht am 25.09.2022]

Zeit Online (2019b): "Leopard 2"-Panzer in der Hand syrischer Rebellen? Link: https://www.zeit.de/news/2019-11/22/leopard-2-panzer-in-der-hand-syrischer-rebellen [besucht am 04.10.2022]

Zimmermann, N. (2022): Die Tschechische Republik erhält aus Deutschland 14 Leopard-Panzer. In: Frankfurter Allgemeine. Link: https://www.faz.net/aktuell/politik/ausland/ringtausch-von-panzern-deutschland-und-tschechien-einigen-sich-18277170.html [besucht am 24.09.2022]

Zwilling, R. (2018a): Der Kampfpanzer Leopard 2 im Dienste der Bundeswehr. In: Militärfahrzeug – Internationales Fachmagazin für Militärfahrzeugfans Fahrzeugbesitzer und Modellbauer, Ausgabe 1-2018. Verlag Jochen Vollert – Tankograd

Zwilling, R. (2018b): Leopard 2A5 Entwicklung, Technik und Einsatz – Teil 1. In: Tankograd – Militärfahrzeug Spezial N° 5075. Verlag Jochen Vollert – Tankograd

Zwilling, R. (2020): Leopard 2A4 Teil 1 – Entwicklung und Einsatz. In: Tankograd – Militärfahrzeug Spezia N° 5083. Verlag Jochen Vollert – Tankograd

Dies ist eine Veröffentlichung der EK-2 Publishing GmbH

Friedensstraße 12
47228 Duisburg
Registergericht: Duisburg
Handelsregisternummer: HRB 30321
Geschäftsführerin: Monika Münstermann

E-Mail: info@ek2-publishing.com
Website: www.ek2-publishing.com

Coverbilder: Jeff Prananda, Filmbildfabrik, Gary Blakeley
Covergestaltung: Oliviaprodesign
Autor: Jill Marc Münstermann
Nachwort: Thomas Antonsen
Verwendete Fotos: A7V = Everett Collection, Leopard 1 A5 und Leopard 2 A6 = Filmbildfabrik, dänische Leopard 2 in Afghanistan sowie dänischer UN-Leopard = Thomas Antonsen, Anders Fridberg, Kim Vibe Michelsen (Copyright Danish Defence Command)

1. Neuauflage, Oktober 2022

ISBN Print: 978-3-96403-249-2
ISBN Hardcover: 978-3-96403-250-8